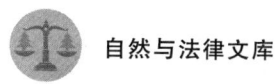 自然与法律文库

土地正义

从传统土地法到现代土地法

甘藏春 著

商务印书馆

图书在版编目(CIP)数据

土地正义:从传统土地法到现代土地法/甘藏春著.
—北京:商务印书馆,2021(2022.4重印)
(自然与法律文库)
ISBN 978-7-100-19228-6

Ⅰ.①土… Ⅱ.①甘… Ⅲ.①土地法-法制史-研究-中国 Ⅳ.①D922.302

中国版本图书馆 CIP 数据核字(2020)第 247749 号

权利保留,侵权必究。

自然与法律文库
土地正义
——从传统土地法到现代土地法
甘藏春 著

商 务 印 书 馆 出 版
(北京王府井大街36号 邮政编码100710)
商 务 印 书 馆 发 行
北京中科印刷有限公司印刷
ISBN 978-7-100-19228-6

2021年1月第1版　　　开本 880×1230　1/32
2022年4月北京第4次印刷　印张 16
定价:92.00元

自然与法律文库
专家委员会

甘藏春
郭　武　刘志坚　宋晓玲

说些什么呢？

在本书即将付梓出版之际，出版社建议我写一前言。说些什么呢？我想告诉读者的是，我为什么要写这一本书。

这本书源于1998年《土地管理法》的全面修订工作。从一定意义上讲，它是对《土地管理法》的学理总结。1996年，中央财经领导小组办公室布置了由原国家土地管理局牵头以耕地保护为题目的调研课题。在这个课题调研的基础上，1997年5月18日，中共中央、国务院发布了《关于进一步加强土地管理切实保护耕地的通知》(中发【1997】11号)。《通知》提出，"对于土地管理特别是耕地保护这个事关全国大局和中华民族子孙后代的大问题，党中央、国务院高度重视，经过多次研究认为，从我国国情出发，我国的土地管理特别是耕地保护措施必须是十分严格的，必须认真贯彻"十分珍惜和合理利用每寸土地，切实保护耕地"的基本国策，必须采取治本之策，扭转在人口继续增加情况下耕地大量减少的失衡趋势。""自本通知下发之日起，冻结非农业建设项目占用耕地一年"，"土地问题涉及全民族的根本利益，必须服从国家的统一管理。国家管理土地的职能只能加强，不能削弱。要进一步改革和完善土地管理体制，加强土地管理的法制建设"。这样，利用冻结非农业建设占用耕地审批一年的时间，完成土地管理法的修订，进而解决土地管理的体制、机制问题，就成为当时土地管理最重要的工作。我就是在这个特殊的时期与土地法结缘。

1997年4月,原国家土地管理局党组任命我担任国家土地管理局政策法规与监督检察司司长,上任伊始,就开始了土地管理法的修订的具体工作。在原国家土地管理局局长邹玉川和副局长李元的领导下,从有关司局抽调了业务骨干正式组建了专门的工作班子,于1997年5月16日正式集中办公。工作班子的成员是:张璞(政法司法规处处长)、贾中骥(规划司调研员)、赵久田(地籍司副处长)、束伟星(建设用地管理司副处长)、魏莉华(法规司主任科员),大家驻扎在北方交大红果园宾馆,凝心聚力,既没有周末也没有八小时的上下班概念,反复讨论,从修订思路到条文的拟订再到征求地方、部门和专家的意见,倒排时间,于1997年6月2日完成了初稿,1997年7月22日完成了征求意见稿,1997年8月18日形成了送审稿,报送国务院。原国务院法制局收到送审稿后,由原国务院法制局副局长曹康泰牵头,立即开始了立法审查和协调工作。1997年12月12日国务院第64次常务会议进行了审议后,国务院常务会议研究提出,耕地保护的措施要更实更严,法律的规定不能太原则。要求作进一步修改。按照国务院常务会议的要求,又对土地管理法进行了修改。1998年1月9日,国务院第65次常务会议又进行了审议,通过后提交全国人民代表大会常务委员会审议。由于1998年正值中央国家机构换届,考虑到换届因素,全国人大常委会法工委与国务院法制办研究,将土地法修订草案退回国务院,由新任国务院总理朱镕基同志重新签署,提请全国人大常委会审议。1998年4月29日,第九届全国人大常委会第二次会议经过对土地管理法修订草案的初次审议后决定,将土地管理法修订草案在全国范围内公开征求意见。1998年5月6日,土地管理法修订草案正式见报公开征求意见。与此同时，全国人大法工委由时任法工委副主任卞耀武同志和经济法室黄建初等同志开始了对国务院送审稿的审查协调工作。在广泛征求意见的基础上，对土地管理法修订草案进行了修改和完善。期间，经过同年6月第九届全国人大常委会第三次会议的第二次审议，根据全国人大常委会组成人员的审议意见，又进行了修改。同年，8月第九届全国人大常委会第四次会议进行了第三次审议，并于8月29日，第九届全国人大常委会第四次会议正式表决，以零票反对的高票通过。在表决现场，当看到表决结果时，我的心情是激动的，但同时也有如释重负的感觉。土地管理法修订草案通过后不久，碰到了卞耀武同志，他对我说，土地管理法的内容博大精深，真正把背后的法理问题说清楚不容易。需要进行专门的理论总结。这番话现在仍记忆犹新，但在当时只当是作为完成工作任务来看待，并未多想。真正想就土地法的问题进行学理总结是近几年。近几年，土地问题成为社会的热点问题，围绕土地制度的争论也比较热烈。我虽没有参与论战，但一直关注争论的各种观点。我觉得，许多争论是因为背后秉持的理论不同，而土地法的确是有自己的特殊性，应该有自己独特的理论体系。于是，萌动了写这本书的想法。

我想与读者分享的是我对土地法的一些基本理论问题的看法。

专注于土地法的重大基础理论问题，而不要写成面面俱到的教科书，一直是我写这本书的初衷。2019年，中国法制出版社出版了我带领我的学生们一起研究的《当代中国土地法若干重大问题研究》一书，虽然对土地法的一些重大的基础性的法理问题作了回答，但总感到仍有不足。因为要说明土地法律制度的法理问题，除了对法律制度进行提炼总结抽象之外,还需要对隐藏在法律制度背后的对法律制度起着决定或者影响作用的经济与社会多种因素进行分析。而这种分析,需要运用经济学、社会学、历史学等多种分析工具才能完成。而法律制度本身又是有价值导向的,是与公平正义紧密相连的。这就需要哲学和伦理学的分析。只有既对法律制度的分析,又有对法律制度背后的多种因素的分析,才能得出比较科学的结论。回眸土地法的发展历史,无论是古代还是现代,都是围绕如何解决公平与效率之间的关系而展开的。一定社会的生产方式决定了一定社会的公平正义观,一定社会的公平正义观又决定着一定社会法律制度的具体制度安排。这就是法律制度发展的历史逻辑。土地法律制度更是如此。因此,将本书的主题和书名定为土地正义就是基于这种考虑的。

本书的第一章聚焦在70年(从1949年到2019年)的历史跨度中,追踪中华人民共和国土地制度的变革问题。我们发现,70年来中华人民共和国土地制度的变革,都是基于三次大的社会变革(即土地制度改革、社会主义改造、改革开放)而展开的。土地制度变革的主线是解决公平与效率的关系问题。如果说前两次变革的重点是为了解决土地配置与利用的公平问题的话,那么,改革开放以来土地制度变革的重点则是努力实现公平与效率之间的平衡。在改革开放过程中,中国人民用自己的智慧,创造性地解决了社会主义公有制与市场经济的结合的世界性难题。在土地制度上,通过所有权与使用权的分离方式为土地利用过程中公平与效率的平衡问题提供了制度性框架。通过使用权的可流动和私人拥有,解决了土地利用中的效率问题,通过坚持土地的公有制(国家所有、集体所有)来实现社会公平问题。为了适应土地制度的变革,土地法也开始实现了从传统土地法向现代土地法的转变，即从所有权为中心转向以土地利用为中心。因而，现代土地法的概念也必然发生变化，土地法就是调整人们在土地利用过程中的内在性和外部性之间关系的法律规范的总称。和土地制度的正义性相联系，土地的本质属性只能是土地的自然属性（形成的自然性、面积的有限性、位置的固定性、利用的重复性），自然属性是决定土地正义的理论基础，自然属性还是土地区别其它要素资源的本质特征，它是研究土地法学、土地经济学的出发点。

土地正义是本书的主题，在本书的第二章中集中进行了阐述。在这一章中，回溯了思想史上对于正义论述的足迹，提出正义就是"做正当之事，得应得之得，有公信力的裁定"的概括，并提出了九项判定标准。在此基础上，提出土地正义是"地权平等、地利共享、地尽其用"。

土地法中的土地权利问题是最耗费作者心力的问题。本书的第三章以"土地权利的内在冲突"为题进行了专门论述。书中提出了分析土地权利的理论框架。认为，在土地利用过程中，土地法中的土地权利通过将政府设定的具体的土地利用条件植入到土地物权的有机体中，成为土地物权必不可少的基因，形成新的具象的权利，这种新型权利，虽然对外仍具有物权的一切特性和效力，但已不同于本来意义的物权，已是带有公权细胞的权利。土地法中的土地权利实际上是土地物权与政府的管制权在权利内部结构的融合。两种冲突性的权利要素统一存在于土地法中土地权利中，政府的管制权在土地权利中内化为土地开发利用的成本，也可以称之为"权利代价"。"权利动力"与"权利代价"的内部冲突和平衡就构成了土地法中土地权利的独特的内部结构。按照权利内在冲突性理论，对国有土地使用制度和农村集体所有土地制度改革中的一些重大问题进行了探讨。

土地发展权制度是 20 世纪 40 年代形成的制度，我国学界进行了广泛深入的讨论。在本书的第四章，重点对土地发展权配置的公正性问题进行了分析。书中提出，土地发展权应具平等性，但土地的自然条件不同，实际的利用过程又是不平等的。在考察土地发展权的法律基础和法律属性的基础上，提出了保证土地发展权配置公正性的标准和程序以及补偿机制。

土地征收的难题是如何协调社会利益与个人土地财产权保护之间的关系，如何处理国家现代化建设要求提供建设用地供应的效率性与严格法律程序之间的关系。在第五章，在理论上分析了土地征收制度的特征，分析比较了主要国家不同发展阶段土地征收制度的具体安排，对中国土地征收制度进行了总结。在这一章提出，基于中国目前正处在加速现代化建设的阶段，应当把土地征收的效率与征收补偿安置的公平性有机地结合起来，把土地征收的补偿安置制度的完善放在更突出的位置。对中国土地征收的补偿安置原则"保证被征地农民原有生活水平不降低，长远生计有保障"的理论意义作了新的阐释。

政府对土地市场监管要求是公开公平公正。但在土地市场的监管上，有其特殊性。在第六章，分析了土地市场与其它市场的异同，提出了中国土地市场的特殊问题就在于，是高度垄断性与竞争性同时并存。难题就在于政府既是市场的监管者又是市场的主体，这就影响了土地市场监管的公平公正。要解决这一难题就在于适当分离土地市场监管者与所有者，完善国有土地所有权权能和产权约束机制。

土地善治，是全书的总结。在第七章，对土地善治的概念进行了提炼。提出土地善治实质上是一种对管理理想状态的孜孜追求，其核心是由政府与非政府协同及多向网络化的管理模式，目标是以最小的政府和社会投入获取最大的土地管理效应；土地善治应遵循土地的基本属性、土地利用的价值准则和政策目标；现阶段实施土地善治重点需处理好土地行政管理权与国有土地所有权、政府与村民委员会及政府与农民等关系。

本书的完成，要感谢许多朋友的支持。中国农业大学土地科学与技术学院副院长朱道林教授和王健副教授，他们自始至终参与本书的讨论，许多观点都是在讨论中形成的。自然资源部法规司一级巡视员赵久田、自然资源部法律事务中心蔡卫华处长、我的博士生阮晏子、陈扬众、吴彬、张新平还有梁超、李常乐等同志都为本书的写作提供了资料和观点，对他们的帮助我要表示衷心的感谢。我还要感谢商务印书馆的编辑王兰萍女士，素不相识，上门约稿，为编好这本书，到中国农业大学听我开设的土地法系列专题讲座，为编好这本书倾注了心血。我还要对我的妻子、女儿以及其他亲人表示深深的谢意，几十年来，她们一直默默地站在我的身后，支持着我、鼓励着我。

甘藏春
2020 年 3 月 31 日于北京

目　录

第一章　土地法的变革 …………………………………… 1
第一节　土地制度的变革 …………………………………… 1
一、社会变革推动土地制度的发展 …………………………… 2
二、在对改革开放提出挑战的积极回应中，土地制度初步实现了从传统到现代的变革 ……………………………………… 25
三、土地制度的中国特色 ……………………………………… 37
第二节　土地法观念的变革 ………………………………… 38
一、从传统土地法向现代土地法转变 ………………………… 38
二、土地利用关系 ……………………………………………… 45
三、自利性与公共性冲突的平衡 ……………………………… 56
第三节　土地基本理论的变革 ……………………………… 79
一、形态各异的土地 …………………………………………… 79
二、法律形态的土地 …………………………………………… 83
三、土地的本质属性和功能 …………………………………… 92
四、土地的法律分类 ………………………………………… 102

第二章　土地正义 ………………………………………… 104
第一节　正义观溯源 ………………………………………… 105
一、正义观念是怎样向我们走来的？ ……………………… 105
二、正义的中国含义 ………………………………………… 111

第二节　正义是做正当之事 ………………………………… 113
　　　一、必须能够促进人的自由而全面发展 ………………… 114
　　　二、必须能够最大限度地增进公共福祉 ………………… 120
　　　三、促进社会良善风尚的形成和发展 …………………… 124
　　第三节　正义是得应得之得 …………………………………… 128
　　　一、名实相符 ……………………………………………… 131
　　　二、平等 …………………………………………………… 133
　　　三、弱者权利的保护 ……………………………………… 137
　　第四节　正义是有公信力的裁定 ……………………………… 143
　　　一、法治的最高价值是正义 ……………………………… 144
　　　二、法治是实现正义的基本方式 ………………………… 150
　　第五节　土地正义是地权平等、地利共享、地尽其用 ……… 181
　　　一、地权平等 ……………………………………………… 182
　　　二、地利共享 ……………………………………………… 192
　　　三、地尽其用 ……………………………………………… 196

第三章　土地权利的内在冲突 …………………………………… 202
　　第一节　土地法中的权利 ……………………………………… 202
　　　一、土地法中的土地权利 ………………………………… 202
　　　二、权利结构的内在性冲突 ……………………………… 206
　　第二节　城市土地的国家所有权 ……………………………… 210
　　　一、城市土地国家所有制度的形成 ……………………… 210
　　　二、城市土地国家所有的宪法学分析 …………………… 213
　　　三、城市国有土地的主体制度的内在冲突 ……………… 221
　　第三节　农村土地的农民集体所有权和用益物权 …………… 233
　　　一、农村土地的农民集体所有权 ………………………… 233

二、农民集体所有土地的用益物权 ·············· 249
　第四节　构建中国特点的土地登记制度 ·············· 272
　　一、土地登记制度概述 ·············· 272
　　二、中国土地登记制度的统一 ·············· 275
　　三、中国土地登记制度的特点 ·············· 278

第四章　土地发展权的设立和配置 ·············· 284
　第一节　土地规划制度的法理基础 ·············· 284
　　一、土地规划的概念 ·············· 284
　　二、土地规划的法理基础 ·············· 289
　第二节　土地发展权的设立和配置 ·············· 293
　　一、土地规划法律关系的核心：发展权的分配 ·············· 293
　　二、土地发展权 ·············· 294
　第三节　土地规划行为 ·············· 309
　　一、土地规划的编制过程 ·············· 310
　　二、土地规划的实施过程 ·············· 315
　　三、国土空间规划体系的构建 ·············· 329
　第四节　耕地保护制度的法理 ·············· 335
　　一、耕地保护制度的法律表现 ·············· 335
　　二、耕地保护制度的法理基础 ·············· 343

第五章　土地征收 ·············· 348
　第一节　土地征收制度的学理基础 ·············· 348
　　一、土地征收制度的概念及其历史发展 ·············· 348
　　二、土地征收制度的宪法基础 ·············· 351
　第二节　土地征收制度的基本特征 ·············· 369
　　一、土地征收目的的公共性 ·············· 369

二、土地征收的补偿性 379
　　三、土地征收程序的正当性 393
　　四、土地征收的强制性 404
 第三节　我国土地征收制度的特殊性 407
　　一、土地征收的对象和用途 407
　　二、土地征收争议的处理机制 412

第六章　土地市场的监管 416
 第一节　中国土地市场的特点 416
　　一、市场经济的一般特征 417
　　二、土地市场的特点 419
　　三、中国土地市场的特殊性 424
 第二节　政府监管 434
　　一、中国土地市场监管面临的难题 434
　　二、国有土地使用权出让市场的监管 437
　　三、国有土地使用权转让市场的监管 441
　　四、农民集体所有的土地用益物权及其派生权利流转的监管 444
 第三节　宏观调控的政策工具 448
　　一、理论依据 448
　　二、土地政策参与宏观调控的特点 450
　　三、土地政策参与宏观调控的目标与方式 452

第七章　土地善治 454
 第一节　土地善治概述 454
　　一、土地善治的概念及其特征 454
　　二、土地善治的共识基础 459
 第二节　土地善治的体系 469

目 录

一、土地善治的体系 ………………………………… 469

二、结语 …………………………………………… 485

参考资料 …………………………………………… 487

第一章 土地法的变革

从1949年中华人民共和国建立到现在,中国的土地法一直处在变革的过程中。回眸70年土地法变革的历史,我们不难发现,中国土地法变革的主线就是从传统土地法转向现代土地法。它包含土地制度的变革、土地法观念的变革、土地基本理论的变革。

第一节 土地制度的变革

土地制度是国家重要的经济制度,它既涉及到生产资料的所有制,又涉及到社会分配。因此,任何大的社会变革,或迟或早都会触动土地制度的变革。对于中国来说,土地制度更有其特殊的重要性。从1949年新中国成立开始,中国的国家目标就是把一个贫穷落后的半封建半殖民地的农业国家,建设成社会主义的现代化强国。在这个过程中,土地制度扮演着极其重要的角色,发挥着特殊的作用。土地作为重要的生产资料,土地的所有制关系代表着国家经济制度的性质。土地作为生产要素,其配置方式代表着国家的经济体制。土地作为重要的社会保障工具,其收益的分配关系关乎社会稳定。土地问题,始终是中国现代化过程中改革发展稳定的重大问题。

中国土地制度的变革,就是在社会变革推动和对社会变革的回应中实现的。

一、社会变革推动土地制度的发展

从1949年中华人民共和国成立至今,中国的历史先后经历了三次大的社会变革:1950年的土地改革运动、1950年代中期的社会主义改造运动、1970年代末开始的改革开放。中国土地制度的变革都是这三场重大社会变革推动的产物。

(一) 1950年开始土地改革运动,废除几千年的封建土地关系,确立农民土地所有制

中国共产党领导的中国革命是在半封建半殖民地国家进行的。虽然革命的性质仍然属于资产阶级民主主义革命的范畴,但它与历史上其他国家进行的资产阶级民主革命不同,它是新民主主义革命。与社会主义革命又是互相联系、紧密衔接的,中间不容横插一个资产阶级专政。它是无产阶级领导的,以反对帝国主义、封建主义、官僚资本主义为主的资产阶级性质的人民民主革命。它的目标是彻底完成反帝反封建的历史任务,并及时实现由新民主主义向社会主义的过渡。1939年,毛泽东在《中国革命和中国共产党》一文中,首次明确提出了"新民主主义革命"这个科学概念,把新民主主义革命概括为"无产阶级领导之下的人民大众的反帝反封建的革命"。1948年,毛泽东《在晋绥干部会议上的讲话》中第一次全面、系统地提出了新民主主义革命的总路线和总政策,即"无产阶级领导的,人民大众的,反对帝国主义、封建主义和官僚资

本主义的革命"。在新民主主义革命中,反对封建主义是其中革命的一项重要任务,封建制度的基础是封建的土地制度。要反对封建制度就必须彻底铲除封建的土地制度。

1949年中华人民共和国建立前,中国仍然实行封建的土地制度,占农村人口不到5%的地主、富农,占有50%的土地。而占农村人口90%的贫农、雇农和中农,却只占有20%—30%的土地。因此,中国共产党在走上政治舞台后,始终高度重视土地制度的革命问题。只有解决了土地问题,才能赢得农民的拥护和支持,只有解决了土地问题,才能赢得革命的胜利。正因为如此,中国共产党在取得全国政权之前,在各革命根据地和解放区,都进行了土地改革。这些土地改革的实践,既为夺取革命的胜利,奠定了社会基础,又为取得全国政权后的土地改革运动提供了宝贵的经验。

在1949年中华人民共和国成立后,中国共产党立即进行了土地改革运动。

1949年9月29日,中国人民政治协商会议第一届全体会议通过的《共同纲领》。《共同纲领》第3条规定:"中华人民共和国必须取消帝国主义国家在中国的一切特权,没收官僚资本归人民的国家所有,有步骤地将封建半封建的土地所有制改变为农民的土地所有制,保护国家的公共财产和合作社的财产,保护工人、农民、小资产阶级和民族资产阶级的经济利益及其私有财产,发展新民主主义的人民经济,稳步地变农业国为工业国"。第27条规定:"土地改革为发展生产力和国家工业化的必要条件。凡已实行土地改革的地区,必须保护农民已得土地的所有权。凡尚未实行土地改革的地区,必须发动农民群众,建立农民团体,经过清除土匪恶霸、减租减息和分配土地等项步骤,实现耕者有其田"。第34条规定:

"关于农林渔牧业:在一切已彻底实现土地改革的地区,人民政府应组织农民及一切可以从事农业的劳动力以发展农业生产及其副业为中心任务,并应引导农民逐步在按照自愿和互利的原则,组织各种形式的劳动互助和生产合作。在新解放区,土地改革工作的每个步骤均应与恢复和发展农业生产相结合。人民政府应根据国家计划和人民生活的需要,争取于短时期内恢复并超过战前粮食、工业原料和外销物资的生产水平,应注意兴修水利,防洪抗旱,恢复和发展畜力,增加肥料,改良农具和种子,防止病虫害,救济灾荒,并有计划地移民开垦"。《共同纲领》在当时的中国,具有临时宪法的作用,它对于土地改革的目标步骤和土地改革后的后续扶持农民的措施都作出了规定,这就为即将来临的土地改革运动提供了具有宪法意义的基础。

按照《共同纲领》的要求,1950年6月28日中央人民政府委员会第八次会议通过了《土地改革法》。《土地改革法》对于土地改革问题作了明确详尽的规定。

1. 明确了土地改革的目标和意义

第1条开宗明义向全世界昭示:"废除地主阶级封建剥削的土地所有制,实行农民的土地所有制,借以解放农村生产力,发展农业生产,为新中国的工业化开辟道路"。

2. 规定了土地改革的两种方式:没收和征收

第2条规定:"没收地主的土地、耕畜、农具、多余的粮食及其在农村中多余的房屋。但地主的其他财产不予没收"。第3条规定:"征收祠堂、庙宇、寺院、教堂、学校和团体在农村中的土地及其他公地。但对依靠上述土地收入以为维持费用的学校、孤儿院、养老院、医院等事业,应由当地人民政府另筹解决经费的妥善办法。

清真寺所有的土地,在当地回民同意下,得酌予保留。"第 4 条规定:"工商业家在农村中的土地和原由农民居住的房屋,应予征收。但其在农村中的其他财产和合法经营,应加保护,不得侵犯"。第 5 条规定:"革命军人、烈士家属、工人、职员、自由职业者、小贩以及因从事其他职业或因缺乏劳动力而出租小量土地者,均不得以地主论。其每人平均所有土地数量不超过当地每人平均土地数 200%者(例如当地每人平均土地为二亩,本户每人平均土地不超过四亩者),均保留不动。超过此标准者,得征收其超过部分的土地。如该项土地确系以其本人劳动所得购买者,或系鳏、寡、孤、独、残疾人等依靠该项土地为生者,其每人平均所有土地数量虽超过 200%,亦得酌情予以照顾"。第 6 条规定:"保护富农所有自耕和雇人耕种的土地及其他财产,不得侵犯。富农所有之出租的小量土地,亦予保留不动;但在某些特殊地区,经省以上人民政府的批准,得征收其出租土地的一部或全部。半地主式的富农出租大量土地,超过其自耕和雇人耕种的土地数量者,应征收其出租的土地。富农租入的土地应与其出租的土地相抵计算。"第 7 条规定"保护中农(包括富裕中农在内)的土地及其他财产,不得侵犯。"第 8 条规定:"本法规定所有应加没收和征收的土地,在当地解放以后,如以出卖、出典、赠送或其他方式转移分散者,一律无效。此项土地,应计入分配土地的数目之内。但农民如因买地典地而蒙受较大损失时,应设法给以适当补偿。"

3. 规定了土地的分配政策

第 10 条规定:"所有没收和征收得来的土地和其他生产资料,除本法规定收归国家所有者外,均由乡农民协会接收,统一地、公平合理地分配给无地少地及缺乏其他生产资料的贫苦农民所有。

对地主亦分给同样的一份,使地主也能依靠自己的劳动维持生活,并在劳动中改造自己"。第11条规定:"分配土地,以乡或等于乡的行政村为单位,在原耕基础上,按土地数量、质量及其位置远近,用抽补调整方法按人口统一分配之。但区或县农民协会得在各乡或等于乡的各行政村之间,作某些必要的调剂。在地广人稀的地区,为便于耕种,亦得以乡以下的较小单位分配土地。乡与乡之间的交错土地,原属和乡农民耕种者,即划归该乡分配"。第12条规定:"在原耕地基础上分配土地时,原耕农民自有的土地不得抽出分配。原耕农民租入的土地抽出分配时,应给原耕农民以适当的照顾。应使原耕农民分得的土地(自有土地者连同其自有土地在内),适当地稍多于当地无地少地农民在分得土地后所有的土地,以使原耕农民保持相当于当地每人平均土地数的土地为原则。原耕农民租入土地之有田面权者,在抽动时,应给原耕者保留相当于当地田面权价格之土地"。第13条规定:"在分配土地时,对于无地少地人口中若干特殊问题的处理,如下:一、只有一口人或两口人而有劳动力的贫苦农民,在本乡土地条件允许时,得分给多于一口人或两口人的土地。二、农村中的手工业工人、小贩、自由职业者及其家属,应酌情分给部分土地和其他生产资料。但其职业收入足以经常维持其家庭生活者,得不分给。三、家居农村的烈士家属(烈士本人得计算在家庭人口之内)、人民解放军的指挥员、战斗员、荣誉军人、复员军人、人民政府和人民团体的工作人员及其家属(包括随军家属在内),均应分给与农民同样的一份土地和其他生产资料。但人民政府和人民团体的工作人员,得视其薪资所得及其他收入的多少与其对于家庭生活所能维持的程度,而酌情少分或不分。四、本人在外从事其他职业而家属居住农村者,其家属应酌情分给土地和其他生产资料。其职业收入足以经常维持其家属生活者,得不分给。五、农村中的僧、尼、道士、教士及阿訇,有劳动力,愿意从事农业生产而无其他职业维持生活者,应分给与农民同样的一份土地和其他生产资料。六、经城市人民政府或工会证明其失业的工人及其家属,回乡后要求分地而又能从事农业生产者,在当地土地情况允许的条件下,应分给与农民同样的一份土地和其他生产资料。七、还乡的逃亡地主及曾经在敌方工作现已还乡的人员及其家属,有劳动力,愿意从事农业生产以维持生活者,应分给与农民同样的一份土地和其他生产资料。八、家居乡村业经人民政府确定的汉奸、卖国贼、战争罪犯、罪大恶极的反革命分子及坚决破坏土地改革的犯罪分子,不得分给土地。其家属未参加犯罪行为,无其他职业维持生活,有劳动力并愿意从事农业生产者,应分给与农民同样的一份土地和其他生产资料。"第14条规定:"分配土地时,得以乡为单位,根据本乡的土地情况,酌量留出小量土地,以备本乡情况不明的外出户和逃亡户回乡耕种,或作本乡土地调剂之用。此项土地,暂由乡人民政府管理,租给农民耕种。但所留土地最多不得超过全乡土地的1%。"第15条规定:"分配土地时,县以上人民政府得根据当地土地情况,酌量划出一部分土地收归国有,作为一县或数县范围内的农事试验场或国营示范农场之用。此项土地,在未举办农场以前,可租给农民耕种"。

4. 确定了特殊土地问题的处理原则

第16条规定:"没收和征收的山林、鱼塘、茶山、桐山、桑田、竹林、果园、芦苇地、荒地及其他可分土地,应按适当比例,折合普通土地统一分配之。为利于生产,应尽先分给原来从事此项生产的农民。分得此项土地者,可少分或不分普通耕地。其分配不利于经营者,得由当地人民政府根据原有习惯,予以民主管理,并合理经营之。"第17条规定:"没收和征收之堰、塘等水利,可分配者应随田分配。其不宜于分配者,得由当地人民政府根据原有习惯予以民主管理。"第18条规定:"大森林、大水利工程、大荒地、大荒山、大盐田和矿山及湖、沼、河、港等,均归国家所有,由人民政府管理经营之。其原由私人投资经营者,仍由原经营者按照人民政府颁布之法令继续经营之"。第19条规定:"使用机器耕种或有其他进步设备的农田、苗圃、农事试验场及有技术性的大竹园、大果园、大茶山、大桐山、大桑田、大牧场等,由原经营者继续经营,不得分散。但土地所有权原属于地主者,经省以上人民政府批准,得收归国有。"第20条规定:"没收和征收土地时,坟墓及坟场上的树木,一律不动"。第21条规定:"名胜古迹,历史文物,应妥为保护。祠堂、庙宇、寺院、教堂及其他公共建筑和地主的房屋,均不得破坏。地主在农村中多余的房屋不合农民使用者,得由当地人民政府管理,充作公用"。第22条规定:"解放后开垦的荒地,在分配土地时不得没收,仍归原垦者耕种,不计入应分土地数目之内。"第23条规定:"为维持农村中的修桥、补路、茶亭、义渡等公益事业所必需的小量土地,得按原有习惯予以保留,不加分配"。第24条规定:"华侨所有的土地和房屋,应本照顾侨胞利益的原则,由大行政区人民政府(军政委员会)或省人民政府依照本法的一般原则,另定适当办法处理之"。第25条规定:"沙田、湖田之属于地主所有或为公共团体所有者,均收归国家所有,由省以上人民政府另定适当办法处理之"。第26条规定:"铁路、公路、河道两旁的护路、护堤土地及飞机场、海港、要塞等占用的土地,不得分配。已划定线路并指定日期开辟的铁路、公路、河道及飞机场等应保留土地者,须经省以上人民政府批准"。第27条规定:"国家所有的土地,由私人经营者,经营人不得以之出租、出卖或荒废。原经营人如不需用该项土地时,必须交还国家"。

5. 明确了土地改革的执行机关和执行方法

第28条规定:"为加强人民政府对土地改革工作的领导,在土地改革期间,县以上各级人民政府,经人民代表会议推选或上级人民政府委派适当数量的人员,组织土地改革委员会,负责指导和处理有关土地改革的各项事宜"。第35条规定:"本法适用于一般农村,不适用于大城市的郊区。大城市郊区的土地改革办法,另定之"。第36条规定:"本法不适用于少数民族地区。但在汉人占多数地区零散居住的少数民族住户,在当地土地改革时,应依本法与汉人同等待遇"。[①]

《土地改革法》在新中国的立法史上是一部值得总结的法律。它是新中国第一部依靠法律推动社会变革的法律。在法律的规范上,明确具体。较好地处理了原则性和灵活性之间的关系。这些经验应该为我们今天的立法所吸取。

《土地改革法》颁布后,我国开展了轰轰烈烈的土地改革运动。到1952年冬,全国除新疆、西藏等少数民族地区以及台湾省外,基本上完成了土地改革任务。这样,在中国实行了几千年的封建土地制度被彻底废除,确立了土地的农民所有制。对于土地改革的成果,1954年宪法作了确认。宪法在序言中庄严宣告:"我国人民在过去几年内已经胜利地进行了改革土地制度、抗美援朝、镇压反革命分子、恢复国民经济等大规模的斗争,这就为有计划地进行经

---

① 《土地改革法》。

济建设、逐步过渡到社会主义社会准备了必要的条件"。在总纲第5条中规定："中华人民共和国的生产资料所有制现在主要有下列各种:国家所有制,即全民所有制;合作社所有制,即劳动群众集体所有制;个体劳动者所有制;资本家所有制"。第8条规定："国家依照法律保护农民的土地所有权和其他生产资料所有权"。

除此之外,为了适应大规模的工业化建设,建立了土地征用的法律制度。1954年宪法规定："国家依照法律保护农民的土地所有权和其他生产资料所有权。国家为了公共利益的需要,可以依照法律规定的条件,对城乡土地和其他生产资料实行征购、征用、收归国有"。1953年11月5日发布了《政务院关于国家建设征用土地办法》。《办法》规定了土地征用的范围,"凡兴建国防工程、厂矿、铁路、交通、水利工程、市政建设及其他经济文化建设等所需用之土地,均依本办法征之"。规定了土地征用的补偿标准,"一般土地以其最近三年至五年产量的总值为标准,特殊土地得酌情变通处理之。""凡征用之土地,产权属于国家。""私营经济企业和私营文教事业用地,得向省(市)以上人民政府提出申请,获得批准后由当地人民政府援用本办法,代为征用。"《办法》作为新中国第一部规范土地征用的法规,对于后来的土地征收制度的发展产生了巨大的影响,许多具体概念和制度都可以从那里找到渊源。

(二) 1950年代中期的"社会主义改造"运动,确立土地的农民集体所有制

按照新民主主义理论,中国革命的前途是社会主义。从中华人民共和国的成立开始,中国就开始了由新民主主义向社会主义

过渡。随着"抗美援朝"可望结束;土地革命的任务已在全国范围内基本完成;国民经济恢复工作提前实现预定目标;第一个五年计划即将开始。向社会主义过渡的任务就成为全国工作的重点。根据形势的要求,中国共产党提出了过渡时期的总路线。1953年9月25日,《人民日报》正式公布了过渡时期的总路线。总路线内容是:要在一个相当长的历史时期内,基本上实现国家工业化和对农业、手工业、资本主义工商业的社会主义改造。这是国民经济发展的基本要求,又是实现三大改造的物质基础;而实现对农业、手工业和资本主义工商业社会主义改造又是实现国家工业化的必要条件。两者互相依赖、相辅相成。社会主义建设和生产资料所有制的社会主义改造同时并举,是这条总路线的基本特点。两者的同时并举保证了新民主主义向社会主义的顺利过渡。过渡时期总路线的实质是解决所有制问题。一方面是社会主义公有制的扩大,即国营企业的新建、扩建;另一方面,是把个体小私有制改造成为社会主义集体所有制,把资本主义私有制改造成为社会主义全民所有制。对于总路线实施的时间,当时的设想是要在"十年到十五年或者更多一些时间内",基本上完成国家工业化和对农业、手工业、资本主义工商业的社会主义改造。1954年9月,宪法又对过渡时期总路线以根本大法的形式予以确认。宪法在序言中宣告:"从中华人民共和国成立到社会主义社会建成,这是一个过渡时期。国家在过渡时期的总任务是逐步实现国家的社会主义工业化,逐步完成对农业、手工业和资本主义工商业的社会主义改造。我国人民在过去几年内已经胜利地进行了改革土地制度、抗美援朝、镇压反革命分子、恢复国民经济等大规模的斗争,这就为有计划地进行经济建设、逐步过渡到社会主义社会准备了必要的条件。"第4

条规定:"中华人民共和国依靠国家机关和社会力量,通过社会主义工业化和社会主义改造,保证逐步消灭剥削制度,建立社会主义社会。"宪法的这些规定表明,中国共产党提出的过渡时期总路线已成为国家意志。这条总路线的全面实行,开始于1953年。实际上只花了四年多时间,就基本完成。

对农业的社会主义改造,实质上是对农村土地所有制的改造。它经历了从互助组到初级农业合作社,从初级农业合作社到高级农业合作社再到人民公社的发展过程。农业社会主义改造的成果就是变土地的农民所有制为农民的集体所有制。

这个时期,为了推动农业社会主义改造的进行,先后出台了《农业生产合作社示范章程草案》(1955年11月9日全国人民代表大会常务委员会第二十四次会议通过)、《高级农业生产合作社示范章程》(1956年6月30日第一届全国人民代表大会第三次会议通过,1956年6月30日中华人民共和国主席公布)、《农村人民公社工作条例》(1962年9月27日中国共产党第八届中央委员会第十次全体会议通过)三个法规性文件。

1.《农业生产合作社示范章程草案》

这部文件在实施过程中,经历了从《草案》到正式法令的过程。1955年11月10日,国务院在关于发布农业生产合作社示范章程草案的通知中提出,农业生产合作社示范章程草案,经过全国人民代表大会常务委员会第二十四次会议讨论和一致通过,并且决议交由国务院发布全国讨论和试用。各级人民委员会必须认真地组织各部门的工作人员和各界人士,进行对于这一草案的讨论,并且认真地组织力量,向区乡全体工作人员和当地的农业生产合作社社员讲解这一草案,指导各合作社加以试用。现在公布的这个示范章程草案,正是目前的农业合作化运动所迫切需要的。各个农业生产合作社在经过全体社员认真的详细的讨论之后,都可以试用这个章程草案做为自己的社章,并且根据自己的情况和需要,对于这个草案中所没有规定或者没有具体规定的事情,做出补充的规定。这说明,当时这方面的立法需求十分迫切,但又没有十分成熟的经验可循,因而,在立法上采取了十分慎重的作法。以《草案》的形式公布,各地"试用",边实践边讨论边补充。1956年3月17日全国人民代表大会常务委员会第三十三次会议又专门作出决议:认为1955年11月9日本会第二十四次会议通过的农业生产合作社示范章程草案,经过各地试用,证明是切合实际的,可以不再修改补充。因此决议:将本会第二十四次会议通过的农业生产合作社示范章程草案照原案通过,成为正式章程。

《农业生产合作社示范章程草案》中涉及土地问题的制度安排的主要内容有:

(1) 明确了初级农业合作社的性质

第3条规定:"初级阶段的合作社属于半社会主义的性质"。

(2) 合作社对于入社农民的土地享有统一使用权

第1条规定:农业生产合作社"统一地使用社员的土地、耕畜、农具等主要生产资料,并且逐步地把这些生产资料公有化;它组织社员进行共同的劳动,统一地分配社员的共同劳动的成果"。第17条规定:"社员的土地必须交给农业生产合作社统一使用,因为农业生产合作社组成的基本条件,就是把社员分散经营的土地联合起来,加以合理的和有计划的经营。"

(3) 农民交给合作社统一使用的土地,合作社应给予报酬

第3条规定:"对于社员交来统一使用的土地和别的生产资

料,在一定的期间还保留社员的所有权,并且给社员以适当的报酬。""随着生产的发展和社员的社会主义觉悟的提高,合作社对于社员的土地逐步地取消报酬;对于社员交来统一使用的别的生产资料,按照本身的需要,得到社员的同意,用付给代价的办法或者别的互利的办法,陆续地转为会社公有,也就是全体社员集体所有。这样,合作社就由初级阶段逐步地过渡到高级阶段。"第18条规定:"在农业生产合作社的初级阶段,合作社按照社员入社土地的数量和质量,从每年的收入中付给社员以适当的报酬。农业生产合作社的收入是由社员的劳动创造出来的,不是由社员的土地所有权创造出来的,因此,土地报酬必须低于农业劳动报酬,以便鼓励全体社员积极地参加合作社的劳动。但是在农业生产合作社发展的初期,土地报酬也不要过低,以便吸收土地较多较好的农民入社,并且使有土地而缺少劳动力的社员能够得到适当的收入。"第21条规定:"土地报酬按照社员入社的土地在平常年成可能达到的产量来计算。评定社员入社土地的产量,一方面要根据土地的质量,照顾许多贫苦社员的土地原来不能达到应有的产量,而入社以后产量就能够提高的情形;另一方面要根据土地的实际产量,使入社以前改善了土地质量的社员得到应得的报酬。"[①]

从这些规定的内容看,初级农业合作社的土地制度安排仍然是建立在土地农民私有制的基础之上的。

2.《高级农业生产合作社示范章程》

《高级农业生产合作社示范章程》中涉及土地问题的制度安排

---

① 《农业生产合作社示范章程草案》。

的主要内容是：

（1）明确了高级农业生产合作社的社会主义性质

第1条规定："农业生产合作社（本章程所说的农业生产合作社都是指的高级农业生产合作社）是劳动农民在共产党和人民政府的领导和帮助下，在自愿和互利的基础上组织起来的社会主义的集体经济组织"。

（2）确定了土地实行集体所有

第2条规定："农业生产合作社按照社会主义的原则，把社员私有的主要生产资料转为合作社集体所有，组织集体劳动，实行"各尽所能，按劳取酬"，不分男女老少，同工同酬"。第13条规定"入社的农民必须把私有的土地和耕畜、大型农具等主要生产资料转为合作社集体所有。""社员土地上附属的私有的塘、井等水利建设，随着土地转为合作社集体所有"。

（3）取消了土地报酬

第14条规定："社员的土地转为合作社集体所有、取消土地报酬以后，对于不能担负主要劳动的社员，合作社应该适当地安排适合于他们的劳动，如果他们在生活上有困难，合作社应该给以适当的照顾；对于完全丧失劳动力，历来靠土地收入维持生活的社员，应该用公益金维持他们的生活，在必要的时候，也可以暂时给以适当的土地报酬"。

（4）保留宅基地和坟地的私有制

第16条规定："社员原有的坟地和房屋地基不必入社。社员新修房屋需用的地基和无坟地的社员需用的坟地，由合作社统筹解决，在必要的时候，合作社可以申请乡人民委员会协助解决"。

3.《农村人民公社工作条例(修正草案)》

《农村人民公社工作条例(修正草案)》①是 1962 年 9 月 27 日由中国共产党第八届中央委员会第十次全体会议通过的。虽然是党的文件,但实际上起着法规的作用。该《条例》涉及土地问题的制度安排的主要内容是:

(1)明确了人民公社的性质

"农村人民公社是政社合一的组织,是我国社会主义社会在农村中的基层单位,又是我国社会主义政权在农村中的基层单位。农村人民公社是适应生产发展的需要,在高级农业生产合作社的基础上联合组成的。它在一个很长的历史时期内,是社会主义的互助、互利的集体经济组织,实行各尽所能、按劳分配、多劳多得、不劳动者不得食的原则。"

(2)明确了人民公社的经济性质

"人民公社的集体所有制经济,同全民所有制经济,是社会主义经济的两种形式。这两种形式的社会主义经济,互相支援,共同促进我国国民经济的繁荣。"

(3)明确了人民公社的核算单位

"人民公社的基本核算单位是生产队。根据各地方不同的情况,人民公社的组织,可以是两级,即公社和生产队;也可以是三级,即公社、生产大队和生产队"。"生产队是人民公社中的基本核算单位。他实行独立核算,自负盈亏,直接组织生产,组织收益的分配。这种制度定下来以后,至少三十年不变。"

---

① 《农村人民公社工作条例(修正草案)》。

(4) 明确了农村集体土地的所有权归属

"生产队范围内的土地,都归生产队所有。生产队所有的土地,包括社员的自留地、自留山、宅基地等,一律不准出租和买卖。生产队所有的土地,不经过县级以上人民委员会的审查和批准,任何单位和个人都不得占用。要爱惜耕地。基本建设必须尽可能地不占用或者少占用耕地。"

(5) 将宅基地所有权与房屋所有权分离

将宅基地所有权与房屋所有权分离,第一次明确宅基地属于集体所有,房屋所有权属农民私人所有以及宅基地分配制度。"社员的房屋,永远归社员所有"。"社员有买卖或者租赁房屋的权利。社员出租或者出卖房屋,可以经过中间人评议公平合理的租金或者房价,由买卖或者租赁的双方订立契约"。"任何单位、任何人,都不准强迫社员搬家。不得社员本人同意,不付给合理的租金或代价,任何机关、团体和单位,都不能占用社员的房屋。如果因为建设或者其他的需要,必须征用社员的房屋,应该严格执行国务院有关征用民房的规定,给以补偿,并且对迁移户作妥善的安置。""国家和人民公社的各级组织,应该在人力、物力等方面,对于社员修建住宅,给以可能的帮助。社员新建房屋的地点,要由生产队统一规划,尽可能不占用耕地。"

(6) 出现了将土地所有权与经营权分离的雏形

"集体所有的山林、水面和草原,凡是归生产队所有比较有利的,都归生产队所有。生产队可以把零星的树木,交给社员专责经营,并且订立收益分配的合同,或者划归社员所有"。"上面所说的土地、牲畜、农具、山林、水面、草原的所有权和经营权,经过社员大会或者社员代表大会讨论同意,稳定下来以后,长期不变。除了这些以外,还有别的所有权和经营权的问题,经过社员大会或者社员代表大会讨论同意,定下来以后,也长期不变"。

这样,农村集体所有的土地所有制在中国正式确立。对此,我国1975年宪法、1978年宪法都予以确认。1975年宪法第5条规定:"中华人民共和国的生产资料所有制现阶段主要有两种:社会主义全民所有制和社会主义劳动群众集体所有制。"第7条规定:"农村人民公社是政社合一的组织"。"现阶段农村人民公社的集体所有制经济,一般实行三级所有、队为基础,即以生产队为基本核算单位的公社、生产大队和生产队三级所有"。1978年宪法的规定总体与1975年宪法相同,但也有一些修改。在第7条规定:"农村人民公社经济是社会主义劳动群众集体所有制经济,现在一般实行公社、生产大队、生产队三级所有,而以生产队为基本核算单位。生产大队在条件成熟的时候,可以向大队为基本核算单位过渡"。

4.《政务院关于国家建设征用土地办法》修改

在这个时期,还对1953年12月5日公布施行的《政务院关于国家建设征用土地办法》进行了修改。该《办法》经1957年10月18日国务院全体会议第五十八次会议修正,并经1958年1月6日全国人民代表大会常务委员会第九十次会议批准。于1958年1月6日由国务院公布施行。该《办法》坚持以原《办法》确定的基本原则为基础,从以下几个方面进行了修改:

一是,加强了节约用地的制度建设。规定:一切目前可以不举办的工程,都不应该举办;征用土地必须精打细算,严格控制建筑密度,防止多征早征;已经征用的土地,如果因计划变更而不使用或有多余,必须及时交回;县级以上人民委员会和用地单位的上级机关,必须对使用土地的情况经常进行监督检查,发现征而不用和征多用少的土地,应当及时收回交给当地农业生产合作社耕种;征用土地必须由有权批准本项建设工程初步设计的机关负责批准用地的数量,然后由用地所在地的省级或者县级人民委员会本着尽量用荒地、劣地、空地的精神具体核拨用地。

二是,原办法规定征用土地发补偿费的对象是个体农民;农业合作化以后,发补偿费的对象改为农业生产合作社。同时还降低了土地补偿的标准。土地补偿标准,原办法规定为三年至五年的产量总值;将补偿标准改为二年至四年的定产量总值;征用农业生产合作社的土地,如果社员大会或者社员代表大会认为对社员生活没有影响,不需要补偿,并经当地县级人民委员会同意,可以不发给补偿费。征用农业生产合作社使用的非社员的土地,如果土地所有人不从事农业生产,又不以土地收入维持生活,可以不发给补偿费,但必须经本人同意。

三是,关于对被征用土地者的安置问题。针对原办法对于就地在农业上安置强调不够,被征用土地的农民过多地要求转业的问题,强调在不影响生产、生活的原则下尽量就地在农业上安置;如果必须组织移民时,迁出和迁入地区的县级以上人民委员会必须共同切实负责。在组织移民时,应特别注意,迁入地区必须有长期定居的生产条件。①

(三) 1978 年开启改革开放,推动土地制度向适应社会主义市场经济体制的方向转变

1978 年 12 月召开的中国共产党十一届三中全会,拉开了中国改革开放的大幕。改革开放推动着土地制度向着适应社会主义市

---

① 《政务院关于国家建设征用土地办法》。

场经济的方向转变。从1978年到现在,土地制度的变革又可以分为三个阶段。

1. 从1978年到1992年

这个阶段土地制度变革的重点是实现土地管理的制度化法制化的要求,用法律确定土地管理的制度,同时,为土地制度的改革提供法律支持。其重要的法律文件有:

(1) 1982年宪法。宪法第一次明确了城市土地的国家所有制度。宪法第10条规定:"城市的土地属于国家所有。农村和城市郊区的土地,除由法律规定属于国家所有的以外,属于集体所有;宅基地和自留地、自留山,也属于集体所有。国家为了公共利益的需要,可以依照法律规定对土地实行征收或者征用并给予补偿。任何组织或者个人不得侵占、买卖或者以其他形式非法转让土地。土地的使用权可以依照法律的规定转让。一切使用土地的组织和个人必须合理地利用土地。"

(2) 1986年6月25日。全国人民代表大会常务委员会第十六次会议通过的《土地管理法》。这部法律将当时行之有效的土地管理制度输予以确认。它包括:土地所有权和使用权、土地的利用和保护、国家建设用地、乡(镇)村建设用地、法律责任等内容。确定了土地登记确权制度,土地调查统计制度、土地利用规划制度、农民宅基地管理制度、土地征用制度、耕地保护制度、土地执法监督制度等等。由于《土地管理法》涵盖了土地管理的方方面面,1982年2月13日国务院发布的《村镇建房用地管理条例》和1982年5月14日国务院发布的《国家建设征用土地条例》的内容,都被该法吸收而废止。1990年,国务院又发布了《土地管理法实施条例》,对于该法的一些内容又作了细化补充的规定。1986年的《土地管理法》不仅为中国土地制度奠定了法律基础,而且,它还直接推动了城乡地政统一管理的土地管理体制的建立。它结束了土地多部门管理的格局,第5条规定:"国务院土地管理部门主管全国土地的统一管理工作。县级以上地方人民政府土地管理部门主管本行政区域内的土地的统一管理工作,机构设置由省、自治区、直辖市根据实际情况决定。乡级人民政府负责本行政区域内的土地管理工作"。值得一提的是,以前的立法先有机构后立法,而1986年的《土地管理法》则是先立法后建机构。履行城乡地政统一管理职能的原国家土地管理局则是在《土地管理法》颁发后依法设立的。1988年11月8日,国务院发布了《土地复垦规定》。1986年9月15日,国务院发布了《中华人民共和国房产税暂行条例》、1987年4月1日国务院发布了《中华人民共和国耕地占用税暂行条例》、1988年9月27日发布了《中华人民共和国城镇土地使用税暂行条例》。1991年12月5日,国务院发布了《大中型水利水电工程建设征地补偿和移民安置条例》。

由于改革开放的推进,已经涉及到土地制度的变革。深圳等城市推动的土地有偿使用制度的改革,就涉及宪法和《土地管理法》的一些规定。1988年4月12日,第七届全国人民代表大会第一次会议通过了宪法修正案,将宪法第10条第4款"任何组织或者个人不得侵占、买卖、出租或者以其他形式非法转让土地。"修改为:"任何组织或个人不得侵占、买卖或者以其他形式非法转让土地,土地的使用权可以依照法律的规定转让"。1988年12月29日,第七届全国人民代表大会常务委员会第五次会议对《土地管理法》也作了修改:"国有土地和集体所有的土地的使用权可以依法转让,土地使用权转让的具体办法,由国务院另行规定。"国家依法实行国有土地有偿使用制度,国有土地有偿使用的具体办法,由国务院另行规定。"根据对外开放的需要,1980年7月26日国务院发布了《关于中外合营企业建设用地的暂行规定》,建立了向中外合营企业收取场地使用费制度。为了推进国有土地有偿使用制度,1990年5月19日国务院发布了《中华人民共和国城镇国有土地使用权出让转让暂行条例》《外商投资开发经营成片土地暂行条例》。

2. 从1992年到2012年

中国确立了以建立社会主义市场经济体制的改革目标,土地制度伴随着改革开放的进程全面展开。(1)地权制度的建设。2002年8月29日,第九届全国人民代表大会常务委员会第二十九次会议通过了《农村土地承包法》。2007年3月16日第十届全国人民代表大会第五次会议通过了《物权法》。(2)土地市场制度的建设。1994年,全国人民代表大会常务委员会第八次会议通过了《城市房地产管理法》。(3)明确了农村集体经济组织的法人地位。2017年3月5日,第十二届全国人民代表大会第五次会议通过的《中华人民共和国民法总则》将农村集体经济组织明确为"特别法人"。(4)土地管理方式的变革。1998年8月29日第九届全国人民代表大会常务委员会第四次会议对《土地管理法》进行了全面修订。确立以耕地保护为首要目标的用途管制制度。同年12月27日,国务院发布了《土地管理法实施条例》,在中国的立法史上第一次实现了法与实施条例同步实施。随后,2004年国务院发布了《关于深化改革严格土地管理的决定》(也称为"国务院28号文件"),2006年,国务院发布了《关于加强土地调控有关问题的通知》,对于《土地管理法》在实施过程中的问题作了补充和完善。(5)耕地保护制度的建设。1994年8月18日国务院发布的《基本农田保护条例》,1998年12月27日国务院进行了修改。2011年2月22日国务院对《土地复垦规定》进行了修改,发布了《土地复垦条例》。(6)土地管理的基础制度建设。2008年2月7日,国务院发布了《土地调查条例》。(7)土地房屋征收制度的建设。2004年3月14日第十届全国人民代表大会第二次会议通过了宪法修正案,将宪法第10条第三款"国家为了公共利益的需要,可以依照法律规定对土地实行征用。"修改为:"国家为了公共利益的需要,可以依照法律规定对土地实行征收或者征用并给予补偿。"据此,2004年8月28日第十届全国人民代表大会常务委员会第十一次会议对《土地管理法》作出了适宪性修改。2011年11月9日,国务院发布了《国有土地上房屋征收与补偿条例》。(8)土地税收制度的完善。1993年国务院发布了《土地增值税暂行条例》,2007年12月1日国务院发布了《耕地占用税暂行条例》。2006年和2011年,国务院对《城镇土地使用税暂行条例》进行了修订。(9)土地刑法制度的建立。1997年3月14日,第八届全国人民代表大会第五次会议对《刑法》进行了修改,新设立了土地犯罪条款:非法转让、倒卖土地使用权罪(《刑法》第228条)、非法占有耕地罪(第342条)、非法批准征用、占用土地罪(第410条)、非法低价出让国有土地使用权罪(第410条)。

3. 从2012年开始到现在

中国进入了全面深化改革阶段。这个阶段,土地制度的变革的内容有:(1)土地规划制度改革。2015年,中央确定在海南省和回族自治区进行省域"多规合一"改革试点,2016年12月27日,中共中央办公厅、国务院办公厅印发《省级空间规划试点方案》,决定在海南宁夏试点基础上,将吉林、浙江、福建、江西、河南、广西、贵州等七个省(自治区)纳入省域空间规划试点范围。2019年5月,《中共中央国务院关于建立国土空间规划体系并监督实施的若干意见》正式发布。(2)农村土地制度改革。改革的内容是,农村集体经营性建设用地进入市场的改革、农民宅基地制度改革、土地征收制度改革。为了保证改革于法有据,依法进行,2015年2月27日第十二届全国人大常委会第十三次会议通过了《全国人民代表大会常务委员会关于授权国务院在北京市大兴区等33个试点县(市、区)行政区域暂时调整实施有关法律规定的决定》(以下简称《决定》)。根据《决定》,在北京市大兴区等33个试点县(市、区)暂停实施《土地管理法》《城市房地产管理法》的6个条款,按照重大改革于法有据的原则推进农村土地征收、集体经营性建设用地入市、宅基地制度改革试点。该授权的期限将于2017年12月31日届满。2017年11月4日,第十二届全国人大常委会第三十次会议通过决定,北京市大兴区等33个农村土地制度改革试点期限延长一年至2018年12月31日。(3)国有土地资产产权制度改革。2019年,中共中央办公厅、国务院办公厅印发了《关于统筹推进自然资源资产产权制度改革的指导意见》,并发出通知,要求各地区各部门结合实际认真贯彻落实。(4)不动产统一登记制度的建立。2014年11月24日,国务院发布了《不动产登记暂行条例》。2018年12月29日,第十三届全国人民代表大会常务委员会第七次会议对《农村土地承包法》进行了修改,2019年8月26日,第十三届全国人民代表大会常务委员会第十二次会议对《土地管理法》进行了修改。这两部法律的修改,实际上是对这些年来土地制度改革成果的确认。《农村土地承包法》修改的要点是,认真总结了"三权分置"改革的经验,对农民集体所有的土地的所有权、承包经营权、经营权之间的关系进行了界定,明确了经营权的各项权能和政府对农地流转的监管。《土地管理法》修改的要点是,界定土地征收"公共利益"的范围,完善了土地征收的程序;对于农村集体土地经营性建设用地使用权的流转的限制予以取消;明确了国土空间规划的法律地位。《农村土地承包法》和《土地管理法》的修改,既是对土地制度改革成果的法律确认,又为下一步土地制度改革提供了法律基础。

二、在对改革开放提出挑战的积极回应中,土地制度初步实现了从传统到现代的变革

从1978年开启的改革开放,是影响中国历史的大事件。改革开放对中国传统的计划经济体制和管理方式提出了一系列的挑战。作为最重要的生产资料和生产要素,它必然成为改革的重点。对于改革开放提出的挑战,土地制度进行了积极主动的回应,正是在对一系列挑战的积极主动回应中,中国的土地制度实现了自身的变革,形成了中国特色。

(一) 土地的公有制与市场经济的兼容

中国改革开放的目标,不是预先设计和规划的。它是在改革开放的实践中逐步形成的。在改革开放之前,我国实行的是计划经济,并且在理论上把计划经济作为社会主义的本质特征,是区别社会主义与资本主义的标准之一。改革开放之后,随着改革开放的深入,就不可避免地提出了改革的目标问题,也就不可避免地涉及到计划经济问题。在1981年11月召开的五届全国人大四次会议上,提出了经济体制改革的目标是"计划经济为主、市场调节为

辅"。1982年9月党的十二大再次强调:"正确贯彻计划经济为主、市场调节为辅的原则,是经济体制改革中的一个根本性问题。"在1984年10月20日召开的十二届三中全会,通过了《中共中央关于经济体制改革的决定》,强调社会主义经济是"在公有制基础上的有计划的商品经济"。党的十三大对有计划的商品经济作了诠释:"政府调控市场,市场引导企业。"1992年10月召开的党的十四大,明确提出了中国经济体制改革的目标是建立社会主义市场经济体制。1993年11月,党的十四届三中全会通过了《中共中央关于建立社会主义市场经济体制若干问题的决定》,勾画出社会主义市场经济体制的基本框架,认为社会主义市场经济体制的基本框架由市场主体、市场体系、宏观调控体系、收入分配制度和社会保障制度"五大支柱"构成,并制定了总体实施规划。2003年召开的十六届三中全会,通过了《中共中央关于完善社会主义市场经济体制若干问题的决定》,提出了完善社会主义市场经济体制的任务。党的十八届三中全会指出"使市场在资源配置中起决定性作用和更好发挥政府作用。"阐明了在新的历史起点上完善我国社会主义市场经济体制的总体思路。

  建立社会主义市场经济体制的改革目标的确立,就对我国的土地制度的改革提出了挑战。我国实行的土地的公有制,能不能与市场经济兼容?对于这个问题,西方一些政要和学者都得出了否定性结论。他们认为:社会主义公有制和市场经济不可能兼容,社会主义不可能搞市场经济,要搞市场经济就必须实行资本主义,实行私有化。的确,从市场经济的一般特征来说,与公有制是不能兼容的。因为,市场经济作为资源配置的一种形式,是由市场取决定性作用的。也就是说,市场调节是市场经济的核心内容。(1)平等性。各个市场主体之间的关系是平等的,商品交换的原则是等价交换。商品交换纯粹是各商品所有者之间的按照彼此的需求自愿按照协商价格交换。(2)自由性。各个市场主体商店交换关系是自由的,市场分配成为最基本的分配形式,包括各种市场资源和劳动产品,都通过市场交换来进行分配,实行"各增其值、等价交换"原则,即个人向厂商提供生产要素,每一种生产要素在生产过程中都实现增值,并得到各自的报酬,形成个人收入,个人再以其收入按等价交换的原则向厂商购买各种消费品。(3)竞争性。供给和需求通过价格涨落机制得到灵活调节和自动平衡。当供给不足时,商品价格上涨,高利润通过价格信号刺激投资者,促使其将资源、劳动力、技术转入短缺部门,于是供给增多,使需求得到满足。当供给超过需求时,商品价格下跌,低利润及低价格信号促使投资都转移资源、劳动力和技术,减少生产,于是供求恢复平衡。市场调节的有效进行,要求市场主体对市场交换的商品拥有自主决定权,交换过程的各主体表现为商品的所有者,从法律意义上看,商品交换实质上是所有权的交换,商品交换只能在多个不同的所有权人之间才能完成。单一的所有权不可能形成商品交换关系。所有权主体的多元化是市场经济的前提。

我国是社会主义国家,必须坚持土地的公有制。但是,我国的城市土地是属于国家所有,国有土地的所有权主体是单一的,即国家通过国务院作为所有权的代表行使。农村集体所有权的主体虽然很多,但中国的法律明令禁止土地买卖,实质上是所有权不能通过交易转移。这种制度安排与市场经济产生了尖锐的矛盾。解决这个矛盾的方案是中国人民在改革的实践中创造出来的。在80年代初,农民创造的家庭联产承包制,随后发展成为土地承包经营权,成功地将农村集体土地所有权与承包经营权分离。80年代末,以深圳、上海为代表的一些城市,通过推进土地有偿使用制度的改革,将土地的国家所有权与使用权分离,保证了既能够坚持城市土地的国家所有,又能够使土地使用权进入市场,使最重要的生产要素实现市场配置,并且按照需求而有规则的流动。

土地所有权的"两权分离"架构的形成,对于中国的改革发展和稳定有着十分重要的意义。

第一,"两权分离"的土地所有权架构为社会主义市场经济体制的建立奠定了坚实的基础。土地,作为重要的生产要素进入市场,由市场配置,开启了生产要素市场化的进程。没有生产要素的市场化,就没有真正意义上的市场经济。

第二,"两权分离"的土地所有权架构,为解决土地问题的公平与效率之间的关系提供了制度框架。土地问题在中国始终是改革发展稳定的大问题。几千年来的中国的农民革命都是围绕着土地展开的。都是一部土地循环往复的历史,在经济发展过程中土地开始出现兼并,不断向少数人集中,少数人占有大量土地,导致社会不公。之后就是农民革命、农民起义。起义之后,新的皇帝又开始平均分田,平均地权开始了,下一个一百年、二百年又是这样反复。尽管历朝历代的法律禁止买卖、兼并土地,但是土地交易还是存在的。在1949年中国共产党取得了全国政权,立即进行了土地改革,实现了土地农民私人所有。但很快又出现了土地集中的问题,党领导了农业合作化运动,最终形成了农村土地的集体所有,在城市进行了工商业的社会主义改造,形成了城市土地的国家所有。现在,要建立社会主义市场经济,土地市场的建立必然就有土地流转,流转必然向少数人集中。如何避免这种状况的发生?土地所有权的"两权分离"架构解决了这样一个问题,所有权还是国家所有、集体所有,使用权是流转的,并且使用权是有期限的。国有土地使用权市场配置,解决了使用效率问题。而土地的公有制则解决公平问题。对于所有权解决社会公平问题的功能,并不是所有人都能认识到的。有些人总是从政治策略上看这个问题,或多或少主张"淡化"所有权、"虚化"所有权。其实,在实践中,土地所有权的公有制在解决社会公平方面的作用日益显现。在农村,因土地征收或者灾毁等原因造成农民的承包土地灭失,往往要靠农村集体所有的土地进行调地安置,农民宅基地的供应也要靠集体土地。农村集体经济组织还可以依法行使收回承包土地,确保"耕者有其田",和土地的有效利用。在城市,国有土地因为国家是所有权主体,才能够为解决城市居民的住房问题提供支持。并且,无论是国有土地使用权还是农村集体土地的承包经营权,都设定了使用期限。这样为平衡效率和公平之间的关系奠定了一个制度框架。

第三,"两权分离"的土地所有权架构,突破了传统法学的一些观念。在大陆法系国家,因囿于公法私法的划分,奉行一个原则,就是"公地上无私权","私人土地有私权"。私权只能在私人所有的土地上设置。我们现在在国有土地上设定了一个传统民法意义上的使用权、地上权,这就突破了这个定律。实际上,在大陆法系国家,因为实行的土地私有制,私权在私人所有的土地上设定,在公有土地上,获取的地权是通过政府授权的,具有行政行为的特征,权利的主体在法律上定位为"公法人",承担的是公共服务职能。"公地上无私权"是符合西方私有制国家的实际的。但是,如果我们用这个定律套用在中国,就会遇到问题。中国实行的是土地公有制,在国有土地上,从事的生产经营活动,除了提供公共服务之外,大量的则是营利性质的。并且,国有企业改革的目标就是要形成真正的市场经济主体,除了少量的提供公共服务的企业可以定义为"公法人"之外,绝大多数都是私法意义上的法人。正是基于这种突破,我国的《物权法》已将国有土地出让使用权设定为用益物权。

"两权分离"的土地所有权架构,推动了我国土地制度的转变。转变的重点就是从偏重"管理"转向重视土地权利。新型的地权制度已经基本形成,《物权法》和《农村土地承包法》和《土地管理法》对于我国的土地权利体系作了确认。对于国有土地和农村集体所有的土地,在所有权基础上,分别设定了土地承包经营权、建设用地使用权、宅基地使用权、地役权等用益物权和抵押权。土地市场制度的建设从无到有,对国有土地使用权"出让"和"转让"的规则,政府对土地市场的监管措施等都形成了较为完善的制度体系。

(二) 工业化城镇化的土地占用与耕地保护的统筹

把中国建设成为社会主义现代化的国家,实现中华民族的伟大复兴,是中国人民的共同心愿和追求。对此,我国宪法做了确认。宪法在序言中规定:"国家的根本任务是,沿着中国特色社会主义道路,集中力量进行社会主义现代化建设……逐步实现工业、农业、国防和科学技术的现代化,推动物质文明、政治文明、精神文明、社会文明、生态文明协调发展,把我国建设成为富强民主文明和谐美丽的社会主义现代化强国,实现中华民族伟大复兴"。"本宪法以法律形式确认了中国各族人民奋斗成果,规定了国家的根本制度和根本任务,是国家的根本法,具有最高的法律效力。"宪法把国家的发展目标确定为"根本任务",在宪法学上有着特殊的意义。乔晓阳认为:"其他国家宪法尤其西方国家宪法通常不规定国家的根本任务,我国宪法不仅规定了国家根本任务,而且从内在逻辑上讲,我国的国家根本制度是由这个根本任务决定的,从而形成了我国宪法与许多国家宪法的重大分野。因此,我国宪法的核心要义是规定了国家的根本任务,为完成这一根本任务,确立社会主义制度为国家根本制度,而且实行的是中国特色社会主义。我国宪法把国家根本任务与根本制度紧密联系在一起,从而具有鲜明的中国特色。这种特色源于我国的历史、国情和实践中产生的理论,有着自己的历史逻辑、实践逻辑和理论逻辑。"[1]土地制度,作为国家重要的经济制度,也必须按照宪法的规定,适应完成"根本任务"的要求,凡是有利于实现"根本任务"要求的制度安排,就应该坚持,反之,就应该废止。

  国家现代化的过程,就是工业化和城镇化的过程。在工业化和城镇化的进程中,土地资源具有十分重要的作用。工业化城镇化不能凭空进行,离不开土地。它要求能够及时充分便捷地提供建设用地供应,确保工业化城镇化不因土地问题而延滞。另一方面,我国的土地国情十分特殊,人多地少是我国土地国情的基本特点。第二次全国土地调查数据显示,全国人均耕地 0.101 公顷(1.52 亩),不到世界人均水平的一半。世界人均耕地为 3.38 亩。[2]我国有约 14 亿的人口,每年人口还在增长。如此庞大的人口总

---

[1] 乔晓阳:《树立宪法观念和意识 正确贯彻落实基本法——在国家宪法高端论坛暨纪念香港基本法颁布 28 周年研讨会上的讲话》(2018 年 4 月 21 日),来源:中联办网站。

[2] 中国网 2013 年 12 月 30 日。

量,就决定了我国的粮食安全不能建立在国际粮食市场上,一旦发生粮食危机,国际上的粮食市场的进口不可能解决中国的粮食危机问题。中国只能依靠自己来保障中国的粮食安全问题。要保障中国的粮食安全,就必须保护耕地。确保足够数量的耕地面积,确保能够用中国的地养活中国人。据原国土资源部(自然资源部)发布的2017中国土地矿产海洋资源统计公报,到2016年年末,全国共有耕地13492.10万公顷(20.24亿亩)。并且每年因各种因素造成耕地的大量减少,2016年,全国因建设占用、灾毁、生态退耕、农业结构调整等减少耕地面积34.50万公顷。耕地不仅人均水平低,而且分布极不均匀。我国人口地理学家胡焕庸先生(1901—1998)在1935年提出的划分我国人口密度的对比线,最初称"瑷珲—腾冲一线",后因地名变迁,先后改称"爱辉—腾冲一线"、"黑河—腾冲一线"。后被称为"胡焕庸线"。这条线从黑龙江省瑷珲(1956年改称爱辉,1983年改称黑河市)到云南省腾冲,大致为倾斜45度基本直线。线的东南方36%国土居住着96%人口(根据2000年第五次全国人口普查资料,利用ArcGIS进行的精确计算表明,按胡焕庸线计算而得的东南半壁占全国国土面积43.8%,总人口94.1%),虽然"胡焕庸线"是在20世纪30年代提出的,是依据农业社会的人口气候的历史变化情况而提出的。但是到了城镇化和工业化的今天,这条线仍然适用。胡焕庸根据中国内地1982年的人口普查数据得出:"中国东半部面积占目前全国的42.9%,西半部面积占全国的57.1%……在这条分界线以东的地区,居住着全国人口的94.4%;而西半部人口仅占全国人口的5.6%。2000年第五次人口普查发现,"胡焕庸线"两侧的人口分布比例,与70年前相差不到2%,但是,线之东南生存的人已经远不是当年的4.3

亿,而是12.2亿。虽然中国拥有960万平方公里的国土,但真正适合人们生存的空间,却只是这300多万平方公里。在工业文明的21世纪,胡焕庸线所揭示的人口分布规律依然没有被打破。值得指出的是,"胡焕庸线"的东南侧300多万平方公里的面积,不仅是适合农业开发的地区,也是我国工业化城镇化集中进行的区域。这种土地的特殊国情,使得我国在处理建设和吃饭之间的关系对面临特殊的难题。

为了破解这一难题,我国的土地制度作出了以耕地保护为核心的用途管制的制度安排。所谓用途管制,是指土地的所有者和使用者严格按照国家通过土地规划设定的土地的具体用途利用土地的制度。按照用途管制的要求,我国的土地制度进行了一系列的变革。确定了耕地的特殊保护制度,它包括:确立保护耕地为基本国策,规划确定的耕地保有量不减少、基本农田保护制度、建设占用耕地的"占补平衡"制度、鼓励土地整理制度。强化了土地规划的调控作用的土地规划制度,高效率的建设用地供应制度,鼓励土地的节约集约利用的制度等等。这种制度安排是有成效的。建设用地的及时供应,支撑着中国经济40多年的高速增长,同时,守住了耕地红线没有被突破。到第二次全国土地调查时,以2009年12月31日为汇总的时点,全国耕地面积为13538.5万公顷(203077万亩)①。到2016年年末,全国耕地13492.10万公顷(20.24亿亩)。②

---

① 《关于第二次全国土地调查主要数据成果的公报》,中央政府门户网站2013年12月31日。
② 自然资源部:《2017年中国土地矿产海洋资源统计公报》。

(三) 为工业化提供原始积累与维护农民的土地权益之间的平衡

一个国家在实现从农业国向工业国的转变,都存在一个如何解决工业化资本的原始积累问题。对于资本主义工业化资本的原始积累,马克思做了深刻的解析:"所谓原始积累只不过是生产者和生产资料分离的历史过程。这个过程所以表现为'原始的',因为它形成资本及与之相适应的生产方式的前史。"①在资本主义国家,资本原始积累实质上是指新兴资产阶级利用暴力手段,迫使小生产者与生产资料相分离,把生产资料和财富集中到自己手中并转化为资本的过程。资本主义国家在工业化的起步阶段,其原始积累的过程是血淋淋的暴力剥夺的过程。

一是,用暴力手段剥夺农民的土地,摧毁小农经济,使其解体。农民的土地被剥夺之后,就变成了无产者,这些离开土地的农民就成为廉价的工业生产劳动力。在历史上,西欧各国都发生过程度不同的"圈地运动",英国的圈地运动最具代表性。在 15 世纪末,英国的毛纺织业已成为当时发展最快的产业,毛纺织业的发展造成了对羊毛需求的扩大和羊毛价格的大幅上涨,养羊业就成暴利行业。于是,大地主和农场经营主除了把自己的已有的耕地变成牧场外,开始用暴力掠夺公有地和份地。他们拆毁和焚烧农舍和村庄,用栅栏和篱笆把大片土地围圈起来,把这些强占的土地变为牧场。这就是英国历史上所谓"羊吃人"的"圈地运动"。"圈地运动"从 15 世纪末一直持续到 19 世纪初。"圈地运动"使大批农民失去土地,成为无家可归的流浪者。另一方面,英国的统治者又颁

---

① 《马克思恩格斯全集》第 23 卷,人民出版社 1964 年,第 783 页。

布法律,用鞭打、烙印、监禁、割耳朵,以至判处死刑等方法,禁止农民流浪,强迫他们成为雇佣劳动者。二是,通过对殖民地人民的掠夺。其主要手段有:推行殖民制度,贩卖黑奴,进行商业战争。对于资本主义原始积累的过程,马克思是这样评价的:"但所有这些方法都利用国家权力,也就是利用集中的有组织的社会暴力,来大力促进从封建生产方式向资本主义生产方式的转变过程,缩短过渡时间。"①资本原始积累是"用最残酷无情的野蛮手段,在最下流、最龌龊、最卑鄙和最可恶的贪欲的驱使下完成的。"②

中国在实现从农业国向工业国转变的过程中,同样面临如何解决工业化资本的原始积累问题。1949年中华人民共和国成立,面对的是"一穷二白"的经济基础。从1840年鸦片战争到1949年新中国成立初,中国没有什么现代工业,更没有现代工业体系。中国在工业化的初始阶段,工业化是通过两个途径来解决原始积累问题的。一是,从农业中提取剩余。中国的国情决定了中国工业化的原始积累只能是在相当长的时期内依靠农业,提取农业剩余的方式来实现。提取农业剩余是通过"剪刀差"的形式进行的。高价格的城市产品、低价格的农产品价格剪刀差的方式支持了国家工业化。这条道路虽然漫长而痛苦,但又是不可避免的,中国的农民为中国的工业化做出了巨大的牺牲。二是,苏联的援助。从1953年至1957年,新中国开始实施第一个五年计划。中国通过等价交换的外贸方式,接受了苏联和东欧国家的资金、技术和设备援助。建设了以"156项重点工程"为核心的近千个工业项目,156个

---

① 《马克思恩格斯全集》第23卷,第819页。
② 同上书,第830页。

大型工业项目中,以优先发展重工业为原则。苏联总共向中国提供了高达66亿卢布的援助,相当于16.5亿美元(超过了"二战"后美国对德国进行"马歇尔计划"所提供的援助总金额14.5亿美元)。另外,在苏联的带领下,东欧各国向中国提供的技术设备援助共计30.8亿卢布(7.7亿美元),中国从社会主义国家阵营中总共获得了大致24亿美元的工业化外来资本。这些外来资本的进入,加快了中国工业化的进程。

改革开放以后,中国工业化的原始积累开始转向多元供给的格局。一是,改革开放之前兴建的工业化体系提供的利润;二是,对外开放外国资本的进入;三是,乡村工业化农民的投入;四是,私人资本的投入。在这个过程中,土地制度的安排发挥了重要的作用。就乡村工业化的过程看,农村集体经济组织利用集体所有的土地,或者入股或者联营或者直接兴办企业。就国有土地而言,通过土地征收制度,政府获取农地转为建设用地的增值收益,为工业提供低价土地,支持工业的发展。这是中国土地制度的一个特点和优势。对于中国现行的土地征收制度现在争议较多,如果我们把视角放在工业化的过程的大的历史背景下去认识,可能会得出新的结论。如果我们把视角再拓展到世界上发达国家和发展中国家的工业化道路去比较,我们有的结论可能更公允一些。

在中国的土地制度安排下,土地成为工业化资本的原始积累的一个重要渠道。虽然它对于加快工业化的进程发挥了重要作用,但是也带来了新的问题:如何避免在工业化城镇化进程中造成一大批失去土地的"流民"?如何在工业化城镇化进程中有效地维护农民的土地权益?

中国土地制度给出的答案是,在实施以效率优先为特点的土地征收制度的同时，不断提高对被征地农民的补偿安置标准，最终确立了以保证被征地农民"原有水平不降低，长远生计有保障"为原则的补偿安置制度。国有土地的增值收益，除了主要用于城市建设，为工业园区提供低价土地之外，一部分用于农业农民农村，并且要不断提高比重。让全体人民享受城市化的"红利"，让现代化的成果惠及全体人民，是我国社会主义制度的本质要求。这些原则和制度，虽然在实施过程中出现了这样和那样的问题，并且制度本身还需要进一步完善。但是，从改革开放开始至今，中国的土地征收的总量和频次，超过世界上任何国家，但没有出现大的颠覆性的社会事件，也没有出现"无地无业无保障"的三无流民群体，的确来之不易。

三、土地制度的中国特色

正是在社会变革的推动和对改革开放挑战的回应中，我国的土地制度形成了鲜明的中国特色。概括起来有：(1)土地公有制基础上，土地所有权与土地使用权、承包经营权相分离的土地权利制度；(2)以耕地保护为核心的用途管制制度；(3)政府垄断与市场配置相结合的土地市场制度；(4)效率与公平相统一的土地征收和补偿安置制度；(5)以保证全体人民共享城市化成果为目标导向的土地收益分配制度；(6)以中央政府集权管理为主与充分发挥地方政府主动性积极性相统一的管理体制。

我国土地制度的特色，是在实践中逐步形成的，并且在实践中不断完善。从改革开放40多年的实践看，是符合现阶段中国国情的。它促进了社会主义市场经济的建立；促进了我国工业化城镇化的快速推进;从效率优先开始转向效率和公平的统一,保证了土地正义在中国的逐步实现;它还促进了农村农业的发展,改善了农民的生活,保证了社会稳定。

中国特色社会主义的土地制度的制度框架已经形成,但它的完善还需要一个长期过程。随着生态文明建设的展开,经济发展的方式转向高质量发展,随着全面依法治国的推进,土地制度还要接受新的挑战,还要实现新的变革。

第二节 土地法观念的变革

随着中国土地制度的变革,土地法的观念也必然发生变革。变革的主线就是,从传统土地法以土地所有关系为核心转向现代土地法以土地利用关系为核心。这个变革,就要求我们对"什么是土地法"的问题重新进行审视。

一、从传统土地法向现代土地法转变

土地法的发展,有其自身的历史。回眸土地法的发展过程,它经历了从传统土地法向现代土地法的变革过程。根据人类生产方式的不同,历史学家将人类文明大体划分为三个阶段,一是以狩猎和采集为标志的原始文明时期;二是以农业种植和养殖为标志的农耕文明时期;三是工业革命以来,以机械化大生产为标志的工业文明时期。在原始文明时期,土地法开始萌芽;进入农耕文明后,以国家的出现为标志,实在法意义上的土地法正式产生;人类迈入

工业文明后,土地法发生了质变。

(一)传统土地法

土地法产生于人类社会的农耕文明时期。

土地法是人类文明的产物。但并不是有了人类就有了土地利用行为。在人类和土地的关系上,土地是先于人类存在的自然物质,也是人类从动物中分离出来后最先感知的对象。在人类的原始文明时期,人类只是被动消极地依赖自然、适应自然,在那个时期,人类还不具备开展积极主动地利用土地的活动。在原始文明时期,为应对艰苦的自然条件,人类以天然的血缘为纽带,以土地为生产空间结成共同体——部落或者部落联盟。为争夺狩猎、采集的空间,部落之间不断发生争执,不停地迁移流动是那个时期的生产方式和生活方式,需要时刻迁移以寻找更好的自然资源。土地的所有权保护并没有成为当时的必需品。

人类有意识地积极主动地利用土地是发源于农耕文明时期。农耕文明的形成,对于人类的土地利用行为来说,是一次革命性的变革。种植业代替了游牧渔猎,定居取代了漫游迁徙,畜牧取代了狩猎。一句话,人类开始从单纯的食物采集者转向了食物的生产者,从被动消极依赖土地转向了有意识的自觉干预利用土地的新征程。进入农耕文明之后,人类的生产方式和生活方式发生了巨大的改革。一是,生产能力的提高,可以在固定的土地上反复耕作。进入农耕文明时期,人类开始需要固定、肥沃的土地来承载他们的生产方式,这就使得人类对土地的所有权保护的要求日益突出。二是,土地利用共同体的形成。由于是以种植业为谋生的手段,就要求共同劳动,土地是固定地域反复耕作,人类开始形成了规模不等的聚居，形成了氏族和部落。氏族部落的形成客观上构建了人类历史上的第一种社会共同体——土地利用共同体。所谓社会共同体，是指不同的人依据共同的目的或者共同的利益而形成的社会关系。土地利用共同体的诞生，就提出了共同生产的条件、分配，以及灌溉等各种问题。而这些问题单靠个人的力量是无力实现的，是需要集体的力量才能实现的，集体劳动和集体分配就需要集体认可的规则。三是，私有制的出现。在氏族部落时代，土地属于部落成员共同所有，但在占有使用上，随着农业种植技术的发展，土地经历了共同占有使用，到以家庭为单位平均分配并占有使用的过程。随着生产工具的改进，农业生产力的提高，农耕可以以家族单独进行，这就产生了各家族间平均分配土地并划分土地界限的要求。随着剩余产品增加，简单的商品交换关系也就产生了，逐渐出现了私有制和国家，国家就开始把原来土地利用共同体的一些规则变成了法律，这样土地法也就诞生了。

土地法诞生于农耕文明时期，必然反映农耕文明的生产方式的要求。在农业文明时期，土地是人类最大、最可靠的财富和最基本的生产资料。拥有了土地就拥有了一切。土地是财富，土地是政治地位的象征，土地是财政的主要来源。正因为如此，在农耕文明时期，社会最主要的矛盾就是土地分配问题。封建贵族利用其政治地位，不停地兼并土地，将土地集中在少数人手里，皇帝和国王除了以国家的名义占有大量土地，对贵族大臣的赏赐也主要是土地，农民革命的诉求也是"均田赋"。在这种历史背景下，传统土地法只能将土地所有权的保护作为核心。人类历史上早期不同的国家的土地法印证了我们的这个结论。中国的夏商，按照夏代的法律，王掌管全国的田/土，拥有充分的所有权。王可以分封或赏赐贵族功臣土地,但他们只享有占有和使用权。① 《汉穆拉比法典》规定了国有与有限度的私有并存的土地制度。古代印度的土地所有制是以土地国有制或王有制为基本制度,国王被誉为"大地的主人",原则上是全国土地的最高所有者,凡占有土地者皆得向国王统治缴纳赋税,土地占有的主要形式是村社制。村社中的耕地一般分给各家使用,而牧场、森林、水渠等则由村社社员共同占有和使用。社员间的土地占有纠纷,由村社长老出面解决。社员的土地使用权受法律的严格保护,受到侵害时可要求赔偿。②

(二) 现代土地法

人类社会进入到工业文明时期后,生产方式生活方式发生了根本性的改变。和农耕文明时期相比,有以下几个方面的根本不同:一是生产方式不同。工业文明的生产方式是以生产的社会化为特点的,而农耕文明则是自给自足的小农经济;二是,交换方式不同。工业文明实行的是市场经济,由市场来配置资源。而农耕文明则是以物易物和简单的商品交换;三是,生产手段不同。工业文明人类利用机器设备、化学、生物技术、信息技术进行生产,生产效率成几何倍数增长,人类两百年来创造的经济规模,比过去几千年还多得多。正如马克思、恩格斯所指出的那样:"资产阶级在它不到一百年的阶级统治中,所创造的生产力比过去一切世代创造的全部生产力还要多。"③而农耕文明则是依靠人力手工劳动;四是,经济的比重不同。在工业文明时期,农业在国民经济中的比重

---

① 参见,曾宪义、赵晓耕主编:《中国法制史》,北京大学出版社2017年。
② 参见,何勤华主编:《外国法制史》,法律出版社2016年,第35页。
③ 马克思、恩格斯:《共产党宣言》,人民出版社2018年,第32页。

大大降低，工业成为国民经济的主要部门。而农耕文明则是以农业为主，农业几乎是国民经济的全部；五是，生活方式不同。工业文明时期，人们主要在城市生活，城镇化是与工业化相伴的产物，人口的集中化是基本特点。而在农耕文明时期，人们主要在农村生活，分散封闭是其基本特点。六是，价值观念不同。工业文明时期，人们崇尚的价值观是自由、平等、人权、法治，追求的公平是起点平等机会均等的竞争。而在农耕文明时期，人们信奉的是等级特权，向往的公平是平均主义的"结果平等"。

在这种背景下，以奉行土地所有权保护为中心的传统土地法势必遇到一系列的挑战。

第一，随着城镇化的推进，人口集中在城市，造成了人地矛盾加剧，如何更充分更有效地利用土地就成为工业化城镇化过程中必须要解决的重大问题。一部分拥有土地所有权的所有者，或者无力开发或者无意愿开发自己拥有自己的土地，又不愿意把自己的土地转让，而另一部分人，有资金、有能力、有意愿开发利用土地，却没有自己所拥有的土地，或者没有拥有与自己的资金能力相匹配的土地。这种矛盾就对所有权制度提出挑战，这就是罗马法创立的用益物权制度在工业文明时期得到复兴和发展的原因。用益物权实质上是对所有权的保护和限制，但促进了土地利用。

第二，随着市场经济的推进，社会公平正义也对土地分配制度提出了新的要求。土地分配制度主要集中在两个方面：一是，"平均地权"，"耕者有其田"。资产阶级在反对封建的革命取得胜利之后，都对传统的农地制度进行了革命性的改造，原则就是"平均地权"，"耕者有其田"，虽然这一原则是封建社会农民起义的主张，但因时代不同，它有新的内涵。它的要义就在于，打破封建的土地关系,把农民从封建的人身依附关系中解放出来,为工业化提供自由的劳动力。同时,通过实施"耕者有其田",把农民从高额的地租中解放出来,以促进农业生产,提高农副产品的产出率,为工业提供原料。虽然在农耕文明时期也有过"平均地权"的举措,如中国古代,平均地权的思想主要通过"均田制"、"授田制"体现出来,即国家根据人口和土地资源状况,公平授予每个农民一定面积的土地进行耕作。国家在公开制度层面反对土地兼并,但由于缺乏相应的管理手段,且对特权阶层无力约束,每个朝代初期实行的均田努力,最终都被土地兼并所破坏,最终导致社会的动荡与农民起义。二是,土地收益的分配。随着城镇化的推进,土地的供需矛盾显现,由于土地资源具有稀缺性的特性,供需矛盾推升了土地价格的攀升,加上社会进步的因素,也使得土地的所有权人无需投入,就能获取暴利。这种分配显然是不公平的,因此,"涨价归公"就成为社会正义的要求。对于土地分配领域提出的挑战,仅靠所有权保护的法律制度是难以回答的。

第三,随着科学技术的迅猛发展,人类的土地利用能力也随之提高。人类土地利用能力的提高一方面能够促进土地的充分有效的利用,以满足人类不断增长的物质和精神需求。另一方面,如果对人类的土地利用能力不进行合理的规制,就有可能损害他人的利益和社会的利益,最终会将土地为人类生存生产生活的功能全部毁灭。这就要求人类的土地利用必须以社会利益为基础,对土地利用行为进行限制。这就突破了传统土地法所有权绝对保护的制度设计。

第四,随着社会生产力的不断提高,人民生活水平的改善,人类对土地的需求呈现多样化,土地不再仅仅只是作为居住和农业生产的生产资料功能，需求的多样化，必然要求土地功能的多样化，作为生产要素，具有金融融资功能，人们观光旅游休闲，又具有文化功能，作为财产权，又与人权社会公平相联系，又具有社会功能。土地功能的多样化，就要求土地权利制度呈现出"权利束"的权利结构，单一的所有权保护制度显然不能适应这种土地功能多样化的要求。

在工业文明的挑战下，传统土地法开始实现了变革。变革的主线就是，从土地所有关系为核心转向土地利用关系为核心。在工业文明的背景下，"单纯固定所有者的物权保护方式已经不能适应现代经济社会化、高效化的物权使用要求。实际上，在任何制度下，利用是财产价值实现的唯一途径。从实质意义上考察，所有权的归属意义也不单纯为归属本身，而在于对物的使用，即"因利用而归属"。失去利用的终极目的，归属便无任何意义，而归属只是财产利用在历史阶段中的特殊表现。"①

与传统土地法相比较，现代土地法展现了许多新的特点：(1) 在个人利益与社会利益的优先问题上，现代土地法从个人本位优先逐步转向社会本位优先。并在此基础上，建立了用途管制制度、土地征收制度、体现社会公平的土地收益分配制度。这些新型法律制度，都是传统土地法中所没有的；(2) 以促进土地利用为导向，在土地所有权之上，设立了用益物权和多种类多功能的"权利束"。在工业文明时期，所有权绝对自由的观念发生变化，法学理论更为重视对土地利用的使用权的保护，为了保护土地的利用者，

---

① 甘藏春等：《当代中国土地法若干重大问题研究》，中国法制出版社2019年，第61页。

现代土地法对用益权予以保护,并赋予用益权以对抗土地所有权的效力。这种变革的目的就在于,"为了适应资本的运动法则并促进土地有效利用,而强化土地利用权,以求得地尽其力。"①(3)土地关系突破了单纯的经济关系领域,成为多种社会关系的综合性关系。在工业文明时期,随着土地全面渗透到社会的各个领域,土地功能的多样化也推动着土地关系走向综合性。社会各方面都会把自身的诉求(如环境保护、人权、反贫困等)嵌入到土地关系中,这就使得土地关系跨出了单纯的经济领域,向着综合性的方向迈进。

二、土地利用关系

现代土地法的核心是土地利用关系。那么,如何认识土地利用关系呢?

(一) 土地利用行为

土地法是在人类与土地互动过程中形成的规则基础上形成的。人类的土地利用行为是人类和土地之间互动的桥梁,没有土地利用行为,人类与土地之间是不可能产生互动关系的。

什么是土地利用行为?学术界有过深入的讨论,概括起来,主要有:"土地利用是由土地这一自然综合体的固有特性和人的干预所决定的土地的功能";②"土地利用是指人类对特定土地投入劳

---

① 甘藏春等:《当代中国土地法若干重大问题研究》,中国法制出版社 2019年,第61页。

② 许牧、陈为繁:《试论土地科学》,《中国土地科学》1990年第1期。

动力资本,以期从土地得到某种欲望的满足";①"土地利用是人类通过与土地结合获得物质产品和服务的经济活动过程";②"土地利用是指在既定时间、空间和特定地点的一切已开发和空闲土地的表面状况";③"土地利用就是指由土地质量特性和社会土地需求协调所决定的土地功能过程";④"土地利用是由自然条件和人为干预所决定的土地功能"。⑤ 这些观点虽然有些不同,但都有共性。

从法学意义上讲,土地利用行为就是指人类按照自己的意愿对土地进行干预,以期获得预期收益的活动。土地利用行为有以下特征:(1)从主体上看,土地利用的主体是人类。(2)从主观要件上看,是人类有意识的自觉活动,人们对土地的利用,是依据一定的目的,是一种主动行为,而不是被动服从。(3)从行为的特征看,是人类对土地的干预过程,它包括对土地功能的改变、土地条件的改造、土地规律的运用等。(4)对象和客体是土地。(5)是以获取预期收益为目的的。人们利用土地总是希望自己的劳动能够得到预期收益,预期收益,既有物质收益,比如粮食、食品、住房、货币等,也有精神收益,即某种欲望的满足。

(二) 土地利用行为的双重性

就土地法而言,仅仅认识到土地法是以土地利用关系为基础是不够的。实际上,土地利用行为的双重性,即内在性和外部性,

---

① 林英彦:《土地利用概要》,台湾文笙书局 1995 年。
② 毕宝德、柴强、李玲:《土地经济学》,中国人民大学出版社 1998 年。
③ [印度] R. B. 曼德尔:《土地利用理论与实践》,西北农业大学 1997 年。
④ 王万茂主编:《土地利用规划学》,科学出版社 2006 年。
⑤ FAO,《立法在发展中国家土地利用规划中的作用》,1985 年。

才是我们了解土地法的钥匙。

土地利用的内在性是指土地权利人在实施土地利用行为过程中的内在动因。它包括人们利用该宗土地时的主张、要求和预期目标、预期收益（物质收益或者精神收益）等，内在性是土地利用行为中起着决定性作用的因素。土地利用的外部性，是指人们在利用土地的过程中对外部产生的溢出效应。"溢出效应"可能是"正效应"，也可能是"负效应"。外部性是经济学特别是制度经济学的一个重点问题。外部性是指个体经济单位的行为对社会或者其他个人部门造成了影响却没有承担相应的义务或获得回报，亦称外部成本、外部效应或溢出效应。这种外部效应有时产生有利影响（例如，教育能提高社会生产力），有时会产生不利影响（例如，污染会降低社会生产力）。从内在性来看，人们利用土地，都是基于不同的目的，追求利用效益的最大化，这就势必产生"溢出效应"，"溢出效应"可能是"正效应"，也可能是"负效应"。

内在性和外部性是现代社会人类行为的基本属性。那么，土地利用行为的内在性和外部性又是如何体现的呢？

1. 自利性

土地利用的内在性的特征就是土地利用人的自利性。人类的土地利用活动，本质上是经济活动。和其它经济活动一样，其动机或者出发点不外乎追求利益的最大化，以最小的投入获取最大的收益。同时，趋利避害，不断地在目的与手段之间进行理性的选择，以达到最佳效果。自利性并不关乎道德评价，它只是人类从事经济活动的真实动机的客观描述。自利性和产权制度有紧密的关系，但与传统观念的认识不同，即自利性由社会的所有制决定，只有在私有制的条件下，才会产生自利性问题。在公有制条件下，没有自利性的基础。现实的情况并不如此。以土地利用为例，在土地公有制的背景下，土地利用衍生出现"公地悲剧"的现象：公地作为一项资源或财产有许多拥有者，他们中的每一个都有使用权，但没有权利阻止其他人使用，而每一个人都倾向于过度使用，从而造成资源的枯竭。过度砍伐的森林、过度捕捞的渔业资源及污染严重的河流和空气，都是"公地悲剧"的典型例子。每个当事人都知道资源将由于过度使用而枯竭，但每个人对阻止事态的继续恶化都感到无能为力。而且都抱着"及时捞一把"的心态加剧事态的恶化。因此，土地法的重点就是禁止土地利用的粗放和浪费。在土地私有制的背景下，人们对于自己拥有的土地，在农村和城市呈现出不同的利用状态。对于农村土地，土地拥有者在利用上是珍惜地力、培育地力、保持土地的可持续生产能力，而在城市土地，为了追求利益的最大化，则是过度利用。例如2015年著名的北京德内大街坍塌案，就是业主买下一座四合院，为了扩大建筑面积私自往地下深挖，结果导致临近房屋的大面积坍塌。因此，我们可以得出这样的结论：无论是实行什么样的所有制，自利性都是客观存在的。但是，不同的所有制，自利性的表现形式是不同的。

在土地利用过程中，土地利用人在自利性的驱动下，可以作出两种行为选择。一是逐利性，追求利益最大化。二是理性选择，趋利避害。在逐利性的动机驱动下，土地利用人可以实施如下行为：(1)通过增加对土地的投入，提高土地的单位产出率；(2)改变土地使用的预设条件（如用途、容积率等），增加土地收益；(3)囤积土地，坐收渔利，获取投机收益。另一方面，土地利用人还得对自己拟采取的行为进行理性判断。这里也有多种因素需要考量：良知、社会道义、法律和有关规定的要求。在经过理性评判达到趋利避害的目标后,土地利用人才真正开始实施土地利用行为。当然,由于人们的道德法律意识和对事物的认知水平的差异,人们作出的选择是不同的。但都是基于逐利性和趋利避害的原则作出的。

2. 公共性

在现代社会,土地利用行为的外部性特征就是公共性。土地利用行为的公共性是由土地的"准公共品"和行为性质的公共性决定的。

(1) 土地是"准公共品"

公共品是与公共性联系在一起的。什么是公共性?从一般意义上讲,是指非排他非竞争的可共享性。公共性还可以从不同角度去理解,从公共需要的角度看,公共性在客观上是由于社会对一些问题的解决存在着共同的需要,因而国家及其政府为了巩固自身的统治不能不去解决这些问题,从而显示出公共性特征。也就是说,公共性是由社会的公共需要所决定的。满足公共需要是公共性的本质。从公共选择的角度看,公共性是指人们共同谋划、协商,通过公共决策机制形成共识,并由公共机构负责执行。我们之所以认为土地是"准公共品",因为土地具有以下特点:一是资源的稀缺性。土地具有位置不可移动、面积不可增加、区位与禀赋不同的客观自然属性。在人类早期,土地资源丰富,随着人口的增长与流动,不可移动、不可增加的土地逐步显现出其稀缺性。二是需求的共同性。土地是人类社会安身立命之基础,承载整个人类共同的生活。人类作为整体,个人作为个体,都依赖和需要土地。三是土地权利的平等性。土地是大自然造物主的产物,它不是人类劳动创造的,相反,人类都依靠土地生存生产生活。从这个意义上讲,土地是人类共同的财富,在土地上生活的每个人都有平等的利用土地的权利。四是市场的局限性。主要表现为市场失灵和市场缺陷两个方面。一方面,在用途管制和分区管制制度下,土地具有较强的自然垄断属性,供给弹性系数低甚至接近0。区位好的土地不会因为需求的增加而增加,导致其价格不断上涨。土地市场不是一个完全竞争的自由市场,存在市场失灵的倾向。另一方面,土地自由买卖导致的土地兼并问题,一直是导致贫富分化不断加大、社会矛盾不断尖锐的重要原因。因此,土地自由市场又存在市场缺陷。市场的局限性为公共性介入提供了合法性和合理性基础,换句话说,由于市场自身并不能很好地解决土地问题,使得土地的公共性特征进一步凸显。以上四个方面是一个有机统一的整体,共同构成了土地的公共性基础。也就是说,单一的要素不能作为公共性的依据。比如,资源稀缺并为人类共同需求的物品很多,衣食住行,无不如此,但这些物品并非都具有公共性,只有那些构成人类生活基础,并且不能完全由市场加以解决的需求,才具有公共性。此外,虽然土地具有上述公共性特征,但并不意味着土地就完全等同于公共物品,它只是表征着土地对于人类共同体的重要意义。因此,我们将土地定义为"准公共品"。土地权利的平等性、需求的共同性、资源的稀缺性、土地市场调节的缺陷性,作为有机统一的整体,构成了土地公共性的基础。

(2)土地利用行为的性质具有公共性

任何社会的土地利用行为都具有内在性和外部性。但是,在自给自足的小农经济社会,由于生产力低下,人口分散,人们的土地利用的外部性有时也会涉及到公共性问题(如农田的灌溉问题),但更多的则是涉及到他人的私人利益。但是,进入到工业文明时期,随着城镇化的推进,人口的集中,人们的土地利用行为相互依赖并可能相互侵扰,这使得任何土地利用行为不再是一种简单的个体行为,而是一个复杂的具有公共性的行为。比如,在自己的房间里进行装饰活动,就涉及噪声污染问题。因而,个人进行房屋装饰行为,就必须在规定的时间内进行。噪声污染就是公共性的问题。

在工业化、城镇化的背景下,土地开发利用表现出明显的正、负外部性特征。一方面,基础设施的完善,人口的聚集,可能使得城市土地所有者在没有任何额外付出的情况下,享受了巨额的土地增值,土地开发利用的社会收益出现外溢,即为正的外部性。另一方面,工业的污染、林立的高楼、商业区的拥堵,可能又对其他土地所有人的权利构成伤害,即为负的外部性。

在城镇化的背景下,城市的开发利用,不再是依靠个人的"自由意志"的野蛮生长方式,相反,它是一个功能有机统一的整体,通过实施城市规划分区管制来实现。整体性意味着不可还原性,即不可还原为单个个体利益的简单相加。城市像一个生命体,各个部分之间必须互相配合、协调,方可具有生命力和活力。这意味着,私人土地,并不能像衣服、食物那样,完全遵循私人的意志,必须接受整体利益的考量与限制。

这样,在现代社会,土地利用行为的双重性就表现为自利性和公共性。

(三) 土地利用关系的三重性

土地利用关系是指人们在土地利用过程中形成的各种社会关系的总称。土地利用关系是在土地利用行为的基础上形成的。因此,研究土地利用关系必须从分析土地利用行为对各种社会关系的调整的需求开始。由于土地利用行为具有自利性和公共性的双重性质,研究土地利用行为对社会关系调整的需求,又必须从自利性和公共性的性质来分析。由于土地利用是一个过程,土地利用行为的实施总是要回答"有没有资格用"和"怎么用"的问题。把"有没有资格用""怎么用"两个问题与自利性和公共性结合起来,就可以回答土地利用关系的内容了。

概括起来,土地利用关系是由三重关系构成的。

1. 平等的民事关系

土地利用人在利用土地的过程中,最先遇到的问题就是这宗地是谁的? 我有没有资格利用这宗土地? 我对这宗土地能用到什么程度? 而要解决这个问题,就必然需要土地权利制度的保障。第二个问题就是,我想开发这宗土地,但土地又不是我自己拥有的,只能通过购买来实现,这就需要土地交易制度来完成。第三个问题是能否获取预期利益,除了投资决策的正确与否,还需要法治提供稳定的预期保障。这些需求就要求土地法律制度能充分正视并尊重土地人追逐经济利益的本性,以促进经济社会的发展。通过建立土地产权制度,形成对土地人的经济激励,激发土地人的创造活力,促进经济增长;通过建立完善土地市场机制,为市场交易主体提供明确的预期,降低市场主体获取信息的成本与谈判成本,从而降低土地利用活动的交易费用,促进土地利用的效率。这些制度要求都具有民事法律关系的性质。

2. 行政关系

人们利用土地都是追求效益的最大化,但是,在现代社会,仅仅拥有土地权利是不够的,它只是解决了资格或者可能性的问题。要实施土地利用行为,还必须要解决"如何用"的问题。由于土地利用行为具有公共性的性质,利用土地要受有许多的外部约束性条件,只有按照这些外部约束性条件的要求利用土地,才能实施土地利用行为。这些外部约束性条件是与追求利益的最大化的动机是冲突的,因此,需要将这些外部约束性条件转化为法律管制。这样,土地利用关系又具有行政关系的性质。

3. 人与土地的自然关系

对土地法调整的社会关系的特征的探讨,只是满足了法理学的一般要求。那么,除了社会关系之外,土地法能否直接调整人与土地的自然关系?对于这个问题,我国学界研究不多。按照传统法理学的观点,土地只是法调整的对象,如果把人与土地的关系归入法调整的对象,就意味着土地成为法律关系的主体,而土地是无生命无意识的。

时代在变化,我们的观念也应更新。对这个问题的认识应当随着时代的变化而不断的提升。在农耕文明时期,人类对土地的利用和改造能力低下,从主体上看,人地关系是人类依附在土地上。正因为如此,在当时,土地崇拜以及"土地神"、"土地庙"比比皆是。进入工业文明时期之后,人地关系发生了颠覆性变化。人是中心,土地是人利用改造的对象,人类的土地利用能力不断增长,制造了巨大的生产力。但与此同时,也给土地造成了致命的破坏,生态过载,过度消费,生命支撑能力的急剧恶化,大规模物种灭绝,人类生存环境不断恶化,等等。随着人类进入生态文明时期,人地关系又开始发生了变化,基于对工业文明人类土地利用过度造成的危害的反思,人类再也不能像工业文明时期以人类为中心,它要求人类、土地和地球上的其他物种、气候、环境等放在共同的关系中去看待。要求形成互相依存、互相制约的关系,在生态文明的系统内,人类和土地的关系就应该是一种平等和谐相处的关系,这就为土地作为土地法的拟制主体提供了可能。

就土地自身的特点来看,土地虽然没有人类的意志和表达能力,但完全以自己的语言和方式来表达自己的意志,正如恩格斯所说的那样"我们不要过分陶醉于对自然的胜利,对于每一次这样的胜利,自然界都对我们进行报复。"①当人类利用土地的行为违背了土地自身的内在功能,土地也会以自己的方式来表达自己的"不满"。随着人口的聚集密度的提高,人口数量的增加,世界的联系的不断加强,土地报复人类的周期会越来越短,频率会越来越加快,并且报复的效果在短时间难以修复,有些甚至是永远的,为了避免人类对土地过度利用和不当利用引发的后果,"防患于未然",除了树立生态文明的理念之外,还要求我们必须把土地作为特殊形式的法律主体对待,把土地自身的要求和利用纳入法律中,用国家强制力保证执行。从法学理论上看,我们可以赋予土地作为特殊的拟制人格,联结人类和土地之间关系的仍然是权利义务。明确土地的自然权利并将其法律化,就是人类利用土地的权利属性和应尽的义务。这样,土地作为土地法的法律主体资格的地位也就确立了。

从国际上的理论和实践的进程看,国际上关于土地作为法律主体的观点已经从学者的主张转为具体的立法行动。南非的律师科马克·卡利南是全球著名的环境保护主义者,并首创了"地球法理"的概念,他主张:"为了让生态可持续文明方针出现,有必要按照自然立法调整我们的法律制度,自然立法被用于界定所有非人

---

① 恩格斯:《自然辩证法》,人民出版社 2018 年,第 313 页。

类对象,以及可合法开发和交易财产的公司之外的对象。现今,我们必须要给人类和机构赋予尊重地球共同体其他成员的法定义务,将他们视为享有参与自然进程和维护彼此关系的,拥有不可剥夺权利的主体,这就要求法律和法理新型的生态中心主义哲学,即地球法理为基础。"①并组织起草了《2010年地球母亲权利世界宣言》,详细地阐述了他的地球法理的具体内容和主张。②值得注意的是,已经开始出现了学者主张转化为法律的进程。2008年9月,厄瓜多尔通过宪法,授权各州及公民通过与自然和谐并承认自然的方式追求幸福,宪法序言明确规定:"建立一个让所有公民接受多样性与自然和谐共栖的新秩序,进而实现幸福"。第275条规定:"幸福的目的要求个人、共同体、公民和国家等有效享有其权利,并在文化的框架内承担义务,以及尊重他们的多样性及自然之间的和谐共栖关系"。"在生命繁衍和存在的地方,自然或大地母亲就有持续、延续、维系和更新其生命循环,组织、运行和演化进程的权利"(第72条)。还规定:自然基于整体性而又被恢复和被修复的权利,这一权利独立于民众和团体因自然学说提高并主张的任何补偿性权利。宪法还规定此类自然权利具有法律强制力。每个人、民众、共同体和国家可要求公共机构承认自然的权利。

因此,调整我们固有的法理思维,将土地作为一种特殊的法律主体,已经是我们无法回避的问题。

通过上面的分析,我们可以看出,土地利用关系在内容上包含三种关系,民事关系、行政关系、人与土地的自然关系。在这三种

---

① [南非]科马克·卡利南:《地球正义宣言——荒野法》,郭武译,商务印书馆2017年,第1页。
② 同上书,第243—247页。

关系中,人与土地的自然关系具有特殊性,他们之间互动的诉求,是通过转化为民事关系和行政关系来实现的。土地利用关系,从法律性质上看,同时具有私法和公法的双重性质。公法和私法的划分,是大陆法系的传统。私法是调整平等主体之间关系的,主要是民法、商法;公法调整权力关系,是自上而下的管理和被管理的关系。在传统法治国家,私法领域以意思自治为最高原则和精髓,不主张国家公权力的介入,例如合同关系、婚姻关系。20世纪之后,随着城市化工业化进程的加快,社会关系复杂程度提高,相互之间的影响也更为深远,某些私人的自由意志妨害了公共利益,为了寻求个人利益和社会利益之间的平衡点,国家公权力开始介入私法领域,这就是所谓的西方国家私法公法化的道路。如何理解土地利用关系中的私法和公法之间的关系?我们将土地利用关系定位在同时兼具私法和公法的性质,是一种学术研究的抽象,决不能认为土地利用关系或者土地法是由民法和行政法两部分构成的。它们之间不是"油与水"的关系,而是一种"水乳交融"的关系,这种交融关系贯穿到土地法律制度的每一个具体环节,如土地权利制度、土地规划制度、土地征收制度、土地税收制度。这种私法和公法的交融,是土地法区别于民法、行政法的标志。

三、自利性与公共性冲突的平衡

土地利用行为具有自利性和公共性的双重性质,而自利性和公共性则是相互冲突的。自利性因追求效益的最大化,不断提高土地利用能力,它是提高土地利用效率的驱动力,而公共性,则是对土地利用的约束机制,它是刹车机制。因而,它们之间的目标是矛盾和冲突的。这种矛盾和冲突主要表现为两个方面：一是不断增长的人口及占有土地欲望与有限的土地资源之间的矛盾；二是人类日益增长的土地利用能力与有限的土地承载能力之间的矛盾，自利性与公共性的这种冲突和矛盾，推动着土地法的发展，它是推动土地法发展的不竭动力。"法律，从法律秩序的意义上说，它的对象包括个人之间的关系，也包括个人的行为，因为个人会影响他人或影响社会和经济秩序。"①"土地法是用来引导、调和土地人在土地利用行为中的利益追求和冲突，激励那些与社会整体利益相一致的利益追求，遏制那些背离、损害社会整体利益的行为。"②

正是由于这种矛盾的驱使，土地法的价值基础转向了以社会利益为本位。人类由于体力、智力、受教育机会、勤奋程度、继承、社会地位等各种先天或者后天条件的差异，在土地利用过程中，必然出现巨大的不平等。农业社会之中，这种不平等最终表现为严重的土地兼并。工业社会到来，城市中这种不平等更多地表现为占有房地产数量和获得土地增值收益的数量。与土地作为人类共同财产的理念不同。在城镇化的背景下，这种矛盾冲突比起农耕文明时期，更集中更激烈。这样就要求现代土地法不仅要关注土地利用的经济效率，也要关注社会公平与和谐。具体而言，一是私权限制。必须对土地私有与兼并进行某种程度的限制，避免激化社会矛盾。二是平均地权。在农业文明时期或者农村，国家有义务

---

① ［美］罗斯科·庞德：《法理学》（第三卷），廖德宇译，法律出版社2007年，第6页。

② 甘藏春等：《当代中国土地法若干重大问题研究》，中国法制出版社2019年，第51页。

保证每个农民能够拥有安身立命的基本生产空间；在城市，国家有责任实现"住有所居"。三是地利共享。土地利用带来的不平等结果进行适当的再分配，城市发展带来的土地增值收益应当惠及全体国民。土地权益分配早期基本是围绕土地权利人展开的，有多少权利就有多少权益。近代特别是20世纪30年代以后，在法理层面发生了重大变革，所有者权利受到限制，主要表现是所有者权利不是绝对的，在土地上表现最充分的就是土地增值收益的归属。从世界范围看，增值收益普遍归社会所有。

正是由于这种矛盾的驱使，土地法正在经历着从鼓励开发利用，逐步转向利用限制甚至严格限制的方向。土地法与人类的土地利用行为，呈现出逆向调节的态势。人类的土地利用能力越强大，土地法对土地利用行为的约束和限制越严格。具体表现在以下几个方面：

一是人类的土地利用能力与土地利用行为带来的外部负效应是正比关系。人类的土地利用能力越强，对土地产生的破坏力就越强。比如在农业领域，随着化学的发展，人类可以运用化肥农药来提高农业生产率。但如果不加以控制，就会破坏土壤的有机构成，造成地力的减退。又如，在改造自然方面，人类已经具备移山填海的能力，具备通过人工来改变地形地貌的能力。如果运用不得当，就会影响大气环流和大洋环流，给生态造成灾难性的后果。还比如，在城市建设领域，为了应对城市用地的稀缺，人类对土地的地下和地上空间无限制的开发，就会引起地质突变和气候变化。凡此种种，在当今，人类的土地利用能力足以毁灭地球。如果对这种能所带来的外部效应没有法律控制，土地将不复存在。

二是人口的集中度与土地利用行为的外部约束条件的增加也

是正比关系。人口集中度越高,土地利用的外部约束条件就越多。在特定区域内,人口的集中度越高,每个人所拥有的空间就相对狭小。人们不可能每天都局限在狭小的空间内,为了生活,为了工作,为了放松身心,外出的需求就会增加。由于人口密度大,人和人接触的频率也会增大。这样人与人之间的摩擦系数和频次就会不断增加。为了保证每个人的自由,就有必要制定共同的约束条件。这种约束条件比起宽广的草原和农村就要增加很多。这种约束条件转化到土地利用行为,就成为土地利用的条件和管制。城市的土地寸土寸金,固然是与市场需求有关系的。但是城市土地利用的制度成本、管制成本也是一个不可忽略的因素。

三是人类文明程度的高低也影响到土地利用行为外部效应的控制。"衣食足而知荣辱。"随着物质生活的不断提高,人们开始了精神生活的追求。吃饱穿暖的问题解决之后,人们开始需要清洁的空气、良好的环境。而这一切又都对土地利用提出了更多、更新、更高的要求。土地利用必须充分考虑环境的因素。特别要指出的是,在当今世界,由于生态环境已经成为全球性问题,多种国际条约都在约束着各国的土地利用行为。对土地的过度利用造成的沙漠化等外部负效应已经不是一个国内问题,而是成为国际问题。因此,人类的文明程度越高,土地的利用的外部控制就越强。

冲突产生法律。法律的功能不在于根除冲突,而在于平衡冲突,把冲突控制在一定的范围内。"对内在本性的支配,是通过社会控制来实现维持的,即通过使每个人都感受到来自身边各种人的压力来实现,这种压力会促使他去维护既有的文明社会,同时制止他做出与现有社会秩序不符的行为。从 16 世纪以来,法律就已成为社会特别的重要工具。"①"广义上讲,法律调整的对象就是人类的那些内在本性的外在表现。这些外在表现以声明、主张等形式寻求实现个人的期望、主张或要求,并需要社会控制。"②就土地法而言,它的任务和功能就在于平衡土地利用过程中自利性和公共性的冲突,并把冲突控制在一定范围内,实现自利性和公共性之间的良性互动,使人类的土地利用行为按照预期目标进行。那么,土地法是如何实现平衡土地利用过程中自利性和公共性之间的冲突呢?

(一) 土地法必须以社会利益为本位

在土地利用过程中自利性和公共性的冲突是利益的冲突。它要解决的问题是"有效率的土地利用行为导致的不平等应当如何处理"这样的问题。一方面,土地人之间的利益追求,存在大量的矛盾、冲突;另一方面,每个人追求自身利益的最大化,并不一定带来社会整体利益的最大化。因此,土地法是用来引导、调和土地人在土地利用行为中的利益追求和冲突,激励那些与社会整体利益相一致的利益追求,遏制那些背离、损害社会整体利益的行为。平衡这种冲突的价值尺度就是应当以社会利益为归依。以社会利益为本位是指在处理土地利益冲突时,以社会利益为评价裁判的标准。它要求土地的所有权人或土地使用权人在行使土地所有权或者使用权时,应当服从社会利益的要求。在用途管制的土地制度背景下,土地的所有者或者使用者,对于自己的土地并不是想干什

---

① [美]罗斯科·庞德:《法理学》(第三卷),廖德宇译,法律出版社2007年,第5页。
② 同上书,第5—6页。

么就能干什么,想怎么用就能怎么用。政府在管理土地时,必须始终尊重并保护个人或者法人的土地权利和利益,不得任意剥夺或者侵害土地所有权或者使用权。政府只能以社会利益为标准来对土地实施管理。政府对个人或者法人的土地权利的变动,也必须严格依照法定程序和法律要求进行。以社会利益为本位。最困难的是社会利益的界定。这是立法、执法、司法的利益主题。正因为是一个常说常新的命题,才驱使着法学家和社会学家不停地探索,这也许就是它的魅力所在。对于这个问题,不可能有一劳永逸的结论。他往往是随着时代的发展、社会的进步而不断在更新。从某种意义上讲。对这个问题的认知水平,从一个侧面反映了社会文明进步的程度。研究这个问题,回答什么是"社会利益",首先必须回答什么是"利益"。"从当今角度看,利益可以看作是人们寻求满足的需求,欲望或者预期。"①庞德对"利益"的定义是经典的,他告诉我们,利益不仅包括物质的,也还包括精神层面的。既包括现实的,也包括预期的。那么,什么是"社会利益"呢?这个问题的困难就在于,说到社会利益的时候,往往意味着有的人的利益要做出牺牲。这种牺牲是否正当?如何判断这种利益是社会的,而不仅仅是个人的。这种牺牲或者损失是否值得?如果我们把制定社会利益的尺度放在为了社会利益需要做出牺牲。这种牺牲是否值得和正当,也许可以找寻一些答案。第一,做出的牺牲必须是为了社会进步,符合国家发展的总体方向。这里回答的是正当性的问题。只要与社会生产方式相适应、相一致,就是正义的。只要与生产方式相矛盾,就是非正义的。第二,普遍受益。在社会共同体中,某

---

① [美]罗斯科·庞德:《法理学》第三卷,廖德宇译,法律出版社2007年,第14页。

些人做出的牺牲,使社会共同体的成员普遍受益,即使是做出牺牲的人,也能享受到普惠式的好处。事实上形成我为人人,人人为我的和谐秩序。

(二)土地法必须以永续利用为目标

人口的持续增长给区域和社区的发展带来了社会、经济、资源和环境等方面的一系列问题。作为承载人类活动的土地,人口数量增长与需求的多元化扩张,从不同的层次强化了对土地多功能的需求,进而带来人类土地利用方式的变革。在追求区域经济社会发展的目标下,土地扩张性开发、土地资源过度利用等用地变化引出的各类问题日益显现。因此,如何既满足当代人的需求,又不损害后代人满足需要的能力的用地方式便成为诸多学者和政策制定者长期关注的核心土地问题。可持续发展的定义有100多种,其中最广泛被接受的是世界环境与发展委员会于1987年向联合国提交的布伦特兰报告——《我们共同的未来》中提出的:"能满足当代人的需要,又不对后代人满足其需要的能力构成危害的发展",包含两个重要概念:需要的概念,尤其是世界各国人们的基本需要,应当将此放在特别优先的地位来考虑;限制的概念,技术状况和社会组织对环境满足眼前和将来需要的能力施加的限制。①

"可持续"一词从拉丁语词源上看,是维持下去或保持继续提高的意思。从人类活动上看,主要是针对资源与环境,或为保持或延长资源的生产使用性和资源基础与资源的完整性,能够永远为人类所利用。其概念的提出可以追溯到1980年由世界自然保护联盟、联合国环境规划署、野生动物基金会等共同发表的《世界自

---

① 刘旭华:《土地可持续利用研究进展及未来趋势研究》,《经济研究导刊》2015年第1期。

然保护大纲》。1980年国际自然保护同盟在人类对自然资源尤其是土地资源需要量剧增、自然资源不断遭到破坏或趋于枯竭的背景下提出：必须研究自然的、生态的、经济的以及利用自然资源过程中的基本关系，以确保全球的可持续发展。这在全球范围内提出了包括土地资源在内的资源利用的可持续发展理念。

1987年世界环境与发展委员会发布的报告《我们共同的未来》正式使用了"可持续发展"概念，系统地阐述了可持续发展的基本概念和基本思想，从战略高度为人类社会未来的发展与进步提出最佳方式，提出了环境危机、能源危机和发展危机不能分割、地球的资源和能源远不能满足人类发展的需要、必须为当代人和下代人的利益改变发展模式的可持续发展观点。进一步，1989年"联合国环境发展会议"专门为"可持续发展"的定义和战略通过了《关于可持续发展的声明》，认为可持续发展的定义和战略主要包括四个方面的含义：(1) 走向国家和国际平等；(2) 要有一种支援性的国际经济环境；(3) 维护、合理使用并提高自然资源基础；(4) 在发展计划和政策中纳入对环境的关注和考虑。[1]

1992年6月，联合国在里约热内卢召开的"环境与发展大会"，通过了以可持续发展为核心的《里约环境与发展宣言》《21世纪议程》等文件，[2]其中《21世纪议程》的第四部分是资源的合理利用与保护，包括水土等自然资源保护与可持续利用、生物多样性保护、土地荒漠化防治、保护大气层和固体废物的无害化管理，可持续发展观不断成长扩大完善。

---

[1] 孙钰霞：《重庆市土地整理可持续发展评价》博士学位论文，西南大学2005年。
[2] 陈茵茵：《区域可持续土地利用评价研究》博士学位论文，南京农业大学2008年。

土地可持续利用的定义在中国是使土地资源得到合理科学的开发、利用、整治与保护,实现土地资源的永续利用与社会、经济、资源环境的协调发展,不断满足社会长期发展的需要,达到最佳的社会、资源环境和经济效益。其目标是在社会上具有公平性和可接受性,在资源环境方面具有可持续性,在经济上具有充分性。[1]

日益突出的人口剧增、资源消耗加快、环境污染等重大问题以及由此带来的人类生存、发展面临的威胁使"可持续发展"的观念得到国际社会广泛接受,并相继被许多国家列为21世纪发展战略,成为指导社会、经济、环境发展的基本原则和发展的共同目标。1992年联合国召开世界环发大会以后可持续发展已成为世界各国的议题,欧洲、美国、英国等地区和国家根据自身的情况和所处的发展阶段,提出了可持续发展战略和指标体系。[2] 很多国际机构也纷纷展开研究,如世界银行、联合国粮农组织、联合国环境规划署、联合国发展计划署等,在这些以社会经济发展为主要研究对象的可持续发展指标体系中,土地利用可持续是其构成的不可或缺的内容,联合环境与发展大会通过的《21世纪议程》很大一部分内容都涉及到自然资源的持续利用。

土地可持续利用概念的提出最早可以追溯到1976年世界粮农组织(FAO)发布的《土地评价大纲》,其中指出土地适宜性的前提之一就是土地利用方式必须是持续的,即在当前环境条件下的可维持性与稳定性。1987年,在世界环境与发展委员会向联合国提

---

[1] 谢俊奇:《可持续土地利用的社会、资源环境和经济影响评价的初步研究》,《中国土地科学》1998年第5期。

[2] An Xuehui、Cai Ping、Cai Yuezhou, *China's National Report on Sustainable Development*, Permanent Mission of the People's Republic of China to the UN, 2012.

交的针对全球环境与发展问题的报告《我们共同的未来》中,"持续发展"的概念才得以明确定义并迅速得到国际社会的广泛讨论与响应。可持续发展的概念提出后国际上一些土壤学家和土地评价专家将可持续发展的概念引伸到土地利用,提出了可持续土地利用管理的概念,许多学者从自然、环境、经济和社会等各个方面探讨了土地可持续利用评价的指标和方法。[①]

土地可持续利用思想是在联合国世界环境与发展委员会"可持续发展"思想理念上发展起来的,并在1990年的首次国际土地可持续利用系统研讨会上正式确认;其后又分别在1991年的"发展中国家可持续土地管理评价"和1993年的"21世纪可持续土地管理"两次国际学术研讨会上进行了讨论,由此土地可持续利用思想形成,相关研究也变得活跃(刘旭华,2015)。在此基础上,FAO于1993年颁布了《可持续土地利用评价纲要》等指导性文件,正式提出土地可持续利用概念,指出"如果预测到一种土地在未来相当长一段时间内不会引起土地适宜性的退化,则认为这样的土地利用是可持续的",认为可持续土地利用是将技术、政策和旨在使社会经济原则与环境关系一体化行为结合起来,以便同时达到保持或提高生产或服务,FESLM确定了土地可持续利用的基本原则、程序和5项评价标准,即:土地生产性(productivity)、土地的安全性或稳定性(security)、水土资源保护性(protection)、经济可行性(viability)和社会接受性(acceptability),并初步建立了土地可持续利用评价在自然、经济和社会等方面的评价指标。此时,FAO颁布的《可持续土地利用评价纲要》是土地可持续利用指标体系的主要

---

① 张迪:《土地可持续利用指标体系简述》,2005年。

三大体系之一。FESLM 提出的土地可持续利用评价的基本思想和原则,成为指导各国土地可持续利用管理的纲领,但 FESLM 只是一个高度概括的框架,在具体的评价指标体系和评价方法上还有待深入研究。①

为实现全球土地可持续利用,世界很多组织一直在努力制定政策、公约等,并展开各项研究工作。1992 年联合国环境与发展大会把荒漠化定义为由于气候变化和人类不合理的经济活动等因素,使干旱、半干旱和具有干旱灾害的半湿润地区的土地发生了退化。《联合国防治荒漠化公约》是 1992 年里约环发大会《21 世纪议程》框架下的三大重要国际环境公约之一。该公约于 1994 年 6 月 17 日在法国巴黎外交大会通过,并于 1996 年 12 月 26 日生效。主要宗旨是在发生严重干旱和/或荒漠化的国家尤其是在非洲,防治荒漠化,缓解干旱影响,以期协助受影响的国家和地区落实土地可持续利用,实现可持续发展。

联合国也一直在向各国呼吁土地的可持续利用,2012 年 5 月联合国防治荒漠化公约秘书处副执秘曼苏尔·恩戴耶在"亚洲防治土地退化、荒漠化及干旱问题区域媒体研讨会"上表示,在 2012 年 6 月的里约峰会之前,要向各成员国呼吁重视可持续利用土地,呼吁媒体、各国政府能够共同合作,促成实现治理土地荒漠化新目标的共识。联合国防治荒漠化公约秘书处于 2012 年 6 月下旬在巴西举行的里约峰会(联合国可持续发展大会)上向成员国提出了三个目标:实现 2030 年土地退化零增长;2030 年毁林零增长;2020 年在易干旱地区施行治理干旱政策和防备。曼苏尔·恩戴耶受访

---

① 张迪:《土地可持续利用指标体系简述》,2005 年。

时表示在里约峰会开幕前,希望唤起各成员国对可持续利用土地的重视,尽管每项治理工程都有积极作用和消极作用,但不治理的代价远高于治理的代价,不治理的代价就是把土地荒漠化从单纯的生态环境问题,演变为经济问题和社会问题,带来贫困和社会不稳定。曼苏尔·恩戴耶呼吁建立更多的国际机制,采取行动建立跨政府平台以为防治土地沙漠化、土地退化的问题提供科学技术,若不施行新的管理政策则不可达到可持续发展。

2014年3月17日,粮农组织公布了一个新的有关土地覆盖的数据库,这些信息之前分散在世界各地且不统一,汇总到一个中心数据库标志着地表物理特征信息的一项重大改进。新的全球土地覆盖共享全球土地覆盖趋势数据库应用包括监测、各类土地用途适用性评价、气候变化对粮食生产影响评估,以及土地利用规划。之前由于不同发展水平国家面临的土地问题不同,所以土地可持续利用的定义不同,新数据库在推进定义统一的道路上做出一份重大贡献。了解全球土地翻盖所面临的主要挑战是不同的国家和组织采用不同方式来确定、测量和记录这些数据。但是对粮农组织新的全球土地覆盖共享数据库而言,来自多个途径和合作伙伴的数据经过了质量检查并按照国际公认的定义和标准得到统一,让大量国家级的信息合并成一个覆盖整个地球的统一数据集。"充分了解这个星球的土地覆盖对促进可持续土地资源管理至关重要,包括为养活不断增长的人口而开展的农业生产,这可使日益稀缺的自然资源得到有效利用同时又保护环境",粮农组织土地及水利司的约翰·莱瑟姆接受采访时表示,"它将成为评估农业可持续性、支持基于证据的可持续农村发展和土地利用政策的一个宝贵工具,促进扶贫,实现包容性和高效的农业和粮食系统,增强生计的抗灾能力。全球土地覆盖共享数据库还有助于我们了解气候变化和气候变异如何影响重要自然资源和粮食生产",他补充道。此后土地可持续利用研究又多了一个新依据。

2015年9月25日,联合国可持续发展峰会在纽约总部召开,联合国193个成员国在峰会上正式通过了17个可持续发展目标,旨在从2015年到2030年间以综合方式彻底解决社会、经济和环境三个维度的发展问题,转向可持续发展道路。其中目标15为保护、恢复和促进可持续利用陆地生态系统,可持续管理森林,防治荒漠化,制止和扭转土地退化,遏制生物多样性的消失。由人类活动和气候变化引起的毁林和荒漠化,为可持续发展带来重大挑战,并影响到千百万人的生计和脱贫努力,目前联合国正在努力对森林和土地进行管理,抗击荒漠化,①以行动来为土地的可持续利用大计添砖加瓦。

2016年7月,报告《释放土地资源可持续潜力:评估系统、战略与工具》的全球发布仪式在北京举行,面对全球不断增长的土地资源压力,联合国环境署第一份土地潜力评估报告的领衔作者、兼环境署国际资源委员会的专家组成员Jeffrey E. Herrick博士呼吁人们重新认识每一块土地,发掘它们独特的潜力,从而实现土地可持续的高产出。综上所述,可持续发展思想源远流长,土地可持续利用理念顺应而生,几十年来不断发展完善。世界各组织对其极为重视,并为之一直付诸努力。我们应该建立更全面、更精准的评估框架,合理评估土地潜力,对土地的长期潜力进行评估将帮助世界可持续地满足人类各项需求,土地潜力让可持续不再是空想。

---

① 联合国报告:《实现可持续发展目标 增强全球伙伴关系是关键》,2015年。

当前,世界范围内土地可持续利用研究的成果主要集中在五个方面:一是提出土地利用、可持续利用的概念,二是确定土地可持续利用的评价标准,三是确立土地可持续利用评价指标体系的选择原则,四是构建土地可持续利用指标体系框架及其模型,五是土地可持续利用的实证研究。

中国关于土地可持续利用的研究首先围绕耕地资源而展开。在1997年中国土地年会上,许多学者以耕地保护与可持续发展为主题,发表了一系列土地可持续利用的研究成果,包括农业和农村经济可持续发展、耕地保护和可持续发展、可持续发展的土地利用对策等;辛德惠等结合曲周土地持续利用管理的实践,探讨了中国农业和农村经济综合发展中的土地持续利用问题;张凤荣编著的《持续土地管理的理论与实践》一书,对持续土地利用管理在资源、环境、社会、经济等各个领域的地位和作用等进行了系统的分析,探讨了适宜性土地利用、环境保护和土地利用规划与持续土地利用管理之间的相互关系以及持续土地管理评价的原理和方法,并分析了中国几个典型区域土地资源持续利用管理的一般对策;①郝晋珉从土地利用的人工调控系统角度,探讨了持续土地利用系统的建立与管理的途径和方法。②

对于非耕地资源的可持续利用研究,中国学者也进行了很多探讨,如张凤荣在其编著的《中国土地资源及其可持续利用》一书中对中国的耕地、园地、林地、草地、湿地、水资源、后备土地资源的持续利用及其对策进行了探讨;③谭淑豪等认为"经济发达地区土

---

① 张凤荣:《持续土地利用管理的理论与实践》,北京大学出版社1996年。
② 郝晋珉:《土地利用控制》,北京农业大学出版社1996年。
③ 张凤荣等:《中国土地资源及其可持续利用》,中国农业大学出版社2000年。

地可持续利用的目标是必须保持生态上的平衡、经济上的可行和社会上的可接受,其社会整体利益内涵非常突出。无论从哪个角度来阐述土地可持续利用,其核心都应该是以保证土地资源持续满足经济社会整体系统的永续发展为目标"。①

对于土地可持续利用的概念,自1990年以来,国内学者根据自己的研究从不同的角度进行了定义:曲福田认为土地可持续利用是指"在特定的时期和地区条件下,对土地资源进行合理开发、使用、治理、保护,并通过一系列的合理利用组织,协调人地关系及人与资源、环境的关系,以期满足当代人与后代生存发展的需要";②谢经荣认为土地可持续利用为"能够满足当前和未来人们粮食需求和社会协调、平衡发展的土地利用结构和利用措施";③汪卫民认为土地资源永续利用是"人类对土地资源的利用过程在一个无限长期内可永远保存下去",其基本内涵是"在维持和保护资源环境的基础上,还要提高土地生产能力和承载力,减少对经济发展的限制;从兼顾各代人利益的角度去考虑土地资源的环境资产的跨代配置问题";④余海鹏认为,土地可持续利用应是"不断提高人群生活质量和环境承载力的,满足当代人需求又不损害子孙后代满足其需求能力,高效、持久的土地资源利用方式";⑤毕宝德认为,土地可持续利用是指"土地利用不能对后代的持续利用构成危害。换

---

① 谭淑豪、曲福田、谭仲春:《经济发达地区土地可持续利用主要矛盾及其成因分析》,《中国人口、资源与环境》2001年第4期。
② 曲福田:《经济发展与土地可持续利用》,人民出版社2001年。
③ 谢经荣:《论土地持续利用》,《中国人口、资源与环境》1996年第4期。
④ 汪卫民:《论土地资源的持续利用》,《资源开发与市场》1998年第1期。
⑤ 余海鹏:《重庆市农业土地资源开发利用的可持续性评价》,《数量经济技术经济研究》1998年第2期。

句话说,土地利用既要满足当代人的经济、社会发展的需求,又不妨碍后代人的生存发展需要"(毕宝德,2004);赵奕认为,土地可持续利用可定义为"能够满足当前和未来人们对各种产品需要和社会协调、平衡发展的土地利用结构和利用措施";①李植斌认为,将土地持续利用看成是由两部分组成:"人—地"关系的由于土地而产生的"人—人"关系。从"人—地"关系角度,要求人们利用土地时,必须注重保护土地。所有人不能因为拥有土地而不顾周围他人利益,随意处置、利用土地;当代人也不能只顾当前利益而实行掠夺式的利用方式,造成土地资源破坏,影响未来人们的利用。②有的学者将可持续土地利用视作为一个系统。可持续土地利用或称土地可持续利用的目的在于衡量和评价土地利用的可持续性。"可持续性"就是指"可持续、保护现状、延缓之意",也即系统永不灭失之意。土地利用系统可持续,本质上是土地利用系统的可持续发展。

2000年,土地利用变化与中国可持续发展重点问题相互关系的宏观分析被列为中国科学院创新工程重点项目的研究课题。刘彦随等认为"土地利用/覆被变化是区域人口、资源、环境与发展问题的基本核心。它与可持续发展问题的必然联系,总体上是通过水土资源的需求与供给的平衡关系来体现的",并提出了土地利用与可持续发展问题的关联模式图。③

---

① 赵奕:《土地与景观——理论基础、评价、规划》,科学出版社2005年。
② 李植斌:《城市土地可持续利用理论与评价》,中国科学技术大学出版社1999年。
③ 刘彦随、陈百明:《中国可持续发展问题与土地利用/覆被变化研究》,《地理研究》2002年第3期。

在如何解决土地的可持续利用问题方面,吴次芳认为"如果将土地利用作为学科的逻辑起点,最核心的科学问题就是'可持续性',因为人类追求的目标是土地的可持续利用。要解决土地的可持续利用问题,就需要采用各种措施,包括工程、技术、经济、法律等,对土地进行开发、整理、复垦、防治、保护、修复、控制和管理,使土地功能不断满足人类生产、生活和生态发展的需要"。[1]

可持续土地利用评价是国内土地利用领域的研究热点,国内学者普遍认为应根据具体评价对象和评价指标去判定土地可持续的时间尺度。关于可持续土地利用评价的目标,不同学者见仁见智。谢俊奇认为"可持续土地利用评价的目标是探求土地利用系统及其与外界因素之间的相互关系,既不同于土地规划,也不同于具体土地管理,而是通过分析评价区域土地利用的自然、经济和社会属性,借以衡量其持续性,确定当前土地利用系统所处状态和存在问题以及改善措施";[2]傅伯杰认为"以土地可持续利用为目标,将传统的土地评价(土地适宜性评价、土地潜力评价)和景观生态学原理(景观结构与过程、景观异质性)相结合,并进行土地利用的社会和经济分析,发展土地可持续利用评价。土地可持续利用评价应针对不同的土地利用方式,从自然(生态)、社会、经济3方面对土地单元进行评价,并考虑这些因子在可预见的较长时间内的变化和稳定性";[3]赵奕认为"土地持续利用评价的核心问题在于

---

[1] 吴次芳:《土地科学学科建设若干基本问题的反思与探讨》,《中国土地学》2014年第2期。

[2] 谢俊奇:《可持续土地利用的社会、资源环境和经济影响评价的初步研究》,《中国土地科学》1998年第12期。

[3] 傅伯杰、陈利顶、马诚:《土地可持续利用评价的指标体系与方法》,《自然资源学报》1997年第2期。

判断土地利用方式变化是否符合生态的良性循环,主要取决于在人类生物——生态环境之间所发生的制约与和谐、冲突与协调、增长与平衡相互作用的动态过程中,选择建立于生态发展模式基础之上的土地利用方式,使各生态系统具有相容性、适宜性、平衡性和经济性,实现土地利用系统与土地系统的结构融合协调,体现土地可持续利用的生产性和保护性";岳天祥认为"可持续土地利用评价的目标就是无论一块田地、一个农场还是一个国家保持生产能力。可持续土地利用是一种人口、资源、环境和社会的相互作用过程,应致力于土地管理和保护,不断调整技术和体制,以确保当今和后代的需要。要求不造成环境退化,技术上适宜,经济上可行,且社会可接受";[1]余海鹏认为"土地利用可持续的评价准则主要由社会准则、经济准则、土地资源准则和生态环境准则构成,具体体现为促进社会发展,促进人民生活质量的不断提高;促进社会与经济的协调发展和各地区的产业结构的合理布局;使土地资源存量保持一定的稳定性,避免土地资源的破坏和退化;提高改善生态环境的能力,加强对恶化生态环境治理";[2]王克强认为"土地可持续利用评价的目标在于把土地利用的经济利益、社会利益和生态利益的协调一致,短期目标和长远目标的有机结合"。[3]吴初国认为"不同尺度土地利用系统可持续利用的目标是不同的。评价单元为田块的可持续土地利用的目标是提高土地生产力和生产效

---

[1] 岳天祥、江爱良:《中国农业持续发展若干问题浅析》,《自然资源》1993年第5期。
[2] 余海鹏:《农业土地资源开发利用的可持续性评价》,《数量经济技术经济研究》1998第2期。
[3] 王克强、刘红梅、韩桐魁:《中国可持续发展农业土地利用评价体系研究》,《生态经济》1998年第3期。

益;农场作为评价单元时,可持续土地利用的目标则为满足农场几代家庭的生活需求,提供优质高产的农产品;区域或国家作为评价单元,则是以国内食品供应,出口赢利和人口供养,同时考虑整个国家的总体安排,区域分配和在国际上地位"。①

对于可持续土地利用评价指标体系,不同的研究者对可持续土地利用的理解不尽相同,采用的方法和强调的重点各异。傅伯杰认为"生态持续性是土地持续利用的基础,据此提出由生态、经济、社会和环境4方面指标构建可持续土地利用评价指标体系";倪绍祥、刘彦随等均依此系统构建可持续土地利用评价指标体系;②谢俊奇认为"可持续土地利用评价的重点是社会效益,提出了包括社会影响评价、资源环境影响评价和经济影响评价3方面30项指标构成的可持续土地利用评价指标体系";张凤荣以中国土地资源自然属性为主的土地利用分区的基础上,提出国家级和县级(区域级)以及主要土地利用系统(用地级)的土地可持续利用评价指标体系;③唐华俊提出以农业土地资源可持续性的5项准则为基础构建农业土地资源可持续利用评价指标体系。④

刘彦随于2013年对可持续土地利用的发展做了简要评述:"近5年来国内可持续土地利用评价指标体系研究,主要采用系统分解法,通过对各子系统持续性的叠加,确定整个系统的持续性。中国自然资源学会土地资源研究专业委员会分别于2008年7月和

---

① 吴初国:《国土资源可持续发展指标体系探索与实践》,地质出版社2006年。
② 倪绍祥、刘彦随:《区域土地资源优化配置及其可持续利用》,《农村生态环境》1999年第2期。
③ 张凤荣等:《土地持续利用评价指标体系与方法》,中国农业出版社2003年。
④ 唐华俊等:《中国土地资源可持续利用的理论与实践》,中国农业科技出版社2000年。

2010年7月主办了'中国土地资源可持续利用与新农村建设学术研讨会'和'中国山区土地资源开发利用与人地协调发展学术研讨会',专家学者从多视角分析了实现土地资源持续利用的方法和措施。随着快速工业化和城镇化的发展,围绕土地开发、整治、利用与保护的可持续利用理论与战略研究受到广泛关注,取得了重要成果"(刘彦随,2013)。

土地可持续的定义在我国是使土地资源得到合理科学的开发、利用、整治与保护,实现土地资源的永续利用与社会、经济、资源环境的协调发展,不断满足社会长期发展的需要,达到最佳的社会、资源环境和经济效益。其目标是在社会上具有公平性和可接受性,在资源环境方面具有可持续性,在经济上具有充分性。

长期以来,诸多的学术研究和政策行动都聚焦土地可持续利用上,更多的是从土地利用本身,寻找更先进的方法和技术、环境更友好的利用方式等角度去探索土地可持续利用的方式。然而,土地问题牵一发而动全身,土地利用是一个包含经济因素、财政因素、社会因素、心理因素、健康因素和环境因素的复杂科目。与土地利用的问题和争论太过复杂,以至于单一的学科不能够解决所有问题。政策制定者需要开发综合决策支持系统来有效地解决这些冲突,开发此系统需要来自众多不同学科的专家合作。而且,很多土地使用问题的潜在关系,因果关系,还没有被系统的权衡和证明。从人类社会可持续发展大目标出发,对土地利用的决策系统必然需要转向更综合、更广泛、更协调的土地利用的可持续性目标上。

土地利用的可持续性不同于土地可持续利用,相对与后者仅就土地利用的方式与方法上的科技创新相比,前者聚焦的是从人类发展的宏观大目标与个体行为的微观机制相结合的土地利用方案设置。土地利用的可持续性需要土地可持续利用方案的支撑，又涵盖着对社会经济健康发展和人类社会可持续发展的行为选择范畴。

土地利用的可持续性可以包含以下三个方面：

一是目标设置上，土地利用需要遵循社会福利增长的大目标。对于如何使用土地，社会目标应该是如何提高居民福利，这也应该是土地问题研究的最终导向。土地利用变化带来的各种收益和成本都均由地上的居民进行分享和承担，于是在土地利用变化决策的过程中，我们优先考虑的应当是变化区域范围内社区与居民福利。同理，一国土地利用变化的决策所遵循的是国民的福利水平。小区域的福利需求应该优先于更大区域福利需求，不然我们将面临难以解决的土地争议和纠纷，而这种纠纷要是面临缺乏严谨法律和不成熟的管理者时，将会演化成社会危机。生产效率、收入、财富组成居民福利，但是并不是居民福利的全部。社会认可、公共资源分享、环境、尊重、就业、发展机会等都是居民福利的重要组成，这就要求对土地利用变化进行经济分析时需要考虑土地利用变化所带来的综合性后果。这也是土地问题研究的基本出发点。

二是利用方式上，土地利用需遵循可持续发展的方式。土地利用必须契合自然的、生态的、经济的以及利用其他自然资源过程中的基本关系，以确保全局的可持续发展。土地利用的可持续性必然是自然与生态的可持续，也是资源高效利用下的可持续。

三是政策与管理上，土地利用方式变化影响具有反馈性。土地利用变化中不同的土地利用格局是一项取舍行为，取舍就需要衡量收益与成本。在居民福利目标下的综合土地问题对应的是多元的收益与成本问题。土地利用的可持续性必然要求土地承载多元目标带来的相互效应的反馈性。从经济分析上理解,也就是土地利用收益与成本的多组方程或多次博弈,以及伴随的反馈。

土地的永续利用虽然与可持续发展理论一脉相承,但有其特点。土地的"永续利用",指的是在土地的供应与需求之间应当持续平衡,既要满足当代人社会发展的需要,又要为后代子孙的生存、发展留下良好的空间。土地永续利用是基于以下三点提出来的。(1)土地是人类生存生活生产的基础,离开了土地,人类就不能生存,更谈不上发展;(2)土地的自然属性决定了土地不可能通过人类劳动创造,总量固定,不可能增加,并且土地可以重复利用,反复利用,人类的土地利用活动不能破坏土地利用的重复性连续性;(3)人类是通过世世代代繁衍生生不息的。因此,土地利用要顾及后代人,保证子孙后代有足够的土地空间。在人类历史上,土地法律制度经历了从鼓励充分利用到限制利用的漫长过程。早期,人们认为土地是财富之母,所有的法律制度都是鼓励充分利用土地资源,物权制度、准物权制度和交易制度都是围绕充分利用土地创造财富这个核心进行的。到了现代,在鼓励充分利用的基础上,开始出现保护耕地和限制城市用地,20世纪70年代后又提出生态保护,这个限制土地利用的进程到现在还没有结束。比如,荷兰围海造田已经有几百年的历史,20世纪70年代之后把生态保护放在首位,就开始退田还海。工业化城市化带来的土地过度利用和环境问题深化了人类对土地利用的认识,永续利用成为土地法的目标导向。既然工业化和城市化发展进程在现阶段是不可逆转的,土地制度目标的设计应当是反周期的,就是防止工业化城市化进程中侵占农地,这样才有法律管制的必要,否则放任实行土地完全自由利用,土地法就没有存在的意义。

(三) 法律规制

法律规制,是指将土地法的价值、目标导向、制度安排用法律的形式固定下来的活动。法律规制,是一项创造性极高的活动,它需要将理想和现实,原则性和灵活性完美地结合起来。具体地说,它是通过以下三种途径来实现的:(1)转化。将土地法的价值、目标导向、制度安排转化为土地权利、义务、责任、程序等具体法律制度,从而将土地权利与政府管制措施有机的结合起来。(2)内化。将土地利用的外部约束条件,内化为行为主体的成本和代价,形成土地利用的内在约束机制,从而最大限度地减少土地利用对社会利益的损害。(3)法治方式。用土地法来规制土地利用关系,就意味着选择了法治方式,这就要求在执法司法守法各个环节,都必须依照土地法的要求行使权利和职权,都必须按照土地法的要求履行义务和责任。

在结束了对土地法的漫长考察之后,我们至少可以对"什么是土地法"的问题做一小结:

现代土地法是指建立在社会利益基础之上,以永续利用为目标,调整人们在土地利用过程中的自利性和公共性之间关系的法律规范的总称。现代土地法具有以下几个特征:第一,从价值形态上看,它是以社会利益为单位的。第二,从性质上看,它是私法与公法的有机结合。第三,从调整的对象上看,它具有观念调整的特点,既调整人与人之间的社会关系,又调整人与土地之间的自然关系。

第三节 土地基本理论的变革

土地制度的变革和土地法观念的变革,也必然要求土地基本理论的变革。在现代社会,随着生产力的发展,人类对土地的利用无论是深度还是广度都得到了空前的发展,并且,这种发展还在进行之中,这就要求我们重新认识"什么是土地"这一古老的命题。

一、形态各异的土地

"你在,或者不在,我就在那里。你来,或者不来,我还在那里。"人和土地的关系也正是如此,它不因人类是否存在而早已存在。相反,人类依靠土地的养育而发展。土地对于人类,既是生存生活生产的自然基础,又是被感知的对象。随着土地利用的深化,人类对土地的认识也丰富多彩。即使在同一时代,每个人对土地也有不同的感知。人们心目中的土地是多姿多彩的,土地以不同的形态存在于不同时代不同人的心中。对此,国际测量师联盟主席、丹麦奥尔堡大学教授斯蒂格·艾尼马克(Stig Enemark)认为,对于土地,"每个人既相同又不同","人们必然与土地存在某个方面的关联。随着演化,他们之间的关系有着愈来愈组织化的趋势。土地管理就是研究人民如何组织土地。它包括人民如何认识土地,如何建立土地管理机构和如何运作。"[1]这说明,土地管理必须

---

[1] Williamson Enemark, Wallace Rajabifard, *Land Administration of Sustainable Development*, ESRI Press p. 37.

适应人地关系不断变化的情形,根据人们对土地的认识和被认知的土地不同形态去进行有效的管理。"在全球范围内,对土地认知的不同,反映了人们思考方式的差异。""他们的想法通过规范体系产生,从而形成了对当地景观的与众不同的想法"。大多数社会,包括社会中的个人,都偏爱于多项选择,他们混合搭配风格,以适应当前不断变化的生活方式或需求。人们根据土地标准来设计不同的风格,并付诸于实践。土地概念是无限制且不断变化的。"① 土地管理最重要的任务就是"管理人们对土地的认知"。

到目前为止,人们对土地的认知是不断变化的,也是多种形态的:威廉·艾尼马克、沃勒克在《可持续发展的土地管理》一书中进行了概括和总结。②

(1) 土地是陆地

生活的基础;

自然资源:所有生存的生物,除人之外,包括野生动物和植物。

广义:自然以及各种表现形式,包括空气、水体、土壤和底土。

(2) 土地是物理空间

地表以及生命存在的区域;

数量固定;

不能被破坏也无法增加;

包括地球的整个表面:海洋、山脉、山谷和平原,也包括立体区域:空域、地下空间,以及相关矿产和气体,区域或空间实体,从单一局部到边缘地区上升到整个星球。

---

① Williamson Enemark, Wallace Rajabifard, *Land Administration of Sustainable Development*, ESRI Press p. 38.

② 同上书,pp. 40、41。

（3）土地是神灵

生命的来源和生命活的守护者；

每个人最终安息的地点,古人精神寄托处；

掌控所有人和一切事物的神,对使用土地的人加以控制；

（4）土地是共同体

个人享有特殊权利并承担相应责任的自然生态共同体；

住在特定区域并与集体存在共同利益的群体。

"家"和"祖国"的概念；

地点或位置；

受到重视的土地市场的位置,它的地理特征和其他资源；

重要意义的场所、有重要地理位置、战略意义的地点等。

（5）土地是财产

拥有明确的可用于交易,用于可建造和可处分的私人土地权利；

集权经济下由国家代表人民拥有的财产权。

（6）土地是生产要素

和劳动力、资金、管理一起同为经济中的生产要素,作为"自然馈赠"的资源,和食物、纤维、建筑材料、矿产、能源,以及其他原材料为社会所用的资源。

（7）土地是资本

在古典经济学中,土地是自然的"永久馈赠礼物",是消耗过去的资本,是人类的储存。有时,土地也是一种资本,因为可以抵押土地集资。

（8）土地是消费品

人类社会中的交易商品；

公园和娱乐场所,开发建筑物的生产土地,生产的要素之一。

(9) 土地是商品

在单一土地市场形成的商品;

"无限量"的土地:一种无限扩大土地商机,无限的空间参数以及数不胜数的交易价值新概念。比如说水资源、矿产资源以及其他复杂的商品;

加速财富和经济增长的体系。

(10) 土地是人权

土地是一项基本的政治权利,1948年联合国的《世界人权宣言》第17条指出:每个人都有拥有自己财产的权利",宪法中也将其列入为法律权利。

(11) 土地是自然

自然环境,没有人为干扰的自然环境;

阳光、降水、风、气候条件、土壤、地质等;

有一定特性和数量的自然资源:矿产资源、森林、水、鱼、日光、降雨等。

(12) 土地是资源

一种供给方式;

自然和人力资源的总和超过了土地的承受范围;

一种生存方式,财富、权利、地位和税收的来源;

包括人类对土地做出的改善。

(13) 土地是环境

需要管理以便维持来可持续生活的地方,需要实施一系列的限制条件,承担相应的责任义务。

他们的归纳和总结是全面的。这种归纳总结涵盖了至今为止人类对土地的各种认识，也反映了人类不断变化的土地观念。土地法必须对人类对土地的不同认知作出积极回应。

二、法律形态的土地

在人们的认知中，土地是以不同的形态而存在的。那么，什么是土地的法律形态呢？在研究土地的著作或教科书中，土地的定义林林总总，各有千秋。但仔细进行考据后，可以发现一个有趣的现象，西方学者的著作中使用土地的定义，都是界定在特定语境下的。有地理学意义上的土地概念，有经济学意义上的土地概念，有法学意义上的土地概念，还有政治学意义上的土地概念。相对西方学者而言，我国的学者并没有作具体细微的区分，特别是法学意义上的土地概念，更是论述不多。

作为研究的起点，这里我想引用两个比较经典的土地的法律概念。《牛津法律大辞典》中，对于土地是这样描述的："土地是地球表面坚硬而干燥的部分，但也包括穿越土地的小溪和封闭或半封闭的水域。土地是经济生产的重要因素，是一种作为财富源泉或财富蕴藏的经济资产。"[1]"从法律观念来看，实质性的问题在于土地是属于国家所有，还是属于公民所有？是属于团体共有，还是属于个人所有？其中有何种权利和利益？土地可否继承，可否自由转让等"。[2]"一般来说，土地的所有权包括土地的上空和地表下

---

[1][2] 《牛津法律大辞典》，光明日报出版社1988年，第512页。

沉一直到地球中心的土地"①。"从法律上讲,土地通常包括土地上的森林和农作物,也包括建造于土地之上,并永久附着于土地的建筑物。"②英国学者凯文·盖里(Kevin Gray)和苏珊·弗朗西斯·格雷(Susan Francis Gray)在《土地法精义》这本书中是这样下的定义:"土地包括以任何形式保有的土地、矿藏和矿物(无论是否与地面分离)、建筑物和建筑物的任何部分(无论是以水平、垂直或其他方式划分),以及其他有形的可继承财产;还包括地租、不分割份数的地役权、特别权益以及其他无形的可继承财产,或者来自土地或土地之上的其他利益。"③

从这些定义中,我们不难看出,虽然因时代不同,各有不同,但也有几个共同因素:地理、空间、权益。因此,我们对土地的法律概念也应当以此为基础。

(一) 地球表面除却海洋即土地

土地是地球表面的陆地部分,说的是土地概念中的地理因素。是指地球表面除了海洋部分,其它都属于土地。那么,如何划分土地和海洋的分界线呢?

我国立法上是将海岸线作为陆地与海洋的分界线。海岸线以上的部分为土地,海岸线以下的部分则为海域。但是,在潮汐动力的作用下,海水到达岸边的位置是不断变化的,海岸线的确定成为了一个复杂的技术和法律问题。1919 年,约翰逊提出了海岸线的概念,并将其界定为海崖基部的水平连线。④ 多兰、海登

---

①② 《牛津法律大辞典》,光明日报出版社 1988 年,第 512 页。

③ Kevin Gray & Susan Francis Gray, *Elements of Land Law*, Oxford, 2005, p. 5.

④ Johnson D. W., *Shore Processes and Shoreline Development*, Shore processes and shoreline development, 1919.

等人认为海岸线是陆地与海洋的物理界面。① 韦伯斯特认为海岸线是水体与海岸相交的界线。② 根据海水的运动规律和国内外的实践情况,海岸线的划分主要有三种标准,即低潮线、高潮线和大潮高潮线。

低潮线,海水低潮面与海岸的交界线。约翰·费舍尔、玛杰里·欧认为,海岸线是大潮低潮时水陆分界的痕迹线。③ 王宝灿、陈甦等认为土地和海域在法律上的界线,应当是海水的低潮线,低潮线以上属于土地,低潮线以下的浅海部分则是属于海域的范畴。④ 钟建华从法理、历史和实证的角度证明了滩涂(包括潮上带、潮间带和潮下带)是属于土地的范畴。⑤《联合国海洋法公约》中测算领海宽度的正常基线是沿海国官方承认的大比例尺海图所标明的沿岸低潮线。

高潮线,海水高潮面与海岸的交界线。帕杰克、莱瑟曼选择高潮线作为海岸线,并将高潮线定义为潮湿线或涨潮留下的痕迹线。⑥ 斯塔福德、史密斯等指出,沙子含水量的差异会引起高潮线

---

① Dolan R.、Hayden B. P.、May P. et al. *Reliability of Shoreline Change Measurements from Aerial Photographs*, Shore & Beach, 1980, 48(4):22-29.

② Webster, TheWebster'sNinthNewCollegiate Dictionary, Springfield, MA: Merriam-Webster, 1988:1564p.

③ Fisher J. S. & Overton M. F., *Interpretation of shoreline position from aerial photographs*, Proceedings of the 24th International Conference on Coastal Engineering (Kobe, Japan), 1994: pp. 1998-2003.

④ 王宝灿、黄仰松:《海洋动力地貌学》,华东师范大学出版社 1989 年;陈甦、丁慧:《试论滩涂在法律上的性质》,《辽宁师范大学学报》2000 年。

⑤ 钟建华:《滩涂作为土地的法律证成》,《宁波大学学报》2011 年。

⑥ Pajak M. J., Leatherman S., *The High Water Line as Shoreline Indicator*, Journal of Coastal Research, 2002, 18(2):329-337.

两侧的颜色或灰度的变化。① 沙洛维茨分析了高潮线作为海岸线的原因,即海水淹没时间的长短、真实反映了海岸地貌、易于识别、与公私土地及岛屿的概念保持一致等。② 艾弗茨和吉布森认为,海岸线是多年平均高潮面与海岸的交界线。③ 道格拉斯·格雷厄姆,玛丽伦·索特等指出平均高潮线并非形态学参考特征,但可以使用海滩形态学参考特征,如沙堤或湿/干线以及等高线来解释。④ 1935年,在波尔艾克斯联合有限公司诉洛杉矶市案中,美国最高法院判决认为"平均高潮线"作为海陆分界线,并进一步指出平均高

---

① Stafford D. B. & Langfelder J., *Air Photo Survey of Coastal Erosion*, Photogrammetric Engineering, 1971:37(6),565-575.
  Smith G. L. & Zarillo G. A., *Calculating Long-term Shoreline Recession Rates Using Aerial Photographic and Beach Profiling Techniques*, Journal of Coastal Research, 1990:6(1),111-120.
  Anders F. J. & Byrens M. R., *Accuracy of Shoreline Change Rates as Determined from Maps and Aerial Photographs*, Shore and Beach, 1991:59(1),17-26.
  Crowell M., Leatherman S. P. & Buckley M. K., *Historical Shoreline Change: Error Analysis and Mapping Accuracy*, Journal of Coastal Research, 1991:7(3),839-852.
  Farrell S., Lepp T., Speer B. & Mauriello M., *Mapping Erosion Hazard Aareas in Ocean County*, Journal of Coastal Research, Special Issue No. 28, 1999:pp. 50-57.
  Leatherman S. P. & Anders F. J. *Mapping and Managing Coastal Erosion Hazards in New York*, Journal of Coastal Research, Special Issue No. 28, 1999:pp. 34-42.
  O'Connell J. F. & Leatherman S. P., *Coastal Erosion Hazards and Mapping Along the Massachusetts Shore*, Journal of Coastal Research, Special Issue No. 28, 1999:pp. 27-33.
  Zhang K., Huang W., Douglas B. C. & Leatherman S. P., *Shoreline Position Variability and Long-term Trend Analysis*, Shore and Beach, 2002:70(2),31-35.
② Shalowitz A. L., *Shore and Sea Boundaries*, U. S. Department of Commerce, National Oceanic and Atmospheric Administration, National Ocean Service. 1964:631p.
③ Everts C. H. & Glbson P. N., *Shoreline Change Analysis One Tool for Improving Coastal Zone Decisions*, Proceedings of the Sixth Australian Conference on Coastal and Ocean Engineering (Gold Coast, Australia), 1983:pp. 122-131.
④ Graham D., Sault M., Bailey J., *National Ocean Service Shoreline-Past, Present and Future*, Journal of Coastal Research, 2003:14-32.

潮线是在任何地方的平均高水位,即是在相对大的一段时间内所有高水位的平均高度,大约18.6年进行一次新的勘测。① 1953年,美国的《水下土地法》将水下土地界定为潮水永久性淹没或周期性淹没、陆侧不超过平均高潮线的土地。此后,新西兰《城乡规划法》规定平均高潮线为陆地和海域管理的分界线,英国《皇室地产法》规定使用潮间带须获得海岸或海域使用证,法国《关于海洋国有地产的法律》将高潮线以下的滩涂纳入海域统一管理的范围,日本《海岸法》等法律将高潮线以下的潮间带归为海域,韩国《海岸管理法》将适用范围确定为从涨潮水位线至领海外侧界限海域。② 在国内方面,董加伟从自然属性、民法传统、现行立法和技术标准综合分析,将高潮线以下的潮间带和潮下带纳入海域范畴。③ 阳兵、陆磊等从滩涂的重要性、环境保护和生态价值、定纷止争、权利的行使等角度看,也将潮间带滩涂归入海域。④

大潮高潮线,海水大潮高潮面与海岸的交界线,即农历每月的初一、十五大潮高潮时的水陆分界线。罗马法的法典《法学总论》第二卷第一篇"物的分类"上明确写道:"海岸,依冬季最高潮所及之处为范围",而且"依据自然法而为众所共有的物",因此,罗马法上以大潮高潮线作为海陆分界线,这一海岸线的划分标准至今仍为不少大陆法系国家所传承。⑤ 芬斯特和多兰认为,大潮高潮线要

---

① Supreme Court of the United States: Borax Consolidated, Limited, et al. v. City of Los Angeles, No. 34. Argued Oct. 23, 1935.
② 王义刚、夏雪瑾、冯媛媛:《陆海分界和河海分界探讨》,《海洋学研究》2009年。
③ 董加伟:《论传统渔民用海权与土地使用权的冲突及协调——兼论滨海滩涂的法律性质归属》,《中国土地科学》2014年。
④ 阳兵、陆磊:《论沿海滩涂的法律性质》,《法制与社会》2008年。
⑤ [古罗马]查士丁尼:《法学总论》,张企泰译,商务印书馆1989年。

高于瞬时高潮线。① 孙书贤认为,应将大潮高潮线作为海陆管理的分界线。王义刚、夏雪瑾等认为,由于沿海滩涂受周期性海洋潮汐的影响,属典型的海洋生态环境,是海洋不可分割的一部分,得出大潮高潮线以下的潮上带、潮间带和潮下带均属于海域的论断。《辞海》中海岸线是多年大潮高潮所达到的线。《海洋大辞典》中海岸线是海水大潮平均高潮位与陆地(包括大陆与海岛)接触的分界线。《海域使用管理法释义》指出海岸线是平均大潮高潮的痕迹线。《国家基本比例尺地图图式》、《中国海图图式》、《海洋学术语海洋地质学》、《地籍图图示》和《水道观测规范》等国家和行业标准规定海岸线是平均大潮高潮时的水陆分界线。原国家海洋局会同有关部门组织的全国海岸带和海涂资源综合调查时,明确海岸线为平均大潮高潮线。原国土资源部《关于开展我国海域行政区域界线勘定工作的请示》指出,海域勘界以陆海分界线即平均大潮高潮线为起点。

滩涂与海域的划分,关键在于海岸线的划定,属于法律执行中的具体问题。由于历史原因,我国尚没有从法律上明确海岸线的划分标准。如果低潮线为海岸线,滩涂的法律性质是土地,所有权属于国家或集体,使用权表现为国有土地使用权或农地承包经营权,使用权的归属,以及滩涂使用权的设立、移转、消灭等法律行为要接受土地类法律的调整。如果大潮高潮线为海岸线,滩涂则属于海域,所有权属于国家,使用权表现为海域使用权中水域滩涂养殖使用权,其设立、移转、消灭等法律行为要接受海洋类法律的调

---

① Fenster M. S. & Dolan R. *Mapping Erosion Hazard Areas in the City of Virginia Beach*, Journal of Coastal Research, Special Issue No. 28, 1999: pp. 56-68.

整。如果高潮线为海岸线,滩涂既有土地,也有海域,即潮上带属于土地,潮间带和潮下带属于海域。为了确定滩涂的法律属性,界定滩涂的产权及归属,保护沿海地区的生态环境,需从技术和法律上划定一个科学、实用、稳定的海岸线,作为陆地与海洋的划分界线,实现沿海地区的可持续发展。

（二）土地是地球表面的空间结构

将空间结构引入土地的概念中,是当代土地法的一个特征。在传统的农耕社会,土地总是以平面的物理形态呈现,人们说到法律意义的土地时,总是以面积、方位为基本元素载入土地登记簿中。进入工业文明之后,随着人地矛盾的紧张和尖锐,合理开发利用土地空间的问题被提上了议事日程。人们看待土地开发不仅仅只从平面的角度入手,对地上和地下空间的开发也成为重要的内容。这样,对空间的管制制度也就应运而生了。从当前对空间的利用开发的现状看,主要有以下几种情形:

空间利用的性质用途与宗地的利用性质用途一致。空间利用的功能主要是增加建筑面积。这类现象在每个城市几乎每幢建筑物都是如此,且纳入管制。

空间利用的性质用途与宗地的利用性质用途呈多样化状态。比如,有的城市土地地下是火车站或者地铁站,而空间则又是宾馆或写字楼。还有的建筑物在空间分层上用途也是各异的。

同一宗地的空间呈现不同的地权状态。有的是所有权,有的是地上权,有的是地役权,有的是租赁权等。

如此复杂的空间利用结构,就要求我们在土地法律制度上必须予以回应。这就是,这种空间结构在法律上属于什么性质? 答案也是肯定和明确的。它就是土地的一部分。这是因为一定的空间结构都是依附在平面的土地上的,它应该是土地的延伸。这种立体的土地结构就要求我们更新传统的平面土地的观念,让土地延伸到地下和地上,延伸到空间。

明确土地的空间结构属于土地的范畴,对于正在快速城镇化的中国来说显得尤为重要。人多地少是我国的基本国情,珍惜和合理利用每一寸土地,是我国的基本国策。在法律上明确空间结构属于土地的范畴,有利于我们合理利用土地。2007年的《物权法》对此作了明确规定,第136条规定:"建设用地使用权可以在土地的地表、地上或者地下分别设立。新设立的建设用地使用权,不得损害已设立的用益物权。"在138条规定:"建设用地出让合同应当约定建筑物构筑物及其附属设施的空间。"在我国,这个问题虽然在基础法律上作了规定,但具体的管理上并没有解决。有一公司在帮助城市建立污水处理厂,批准的用地项目也是污水处理厂,但由于该公司掌握了先进技术,污水处理设施可以放在地下,该公司提出利用这宗地在地上建设宾馆旅游设施,但用地指标如何计算,用地性质如何界定?前者是公益性的,或者是经营性的。经营性的用地又要招拍挂。诸如此类的问题,一直困扰着这城市的管理者。因此,依据物权法的规定,改革现行的用地审批制度,已经势在必行了。

(三) 权益

土地是养育万物的。那么,依附在土地上的各种物质是否属于土地的范畴呢?

第一,除了法律排除之外,依附在土地上的物质应当属于土地的范畴。英国经济学家马歇尔认为,"土地的含义,指的是大自然无偿地资助人类的地上、水中、空中、光热等物质与能力。"① 肯特(James Kent,1763—1847)从法律角度对土地下的定义是:"土地不仅包括地面或土壤,而且也包括附着于土地的任何东西,不管是自然生长的,比如树草木,或者是人工造成的,比如房屋以及其他建筑物。它所包括的范围向上或者向下是无限度的,以致可以包括地上或者地下的每样东西。"②

从学理上看,依附在土地上的各种物质都属于土地,但并不意味着法律就是这样认定的。因为管理理念、历史传统、法律制度的不同,各国法律对土地的范围的认定并不相同,我国台湾地区的"土地法"第1条规定:"本法所称土地,谓水陆及天然富源。"我国台湾学者在解释"天然富源"这一概念时是这样描述的:"一般宪法所规定之矿及经济上可供公众利用之天然力,即是天然富源。如水与陆除外,凡是地球上一切资源,均属天然富源。诸如日光空气等,为广义之天然富源。"从目前各国的立法例看,将天然资源从土地中移除是通例。因此,除法律另有规定的之外,依附在土地上的一切物质资源属于土地。

第二,土地是多种权利的组合。随着人类对土地利用的能力不断扩大,土地利用不仅从平面走向了立体,而且土地利用的方式也呈多样化。在这种背景下,地权的设置就要求实现从所有权为中心转向利用权为中心,这是一种历史性的变革,是促进土地合理利用的法律变革。人们对土地管理利用的,比拥有所有权而不加

---

① 马歇尔:《经济学原理》,朱志泰等译,商务印书馆1964年,第157页。
② *Commentaries on American Law* Vol:3,O. Halstead,New York 1826,p. 401.

以利用有利于社会。随着与利用权为中心的权力配置制度的形成与发展,土地权利就形成了"权利束",也就是新型的"权利组合"。在同一宗地上,在所有权的基础上,不仅形成了地上权、地役权、担保权等传统物权的组合,并且形成了物权的组合,比如采光权、观光权、放牧权、狩猎权、垂钓权等。并且,随着人类的物质生活精神生活的不断丰富,这类准物权的领域和范畴也在不断扩大和发展。这些依存在土地上的权利形态,当然属于法律意义上的土地。

在完成了对土地的法律概念的理论考察之后,我们可以将法律意义上的土地定义为:土地是由地球表面陆地部分上下一定的空间以及空间内附着于土地上的一切物质和权益组成的综合体。虽然我们每天行走在大地上,栖息在大地上,奔波在大地上,我们感知的只是地理形态的土地。但是,支撑我们的生活工作的则是看不见的权利,这就是土地的法律形态。

三、土地的本质属性和功能

在研究土地的各种专著中,对于土地属性做过多种概括和提炼。有的将土地属性分为自然属性和经济属性。有的将土地属性从自然属性、经济属性扩大到社会属性、法律属性和生态属性。总之,随着生产力的发展,土地的属性就有无限扩大的趋势。这种理论概括的好处是积极应对土地在不同领域的利用,为土地在不同的领域利用提供理论支持。但也出现了新的问题,因为过分注意土地在某一领域的利用,最终损害了土地自身的规律。对此,有的学者提出了批评。中国农业大学教授朱道林在"农村土地制度改革必须坚持土地资源本质属性的客观要求"一文中指出:"土地具有自然属性、经济属性与公共属性。土地的自然属性取决于其是自然产物，表现为具有位置固定、总量有限、可永续利用、多用途使用等特性，这是土地的基础属性，决定了土地是区别于其他资源乃至资产的。土地在投入人类利用过程中，产生了经济属性、公共属性等延伸属性。土地的经济属性表现为其具有生产能力，生产能力大小及可利用方式决定了其经济价值；能够形成财产，并由于其位置固定性决定了其属于不动产；进而产权制度是决定其归属与经济关系的重要内容；并具有投资与资本属性。土地的公共属性是指土地的分配与使用不能只满足经济利益最大化，还必须考虑人类社会发展和资源可持续利用的整体要求。这也是由土地的自然属性决定的，自然产物决定了土地无论作为生产要素还是财产，都是大自然的赋予，必须考虑不同时代人类的可持续利用；总量有限决定了其配置与使用要考虑均衡，包括不同类型的均衡、不同主体的均衡等，"耕者有其田"才能保障生存，过度兼并往往引起社会动荡；位置固定决定了其相邻关系的特殊性，会产生外部效应。"[1]这里，就提出了一个问题：认识土地就在于认识土地的本质属性。

那么，什么是土地的本质属性呢？

(一) 土地的本质属性

土地的本质属性应该是人类在利用土地过程中，土地对于人类经济社会发展发生作用过程中呈现出的不同于其他物质的独特品质。

第一，土地的属性是基于人类对土地的利用行为而产生的。土地是大自然的产物，先于人类而存在。没有人类的土地利用行

---

[1] 《中国土地》2018 年第 11 期。

为,土地只是"寂静的物质体",谈不上属性。只有有了人类的土地利用行为,人类才可能在利用过程中去感知去认识土地的属性。认识土地的属性的目的在于更好更合理地利用土地。

第二,土地的属性往往是人类在土地利用过程中,对土地在人类经济、社会、文化发展过程中产生的影响。实际上,土地的属性是土地在人地互动过程中对人类土地利用行为的反作用力。人类利用土地发挥养育功能,从事农业生产,往往就要受到肥力递减、位置固定、面积有限的制约。人类可以利用土地的持续利用功能,但这一功能又必然受到面积、位置等因素的制约。在经济领域,土地作为重要的生产要素,对于城镇化、工业化有着至关重要的作用,但土地的稀缺性就制约着利用土地行为作为城镇化工业化的物质载体的作用的发挥。人们可以将土地资本化、证券化,但土地对物价的变动的反应滞后性又制约着人们对资本市场的调控。反作用力应当认定为土地属性的主轴。

第三,土地的属性是土地作为物质形态与其它物质形态在人类利用土地过程中形成的独特性。物质的不同就在于质的差别或者独特性,它是在同一场景与其它物质形态相比较而形成的。不去认识土地功能的独特性而将土地属性主观化,应该说是不科学的。

从这个意义上看,土地的本质属性就是土地的自然属性。土地的自然属性是指土地本身固有的,并且是人类难以改变的属性。正如马克思所述,"它们不直接加入劳动过程,但是没有它们,劳动过程就不能进行,或者只能不完全进行。"[①]因此我们研究土地的基

---

① 马克思:《资本论》第1卷,人民出版社1975年,第205页。

本属性应当以此作为基础和前提。土地的自然属性表现出以下本质特征：

（1）形成的自然性。土地是自然的产物，不是人类劳动创造的，它先于人类而存在。据现代考古学证明，人类居住的地球至今已有46亿年的历史，而人类出现在地球上的历史约20万年。这说明，土地是不依赖于人的意志而独立存在的客观物质。人类可以利用和改造土地，但不能创造新的土地。

（2）人类活动的必需性。土地可以独立于人类而存在，但人类的生存生活生产则须臾离不开土地。它是人类活动必需的物质条件。是人类生存生活生产的必需品。

（3）土地数量的有限性。土地是大自然的产物，相对于人类数量的不断增加而言，土地的数量是不会增加的。虽然地球的地质活动（如地震、火山）和人类的土地改造活动可以改变土地的形态，沧海桑田。但土地的总面积始终是恒定的。土地面积是土地最基本的和永恒的财富。因为地球的面积是恒定的。

（4）土地位置的固定性。土地具有固定的空间位置，是不可能发生空间位移的。并且，各块土地之间的相对位置也是固定的。人类只能通过改善交通条件来缩短土地之间的距离。因此，人类只能在其所处的位置利用土地，由于附属于该空间位置的温度、湿度等条件共同构成了每个不同区域土地的自然地理位置。自然地理位置也是不能移动的。区域土地的自然地理位置不同，土地利用的效果不同。这就要求人们必须根据不同区域土地的自然地理位置的客观状况，制定合理的土地利用方案。

（5）土地质量上的差异性。由于不同区域的土地的内部构成因素不同，因素之间的内部构成关系也不同，形成了土地质量的差异性。这种质量的差异性,不是固定的,是与人类利用土地的目的相联系的。比如,同一块土地,不适合种植水稻,按照种植水稻的标准看,质量是差的。但是种植土豆,也许就是质量好的土地。

土地质量的差异性是普遍存在的。这种差异性不仅存在于一个国家或一个地区的范围之内,"即使在一个基层单位内也同样存在着"。土地的自然差异性,就要求人们因地制宜地合理利用各类土地资源,确定土地利用的合理结构与方式,以取得土地利用最佳综合效益。

(6)土地利用的可连续性。土地利用的可连续性,是指土地可以重复利用,连续利用,永久利用。一是土地可以反复的耕种,在同一块农田上,只要气候、土质、肥力允许,只要方法科学,可以永无止境地使用下去。二是对城市土地而言,土地可以永久性的支撑土地上的建筑物和构筑物。三是土地对人类生存生活生产活动提供的基础性保障作用在任何情况之下都不可能被改变。

(二)土地的功能

土地的自然属性是土地的本质属性,也是土地的唯一属性。但是,土地的功能则是多样的。所谓土地的功能,是指人类在土地利用过程中,土地作为自然物质所发生的效能。土地的功能是与人类土地利用活动相伴相随的,人类土地利用到哪个领域,土地的功能就在那个领域发挥作用。人类土地利用活动是多样的和无限的,土地的功能也就呈现出多样性和无限性。土地本质属性的唯一性和土地功能的多样性无限性,就构成了我们对什么是土地的总体认识。

那么,到目前为止,土地呈现出哪些功能呢?

1. 经济功能

土地的经济功能主要指在土地利用过程中土地对人类的经济活动产生的影响。它主要包括:(1)土地供给的稀缺性。人类对于土地的需求总是不断扩大,而可供人类利用的土地总量又是有限的,因而产生了土地供给的稀缺性问题,并且这种稀缺性伴随着经济的发展表现得愈发强烈。土地供给的稀缺性,对人类的经济活动产生的影响是巨大的。一些人为了追求超额利润,就利用土地的稀缺性形成垄断,政府则是基于社会利益,实施各种限制措施。(2)生产要素。土地与劳动力、资本一起构成了人类社会生产活动的生产要素,离开了这些生产要素,或者缺少任何一项生产要素,人类的生产活动就不能进行。(3)资本功能。土地既是人类的财富也可以作为私人的财产。作为私人的财产,土地又可以在资本市场作为最可靠的抵押品,发挥融资作用。

2. 社会功能

土地的社会功能是近年来我国学术界开始关注的问题,早期在研究土地的社会性的问题时,一些学者也进行过探讨。美国学者伊利和莫尔豪斯在《土地经济学原论》①一书中从以下几个方面对土地的社会性进行了提炼和概括:一是,拥有地权的多少,决定了政治特权和社会地位,政治和社会权利是与地权相互连接的。二是对很多人起着储蓄银行的作用,也就是我们今天所讲的土地的社会保障功能。社会时代在变化,我们对土地的社会属性也要与时俱进。在我看来,土地的社会性就在于在现代社会,随着土地越来越集约,社会控制越来越有必要。从这个角度看,土地的社会

---

① [美]伊利、莫尔豪斯:《土地经济学原论》,滕维藻译,商务印书馆1982年。

功能除了前面讲的两个方面之外,在现代社会,唯有土地具有影响社会稳定的功能。土地作为重要的生产资料和生产要素。并且由于它的位置不可移动性,面积不能增加,使得围绕土地的争夺成为几千年人类文明史的主题。土地对社会稳定的影响主要表现在以下几个方面:一是土地分配不公引出引发社会动荡。在农耕文明时期,拥有土地的多少,的确决定拥有人的政治特权和社会地位。分配不公,必然引发农民起义。几千年中国封建王朝的更迭,莫不是与土地兼并、逐步集中到少数人手中有关。二是土地资本化证券化处置不当会引发金融风险。2008年美国的金融危机就是由美国的房地产贷款政策过于宽松造成的。三是土地还为一些人特别是农民提供社会保障功能。在城市化率不高的国家,土地对于农民来说,不仅仅具有生产功能,还具有社会保障功能。对于城市居民来说,在大多数情况下,投资房地产比投资股票债券更具有安全感。

3. 文化功能

土地的文化功能是研究土地的著作中没有说及的,但实际上它也是不容忽略的。土地的文化功能是指土地在被人们利用的过程中,对人类精神生活造成的影响。具体来说,表现在以下几个方面:第一,土地利用方式决定了生活方式。在一定的区域内进行土地利用活动的人们,往往受这一区域土地自然状况的影响。自然状况的不同,也就决定了统治方式、生活习俗的差异。马克思在研究人类社会的起源和历史的时候,曾经提出了"亚细亚生活方式"的概念,就是以中国为背景的,而中国当时的农业是与水利设施有关的,这样就决定了中国有不同于欧洲其他国家的统治方式。第二,不同的土地条件中,对人的精神品质有不同的塑造。在以农业生产为条件的人们,和以牧业为主的区域的人们在精神内涵上是有不同的。农耕社会的人们,往往表现为内敛和保守,精于计算。而以放牧为主的生产方式的人们,则表现为豪放、自信,如此种种,不胜枚举。

4. 生态功能

土地的生态功能是指人类在利用土地过程中土地对生态环境产生的影响。土地对于生态环境来说,具有以下影响:(1)土地自身就是生态环境的重要组成部分,生态环境是多种自然要素组成的有机统一体。作为生态系统的最重要的要素,土地利用状况是否符合生态环境的要求,就是生态环境建设的内容。对土地的破坏,就是对生态环境的破坏。(2)为生态环境建设提供支撑。生态环境的恢复和建设都是在土地上进行的,"根据人类对土地生态系统的入侵程度和改造程度,土地的环境属性在不同的土地类型上有不同的表现,按照人类改造的深入程度从浅至深可以排序为自然土地、自然保护区用地、休养与休闲用地、农业用地、居住与工矿用地、废弃地与污染地等。"[①]

5. 法律功能

土地对于法律的影响是巨大的。可以这样说,正是有了人类的土地利用行为,才催生了家庭、私有制和国家的产生。土地问题一直都是法律制度的重要内容。人类为解决土地利用问题的种种理想和方案,都转化为法律制度的创新。不仅如此,土地的法律制度变革还带动了其它法律制度的变革。土地物权制度的产生和发

---

① 梁留科等:《土地生态分类系统研究》,载于《水土保持学报》2003年第5期。

展最初就是围绕土地的利用展开的。"当人类在生活、生产实践中发生了土地买卖关系,就出现了土地所有权制度。当土地所有者想保留所有权而给他人使用土地,就出现了使用权与所有权的分离,产生了地上权。之后,对相邻地块的通行、排水等地役权也出现了,于是土地产权体系逐步建立和发展起来了。土地权利的主干形成之后,其他土地权利(如攀登权、观光权、放牧权、渔业权等准物权)也逐渐丰富起来,各种权利形成了一个权利束。人类土地权利的形成过程就是人类土地利用的进展过程,土地利用的强度越大,土地产权体系就越细。人类开始城市化和工业化进程后,土地利用中出现了公共利益问题、环境保护问题、用地规划问题和农地保护问题,现代土地法也随之形成了。"①到了现代社会,土地所有权保护的社会化进程,又拉开了现代法律从个人本位向社会本位转变的大幕。

虽然我们提出了土地本质属性的唯一性与土地功能的多样性无限性的理论框架,但我们还需要回答土地的本质属性与土地功能之间的关系。

第一,应当将土地的本质属性与功能明确加以区分。本质属性作为哲学范畴,是指事物固有的内部联系。是事物自身组成要素之间相对稳定的内在联系,是由事物本身所具有的特殊矛盾构成的。是决定事物性质和发展趋势的内在力量。马克思说过:"如果事物的表现形式和事物的本质直接合而为一,一切科学就都成为多余的了。"土地的本质属性往往是对土地功能具有决定性作

---

① 甘藏春等:《当代中国土地法若干重大问题研究》,中国法制出版社2019年,第62页。

用,离开了本质属性,土地就不成为土地了。从这个意义上讲,土地的自然性质就属于本质属性。它对于土地功能具有决定性作用,土地功能是它的实现形式。处于从属地位,都是以自然属性为基础的。土地功能作用的发挥都是受土地自然属性支配的。

第二,土地的多种功能之间是一种相互依存相互制约的关系。除了土地的自然属性作为本质属性对其他功能属性有决定性基础的作用之外,土地的各种功能互相之间也有着相互制约相互依存的关系。就土地的经济功能与土地的社会功能而言,两者就是一种相生相克的关系。土地的经济功能主要是指人们如何运用土地获取自己的经济目的,效益最大化是最终的目的。由于土地作为重要的生产资料和生产要素,再加上土地的稀缺性,使得土地在某个阶段有放大的功效。如果仅仅按照效益最大化为尺度配置土地资源,只考虑土地的经济功能,势必影响社会公正。而土地的社会功能则要求公正。因此,配置土地资源既要求考虑经济效益,还必须考虑土地的社会功能,就法律功能与经济功能、社会功能、文化功能、生态功能的关系而言,法律功能必须综合考虑土地这些功能的要求,才能为土地利用提供明确具体的边界,而离开这种明确的边界,土地的经济功能、社会功能、文化功能、生态功能效用也不可能实现。

明确土地本质属性与土地功能的关系不仅对土地科学有基础意义,而且在现实中也有"正本清源"的意义。我国正处在加速城镇化工业化的时期,土地作为要素通过市场配置为城镇化提供了动力保障。这就使得人们看待土地问题,往往过多地注意土地的经济功能,而忽略了其他功能。比如在研究房地产形势时,我们在统计口径上往往采用平均地价或者平均住房面积,以此作为决策的依据。殊不知,土地由于位置的不可移动性,用平均地价平均面积很难说明土地经济的宏观走势。凡此种种,说明正确认识土地的本质属性与土地功能之间的关系,虽然是常识,但回归常识,依据常识来制定土地政策是多么地重要!

四、土地的法律分类

土地分类是土地利用的基础和前提。在土地科学中,土地的自然分类是其重要内容。土地的自然分类自20世纪30年代开始,目的在于用于土地类型的调查和制图。我国的土地自然分类的研究则是在20世纪50年代后才启动的。在土地管理的过程中,除了自然分类之外,还有就是法律分类。

土地的法律分类标准如何确定呢?这是一个需要研究的问题,从一般意义上讲,土地的法律分类应当符合以下要求:

第一,满足法律管制的目的。也就是说,适用什么法?法律管制的目的是什么?不同法律管制的目的,分类标准是不同的。比如为了征收不动产税,法律分类标准主要包含:地段区位、房屋的类型(公寓、别墅、工厂、写字楼等)。应当依据这些标准来对不动产分类,以利于征收不动产税。如果是对全域土地进行法律管制,那么土地的法律分类则应该是用途。

第二,为了人们利用土地提供稳定的预期。土地的法律分类是具有法定性质的,它就要求分类的标准是明确的具体的,这样就会减少交易风险,稳定对土地的投资活动。

第三,用途的适宜性。土地的法律分类,要求以土地的自然分类为基础。必须将自然分类和法律分类有机地结合起来,只有如此才能促进土地的合理利用。

第四，分类的开放性和包容性。土地的法律分类是最基本的分类，它不可能也不应该取代其他分类，但它又必须是其他分类的基本遵循。只有如此，才能建立体系完整，规范和谐的标准体系。

在1998年修订《土地管理法》的过程中，对于土地的基本分类做过专门研究讨论，几易其稿，最终确立了按用途分为三大类的法律分类。《土地管理法》第4条规定：将土地根据用途分为农用地、建设用地和未利用地的三大类。其中，农用地是指直接用于农业生产的土地，包括耕地、林地、草地、农田水利用地、养殖水面等；建设用地是指建筑物、构筑物的土地，包括城镇住宅和公共设施用地、工矿用地、交通水利设施用地、旅游用地、军事设施用地等。未利用地是指农用地和建设用地以外的土地。《土地管理法》对我国的土地的法律分类主要基于以下几点考虑：

第一，实施用途管制。1998年的《土地管理法》修订的重要内容是土地管理方式的重大变革，即从原来重点是所有制的管理转到用途管制。基于中国人多地少特别是人均耕地更少的国情，基于我国正处在城镇化工业化的快速发展时期，土地管理法又将用途管制的重点放在严格控制农用地转为建设用地，实现耕地保护的战略。正是基于这些考虑，将土地分为农用地、建设用地来利用它，就为用途管制提供了法定基础。

第二，以自然分类为基础。这既满足管理的需求，又根据不同的需要为土地进行分类留足了空间。比如农用地项目下，还可以做各种细分。建设用地也是如此。这样就为土地分类的标准化奠定了法律基础。从土地管理法实施以来的情况看，土地管理法作出的土地分类的法律分类标准是经受了实践的检验，是成功的。

第二章 土地正义

在各类学术著作中,"公平"、"公正"、"正义"频繁出现。仔细考究,这三个词有相同的一面,也有细微的差别。就差别而言,主要是适用的领域不同。就"正义"而言,主要适用于哲学伦理学领域,属于价值实判断层次。"公平"则属于社会学范畴,主要适用于社会财富的分配问题。"公正"则属于法学范畴,指纠纷的裁判。虽然各自涉及的领域不同,但并不意味着它们各自能够成为独立判断是非曲直的标准,它们的背后是受正义观支配的。它们只是正义观的体现而已。

在人类的文明史上,正义一词一直伴随着人类文明的脚步。正义观的变化,反映了人类文明的进程。可以这样说,在正义问题上的进步,就是人类文明的进步。正义是标尺。正义,对于人类既是闪耀在苍穹上的星辰,照耀着人类前行的脚步,但可望又不可即。它又是滚滚红尘中的清风,与芸芸众生相伴相随,几乎所有人与人之间争端的背后,它的身影总是若隐若现。为了它,许多学者皓首穷经,力求找寻它的答案。为了它,无数仁人志士,前赴后继,赴汤蹈火,引无数英雄竞折腰。

究竟什么是正义?需要我们在前人思想的基础上,反复咀嚼,不断提炼。这里,我想从以下几个方面进行探讨。

第一节 正义观溯源

一、正义观念是怎样向我们走来的?

西方的正义观念最早发端在古代希腊。在古希腊,正义观的发展经历了两个阶段。最初作为原始正义观,它是与宇宙的运行规律相联系的。阿那克西曼德认为,在宇宙的变化中,每种原素都有一定的比例而又企图扩大自己的比例,然而有一种必然性或自然规律永远地在校正着这种平衡。赫拉克利特认为,世界万物之间的和谐平衡正是由于斗争而形成的,但这种斗争必须符合一定的分寸和限度。① 毕达哥拉斯用数的平方来说明正义②。恩培多克勒认为,"爱"与"恨"的相互作用使构成宇宙万物的原素达成了动态中的平衡③。这些思想,都体现了宇宙正义的观念。到了苏格拉底时代,希腊人的正义观开始了由宇宙向人类的转变。苏格拉底认为,知识即美德。正义作为一种美德也源于知识和智慧。"既然正义的事和其他美而好的事都是道德的行为,很显然,正义的事和其他一切道德的行为,就都是智慧。"④柏拉图把正义看成是与智慧、勇敢、节制并列的"四主德"之一,并且是其他美德实现的最高境界。他把正义分为国家的正义和个人的正义。对国家来说,正

---

①②③ 参见,沈晓阳:《西方正义观念的历史演变及其启示》,《杭州师范学院学报》2003年第3期,第29—34页。

④ [古希腊]色诺芬:《回忆苏格拉底》,吴永泉译,商务印书馆1984年,第117页。

义就是各个等级各守其位,各司其职。与此相应,个人也有三种心理功能和三种美德:理性及其美德智慧、意志及其美德勇敢、欲望及其美德节制。当三者和谐地发挥其职能时,个人就表现出正义的美德。亚里士多德认为,正义就是适当的比例。他把正义分为普遍的正义和特殊的正义。普遍的正义是要求全体成员的行为合乎法律,包括国家颁布的成文法和不成文的道德法典。特殊的正义可分为分配的正义与纠正的正义。分配的正义又称"几何的正义",指的是社会的财富、权力及其他可以在个人间进行分配的东西的分配原则,也就是指以人与人之间的不平等为基础对各人实行一种不平等的分配。纠正的正义也称"算术的正义",是指人与人之间经济上的交往和制定契约所遵循的原则,它表现为一种平等的关系。亚里士多德还根据正义的具体内容把正义分为相对正义和绝对正义。相对正义亦即法律上的正义,它是人们相互协定的结果,可能因时因地而有所不同。而绝对的正义也称"自然的正义",它不受时空的限制,具有绝对的性质①。

  进入中世纪,神学家们将上帝嵌入自然法体系,将正义的最终规则定义为上帝的谕旨。著名的神学家托马斯·阿奎那巧妙地吸收了亚里士多德"神是万物存在的最后动因"的观念,将上帝以永恒法的形象作为万物存在的第一动因,上帝的谕旨,以及被认为体现上帝谕旨的教皇命令和教会法,被看成是正义的化身,教会和宗教裁判所成为判定正义和维持正义的最终工具。奥古斯丁认为,法来自神意,是上帝意志的体现和上帝一切安排和命定的总和。

---

  ①②③ 参见,沈晓阳:《西方正义观念的历史演变及其启示》,《杭州师范学院学报》2003年第3期,第29—34页。

而正义,是对法的服从以及通过对法的服从而体现出来的对上帝的服从,正义就是服从实在法。阿奎那把正义区分为自然的正义和实在的正义。"自然的正义"就是指合乎神的意志和自然法原理的当然的道理,"实在的正义"就是通过协议或共同同意而达成的适当的比例。由于自然的正义体现了神的意志而实在的正义出于人的协议,因此实在的正义应该从属于自然的正义(同上)。但到了中世纪的后期,神学自然法发生了重要转向。后经院主义哲学家费尔南多指出,虽然正义的最终标准来源于上帝,但上帝已经预先赋予人类以理性能力来认识正义。这就出现了一个重要的命题:上帝并不明确提出善和恶的本体,而是通过赋予人的先天理性来引导人类认识善恶,这就将自然法的神学外衣褪去,使其披上了理性的外衣,开启了自然法的世俗化历程,开启了正义的形而下的时代。

　　文艺复兴以后,西方的正义观念进入了近代。其突出的特征就是将正义与以人为本紧密相连。这一时期的代表人物有霍布斯、格劳秀斯、斯宾诺莎、洛克、卢梭、孟德斯鸠、康德等,他们虽然各自的理论侧重点不同,但都是从"自然状态"、"自然权利"、"社会契约"等理论学说出发,引出他们的正义观念的。把正义与自由、平等、博爱联系起来。在资产阶级革命取得胜利后,又有一些思想家把秩序作为正义的首要价值。黑格尔认为,客观精神的发展经历三个阶段,即抽象法、道德、伦理;其中伦理的发展又经历了家庭、市民社会和国家三个阶段。在国家里,个人权利和国家权利达到了具体的统一,从而个人的权利和义务也达到了统一。"个人只有成为良好的国家公民,才能获得自己的权利",而"成为国家成员是单个人的最高义务。"①这样,黑格尔的正义观由于强调个人自

---

① [德]黑格尔:《法哲学原理》,范扬、张企泰译,商务印书馆1961年,第172、253页。

由要服从于国家权威而达到了对于秩序和权威的重视①。对西方近代正义观影响巨大的还有功利主义的思想。其主要代表人物是边沁和密尔。边沁认为,道德的最高原则就是使幸福最大化,使快乐总体上超过痛苦。正当的行为就是任何能够产生快乐或幸福,并阻止痛苦或苦难的东西。②

到了19世纪上半叶,自由竞争的资本主义,使得物质财富几何倍数增长。与此同时,社会分配的巨大差距,使得阶级矛盾和冲突十分激烈。在这种背景下,人类思想家不得不重新思考什么是正义的问题。这个时期,诞生了两种正义的理论。一是马克思主义正义理论,二是实证主义和相对主义正义观。由此,西方的正义理论开始了由近代向现代的演变。

马克思恩格斯对西方正义观的批判是基于历史唯物主义的。他们认为:"只要与生产方式相适应,相一致,就是正义的;只要与生产方式相矛盾,就是非正义的。"③在他们看来,资本主义社会是建立在私有制的基础上的,是按资分配的,社会基础是不平等的,因此,西方的正义只是形式上的,是虚伪的。只有实现了社会的实质正义,正义才有价值。与此同时,马克思和恩格斯又高度重视人的基本价值。认为人的自由而全面的发展是正义的最高价值。"代替那存在着阶级和阶级对立的资产阶级旧社会的,将是这样一个联合体,在那里,每个人的自由发展是一切人的自由发展的条件。"④

英国法学家约翰·奥斯丁是法律实证主义正义观的著名代

---

① [德]黑格尔:《法哲学原理》,范扬、张企泰译,商务印书馆1961年,第172、253页。
② 参见,[美]迈克尔·桑德尔:《公正》,朱慧玲译,中信出版社2012年,第37页。
③ 《资本论》第3卷,人民出版社2004年,第379页。
④ 《马克思恩格斯选集》第1卷,人民出版社1972年,第273页。

表。他主张将法理学同伦理学相区分:法学家所关心的只是法律(是什么),而不问其是否符合理想或正义。他对法律所下的定义是:法律是主权者的一种命令。命令是一种以惩罚为后盾的希望,是优势者用以约束劣势者的;只有普遍的命令才具有法律的性质。一项法律,只要是以适当的方式颁布的,即使在道义上十分邪恶,仍然有效。根据这一理论,他把正义仅仅理解为合法性。相对主义和非理性主义正义观认为,正义是相对的,因而也不能为人的理性所确切地认识和把握。所谓正义,只不过是在表达自己非理性的情感和意志。如凯尔逊认为,正义观念是与人们的宗教的、哲学的或政治的观点相连的,根本没有办法说出谁是谁非。罗斯认为,构成自然法基础的那些有关人性的基本假设完全是任意的,由此推断出的道德法律思想因而也是任意的,无法在客观上被证明是正确的或错误的。"祈求正义无异于砰砰敲桌子:一种将个人要求变成绝对要求的感情表现。"①

进入 20 世纪中叶,人类经历了两次世界大战,经历了法西斯主义的灾难。特别是"纽伦堡审判"对正义问题的拷问。促使了自然法复兴运动的兴起。正义问题又到了重新检视的阶段,正义问题进入了当代。作为这一转折的代表人物就是哈佛大学哲学教授罗尔斯,他于 1971 年发表的《正义论》一书。《正义论》关于正义问题的理论框架就,是"一个假定,两项基本原则"。"一个假定"就是"无知之幕"。罗尔斯认为,思考公正的方式就是要询问,在一种平等的原始状态中,我们会认可什么样的原则。② 如果我们聚集在一

---

① 博登海默:《法理学——法哲学及其方法》,邓正来等译,华夏出版社 1987 年,第 246 页。
② John Rawls, *A Theory of Justice*, Cambridge, Mass. The Belknap Press of Harvard University Press, 1971.

起讨论一个社会契约,因为每个人都有不同的利益不同的道德和宗教观念,经济收入差别巨大,又有不同的种族、民族。并且每个人的谈判协商能力又不同,在这种情况下,很难达成一致意见。即使经过妥协,达成了一致,也很难说是公正的。假定我们并不知道自己在社会中将身处何处,假设我们在一道"无知之幕"的背后进行选择,那么我们所同意的各种原则就是公正的。[①] 在"无知之幕"假定的基础上,罗尔斯提出了正义的两大基本原则,也就是平等原则和差异原则。"第一个原则:每个人对与其他人所拥有的最广泛的基本自由体系相容的类似自由体系都应有一种平等的权利。第二个原则:社会的和经济的不平等应这样安排,使它们被合理地期望适合于每一个人的利益;并且依系于地位和职务向所有人开放。"[②]罗尔斯的正义观提出后,受到了来自自由主义阵营内部的批评(诺齐克的《无政府、国家与乌托邦》一书最具有代表性)。诺齐克不是把正义的重点放在尽可能做到财产和利益的平均分配上,而是放在尽最大努力来捍卫个人自由和权利上。他与罗尔斯正义论还有一个重要分歧:罗尔斯的正义论是分配正义论,诺齐克则认为,分配正义论的出发点是平等,其核心是大众福利;而持有正义论的出发点则是捍卫个人自由,其核心是权利原则。诺齐克正义论的前提和核心就是个人权利;正义是一个程序,它不受程序最终状态的影响。政府的合法干预只限于保证每个人都能按照公正的程序行使自己的权利。除了对个人权利的保护性措施之外,政府不能对人们社会活动的结果进行分配和再分配。否则就是对

---

① [美]迈克尔·桑德尔:《公正》,朱慧玲译,中信出版社2012年,第159页。
② [美]约翰·罗尔斯:《正义论》,何怀宏等译,中国社会科学出版社2009年,第56页。

个人权利的侵犯。

二、正义的中国含义

对公平正义的探究,也是中国传统文化的一个重要部分。那么在中国的传统文化中,究竟什么是公平正义?由于中国传统经济长期处于自给自足的小农经济状态,文化也呈现保守型和封闭性特征,这造就了中国传统公平正义观呈现鲜明的朴素性和理想色彩,是一种小农意识的正义观,带有很强的平均主义、重义轻利、宗法集体主义色彩。在自给自足的小农经济社会,人们对公平正义的向往就是"结果平等",带有浓厚的平均主义色彩。体现了传统的中国人对社会公平的朴素价值追求。最早明确提出平均主义思想的是孔子,他留下了一段影响深远的名言:"丘也闻之,有国有家者,不患寡而患不均,不患贫而患不安,盖均无贫,和无寡,安无倾。"此后两千多年,孔子这段关于社会理想和平均主义的论述,被历代统治者长期奉为圭臬。战国时期的百家争鸣,尽管诸子百家的思想学说各不相同,但在平均主义的社会主张上几乎毫无例外。道家学派的老子强调:"高者抑之,下者举之,有余者损之,不足者与之。天之道,损有余而补不足。"庄子讲"天下平均","分均,仁也",主张平均分配的社会理想。法家的集大成者韩非子主张"明主之治国也,适其时事以致财物,论其赋税以均财物";管子则说"均地分力,使民知时也……故不均之为恶也"。孟子提出了带有平均主义色彩的"井田说",即"方里而井,井九百亩,其中为公田,八家皆私百亩,同养公田"。荀子则主张好的社会应当达到"天下莫不平均"的境界。从中国传统的政治实践来看,平均主义也被看成是至高的政治原则,被看成缓解社会矛盾的法宝,被当做王朝更迭时期的政治动员口号。所谓"有天下者,莫高于平均之尚也","抑豪强,限兼并,均贫富"一直是历朝政府所持有的重要政治思路,创造一个"无处不均匀,无人不饱暖"的大同社会被看成是理想社会的代表。

中国传统公平正义观还带有明显的重义轻利思想。义利之辩在中国古代有着久远的历史传统,在春秋时期,中国人对义利关系进行了阐述,一种是"事利而已"的功利至上的倾向,另一种是"思义为愈"的道义至上的倾向,后来还有一种趋于中道的观点,即"言义必及利",主张将道义和功利统一起来,反对脱离功利单讲道义。接下来的两千多年,诸子学派对"义利之辩"长期进行争辩,深刻影响到中国传统的公平正义观。总的来讲,由于儒家长期在封建社会占据统治思想,儒家的重义轻利论是主流;因此,对物质利益的追求被看成不光彩甚至不正义的事情,对道义的强调则是正义的事情。比如,孔子就说"君子喻于义,小人喻于利",还说"不义而富且贵,于我如浮云",道义比利益更加占据绝对的道德制高点。孟子也旗帜鲜明地提出"以义治国"的思想,即"王何必言利,亦有仁义而已矣",主张"去利怀义"、"舍生取义"。汉代的董仲舒中国传统公平正义观还带有明显的重义轻利思想。董仲舒提出:"仁人者,正其义不谋其利,修其理不急其功。"这一命题成为中国文化史中占据主流地位的义利观。宋代的朱熹将董仲舒的这两句话作为白鹿洞书院的学规,认为"圣人做处,只向义边做","圣人千言万语,只教人明天理,灭人欲"。直到明末清初的启蒙思想家们,才开始扯下人性的遮羞布,旗帜鲜明地承认人自私自利的合理性。儒学家颜元基于这种变化,对中国古代的义利之辩进行了总结,他提出"正其义以谋其利,明其道以计其功",逐渐修改了自董仲舒以来的思想传统。在重义轻利思想影响下,中国古代的商贾阶层处于社会的最底层,尤其是在参加科举考试、担任官职等政治权利方面受到严格的限制。

中国传统公平正义观也包含宗法集体主义思想,反对个人主义。中国传统社会里,家庭之上,形成家族;家族之上,形成宗族;宗族之上,形成社会。家庭、家族、宗族、社会都是一个集体,且呈现明显的宗法集体主义。这种宗法集体主义强调个人行为的正义性要建立在对家庭、宗族、家族、国家、社会的伦理责任的义务之上,反对个人对宗法集体的离心倾向。个人主义受到批判,个人要实现人生价值,必须履行自己在宗法体系坐标中的特定伦理责任和义务、牺牲个人利益以维护宗法利益。这种宗法集体主义绝不具备现代意义上的权利平等观念,长者、尊者享有权利和利益,而幼者、卑者只有责任和义务。更加重视群体价值,强调人和人之间的差序格局与和谐关系,个体作为群体的一部分而存在,缺乏独立性。为追求个人利益,而损害宗族集体主义,被看成是不正义的事情。

第二节 正义是做正当之事

正义问题对于哲学、伦理学、社会学来说,是一个永恒的主题,虽然学界每天都有新的认识,但永远也形成不了共识。对于法学来说,虽然也是如此,但法学是以解决问题为己任的,它必须在具体个案的处理中回答什么是正义的问题。从法学的角度看,正义判断的标准必须是具体的,可操作的。因此,从哲学、伦理学、社会学的思想中抽象出若干判断正义的标准,则是法学义不容辞的职责。这里,我们可以将正义的要素进行系统研究,从中得出判定正义的若干标准。

正义问题,作为人类的最高价值准则,涉及社会生活的方方面面。但从本质上看,是以人的行为选择为主线的。在社会中生活,每个人都会遇到与他人相处的问题,在涉及他人的问题时,都有多种行为选择。比如,在马路上见到倒地的老人,是否应该扶起?又比如,在公共场合,是否顾及他人的感受而约束自己的行为?还比如,是否能够为救别人而牺牲自己?在行为的选择上,就受正义观的指引,而社会大众,对某个人的行为评判标准,也是基于对正义的认识。因此,正义就是做正当之事。

那么,什么是正当之事?我们如何判别"正当"与"不正当"呢?

一、必须能够促进人的自由而全面发展

促进人的自由而全面发展,是马克思恩格斯提出来的。在《德意志意识形态》中,马克思恩格斯把人的自由而全面发展与分工的消灭联系在一起的。在原始社会,人只是作为自然的一部分与自然界本身发生关系,虽然人已经具有了一定的意识,但是意识起初只是对周围的可感知的环境的一种意识,人们同自然界的关系完全像动物同自然界的关系一样,人们就像牲畜一样慑服于自然界,因而,这是对自然界的一种纯粹动物式的意识(自然宗教),这种状态下当然谈不上人的自由而全面发展。当人类社会发展到原始社会末期,出现了物质劳动和精神劳动的分工,这是人类社会的进步,但人的发展囿于分工,仍然不自由不全面。在马克思恩格斯看

来,人的自由而全面的发展,必须消灭关系对个人的独立化、个性对偶然性的屈从、个人的私人关系对共同的阶级关系的屈从等,归根到底都要取决于分工的消灭。而分工的消灭只有在共产主义社会才能实现。共产主义社会是"个人的独创的和自由的发展不再是一句空话的唯一的社会"。在《共产党宣言》中,马克思恩格斯把人的自由而全面发展作为与正义相联系的基本价值。他们宣称:"代替那存在着阶级和阶级对立的资产阶级旧社会的,将是这样一个联合体,在那里,每个人的自由发展是一切人的自由发展的条件。"①

既然促进人的自由而全面发展是正义的价值标准,那么,我们在实践中就应该把握以下几点。

1. 必须尊重和切实保障人权

人权是资产阶级在反封建过程中提出来的。人权从思想变成宪法性文件都是在资产阶级取得资产阶级革命胜利后作为胜利成果而确立的。

1776年7月4日,《美国独立宣言》,是北美洲十三个英属殖民地宣告从大不列颠王国独立的纲领性文件。《独立宣言》由四部分组成:第一部分为前言,阐述了宣言的目的;第二部分阐述政治体制思想,即自然权利学说和主权在民思想;第三部分历数英国压迫北美殖民地人民的条条罪状,说明殖民地人民是在忍无可忍的情况下被迫拿起武器的,力争独立的合法性和正义性;第四部分,也就是在宣言的最后一部分,美利坚宣告独立。

全面列举人权内容的法律文件当属1789年在法国著名的历史

---

① 马克思、恩格斯:《马克思恩格斯选集》第1卷,人民出版社1972年,第273页。

文献——《人权宣言》。它是在法国资产阶级革命刚刚开始不久,于1789年8月26日,由制宪会议讨论通过的,原名《人权与公民权宣言》,简称《人权宣言》共17条。在序言部分,它宣称:"组成国民会议的法兰西人民的代表们,相信对于人权的无知、忽视与轻蔑乃是公共灾祸与政府腐化的唯一原因,乃决定在一个庄严的宣言里,呈现人类自然的、不可让渡的与神圣的权利,以便这个永远呈现于社会所有成员之前的宣言,能不断地向他们提醒他们的权利与义务;以便立法权与行政权的行动,因能随时与所有政治制度的目标两相比较,从而更受尊重;以便公民们今后根据简单而无可争辩的原则所提出的各种要求,总能导向宪法的维护和导向全体的幸福。因此,国民会议在上帝面前及其庇护之下,承认并且宣布如下的人权和公民权。"

1948年12月10日,联合国大会通过的《世界人权宣言》,是第一个关于人权问题的国际文件。它在人权史上具有里程碑意义。《世界人权宣言》认真总结了第二次世界大战特别是法西斯统治给各国人民带来的灾难的沉痛教训,把维护基本人权作为联合国的基本法律制度。反映了所有国家和所有人民的共同成就,第一次规定了基本人权应得到普遍保护。《世界人权宣言》在"序言"中宣告:"鉴于对人类家庭所有成员的固有尊严及其平等的和不移的权利的承认,乃是世界自由、正义与和平的基础","鉴于对人权的无视和侮蔑已发展为野蛮暴行,这些暴行玷污了人类的良心,而一个人人享有言论和信仰自由并免予恐惧和匮乏的世界的来临,已被宣布为普通人民的最高愿望","鉴于为使人类不致迫不得已铤而走险对暴政和压迫进行反叛,有必要使人权受法治的保护","鉴于有必要促进各国间友好关系的发展","鉴于各联合国国家的人民已在联合国宪章中重申他们对基本人权、人格尊严和价值以及男女平等权利的信念,并决心促成较大自由中的社会进步和生活水平的改善","鉴于各会员国业已誓愿同联合国合作以促进对人权和基本自由的普遍尊重和遵行","鉴于对这些权利和自由的普遍了解对于这个誓愿的充分实现具有很大的重要性","因此现在,大会,发布这一世界人权宣言,作为所有人民和所有国家努力实现的共同标准,以期每一个人和社会机构经常铭念本宣言,努力通过教诲和教育促进对权利和自由的尊重,并通过国家的和国际的渐进措施,使这些权利和自由在各会员国本身人民及在其管辖下领土的人民中得到普遍和有效的承认和遵行"。2018年12月10日,在我国北京举行了纪念《世界人权宣言》发表70周年的座谈会。

我国是社会主义国家,我国宪法规定了广泛的公民权利和自由。但我国对人权的认识经历了一个过程。改革开放前,由于受"左"的错误思想影响,人权被视为资本主义专利和理论禁区。改革开放初期,尽管人权没有获得合法地位,但已成为可以讨论的命题;20世纪90年代以后,随着改革开放的深入,对人权的认识不断深化。1991年中国发布首部《中国的人权状况》白皮书,人权思想的禁锢被打开;1997年党的十五大报告首次提出"尊重和保障人权"。2004年3月14日第十届全国人民代表大会第二次会议通过了宪法修正案:将"国家尊重和保障人权"载于国家的根本大法。宪法的这一规定,表明了我国对于尊重和保障人权的坚定立场,它成为具有最高法律效力的根本准则。中国将尊重和保障人权作为重要的宪法精神,中国共产党将实现和提升人权作为重要的执政目标,党和政府坚持从本国国情和实际出发,以促进社会公平正义、增进人民福祉为出发点和落脚点,全面深化改革,推动经济社会文化各项事业的发展,保证人民平等参与、平等发展权利,让发展成果更多更公平惠及全体人民。中国的发展进步,使每个中国人都得到发展自我和服务社会的机会,都享有人生出彩和梦想成真的机会。中国的人权事业正在稳步推进。

通过以上的分析,我们可以得出这样的结论:凡是有利于人权的保障的行为,都是正义的。反之,则是不正义的。

2. 必须不断削减束缚人的自由而全面发展的外在条件

人的自由而全面的发展,涉及到人与自然之间的关系和人与社会之间的关系。

就人与自然之间的关系而言,自然对于人类来说,起初是作为一种完全异己的、不可制服的对立力量而出现的。在那种状态下,人类对大自然充满了恐惧,人只是作为大自然的附属物而存在。随着生产力的发展和科技的进步,人与自然的关系开始发生了蜕变,人成了自然的主人,自然成了被利用和被改造的对象。但这并不意味着实现了人的自由而全面的发展。大自然对于不尊重自然规律过度开发利用的行为,对人类实施了报复。这样,人和自然的关系就开始转向和谐共处。这就为人的自由而全面的发展奠定了坚实的基础。随着生物技术和信息技术的突飞猛进,为人类摆脱自然的束缚开辟了新的路径。人工智能的应用,打破了传统的职业分工,使得人类有可能从繁重危险枯燥无味的工厂流水线的劳动中解放出来,赢得自由。信息技术的普及,使得城市和乡村的分野不再那么坚挺而清晰,信息共享的普惠制开始打破了城乡界限。在技术进步的时代,劳动真的有一天可能变成享受而不再是谋生的手段。这难道不就是人的自由而全面的发展吗?这些行为难道不就是正义的吗?

就人与社会的关系而言,实现人的自由而全面的发展,就在于要根据生产力的发展要求和水平,不断地消除社会设置的种种不合理的限制。比如,以平等参与为原则,不断消除就业、劳动、政治参与的性别歧视,创造条件为残疾人这一特殊群体参与社会提供条件。又比如,我国近年来推行的"放管服"改革,就是为了取消各种创业和经营限制,保障公民的创业自由和公平竞争。再比如,我国正在推行的户籍制度改革,就是为了打破城乡二元结构,实现城乡居民的自由流动。这些措施都是正义的。

3. 不断提升人的素质

人的自由而全面发展,离不开人的自身素质的不断提高。生命对于人类来说,其意义不仅仅在于活着,更重要的是活得有质量,活得精彩,活得快乐。对于人的自身来说,生活要想有质量,一是健康,二是免于匮乏,三是丰富多样的精神生活,四是自身的潜能和创造性能够得到最大限度的发挥。要实现这些要求,就需要随着经济发展,不断地创造条件。在经济社会发展的过程中,不断实现人的素质的提升。对此,党的十九大报告明确指出:"中国特色社会主义进入新时代,我国社会主要矛盾已经转化为人民日益增长的美好生活需要和不平衡不充分的发展之间的矛盾"。党的十九大报告还对人民美好生活的内涵作出了概括:"人民美好生活需要日益广泛,不仅对物质文化生活提出了更高要求,而且在民主、法治、公平、正义、安全、环境等方面的要求日益增长。"党的十九大报告还要求把满足人民的美好生活需要作为奋斗目标:"全党同志一定要永远与人民同呼吸、共命运、心连心,永远把人民对美好生活的向往作为奋斗目标。"党的十九大报告提出的不断满足人民对美好生活的向往的思想,表明了中国对正义孜孜不倦的追求。

二、必须能够最大限度地增进公共福祉

公共福祉也称公共利益，在人类思想史上，一直是与正义相联系在一起的。它一直是判断正义与否的价值尺度之一。在古希腊，亚里士多德提出："所有共同体都是为着某种善而建立起来的（因为人的一切行为都是为着他们认为的善），既然所有共同体都在追求某种善，所有共同体中最高的并且包含了一切其他共同体的共同体，所追求的就一定是最高的善。"①"依绝对公正的原则来判断，凡照顾到公共利益的各种政体就都是正当或正宗的政体"。启蒙运动时期，法国思想家卢梭认为："公意永远是公正的，而且永远以公共利益为依归。"②"唯有公意才能按照国家创制的目的，即公共幸福，来指导国家的各种力量；因为，如果说个别利益的对立使得社会的建立成为必要，那么，就正是这些个别利益的一致才使得社会的建立成为可能"③。在我看来，在人类文明的思想长河中，思想家之所以一直将"公共利益"作为正义的价值判断尺度，其原因就在于：

第一，公共利益是基于社会共同体每个成员的共同需要而产生的。社会共同体之所以形成和维系，就在于每个成员为了生存生产生活和发展，产生了仅仅依靠自身的力量无法解决的问题，当这些问题变成是每个成员面临的共同问题时，就产生了共同需要，为了共同需要，每个人还必须让渡出自己的部分利益。这就是公

---

① 颜一主编：《亚里士多德选集》（政治学卷），中国人民大学出版社1999年，第1页。
②③ [法]卢梭：《社会契约论》，何兆武译，商务印书馆2003年，第35页。

共利益。没有公共利益就没有社会共同体。

第二,公共利益是平衡私人利益冲突的准则。在共同体生活,每个人基于自身的利益,往往会和其他成员产生利益冲突,特别是在利益主体多元化的社会结构中,利益冲突的频次和交集点日趋扩大,在这种背景下,要想维系社会的正常有序运转,就必须依公共利益为准则,建立调节调和调整社会冲突的机制。

第三,公共利益是公共机构行使公共权力的依据。公共机构行使公共权力,并不意味着统治者可以恣意妄为,更不意味着统治者可以利用公共权力来谋取私利。公共利益是衡量公共权力行使正当性的标准和尺度。违背或者超出公共利益的要求和范围的行为,是不正义的。

那么,什么是公共利益呢?这也是一个仁者见仁智者见智的问题。在我看来,公共利益是指在社会共同体的成员,为改善生存生活生产和发展的需要,提出的被共同认可,普遍受益的要求。其特点是:

第一,从范围上看,是共同体成员。这里,"共同体"是指呈现多种形式的人类集合体。有的共同体表现为生存生活在一个物理空间的人的集合体,如现代城市的小区,农村的自然村落。有的共同体则表现为不在一个物理空间,但因某种共同问题而联结在一起的集合体。这种共同体,有的表现为全球,比如全球治理,有的表现为国家。因问题的性质和涉及的范围而形成。

第二,从目的上看,必须是为了改善生存生活生产和发展的条件。人们之所以努力和奋斗,是为了生活更美好。公共利益是与生活更美好紧密相连的。

第三,从实际效果上看,提出的改善要求必须是共同认可和普遍受益的。没有共同认可,只能是少数人的利益诉求。不是普遍受益,只能是少数人的特权。

第四,从性质上看,代表的是公共诉求或者要求。对此,美国法学家庞德曾作了经典的阐述。他指出:"在法理学上,我更愿意以耶林(Jhering)的利益思想做基础。他把利益称为请求、要求或愿望(或者,我更倾向于说期望)","从当今角度看,利益可以看作是人们——寻求满足的需求、欲望或期望。"①

那么,在实践中,怎么样认定"公共福祉"或者"公共利益"呢?这里,我提出以下几个原则供参考。

1. 利己且无害原则

利己且无害原则也可以称为"无害性"原则。是指每个人从事某种行为,从动机上看,虽然是基于利己的考虑,但从实施的效果看,对他人和共同体没有造成损害,对这种行为,我们仍然可以认定为是"正当"的行为。"从自然、天赋的角度来说,自利心无所谓恶,也无所谓善"。② 在社会中,除了少数仁人志士外,大多数人都是从自身的需要出发,都是追求利益的最大化。评判这类行为的客观标准,就应该看这种行为对他人或者公众是否造成实际损害。坚持行为评判的客观性至关重要。"人们使用善恶等概念不是对事物的纯客观描述,而是带有强烈的评价色彩。人们用'恶'来称谓一个行为时,不是因为这种行为本身具有'恶'的特性,而是因为这个行为对说话人本人的利益、感情等有损害。"③

---

① [美]罗斯科·庞德:《法理学》(第三卷),廖德宇译,法律出版社 2007 年,第 13—14 页。

②③ 张恒山:《法理要论》(第三版),北京大学出版社 2009 年,第 3—4 页。

2. 一致且整体受益原则

一致且整体受益原则，也可称之为"利益比较"原则。它是指当共同体的某个成员或者公共机构实施某种行为客观上对他人（也包括自己）造成实际损害，但有利于整体利益的提升，整体上大于被损害的利益。对于这种行为，我们当然认为是"正当"的。"公共福祉"或者"公共利益"的实现，在大多数情况下，总是以牺牲小的利益为代价的。比如，为了解决交通拥堵问题，有的地方就出台限行的管制措施，对于有车族来说，当然是利益受损，但由于管制措施是普遍的，其目的是为了所有有车族的通行便利。获取的利益大于被损害的利益。但是，在利益的衡量上，也是见仁见智的。每个人生活经历不同，利益诉求不同，认知水平不同，达成一致认识就很难。谁能有权作出裁定？回答只有一个，公正的程序。按照公正的程序作出的决定，才能称之为"一致性"原则。因为程序是大家普遍认可的。

3. 预设性且普遍受益原则

预设性且普遍受益原则，是指共同体的成员或公共机构实施的某种事先设定受益条件的行为，该行为虽然在实施过程中只有部分人受益，但规定只要符合预先设定的条件要求，所有人都可以受益，也能认定为"普遍受益"。对于这类行为，也应该认定为是"正当"的。假如在一个共同体内，公共机构作出一个决定，对患有某种疾病的共同体成员提供医疗救助，虽然受益的是正在患有这种疾病的成员，但每个人都不能保证自己不会患有这种疾病，一旦患有这种疾病，照样可以享受医疗救助。从这个意义上说，这种措施就是一种普遍受益的措施。难道这不就是正义吗？

三、促进社会良善风尚的形成和发展

在一个国家里,正义是否应该包括促进社会良善风尚的形成与发展?对这个问题,在人类思想史上,是有不同的看法的。在古希腊,亚里士多德认为,"公正意味着给予人们所应得的。为了决定谁应得什么,我们不得不决定哪些德行值得尊敬和奖赏。如果不首先反思哪种是人们最想要的生活方式,我们就不能弄明白什么是公正的宪法。法律不可能中立于良善生活的各种问题。"[①]与此不同,从18世纪的伊曼纽尔·康德(Immanuel Kant)到20世纪的约翰·罗尔斯(John Rawls)——认为,"那界定我们各种权利的公正原则,应当不依赖于任何特殊的德行观念或最佳生活方式的观念。相反,一个公正的社会应当尊重每个人选择他自己的关于良善生活观念的自由。"[②]对于这个问题,我们的答案是明确的。促进社会良善风尚的形成与发展是正义必须包含的内容。

第一,良善风尚是维系社会有序运转的基石

所谓良善风尚,即一般道德观念或良好道德风尚,包括社会公德、商业道德和社会良好风尚等等。它包括:我们国家和民族的公理秩序;传统的善良风俗与生活习惯;人与人之间的人格尊严;家族血亲纽带和小家庭成员关系之间维护的人文伦理准则;受时代优秀情操影响,带动社会变革的良好气氛安排。良善风尚具有社会普遍性的特点,它涉及社会生活的各个方面和各个领域,凡是有

[①] 参见,[美]迈克尔·桑德尔:《公正》,朱慧玲译,中信出版社2012年,第8页。
[②] 同上书,第8—9页。

人类生活的地方,就存在良善风尚。良善风尚的功能就在于能够为社会大众提供符合预期,能够得到大多数人共同认可的普遍性的价值观念。在对人的行为控制上,具有双重作用:自律和他律。自律是指良善风尚的一些价值标准变成了人们行为选择的自觉行动。他律则又表现为两个方面。一是习惯规则,主要通过道德谴责或者道德赞许来约束人的行为。二是作为法律规则的补充通过国家强制力来约束人的行为。我国《民法总则》第7条规定:"民事主体从事民事活动,应当遵循诚信原则,秉持诚实,恪守承诺"。第8条规定:"民事主体从事民事活动,不得违反法律,不得违背公序良俗"。

第二,良善风尚与正义都具有社会普遍的赞赏性和可容忍性的共同特点

不管我们是否意识到,当我们说到正义问题时,往往是与"善"联结在一起的。对此,张恒山教授作了较为细致的分析:"正义一词表示着我们对所表述的事物的赞许、同意、支持或者可以被我们接受等意思。""正义一词绝不仅仅是对事物的一种客观的描述"。"更值得注意的是,当我们用正义一词来表述我们的赞许性的态度时,它还带有普遍性的意思。即,当我们说某事物'是正义的'时,它不仅仅是表示我们(作为说话人)对事物的认可、赞同,它同时还表示:我们认为该事物会得到(或应当得到)社会上其他大多数人的普遍性的赞同。也就是说,我们使用正义一词来表述某事物时,它的一个隐含的意思是:该事物能得到(或应当得到)我、我们和社会上其他大多数人的普遍赞同。"[①]而良善风尚的形成和发展,更

---

① 张恒山:《法理学要论》,北京大学出版社2009年,第215页。

是具有与正义相同的特点。一个社会良善风尚的形成和发展，往往要经历漫长的人与人交往的过程。在人与人的交往互动的过程中，一些互惠的，对社会有利的习惯慢慢地就作为传统保留下来。这些能够保留下来的传统和习惯，当然是大家赞许或者能接受的，当然是普遍认同的。并且，这些被保留下的传统和习惯，有的又作为一个民族的文化特质而发扬。如果说与正义有什么区别的话，那就是良善风尚比正义更具有社会普遍性。

那么，我们在实践中如何认定作为正义的标准的良善风尚呢？

1. 利他性原则

在良善风尚中，道德规范占据支配地位。它是决定一个国家或社会的良善风尚的性质方向地位作用的主线。它也是观察了解一个社会是否良好的坐标。在日常生活中，道德总是与人们的赞许期待相联系的。当我们鼓励某种行为时，总是说这种行为是道德的。当我们谴责某种行为时，也往往称这种行为是不道德的。道德之所以是受到了社会普遍赞许的行为，就在于它是一种利他性的行为。"道德的本质就在于关心或顾及他人的利益"。[①] 既然如此，我们当然应该以行为的利他性作为判定良善风尚的原则。

2. 可接受的原则

在良善风尚中，由于长期的历史习惯和传统文化的作用，有些习俗谈不上"善"与"恶"之区分，但在社会生活中还在起着指引人的行为的作用。对于这类风尚，判定的标准就看社会的普遍接受程度，如果社会能够接受，就可以认定为良善风尚。比如，在法律制度中的"亲亲相隐"原则，就是一例。亲亲相隐，是指出于人性

---

① 张恒山：《法理学要论》，北京大学出版社2009年，第9页。

中最真挚的情感对自己的亲人有所袒护、隐瞒,不检举亲人的罪行的制度。亲亲相隐原则最早是春秋战国时期儒家提出的主张。春秋时期的孔子在《论语·子路》里曾提出,"父为子隐,子为父隐,直在其中矣"。由于"亲亲相隐"与中国的"德治"传统一脉相承,被历朝的统治者所沿用。三国、两晋、南北朝时期,亲亲相隐原则得到进一步确认。唐律对亲亲相隐原则作了具体规定,以后各个朝代都作了类似的规定。其内容主要有:亲属有罪相隐,不论罪或减刑;控告应相隐的亲属,要处刑。这个制度一直到中华民国《刑法》仍规定,藏匿犯罪的亲属可减轻处罚。不仅在中国,在外国法中,也有类似的规定,例如在英美法中,夫妻享有拒绝透露和制止他人透露只有夫妻之间知道的情报和信息。不能强迫夫妻对其配偶做不利的陈述。大陆法系的德国和日本刑法典规定,一定范围内的亲属和关系密切的人享有拒绝作不利亲人的陈述,窝藏得以减刑或免受刑罚。对这个问题的认识,孟德斯鸠比较透彻。他认为,为保存风纪,反而破坏人性;须知人性却是风纪之源泉。

3. 尊重历史和现实原则

在良善风尚的判定中,最困难的是这种情形。一些地方或者一些民族保留的习俗中,有的与文明社会的要求,与国家的法律制度冲突,但一时又难以纠正。对于这种情形,则应该具体情况具体分析,从尊重历史尊重现实的立场出发,作出判断。比如,实行"一夫一妻"制是我国婚姻法律制度的基本原则,但是,在我国,有少数个别地方仍然是一夫多妻或者一妻多夫。究其原因,除了文化传统之外,生产力发展水平十分低下,交通闭塞,与外界处于隔绝状态等自然情况有关。解决这个问题需要时间,只有等现代文明的春风吹进这些边远地方,人与人之间的交流频次提高,才能改变这种状况。

我们围绕"正义是做正当之事"这个命题,从"人的自由而全面发展"、"公共福祉的最大化"、"良善风尚的形成与发展"三个方面进行了分析,提出了九项具体的判断标准。我们的目的在于试图让正义从书斋中的争论转向现实生活中的运用。我们深知,生活之树常青,理论是灰色的。我们不可能提出一个放之四海而皆准的普遍真理。我们还要指出的是,第一,这三个方面九项标准在现实生活中的运用应该是整体的而不是单方面的,这三个方面九项标准之间是一种对立统一的关系,它们相互之间是矛盾的,但是都统一在正义的基础之上。因而,必须用对立统一的思维来看待这些标准。第二,这些标准没有谁轻谁重的问题,但在具体表现上,总是有一到几个起支配作用,背后的决定因素是经济社会发展的阶段。不同的发展阶段,有不同的关注重点。第三,正义观与生产方式的关系,呈现双重性。既源于一定的生产方式,又高于生产方式。既有相对性的一面,又有绝对性的一面。正义观念对社会的发展既提供道义基础又提供批判武器。它永远是高居社会之巅,对社会的发展起着矫正作用。或许,这就是正义的魅力之所在。

第三节　正义是得应得之得

正义虽然是以人的行为选择为主线的。但人的行为与社会之间的互动关系又直接影响甚至决定人的行为选择。人们实施了何种行为,社会对这种行为给予了何种回应,赋予了行为的何种后果,是观察社会是否符合正义要求的风向标。因此,人的行为与社会之间的互动关系,也是正义的重要内容。"要看一个社会是否公正,就要看它如何分配我们所看重的物品——收入与财富、义务与权利、权力与机会、公共职务与荣誉等。一个公正的社会以正当的方式分配这些物品,它给予每个人以应得的东西。"①这样,正义就从个人的行为拓展到社会领域,社会正义或者分配正义就成为与个人正义同等重要的问题。

把得应得之得作为分配正义的准则,始于古希腊。它实际上涉及两个问题:被分配的物品是什么和如何分配该物品才能是正义的。

分配正义所指的被分配的物品究竟是什么?对此,罗尔斯提出:"正义在此的首要主题是社会的基本结构,或更准确地说,是社会主要制度分配基本权利和义务,决定由社会合作产生的利益之划分的方式。"②布莱恩·巴里认为:"正义的主题是权利和特权、权力和机会的分配以及对物质资源的支配。从适当的广义的角度审视'资源'这个词,简约地说,正义只是关注稀缺资源的分配——这些资源的分配造成了潜在的利益冲突。"③戴维·米勒认为分配的重点是"收入和财富、工作和教育机会、医疗保健等等此类的资源"。④约翰·罗默更直接地提出,分配正义理论研究的就是"一个社会或集团应该如何在有着竞争性需求的个人中间分配稀缺资

---

① [美]迈克尔·桑德尔:《公正》,朱慧玲译,中信出版社2012年,第19页。
② [美]约翰·罗尔斯:《正义论》,何怀宏等译,中国社会科学出版社2009年,转引自段忠桥:《关于分配正义的三个问题》,《中国人民大学学报》2012年第1期。
③ 布莱恩·巴里:《正义诸理论》,吉林人民出版社2004,转引自段忠桥:《关于分配正义的三个问题》,《中国人民大学学报》2012年第1期。
④ 戴维·米勒:《社会正义原则》,江苏人民出版社2008年,转引自段忠桥:《关于分配正义的三个问题》,《中国人民大学学报》2012年第1期。

源或产品。"①由此可见,我们说的分配正义所分配的物品不是泛指一切物质财富和精神财富,它仅仅是指在竞争过程中的稀缺性资源。竞争性和稀缺性是分配正义的客体。因为是稀缺性,不可能满足每个人的需求,获取这种稀缺性资源,需要通过竞争方式才能得到。有了竞争,就产生了公平问题,如何分配就与正义问题连结在一起了。

什么样的分配才是正义的呢?把得应得之得作为分配正义的原则,始于古希腊的思想家亚里士多德。亚里士多德认为,公正意味着给予人们所应得的东西,给予每个人所应得的东西。可是,什么才是一个人所应得的呢?人的优点与应得之间相关联的基础是什么呢?这取决于我们要分配什么。公正包括两个因素:物品以反分配得到这些物品的人。那些同等之人应当分配得到同等之物。② 在当代,大多数学者继承了亚里士多德"给每个人以其应有"的分配正义观。G.A.科恩在其《拯救正义与平等》一书中说:"但如果因为我的一些批评者坚持要求我必须仅以通常的话语说出我认为正义是什么,那对这些对此将感到满足的人来讲,我就给出正义是给每个人以其应有这一古老的格言。"③戴维·米勒说:"在断定每一种关系模式具有其独特的正义原则时,我诉诸读者对我们所谓正义的'语法'的理解。依照查士丁尼的经典定义,作为

---

① J. Roemer, *Theories of Distributive Justice*, Cambridge: Harvard University Press, 1996. 转引自段忠桥:《关于分配正义的三个问题》,《中国人民大学学报》2012年第1期。

② 参见,同上书。

③ G. A. Cohen. *Rescuing Justice and Equality*, Cambridge: Harvard University Press, 2008. 转引自段忠桥:《关于分配正义的三个问题》,《中国人民大学学报》2012年第1期。

一种一般意义上的德行的正义乃是'给予每个人应有的部分这种坚定而恒久的愿望'。这一箴言表明,存在着 A 将会给予 B 的待遇的某些模式以及他将会给予 C 的某些其他的模式(也许一样,也许不同),依此类推。正义意味着以适合于每个个体自己的方式对待每个人。它也意味着待遇是某种 B、C、D 等等应有的东西——换句话说,某种他们能够正当地要求的东西和 A 归属给他们的东西。"①阿拉斯代尔·麦金泰尔:"正义是给予每个人——包括他自己——他所应得的东西以及不以与他们的应得不相容的方式对待他们的一种安排。"②

如果我们把"得应得之得(也可称为"得其所得")"作为分配正义的原则,那么,什么是衡量"得其所得"的尺度呢?

一、名实相符

名实相符是指将恰当价值的物品赋予有相应付出的人。换言之,得到这种稀缺性资源的人应该是与这种稀缺性资源分配的最初目的相符。也就是:物值所值,比值相当,等质等值。对此,亚里士多德曾作过专门研究。在他看来,公正意味着给予人们所应得的东西,给予每个人所应得的东西。可是,什么才是一个人所应得的呢?人的优点与应得之间相关联的基础是什么呢?这取决于我们要分配什么。公正包括两个因素:物品以及分配得到这些物品

---

① 戴维·米勒:《社会正义原则》,江苏人民出版社 2008 年,转引自段忠桥:《关于分配正义的三个问题》,《中国人民大学学报》2012 年第 1 期。

② A. Macintyre, *Whose Justice? Which Rationality?* London: Duckworth, 1988. 转引自段忠桥:《关于分配正义的三个问题》,《中国人民大学学报》2012 年第 1 期。

的人。总的来说,那些同等之人应当分配得到同等之物。比如,分配长笛,谁应该得到最好的长笛呢?答案是那些最好的长笛吹奏者。①

要实现名实相符的原则,必须认真研究名实相符的具体标准。

第一,名实相符原则的实现,是以一定的前提条件为基础的。所谓前提条件,是指:(1)分配的物品是大家或者部分人需要的,如果是不需要的物品,就没有价值,也谈不上公正问题。(2)分配的物品具有稀缺性,也就是说,分配的物品不能满足需要的人的需求,分配的物品与需要的人之间有着缺口,对于需要的人来说,张三得到了物品,就意味着李四得不到该物品。各个需要该物品的人之间客观上存在着竞争关系。

第二,既然物品的分配存在着稀缺性和竞争性,就有一个分配标准的问题。分配标准就是,物品的本质与人的优点的一致性。如何把握"一致性"呢?先看物品的本质。分配的物品往往为荣誉、机会、职位、财富几类,这几类物品对于得到该物品的人存在内在要求。内在要求往往表现为最初设定的目的。比如,荣誉的设定,肯定是为了表彰某种行为,只有具备了这种行为的人,才能获取这种荣誉。比如,工作机会,每个工作岗位最初也是设定了条件,只有具备了这种条件的人,才能得到这种机会。财富的分配,往往是基于法律的规定,只有按照法律的规定,通过自身的努力得到的,才是正义的。再看分配物品的人。"公正根据优点,根据相关的卓越而有差别地对待。"②也就是说,得到某种物品的人,必须

---

① 参见,[美]迈克尔·桑德尔:《公正》,朱慧玲译,中信出版社2012年,第213—214页。
② 同上书,第214页。

是自身具备的优点与所需物品的内在要求是一致的,分配才是公正的。反之,因自身优点之外的外在条件,如身份、关系、财富、权势等而获取该物品则是不公正的。应该指出的是,这种"一致性"标准的掌握,应该是具体的,应该是同一维度的。如果超出具体的范围去比较优点,则是可笑的。

二、平等

正义的分配必须是平等的。平等是一个可以从多维度研究的问题,它既可以指社会价值,也可以指法律原则,既可以指人权,也可以指具体的制度。在价值层面,平等往往与正义具有相同含义。当代西方政治哲学家几乎所有的人都认为正义的分配应是平等的。罗尔斯将其正义观表述为:"所有社会价值——自由和机会、收入和财富、自尊的社会基础——都要平等地分配,除非对其中一种价值或所有价值的一种不平等分配合乎每一个人的利益。这样,不正义就只是那种不能使所有人得益的不平等了。"[1]德沃金、阿玛蒂亚·森、G.A.科恩等人认为,正义与平等是同一种价值,"或者至少就分配正义而言是如此"。[2] 加拿大学者威尔·金里卡指出:"根据德沃金的看法,任何一种具有一定可信度的政治理论都分享着同一种根本价值——平等。这些具有一定可信度的不同类型的政治理论都是'平等主义'理论。假如平等主义理论是指平

---

[1] [美]约翰·罗尔斯:《正义论》,中国社会科学出版社2009年,第48页。转引自段忠桥:《关于分配正义的三个问题》,《中国人民大学学报》2012年第1期。
[2] 戴维·米勒:《社会正义原则》,江苏人民出版社2008年,第284页。转引自段忠桥:《关于分配正义的三个问题》,《中国人民大学学报》2012年第1期。

均分配收入,这种看法就肯定是错的。但在政治理论当中,还有另一种更抽象也更根本的平等理念——即是说,要把人'当做平等者'。对于这种更根本的平等理念,存在着多种阐释途径。一种理论是否是平等主义,只取决于它是否承认共同体内每一位成员的利益都同等重要。换句话讲,各种不同的平等主义理论都要求政府平等地对待其公民:每个公民都有获得平等关照和平等尊重的权利。这种更根本的平等理念既出现在诺齐克的自由至上主义中,也出现在马克思的共产主义中。不同的只是,左派人士相信平等的收入和财富是平等待人的前提,而右派人士却相信对于劳动和财产的平等权利是平等待人的前提。"①

为什么正义的分配必然是平等的?

第一,平等是人类不懈的追求和理想,始终与正义相伴。人,生而平等。作为自然之子,应该平等地享受大自然的一切自然资源。但是,实际情况是,大自然并没有把它平等地赋予每个社会成员。当人类进化到个体能够独立生存的时代后,人与人之间的不平等就开始出现。人,奴隶与奴隶主之间是最典型的不平等。封建社会的土地占有上的不平等,资本主义社会的资本统治造成的不平等。有了不平等,就产生了对平等的追求和向往,平等就作为正义的内容,成为人们为之奋斗的目标。既然每个人都是自然之子,为什么在自然财富的占有和享受上却不平等?这种不平等的分配就是不正义的观念一代又一代地延续至今。

---

① 威尔·金里卡:《当代政治哲学》,刘莘译,上海三联书店2004年,第7—8页。转引自段忠桥:《关于分配正义的三个问题》,《中国人民大学学报》2012年第1期。

第二,平等还是分配物品的普遍接受的办法。稀缺性物品的分配讲究唯一性,而唯一性的确定则是要有一个平等的竞争办法。比如,乐团选择第一提琴手,公正的办法是让每个想成为第一提琴手的人参与竞争,接受相同的规则和标准。优胜者才能出任。

那么,什么是平等呢?在现实生活中如何做到平等呢?

第一,机会均等。对于平等,有两种不同的平等观。一种是自给自足的自然经济状态下的平等观,这种平等观的核心内容就是"结果平等","结果平等"实际上把平等等于平均分配。它是小农经济的思想的产物,其产生的背景与生产力不发达,物质财富不丰富有关。它的要害是逃避竞争,因而,这种平等观虽然成为封建社会农民起义的旗帜和口号,但从来没有成为推动社会进步和发展的思想武器。另一种则是在社会化大生产时代产生的平等观。这种平等观的核心内容是"机会均等"。它的思想基础是鼓励竞争。只有竞争,社会才有动力和活力。只有通过公严竞争所获取的物品,才是正义的。但竞争必须是公平的。公平的竞争它包括权利平等、规则平等、机会平等。公平的竞争要求消除歧视,要求消除同等事项上的差别待遇。

第二,实质平等。实质平等往往是指社会平等。在社会中竞争,机会平等、权利平等、规则平等都属于竞争过程中的平等。但并不能解决竞争外在条件的平等。比如,高考在当今中国被认为是最公平的竞争。但细究起来,也有不平等的一面。因为每个考生的家庭条件不一样,投入课后辅导班的时间不一样,城乡学校的师资水平不一样,这在起跑线上是不平等的。但是,对于社会平等的构建,是一个长期的过程,它只能随着经济社会的发展和社会变革逐步实现。并且,社会平等是一个永恒的主题,永远处在不断解决的过程中。还需要指出的是,实质平等不等于结果平等。实质平等仍然立足于促进竞争,它要解决的是每个参与竞争的人的外在条件的平等性。

第三,运气平等。"运气"是我们在研究平等问题时难以回避的问题。最早将"运气"一词引入正义范畴讨论的当属美国学者约翰·罗尔斯,在他1971年发表了《正义论》一书之后,当代西方政治哲学家们关于分配正义的讨论也进入了新的领域,开始关注运气与平等的关系。成为了近30年来的一个学术热点。形成了"运气平等主义"(luck egalitarianism)的分配正义理论。这一理论阵营的重要代表人物包括罗纳德·德沃金(Ronald Dworkin)、G. A.科恩(G. A. Cohen)、理查德·阿尼森(Richard Arneson)、菲利普·范·帕里斯(Philippe Van Parijs)、埃里克·拉科斯基(Etic Rakowski)等。运气平等主义的主要观点就是要消除单纯运气对人们分配份额的影响,从而使人们的分配份额与人们的自愿选择密切相关。实际上,无论是你是否承认,"运气"这一现象是客观存在的。在我看来,所谓运气,是指一些随机和偶发并且不可预见的因素对人产生的正面或负面的影响。在市场经济条件下,有些市场风险是可以预见的,但有的偶发事件则是不可能事先预计的。当遇到这种偶发因素,对市场竞争者,有的就获利,有的则遭受损失。由于市场竞争者在作出决策时,都不知道有偶发因素的发生,都是在自愿的基础上作出的。因此,这种分配结果是公平的。在民间,人们往往把随机性和结果的不可预见性改造为一种分配工具。这就是"抓阄"和"抽签"。记得在1990年北京举办亚运会,我当时在一个中央国家机关工作,亚运会开幕式彩排,分给我们办公室一张门票,当时办公室一共三人,这张票究竟应该分给谁?虽然我们都表示放弃,让其他人去,但内心都想去。最后协商的结果是用"抓阄"的办法决定。这种办法使拿到票的人去得心安,没有拿到票的人也心稳。现在,这种办法现在不仅在民间运用,在一些公共资源的分配领域也开始运用。比如,美国的工作签证也采用抽签的办法。北京市家用小汽车配额的分配采用"摇号"的方式。这种方式是否公平?回答应该是肯定的。第一,这种办法成本较低,且简单易行。第二,对每个人来说机会都是均等的。第三,规则都是大家认可的。这里,需要指出的是,近年来,有些单位或者企业,对于职工的下岗分流也采用这种方式,这就显失公平。因为,下岗分流涉及工人的权益和国家的政策。简单地采用抽签的方式决定职工的去留,有违国家政策目标。

三、弱者权利的保护

在当今,弱者权利的保护,是正义不可或缺的内容。一个国家一个社会没有对弱者权利的保护,就是不正义的。虽然从古希腊开始,公平、正义就已经作为一种价值准则和评价标准。但是,将弱者的保护纳入正义的范畴则是在19世纪的中叶之后。古代的公平正义主要是个人"得其所得"为标准的。"应得"是面向个人而不是面向社会的。但是,社会上的人实际上存在着强弱之分。个人的自然属性与努力程度所进行的财产或利益的分配,虽然是公平的,但可能出现"赢者通吃"的局面。在资本主义社会,因为竞争形成的这种格局更为突现,引发的社会矛盾和冲突日趋激烈。在这种背景下,保护弱者的权利问题就提到了社会面前。正如英国学者巴利所指出:"现代社会正义的概念脱胎于19世纪40年代法国和英国早期工业化的阵痛期。"①和传统的"得其所得"的正义观不同,对弱者的保护主要是国家运用公权力来进行第二次分配。建立社会救助、社会保险、社会保障等现代的社会福利制度。福利权成为弱者应得的权利;国家具有保障人的尊严的职责。自此,弱者权利保护逐步成为法律的基本原则。并成为后来的法律社会化运动的主线。形成这种正义观的调整,其动因就在于马克思主义的诞生和工人运动的兴起。

在当今,弱者权利的保护是正义的重要内容已成为思想界的共识。英国学者斯坦与香德认为,"社会公平的现代概念是:每个社会成员,仅仅因为他是社会成员之一,就有权不仅享受其他成员所提供的个人生活所需,而且有权享受'每一个人都想得到而实际上确实对人类福利有益的'一切好处和机会。这种概念目前已初步获得了普遍接受。也就是说,一切社会成员都有权得到与他人相同的对待,而且,没有什么可以自圆其说的理论能使区分不同的人、使他们得到不同的物质利益及其它好处成为正当的事情。……由此可见,社会公平原则包括两个方面。第一,在人类美好生活所必需的物质条件方面,它要求实现人类状况的平等,并且在个人能力允许的前提下实现工作和娱乐机会上的平等;第二,它要求采取一视同仁的普遍原则,以保证分配标的不会在第一方面的要

---

① [英]布莱恩·巴利:《社会正义论》,曹海军译,江苏人民出版社2007年,第5页。转引自胡玉鸿:《正确理解弱者权利保护中的社会公平原则》,《法学》2015年第1期。

求实现以后又被一部分人攫走。"①美国学者扎斯特罗认为,"社会公正是一种全体社会成员拥有同样的基本权利、保护、机会、义务和社会利益的理想状况。经济公正也是一种全体社会成员有同等的获得物质财富、收入的机会的理想状况"。② 英国学者哈尔彭则直接将社会公平与弱者保护紧密结合,指出:"为什么我们需要去关注那些生活处于贫困中的群体？这其中的原因十分明确,那就是为了实现公平与公正。我们可能会这样认为,通过他们先天的才能和后天的个人努力,每一个孩子或成年人都应该享有成功的机会,而不应该身处困境或生来贫穷。我们也认为——应该充分地利用全社会的聪明才智,而不是仅局限于脱颖而出的群体,这具有重要的经济意义。"③

  我国是社会主义国家。新中国从成立的第一天起,就高度重视弱者权利的保护。1949年9月29日,中国人民政治协商会议第一届全体会议通过的起临时宪法作用的《中国人民政治协商会议共同纲领》第32条就规定:"在国家经营的企业中,目前时期应实行工人参加生产管理的制度,即建立在厂长领导之下的工厂管理委员会。私人经营的企业,为实现劳资两利的原则,应由工会代表

---

① [英]彼得·斯坦、约翰·香德:《西方社会的法律价值》,王献平译,中国人民公安大学出版社1990年,第85页。转引自胡玉鸿:《正确理解弱者权利保护中的社会公平原则》,《法学》2015年第1期。
② [美]查尔斯·H.扎斯特罗:《社会工作与社会福利导论》(第7版),孙唐永等译,中国人民大学出版社2005年,第455页。转引自胡玉鸿:《正确理解弱者权利保护中的社会公平原则》,《法学》2015年第1期。
③ [英]大卫·哈尔彭:《隐形的国民财富:幸福感、社会关系与权利共享》,汪晓波、裴虹博译,电子工业出版社2012年,第170—171页。转引自胡玉鸿:《正确理解弱者权利保护中的社会公平原则》,《法学》2015年第1期。

工人职员与资方订立集体合同。公私企业目前一般应实行八小时至十小时的工作制,特殊情况得斟酌办理。人民政府应按照各地各业情况规定最低工资。逐步实行劳动保险制度。保护青工女工的特殊利益。实行工矿检查制度,以改进工矿的安全和卫生设备"。1954年《宪法》第91条规定:"中华人民共和国公民有劳动的权利。国家通过国民经济有计划的发展,逐步扩大劳动就业,改善劳动条件和工资待遇,以保证公民享受这种权利"。第92条规定:"中华人民共和国劳动者有休息的权利。国家规定工人和职员的工作时间和休假制度,逐步扩充劳动者休息和休养的物质条件,以保证劳动者享受这种权利"。第93条规定:"中华人民共和国劳动者在年老、疾病或者丧失劳动能力的时候,有获得物质帮助的权利。国家举办社会保险、社会救济和群众卫生事业,并且逐步扩大这些设施,以保证劳动者享受这种权利"。第94条规定:"中华人民共和国公民有受教育的权利。国家设立并且逐步扩大各种学校和其他文化教育机关,以保证公民享受这种权利"。"国家特别关怀青年的体力和智力的发展"。第96条规定:"中华人民共和国妇女在政治的、经济的、文化的、社会的和家庭的生活各方面享有同男子平等的权利"。

1982年《宪法》第2条规定:"中华人民共和国公民有劳动的权利和义务。国家通过各种途径,创造劳动就业条件,加强劳动保护,改善劳动条件,并在发展生产的基础上,提高劳动报酬和福利待遇。劳动是一切有劳动能力的公民的光荣职责。国有企业和城乡集体经济组织的劳动者都应当以国家主人翁的态度对待自己的劳动。国家提倡社会主义劳动竞赛,奖励劳动模范和先进工作者。国家提倡公民从事义务劳动。国家对就业前的公民进行必要的劳动就业训练"。第43条规定:"中华人民共和国劳动者有休息的权利。国家发展劳动者休息和休养的设施,规定职工的工作时间和休假制度"。第44条规定:"国家依照法律规定实行企业事业组织的职工和国家机关工作人员的退休制度。退休人员的生活受到国家和社会的保障"。第45条规定:"中华人民共和国公民在年老、疾病或者丧失劳动能力的情况下,有从国家和社会获得物质帮助的权利。国家发展为公民享受这些权利所需要的社会保险、社会救济和医疗卫生事业。国家和社会保障残废军人的生活,抚恤烈士家属,优待军人家属。国家和社会帮助安排盲、聋、哑和其他有残疾的公民的劳动、生活和教育"。第48条规定:"中华人民共和国妇女在政治的、经济的、文化的、社会的和家庭的生活等各方面享有同男子平等的权利。国家保护妇女的权利和利益,实行男女同工同酬,培养和选拔妇女干部"。

宪法作为国家的根本大法,体现了对弱者权利保护的正义性的确认。它成为法律政策制定的基础。随着改革开放,我国的经济实力日趋增强,对弱者的权利保护工作也处在不断发展和不断提高之中。

虽然保护弱者权利已经成为正义的范畴,且已成为社会共识。但是,如何有效地实施这一原则,却提出了一系列的挑战:如何在实施高福利的社会政策过程中避免经济的滞胀?如何在实施弱者权利保护的过程中避免形成一个不劳而获的寄生群体?这些问题,从国际范围看,有成功的国家(如北欧),但总体上看,教训多于经验。如何解决这些问题,理论上可支撑的方案并不多。这就需要我们实事求是地总结经验和教训,从本国国情出发,找到一条切实可行的路径。

1. 适宜性与优先可支持的原则

适宜性与优先可支持的原则是指，一个国家社会福利水平的提高应与这个国家的经济社会发展水平相适应，应当在国家财力可支持的范围内。它要求，福利水平的提高既不能高于经济社会发展水平，也不能低于经济社会发展水平。它还要求，社会福利的支出应当作为政府优先的支出项目，但不能超出政府财政的支持能力。

社会福利具有以下几个特点：一是普遍性，它是全体社会成员都能享受的。二是可持续性，它是一代又一代人创造的财富的积累，这一代人也享受上一代人财富时，也必须为下一代人留下财富积累，实现可持续性。三是增长刚性。在一般情况下，社会福利总是只能增加，不能减少。标准一旦形成，只能提高不能降低。因此，对于社会福利水平的提高要充分考虑福利的这些因素。

我国是一个发展中的国家，人口多底子薄基础差是我国的基本国情。新中国成立后，我国对于工人和公职人员的福利是重视的。但是，农村农民实际上是被排斥在社会福利的大门之外。即使对于城市工人和公职人员，在一个时期，国家有限的财力集中用于投资和建设，对于这些人的福利水平的提高是不重视的，人民群众的生活水平长期得不到改善和提高。自从改革开放之后，随着经济的大幅度增长，我国开始把民生投入作为重点。这里，既有"还历史欠账"的成分，也有让全体人民分享现代化成果的意义。随着改革的推进，今后这方面的投入会更大。但是，也要避免重走一些福利国家的老路，逐步在改革中形成一条与经济发展相适宜，既优先投入又充分考虑国家财力的支持能力的福利提高的新路径。

2. 保护与提高弱者参与社会的能力相结合

对于那些先天带来的或后天造成的弱者,政府对他们的保护应该把重点放在帮助他们回归社会,参与竞争的能力的提高上。一是,对于生活贫困者,要采取救济和社会救助的方式,使他们能够享受社会进步的成果;二是,要彻底消除他们在就学或者就业中的歧视,制定鼓励政策,动员企业学校为这些群体广开就业就学的渠道,督促企业学校和政府机构积极履行社会责任;三是,政府和社会组织根据弱势群体的不同情况,有针对性地开展培训、就业辅导、职业介绍,提高他们参与社会竞争的能力。

3. 保护与鼓励勤奋工作相结合

在现代社会,物质财富是劳动创造的。每个人所享受的物质财富是他们辛勤工作的报酬。在人的奋斗过程中,难免会遇到一些突发情况,比如生病、失业、投资失败、自然灾害,等等。遇到这种情况,政府或者社会组织有义务提供各种帮助和支持,但这种帮助和支持只是暂时的,最终还是要依靠这些人自力更生,依靠这些人的勤奋工作,最终获得成功。这里,要把社会救济与扶持措施相区别,社会救济的对象一般是指那些生活在社会贫困线以下的群体,政府必须无条件地为他们提供保障。如我国的低保制度。而扶持措施则是对遭遇暂时的困难,由政府和社会提供扶持措施,帮助他们渡过暂时困难。

第四节 正义是有公信力的裁定

人与人生活在社会中,必然会发生矛盾和纠纷,也会遇到来自政府、法人和他人的不法侵害。一个良好的社会，会不在意是否会发生这些侵害或者纠纷，而在于发生之后，能够得到公正的处理。这就是矫正正义。也是一种补偿性正义，事后追加性正义。

矫正正义这一概念，最早是亚里士多德提出来的。亚里士多德把"矫正的正义"区别为两种情形，即交换的正义和矫正的正义。前一种矫正正义实际上是民事关系中遵循的原则，而后一种矫正正义就是我们今天所说的矫正正义。他认为："矫正性的公正，生成在交往之中。交往或者是自愿的或者是非自愿的。它不按照几何比例，而是按照算术比例。这类不公正是不均等，裁判者用惩罚和其他剥夺其得利的办法，尽量加以矫正，使其均等。均等是利得和损失，即多和少的中道，即是公正。裁判者是公正的化身，是中间人。公正就是平分，人们称裁判者为平分人、仲裁人。"[①]矫正正义要回答的问题是，在遭受不法侵害之后，对于侵害者给予何种惩罚才是正义的。在远古时代，社会信奉"以血还血，以牙还牙"，并把这种同态复仇作为正义的一项基本原则。但是，到了近现代，这一观念发生了根本性变化，现代法治从理念到法律制度都作了全面系统的回答。

那么，正义与法治是什么关系呢？

一、法治的最高价值是正义

法治的最高价值究竟是什么？古往今来，人们对这一问题的

---

① ［古希腊］亚里士多德：《尼各马可伦理学》，苗力田译，中国社会科学出版社1999年，第95页。

回答及其论证可谓精彩纷呈,其中最具有代表性的学说有自由说、秩序说、平等说、利益说等。自由说认为,法治的最高价值在于追求自由,自由在法的价值位阶中处于最高位置。古罗马法学家西塞罗曾有一句名言:为了得到自由,我们才甘愿成为法律的臣仆。西方近代的重要思想家斯宾诺莎认为:自由比任何事物都更为珍贵。马克思也曾说过:"法典是人民自由的圣经","自由就是从事一切对别人没有害处的活动和权利"。的确如此,具有自由天性的人类,对于自由的价值从来都是高度褒扬的,自由社会才是一个具有活力的社会、充满前途的社会。但是,自由仍然无法作为法治的最高价值,理由在于:自由发展到极端,不同主体的自由、不同类别的自由之间将会产生抵触甚至冲突,将会使社会失去秩序,公共利益受到损抑,甚至产生严重的贫富分化和社会分裂,最终会产生极端的社会不公平和不自由。因此,法治既保障自由,也要限制或锁定自由,确立自由的合理边界。秩序说认为,秩序是法治的最高价值,法治的目的是维持良好秩序。亚里士多德就强调:秩序说认为,秩序是法治的最高价值,法治的目的是维持良好秩序。亚里士多德又强调:"今夫法者,秩序之谓也;良好法,即良好之秩序也。"再比如,中国古代的法家、德国的纳粹法学家都把秩序看成是法的首要价值,为了维持秩序,他们不惜推行专制之法。秩序分为自然秩序和社会秩序两种,法治是维护社会秩序的主要手段,维护社会秩序是法产生的原始动力。人类社会是以法律秩序为重要纽带而不断繁衍发展的,法律秩序是由法所确立和维护的,以确立社会主体的权利义务为基本内容,具有确定性、一致性和连续性,以国家强制力为后盾的社会状态。有秩序的社会给人提供安全感和可预期感,然而将秩序作为法治的首要价值,无疑就是承认专制型法治的合理性,实际上是构建了一种僵化的、脆弱的、表面上的社会秩序,这样的秩序既不符合文明社会的基本要求,也难免会与自由和活力相冲突,很可能形成一个死气沉沉、毫无生机的社会。因此,秩序无法成为法治的最高价值。利益说认为,法治的最高价值在于利益,法治的目的在于保障合法利益,取缔非法利益。西方历史上曾经诞生了著名的利益法学派,这个法学派认为:法是利益的产物,是一种利益分配规则,是立法者为解决互相冲突的各种利益而制定的原则。法确实是为调整利益冲突而生,是最重要的利益分配机制,法律关系本身也是利益关系的体现。英国哲学家培根甚至指出:法律其实纯粹是人类功利考虑的产物,并不要求与所谓的高级法相契合。然而,一个社会如果将利益或功利奉为核心价值的话,必然会导致德性和信仰的丧失。正因为如此,中西方思想传统对正义和利益孰高孰低的辩论,正义均处于上风。宗教改革、文艺复兴和启蒙运动后,新教伦理成为主流道德标准,对利益的大胆追求之正当性从幕后走向台前,极大地促进了商业的兴起和科技的发达,但很快就造成诸如贫富分化、环境污染、商业欺诈、战争等严重的问题,就连资本主义国家也对个人对利益的追逐设置了法律限制。也就是说,利益也不足以成为最高位阶的法治价值。平等说认为,平等是法治的最高价值,法治的目标在于构建平等的社会。平等从来都是理想社会的重要标准,从来都是思想家和底层人民们所高度向往的社会形态。中国的老子所设想的大同社会也是一个追求高度平等的社会,从孔子的"不患寡而患不均,不患贫而患不安",到老子的"高者抑之,下者举之,有余者损之,天之道,损有余而补不足",到太平天国的"无处不均匀、无处不饱暖",再到康有为的《大同书》,乃至新中国成立以后的人民公社化运动,无不体现了中国传统文化中朴素的平等观念。西方著名思想家卢梭最看重平等,为了创造平等的社会,他认为应当废除公有制,交出自己所有的权利以顺应公意。罗尔斯的正义论体系,则为西方的自由主义传统增添了更多的平等色彩,提出了"平等的自由原则",认为每个人都平等地拥有最基本的自由权利。但是,历史经验证明:极端的平等,就会在政治上制造民粹主义和暴民政治,就会在经济上制造平均主义和极端贫困。平等应当被追求,但不足以成为法治的最高价值。那么,法治的最高价值究竟是什么?我们的回答是正义。

正义就是对政治、法律、道德领域中的是非、善恶、应当或不应当作出的判断标准,它代表着一种终极的合理性和道义性。法治的使命就在于对公平正义的坚守和提升。法治建设的过程是一个不断探寻和接近正义的过程,法治的发展也与正义观念的发展紧密相关。立法者所追求的也只能是一种相对的公正,只能不断接近完全意义上的正义,而不能做到绝对的正义。正义观念的每一次进步,也都会引起法治的变迁。每个学科都有自己的学术使命,正如经济学是为了追求效率,政治学是为了增进公益,教育学是为了改善德行和开发智性,而法学本身就是一门关于正义和非正义的科学。在西方语言文化中,法、法律与公平正义具有与生俱来的内在联系,他们认为法是正义的工具,"法是善良公正之术"。在西语中,英语的 law,拉丁文的 ius 和 lex,法文的 droit 和 loi,德文的 recht 和 gesetz 等,都可以用来表述法或法律,而"ius,droit,recht"等词语不仅有"法"的意思,还兼有公平、正义的内涵。两千多年前的亚里士多德就曾说过:"要使事物合于正义,须有毫无偏私的权衡,法恰恰是这样一个中道的权衡。"在我国,法亦具有公平正义的含义。汉语中"法"的古体是"灋"。"灋,刑也,平之如水,从水;廌所以触不直者去之,从去。"从这一解释可以看出,"灋"字"平之如水,从水",表明法有"公平"之意或公平之象征;"灋"即神话传说中一种能辨别是非曲直的神兽,"所以触不直者去之,从去",表明法有"明断曲直"之意或"神明裁判"之威严,"灋"字形象地说明了法的根本目的就是追求公平正义。正义的优先性,在于它的包容性、开放性和适应能力。作为最高价值,正义具有丰富的内涵,包容了自由、平等、公正、效率、利益等丰富的价值,正义剔除了它们极端的一面,保留了它们理性的一面,试图消除它们之间的内在紧张关系,使得各种价值要素在正义的框架内得到有机融合。正义的这种包容性和开放性,使得在普遍的正义原则之下存在着特殊的正义要求,使得正义在不同的社会形态和社会事实下都具备阐释力。当然,正义的包容性和开放性也使得正义显得捉摸不定、备受争议,人们常常对其作出见仁见智、千孔百面的回答,以至于西方世界在19世纪和20世纪上半叶兴起了分析实证法学。这种法学为了追求法律体系的形式之美和逻辑概念体系的完美无缺,认为法应当追求价值无涉或者价值中立,排除了正义原则对法的指导,以至于出现了原教旨式的、纯粹的分析实证主义学派,促使立法和司法脱离一般正义原则的束缚,让法律沦落为国家不加约束的命令。但是,不正义的理念通过法律制度化,势必造成严重的后果,第二次世界大战中大规模"依法侵犯人权"事件的发生,既给战后的战犯审判带来了难题,也促使了人们对自然法和正义原则的重新思考。德国法哲学家拉德布鲁赫思想理念的转变,就是一个生动的例子。"二战"前,拉德布鲁赫是一个坚定的实证主义法学家，他认为秩序和稳定性是法的最高价值，但在目睹了"二战"期间德国纳粹法律带来的人权灾难后，他认为法的正义性应当居于最高价值，正义应当高于法的目的性及法的安定性。他提出，正义与真、善、美一样，是一个绝对的价值，它的根据存在于自身不需要从更高的价值中推导而来。法必须根据正义的要求来提升自我的本质。由于法律的不公正性，而必须否定其效力。只有正确的、公正的法的范畴是普遍有效的。由于实证主义相信"法律就是法律"，已经使得德国法律界毫无自卫能力，用来抵抗具有专横的、犯罪内容的法律。自然法都认为敌视正义的法律不具有法律效力。

然而，法治是正义最好的实现方式，正义无疑是十分令人神往的社会理想，但究竟如何实现正义却是一个难题，对于同一事件正正义无疑是十分令人神往的社会理想，但究竟如何实现正义却是一个难题，对于同一事件正义与否，人们很可能得出大相径庭的回答。正义的标准往往是一个见仁见智的问题，人们对公正的认识是相对的，多数人认为是公正的，少数人却可能不以为然；一种文化认为是公正的，另一种文化却可能不以为然；此时人们认为是公正的，彼时却可能不以为然。从本体来看，公平正义更多是道德和价值判断，本身就是莫衷一是的概念，从来就没一个精确而统一的标准，具有模糊性和主观性。从主体来看，人们个性的差异和需求的不同，对同样的结果也会有不同的甚至是迥异的认知，人们对公平正义的理解和诉求具有多元性、多变性和复杂性。从中国的社会背景看，市场经济刺激并鼓励人们合法地追求利益的最大化，社会转型造成了深刻的利益分化和社会冲突，而矛盾和冲突的各方都高擎"公平正义"的旗帜试图占领道德的制高点，以证明和支持自己行为的正当性。西方社会关于正义的实现也多有争议,比如,保障人权与为某种目的而限制自由的价值冲突,关于堕胎权与胎儿生命权的价值冲突,关于反恐怖需要的窃听与通讯自由、隐私权的价值冲突,关于持枪自由与保障生命权的价值冲突,关于言论自由与诽谤他人的价值冲突,关于病人安乐死的诉求与医生救死扶伤的道德和法律义务的价值冲突,等等,都围绕着正义这个核心价值展开。

二、法治是实现正义的基本方式

究竟靠什么实现正义?我们的回答是必须依靠法治的方式实现公平正义。促进公平正义是一个系统工程,但由于法治更具有根本性、全局性、稳定性和长期性的特征,因而成为维护社会公平正义的主要途径和根本保证。法治化的公平正义,而非口号化、政策化的公平正义,方可真正值得期待。

第一,法治使公平正义具有确定性。法治的深层次意思就是指,公平正义的价值和精神在法律条文、工作机制、行政活动、司法活动得到体现和实现。在中西方的法律文化中,法或法律是评判和认定曲直对错、合法与非法、违法与犯罪、权利与义务、责任与惩罚等的根本依据,是化解矛盾纠纷的规矩和准绳,法或法律都不仅具有规范性、明确性和可操作性等行为特征。法治化的公平正义使得公平正义变得清晰起来,将权利义务清晰划定,行为模式精确表达,法律关系的形成与变更都有了明确的依据,这样的公平正义方有可操作性。这种公平正义更具有统一性,它以普遍正义为原则,以特殊正义为例外,要求法律适用人人平等,法治运行对事不对人,不允许法律之外存在特权和特殊利益。应通过科学立法,把抽象的公平正义诉求转化为具体明确的法定权利或权益;通过公平公正的实体法,合理规定公民的权利与义务、合理分配各种资源和利益、科学配置各类权力与责任,实现实体内容上的分配正义。制定能够充分反映民意并为大多数人接受的程序规则,从程序法上来配置资源、平衡利益、协调矛盾、缓解冲突,实现程序规则上的公平正义。亚里士多德的正义论认为,立法的过程就是分配正义。哈耶克则强调指出:"正义的标准应当通过立法来决定。"因为"人们认为,立法机关的意志决定着何谓正义的问题,而且也同样是因为人们相信,所有能够由立法决策予以决定的事情都必定是一个有关正义的问题。"

第二,法治使公平正义避免了泛道德化。在法治社会中,任何人都不应当抽象地主张公平正义,法治使公平正义避免了泛道德化。不应当脱离法律规则去追求公平正义,更不应当以破坏法治秩序的方式或者损害他人权利的方式去寻求自己所认为的公平正义。法治是把道德意义上不确定的公平正义通过法律予以具体化、规范化、统一化和标准化的重要制度安排。如果不将公平正义的探讨引入法治的领域,公平正义就容易被泛道德化以至于被滥用,总是站在道德制高点或自我立场上考量公平正义,就会掩盖何为公平正义的终极含义,成为种种挑战政治权威和法治秩序的"借口"或者"理由",成为一切有悖法治公平正义的庇护词甚至道德武器,势必会影响社会的持续进步。比如,某些违章建筑被行政执法机关依法拆除后,当事人却堂而皇之地打出"讨公道、讨人权、讨正义"的标语对抗行政执法行为,要求予以赔偿并恢复原状。如果官司打输了,提出的诉求往往是讨公道、要人权、要正义、要法治、要严惩某某法官、要改判或者要撤销判决,等等;如果因为拆迁得到的补偿不满意,提出的诉求往往是取消拆迁、大幅度增加补偿款、拆迁安置、解决就业或者严惩贪官,等等。哈耶克早就注意到"社会公平正义"提法的社会局限性问题了,他形象地描述道:"一个护士与一个屠夫、一个煤矿工人与一个高级法院法官、一个深海潜水员与下水道清洁工、一个新兴产业的组织者与一个职业赛马骑师、一个税务检察官与一个发明救命药物的人、一个飞机驾驶员与一个数学教授,他们的相对酬报应当是多少呢?如果我们提出这样的问题,那么显而易见,诉诸'社会正义'根本不可能为我们解决这个问题提供帮助。"

第三,公平正义的核心问题是利益问题,法治能够保证利益分配建立在良性基础上。法治化的利益分配机制以民主为前提,法治化的矛盾处理机制以公正为前提,因此,法治背景下的利益格局更加具有包容性,是社会整体的共识。立法是将公平正义具体化的过程,法治允许多元利益主体在立法中充分进行博弈,表达利益诉求,促进利益分配的均衡性和社会政策的包容性。而法治框架下的行政与司法,则是执行利益机制、化解利益纠纷的渠道,是确保公平正义的重要方式。公平正义不是少数人享有的,不是片面狭隘的,它有赖于在法治的框架内,各个利益主体平等博弈,充分表达利益诉求和关切,对等地讨价还价,实现社会整体的公平正义。

第四,法治使公平正义具有可救济性。无保障的正义即是非正义,也即:无救济即无正义。否则,公平正义就无异于国家许诺给人民的"空头支票"。在正常的法治状态下,公平正义的实现不会因人的身份、地位、权力和财富的不同而区别,公平正义不会成为社会上小部分人的"专有福利"。在发生矛盾纠纷等利益冲突问题时,尽可能通过包括司法程序在内的各种法治程序、法治机制来解决,实现法治的实体与程序公正,至少是法治程序的公正。这种公平正义更有保障,使得公平正义变得有预期,法律关系主体认为自己受到不公平待遇时,可以通过司法程序寻求救济,而司法机构则充当了公平正义的最后一道防线。总之,历史经验证明,只有法治化的公平正义,才是稳固的、可靠的、可持续的。任何怀着良好的愿望,依靠其他手段实现公平正义,不仅是不可靠、不稳固的,最终还很有可能走向公平正义的反面,带来灾难性后果,出现法西斯式的"民主"、文化大革命式的"大民主"。公平正义不是漫无目的的,不是虚无缥缈的,它需要通过法治手段将公平正义转变为具体、明确的权利,将抽象的公平正义转化为可供操作的制度,而不仅仅是口号式、纸面上的公平正义。公平也不是自动实现的,不是自然生成的,它有赖于在法治的范畴内,依靠法律的力量具体推进,也需要能够秉持正义的司法,及时对有违公平正义的民间或官方行为进行矫正,坚守好维护公平正义的最后一道防线。

虽然我们已经回答了在当今社会对不法侵害的惩罚的正义原则就是法治,我们还回答了正义与法治的关系:正义是法治的最高价值,法治是实现正义的基本方式。但是,并不意味着对矫正正义问题的结束。究竟依据什么标准来判定对各种侵害行为的惩罚的裁定是公正的?这仍然是矫正正义应当回答的问题。

(一) 程序正当

程序正当也称为"正当程序",作为一条重要的法治原则,起源于英国1215年的《自由大宪章》,①《自由大宪章》第39条规定:"凡自由民,如未经其同级贵族之依法裁判,或经国法判决,皆不得被逮捕,监禁,没收财产,剥夺法律保护权,流放,或加以任何其它损害。"这一规定,在当时仅仅适用刑事诉讼领域。在随后的爱德华三世时代,1354年英国国会通过的第28号《自由令》规定:"未经法律的正当程序进行答辩,对任何财产或身份的拥有者一律不得剥夺其土地或住所,不得逮捕或监禁,不得剥夺其继承权,或剥夺其生命之权利。"这是正当法律程序的概念首次出现在法律上。在1679年,议会通过了《人身保护法》。这个法律共有20条,其中有近2/3的内容为程序性规定。从此,正当程序就演进为近代英国法的重要原则。随后,这一原则又在美国得以体现。1791年通过的美国宪法第5条修正案规定:"无论何人,除非根据大陪审团的报告或起诉,不得受判处死罪或者其他不名誉罪行之审判,惟发生在陆、海军中或发生在战时或出现公共危险时服现役的民兵中的案件,不在此限。任何人不得因同一罪行而两次遭受生命或身体的危害;不得在任何刑事案件中被迫自证其罪;不经正当法律程序,不得被剥夺生命、自由和财产。不给予公平赔偿,私有财产不得充作公用。"1868年通过的美国宪法第十四条修正案规定:"凡在合众国出生或归化合众国并受其管辖的人,均为合众国的和他们居住的州的公民。任何一州,都不得制定或实施限制合众国公民的特权或豁免权的任何法律;不经正当法律程序,不得剥夺任何人的生命、自由或财产;对于在其管辖下的任何人,亦不得拒绝给

---

① 陈国华译:《大宪章》,商务印书馆2019年。

予平等法律保护。"①这样,正当法律程序又成为美国宪法的原则。围绕这个原则,英美法系中产生了许多经典的法谚,比如:迟到的正义非正义;正义先于真实,程序先于权利;任何人不能做自己的法官,任何一方的诉词都要被听取;毒树之果(非法证据排除);法律不规定正确的定义,而委任善良的人裁量。到了当代,正当法律程序原则已经与最初发生了重大的变化:一是,适用的领域从最初的刑事诉讼领域到整个司法领域,随后又拓展到公权力行使的所有领域。二是,适用的国家从普通法系的国家扩展到不同法系的国家。三是,内容上具有程序性和实体性相统一的特点。最初的"程序正义"原则其主要涵义有两点:其一,任何人不得自己做自己的法官;其二,任何人在受到公权力不利行为的影响(特别是刑事处罚或其他制裁)时,有获得告知、说明理由和提出申辩的权利。随着法律实践的发展,现在的正当法律程序原则在内容上已经远远突破了原来的规定。如罪刑法定、无罪推定、法不溯及既往、无事前公正补偿不得征收私人财产,实施行政行为必须先取证,后裁决等。在现代,正当法律程序不仅是程序性的,而且是实质性的。

程序正当是之所以作为正义的内容,是由程序正义的特殊地位决定的。在西方国家,尤其是英美法系国家,程序正义甚至被赋予了比实体正义更高的价值。程序之所以具有如此高的地位,原因主要在于三个方面。

第一,把"程序正义"引入法治领域,并将其作为法治理念和法治原则加以确认,架设了伦理学与法学之间的桥梁,解决了法治与公平正义之间的关联问题。从而使正义问题由原来仅仅是哲学家

---

① 朱增汶译:《美国宪法及其修正案》,商务印书馆 2019 年。

和思想家在书斋中的探讨和争论,转变成世俗民间生活一个又一个的活生生的事例,变成了可判断性和可追究性。使正义从象牙塔走向了社会生活中,这的确是一个伟大的贡献。

第二,程序正义既是实体正义的前提,不遵守程序正义,也不是绝对不可能偶尔实现实体正义,但这样的正义一定是不稳固的,是难以持续的,甚至最终会走向其反面。

第三,公平正义本身是一个众说纷纭、模糊不清的概念,缺乏实际衡量的精确标准,因而,程序本身具有独特的法律价值,它不仅仅是实现实体正义的简单工具,也是排除对实体结果合理怀疑、避免"相对被剥夺感"的重要依据。在现代社会,随着利益关系愈加复杂,实体上的公平变得越来越捉摸不定,程序正义因此更加受到重视,即便是历来崇尚实体正义的自然法学家们,也不得不重视这个现实,提出了程序法治的概念,认为法治本身是个程序性概念,并提出了不少有关程序正义的标准或要求。例如,美国法学家富勒提出了著名的有关程序法治八项原则:法的一般性,即普遍性;法律应当公布;法律不能溯及既往;法律应当明确;法律不能自相矛盾;法律不应当规定人们无法做到的事情;法律不能朝令夕改,应当具有稳定性;官方行为与法律的一致性。显然,这个定义已经放弃了从实体上探寻法治的标准,转而试图从程序标准去寻找法治的真谛。利益的矛盾关系使立法者在适用公正原则时一般只能做到形式上(即程序上)的公正,而不能保证事实上的完全公正。自20世纪以来,自然正义原则逐渐从司法领域扩展到行政、立法以及社会生活的其他领域。在行政领域,自然正义已经成为衡量行政程序正当性和政府行为合法性的重要标准,要求程序制度设计要符合自然正义的一般要求,行政行为不仅要在实体上合法合理，还要严格遵守法定程序、法定时限等，程序不合法亦会导致行政行为的违法。在立法领域，自然正义原则促使各国更加注重完善立法程序，优化立法过程中的运行机制，提升立法程序的民主性、参与性和公开性，注重通过对立法程序的改进，实现立法内容上的共识。此外，自然正义原则还广泛地渗透到社区自治、纠纷调解、社会组织运行等各方面，对社会生活产生了积极影响。总之，在西方价值观看来，西方追求的正义是一种相对正义，他们认为在一个民主和法治的社会中，程序正义是最为重要的，程序正义优于实体正义。程序先要经过民众的讨论和多数人的同意，形成为分配利益的规则，然后按照规则面前人人平等的原则适用程序，具体进行实体利益的分配，这种规则平等机制下形成的实体结果大体上也是正义的。

我国法治建设起步较晚，且在相当长的时间里，重实体轻程序。在近些年，程序的问题开始日益受到重视。法学界从学理上作了许多研究，取得了丰硕的成果。整个社会程序意识不断提高。"程序正当"已经成为法律原则。2011年1月21日国务院发布的《国有土地上房屋征收与补偿条例》第3条规定："房屋征收与补偿应当遵循决策民主、程序正当、结果公开的原则"。2014年，中共中央《关于全面推进依法治国若干重大问题的决定》确立了"程序正当"原则。规定"健全依法决策机制。把公众参与、专家论证、风险评估、合法性审查、集体讨论决定确定为重大行政决策法定程序，确保决策制度科学、程序正当、过程公开、责任明确。建立行政机关内部重大决策合法性审查机制，未经合法性审查或经审查不合法的，不得提交讨论。"和西方国家正当程序的发展路径不同，我国的程序正当原则在推进过程中，一开始就在立法、行政和司法领域同步展开。在立法领域,2015年3月15日第十二届全国人民代表大会第三次会议修改的《立法法》第36条规定:"列入常务委员会会议议程的法律案,法律委员会、有关的专门委员会和常务委员会工作机构应当听取各方面的意见。听取意见可以采取座谈会、论证会、听证会等多种形式。法律案有关问题专业性较强,需要进行可行性评价的,应当召开论证会,听取有关专家、部门和全国人民代表大会代表等方面的意见。论证情况应当向常务委员会报告。法律案有关问题存在重大意见分歧或者涉及利益关系重大调整,需要进行听证的,应当召开听证会,听取有关基层和群体代表、部门、人民团体、专家、全国人民代表大会代表和社会有关方面的意见。听证情况应当向常务委员会报告。常务委员会工作机构应当将法律草案发送相关领域的全国人民代表大会代表、地方人民代表大会常务委员会以及有关部门、组织和专家征求意见"。第37条规定:"列入常务委员会会议议程的法律案,应当在常务委员会会议后将法律草案及其起草、修改的说明等向社会公布,征求意见,但是经委员长会议决定不公布的除外。向社会公布征求意见的时间一般不少于30日。征求意见的情况应当向社会通报"。第38条规定:"列入常务委员会会议议程的法律案,常务委员会工作机构应当收集整理分组审议的意见和各方面提出的意见以及其他有关资料,分送法律委员会和有关的专门委员会,并根据需要,印发常务委员会会议"。第39条规定:"拟提请常务委员会会议审议通过的法律案,在法律委员会提出审议结果报告前,常务委员会工作机构可以对法律草案中主要制度规范的可行性、法律出台时机、法律实施的社会效果和可能出现的问题等进行评估。评估情况由法律委员会在审议结果报告中予以说明"。在政府管理领域,先后实行了行政法规和国务院规范性文件出台前公开征求意见制度、具体行政决定的听证制度、决策实施情况的第三方评估制度等。在司法领域,除了行政诉讼法、民事诉讼法、刑事诉讼法的完善之外,对于司法机构内部的权力配置和运行机制进行了改革,突出了程序控制。推进以审判为中心的诉讼制度的改革,全面贯彻证据裁判规则,严格依法收集、固定、保存、审查运用证据,完善证人、鉴定人出庭制度,保证庭审在查明事实、认定证据、保护诉权、公正裁判中发挥决定性作用。推进审判公开、检务公开、警务公开、狱务公开,依法及时公开执行司法依据程序流程结果和生效法律文书,杜绝暗箱操作。加强法律文书释法说理,建立生效法律文书统一上网和公开查询制度。我国的程序法治建设正在沿着正确的方向大步向前。

如何保证程序正当的原则有效地实施?对此,专家学者们总结出一系列的原则。概括起来有:中立性、程序理性、排他性、可操作性、平等参与性、程序自治性、程序人道性、及时终结性、程序的公开透明性。这些概括和提炼,对于我们深化对程序正当原则的有效实施,有着十分重要的意义。在我看来,实施程序正义原则,最重要的有以下几项要求:

1. 中立性

"任何人都不能担任自己诉讼案件的法官",这一古老的程序正义原则包含着极其丰富的思想,它要求要确保各方参与者受到裁判者平等的对待:与程序法律结果有关连的人不能成为程序主持者;作为程序主持者与接受程序法律结果的法律主体任何一方不得有利益或其它方面的联系。它还要与一系列的制度的建立来保证。如程序主持者的资格认定、回避制度、权力制约等。

有意思的是,这个原则在西方神话的人物——蒙着双眼的正义女神的图像中得到了艺术的体现。正义女神朱斯提提亚是一蒙眼女性,白袍,金冠。左手提一秤,置膝上,右手持一剑,一束棒。束棒缠一条蛇,脚下坐一只狗,案头放权杖一支、书籍若干及骷髅一个。正义女神在西方也称为"裁决女神","司法女神"。白袍,象征道德无瑕,刚正不阿;蒙眼,因为司法纯靠理智,不靠误人的感官印象;王冠,因为正义尊贵无比,荣耀第一;秤比喻裁量公平,在正义面前人人皆得其所值,不多不少;剑,表示制裁严厉,决不姑息。蛇与狗,分别代表仇恨与友情,两者都不许影响裁判。骷髅指人的生命脆弱,跟正义恰好相反:正义属于永恒。正义女神的造型完成于古罗马时期。在古罗马帝国时代,将一些概念拟人化,"创造"出不少神灵,其中就有正义/司法女神朱斯提提亚(Justitia,由法律 jus 一词转变而来),这位女神的造型混合了希腊的忒弥斯、狄刻、阿斯翠亚诸女神的形象,一般都是一手持天平、一手持宝剑,而且都是紧闭双眼或者是在眼睛上蒙着布条。在欧洲中世纪末的文艺复兴时代,在古希腊古罗马艺术复活的同时,罗马法也在复兴,司法女神朱斯提提亚的造像开始出现在各个城市法院。女神仍然沿用古罗马的造型,一手持剑一手持天平,天平表示"公平",宝剑表示"正义",紧闭双眼表示"用心灵观察"。造像的背面往往刻有古罗马的法谚:"为实现正义,哪怕天崩地裂(Fiat justitia? ruat caelum)。"正义女神的造像喻义很丰富。蒙上双眼就告诉世人,正义要求裁判者在裁判案件的过程中,要不偏不倚,不受各种干扰,要靠理智而非感觉作出判断。

2. 信息公开

对他人做出不利行为要事先告知、说明理由和听取申辩,是古老的"正当程序"的又一内容。到了当今,这一原则已从刑事诉讼领域扩展到所有公共领域。并且被赋予了新的内涵:(1)凡是涉及公民权利减少和义务增加的决策都必须公开征求意见;(2)凡是对公民法人作出行政处罚或者刑事制裁的决定,都必须充分听取当事人的申辩意见;(3)立法活动行政活动司法活动的信息都必须坚持"公开是原则,保密是例外"的原则;(4)公开的信息必须是及时充分全面。

近年来,中国信息公开制度的建设从无到有,有了良好的基础。

在立法领域:中共中央《关于全面推进依法治国若干重大问题的决定》要求:"健全立法机关和社会公众沟通机制,开展立法协商,充分发挥政协委员、民主党派、工商联、无党派人士、人民团体、社会组织在立法协商中的作用,探索建立有关国家机关、社会团体、专家学者等对立法中涉及的重大利益调整论证咨询机制。拓宽公民有序参与立法途径,健全法律法规规章草案公开征求意见和公众意见采纳情况反馈机制,广泛凝聚社会共识"。

在政府管理领域,《决定》要求:"全面推进政务公开。坚持以公开为常态、不公开为例外原则,推进决策公开、执行公开、管理公开、服务公开、结果公开。各级政府及其工作部门依据权力清单,向社会全面公开政府职能、法律依据、实施主体、职责权限、管理流程、监督方式等事项。重点推进财政预算、公共资源配置、重大建设项目批准和实施、社会公益事业建设等领域的政府信息公开。""涉及公民、法人或其他组织权利和义务的规范性文件,按照政府信息公开要求和程序予以公布。推行行政执法公示制度。推进政务公开信息化,加强互联网政务信息数据服务平台和便民服务平台建设"。2019年4月3日,国务院发布了新修改的《政府信息公开条例》。

在司法领域,不断推进民事诉讼刑事诉讼和行政诉讼制度的完善。《决定》提出:"加强人权司法保障。强化诉讼过程中当事人和其他诉讼参与人的知情权、陈述权、辩护辩论权、申请权、申诉权的制度保障。""落实终审和诉讼终结制度,实行诉访分离,保障当事人依法行使申诉权利。对不服司法机关生效裁判、决定的申诉,逐步实行由律师代理制度。对聘不起律师的申诉人,纳入法律援助范围"。

3. 尊重程序价值的相对独立意义

法律程序的价值问题的研究发端于19世纪早期的英国学者边沁。到20世纪的60—70年代形成高潮。有别于传统的将程序正义仅仅作为实体正义的保障的观点,认为存在一些独立于结果的程序正义标准,法律程序就是为此而设计的。在我看来,承认程序正义的价值意义,就在于承认法律程序的相对独立性,即在一定条件下,程序可以作为判断是非曲直的标准,不符合程序的行为即为不合法和无效。将程序正义作为判断合法性的独立标准,有其深刻的社会原因。20世纪之后,随着资本主义由自由竞争时代转向垄断资本主义,西方国家政府放弃了自由放任的不干预政策,也改变了"守夜人"的角色,不再奉行"不管事的政府是最好的政府"的信条。转向了全面介入经济社会生活,奉行"积极干预"政策,政府管理的领域。从摇篮到坟墓,无所不管,无所不包。不仅管理的范围扩大,而且管理的专业性和技术性也日益增强。比如,涉及到土地征收问题的争议,更多的是土地估价的认定,而土地估价则是一个非常专业的工作,只能由土地估价师完成。又比如,社会保险费的争议,则需要精算师来认定。医疗纠纷涉及复杂的医学问题。面对这些复杂的专业技术问题,法官作出判断是不可能的。但另一方面,作为社会公正的最后守护者,法官又不可以回避这种责任。这样,尊重专业技术的结论,设计出比较可操作的能够保证公正的程序,法官对这类案件由实体审查转向程序审查,就成为不二的选择。这样,程序的独立价值也就开始凸现。对于这个问题,最高人民法院大法官江必新曾作过精致的论述:"在公法领域,公法行为是否合理、正当,由于行政机关更具有专业技术方面的知识和能力,所以司法机关不能代替行政机关进行判断。同样的法理表现在关于诉请颁发学位的案件中。按理应由高等教育机构的学术委员会来认定申请者是否达到了获得硕士学位或者博士学位的水平。如果学术委员会认为达不到这个水平,司法机关不能代替学术委员会的专业判断而认定该学生具备这个水平,只能审查学术委员会作出判断时是否符合法定程序,是否违反了必要的正当程序规则。如果决定违反了法定程序,司法机关可以撤销该行为要求高等教育机构重新作出,没有违反就只能驳回申请人的请求,而不能随便改变高等教育机构的决定。"[①]我国是社会主义国家,正处在工业化城镇化的时期。政府承担的管理经济和社会的职责。其管理的领域和承担的责任远远大于西方国家的政府。随着法治国家建设的推进,承认程序正义的价值,尊重程序正义的相对独立性,应该成为必然选择。

程序正义的相对独立性,之所以是相对的而不是绝对的,是因

---

① 江必新:《法律行为效力:公法与私法之异同》,载于《法律适用》2019年第3期。

为面对的事务是复杂的,不可"一刀切",应该具体情况具体分析。"从一般意义上讲,公权力必须坚持法定程序原则。违反法定程序作出的决定应认定为无效。但是,违反程序有严重违反和轻微违反之别。严重违反法定程序的,属于可撤销的行为;有的违反法定程序的,可以补正;轻微程序瑕疵则不影响行为的效力,可以通过确认违法而不撤销的方式予以补正"。①

(二) 实质正义与形式正义相统一

将正义区分为实质正义与形式正义,其思想源于古老的自然法理论。自然法的理论主张:宇宙整体及万物自身均有其规律,规律的运行构成宇宙整体及其各个事物自身的秩序,这就是普遍存在并至高无上的自然法;人类社会所制定的法律(人定法)应隶属于自然法,服从于自然法。(1)自然法是永恒的、绝对的。(2)人的理性可以认识、发现自然法。(3)自然法超越于实在法之上,后者应当服从前者。

自然法思想源自古希腊的哲学。古希腊哲学中的智者学派将"自然"和"法"区分开来,认为"自然"是明智的,永恒的,而法则是专断的,仅出于权宜之计。苏格拉底、柏拉图和亚里士多德则断定能够发现永恒不变的标准。斯多噶学派引进了一种新的看法,并设想了均等的自然法,认为理性乃人所共有,自然状态则为理性控制的和谐状态,但已为自私所破坏,故而应当恢复自然状态。按照理性去生活,就是按照自然生活。到了古罗马时期,由西塞罗进行了提炼和总结,西塞罗认为,在实在法,也就是各民族制定的各种

---

① 江必新:《法律行为效力:公法与私法之异同》,载于《法律适用》2019年第3期。

法律之上有一更高的适用于一切民族永恒的自然法。自然法是与自然即事物的本质相适应的法,其本质为正确的理性。所以,自然法效力高于实在法。实在法必须反映和体现自然法的要求。因为"恶法非法",所以法律必须体现公平正义的要求。到了17—18世纪,自然法理论成为资产阶级反封建的思想武器。代表人物为格劳秀斯、霍布斯、洛克、孟德斯鸠、卢梭、潘恩、杰斐逊等。这个时期形成了丰富的自然法思想,如"社会契约论"、"天赋人权"等等。到了19世纪,随着资产阶级已经成为统治阶级,自然法理论自身具有的批判精神已经不适应资产阶级进行统治的需要,自然法理论遭受诸多的批评,打入"冷宫",取而代之的是,分析实证法学派、社会法学派、现实主义法学派。自然法理论的复兴是在第二次世界大战之后,人类对于曾经经历的法西斯统治进行了反思。又开始了对于"实在法"与"自然法"关系的关注,又认为应该有一个高居于"实在法"之上的"自然法"。其标志性的事件当属"纽伦堡审判"。① 1945年11月21日至1946年10月1日间,由第二次世界大战战胜国对欧洲轴心国的军事、政治和经济领袖进行数十次军事审判。由于审判主要在德国纽伦堡进行,故总称为纽伦堡审判。对于这些纳粹战犯的审判一开始就面临一个法律问题:这些战犯都不承认自己有犯罪行为,其理由是所有行为都是为了执行当时的法律,都是按照当时的法律要求而实施的,不应受法律追究。针对战犯的观点,法庭进行了驳斥:人的尊严和权利是法上之法,背弃人类理性,践踏人的尊严,漠视人权,是法下之法,法下之法是恶法,恶法非法。据此,法庭还确立了纽伦堡原则。(一)从事构成违

---

① 何勤华等:《纽伦堡审判——对德国法西斯的法律清算》,商务印书馆2015年。

反国际法的犯罪行为的人承担个人责任,并因而应受惩罚。(二)国内法不处罚违反国际法的罪行的事实,不能作为实施该行为的人免除国际法责任的理由。(三)以国家元首或负有责任的政府官员身份行事,实施了违反国际法的犯罪行为的人,其官方地位不能作为免除国际法责任的理由。(四)依据政府或其上级命令行事的人,假如他能够进行道德选择的话,不能免除其国际法上的责任。(五)被控有违反国际法罪行的人有权在事实和法律上得到公平的审判。(六)违反国际法应受处罚的罪行是计划、准备、发起或进行侵略战争或破坏国际条约、协定或承诺的战争;参与共同策划或胁从实施上述第1项所述任何一项行为的。依照这些原则,纳粹战犯得到了应有的惩罚。以此为标志,自然法的理论开始走上复兴的道路。

我们应当如何看待形式正义与实质正义的区分?

如果我们把实质正义定位在法律必须体现客观规律的要求,这种区分是有意义的。无论是自然还是社会发展都是受内在的规律决定和支配的,而规律是客观存在的,不可以创造,人们只有遵从规律,服从规律,才能获得成功。违背规律,必然遭到惩罚。法律,作为控制社会的工具,由于具有国家强制力作为实施的保证,在表象上似乎立法者可以为所欲为,实际上,是否符合规律的要求,仍然决定着法律的生命力,决定着法律是否能够得到有效的实施。由于法律在国家和社会管理中的特殊地位和作用,一旦出台一部违背客观规律的法律,对社会的破坏力极其严重。但法律反映规律是一个过程,立法的过程,实质上是一个不断发现规律,体现规律的过程。由于受认识能力和水平的影响,更由于受立法过程中各种利益群体的互相斗争妥协的影响,立法反映规律的过程是曲折的,复杂的。如同人类的认识不断接近规律而不能穷尽规律一样,立法对规律的体现永远是相对的。这就要求作为"实在法"的法律,不断需要修改和完善,不断体现"实质法"的要求。这就是客观上存在形式正义与实质正义的缘由。

如果把法律的实质正义定位在反映客观规律的要求上,那么,如何看待实质正义中包含的价值原则?比如:人权、自由、平等、法治,等等。它们是否不再有独立的价值意义?它们之间实际上是一种包含关系。尊重人权、平等、自由,本身就属于社会发展规律的内在要求。"只要与生产方式相适应,相一致,就是正义的;只要与生产方式相矛盾,就是非正义的。"①在自给自足的小农经济社会,正义的要求主要表现为追求"结果平等"的平等观。到了资本主义社会,适应生产社会化和市场经济的要求,保证公平竞争成了社会的主要要求,与之相适应,人权、自由、平等的观念就应运而生。社会主义实行的是公有制基础上的市场经济,社会主义市场经济要求比资本主义更高水平的公平竞争,要求的是更加真实的更广泛的人权、平等、自由。这也是社会主义社会发展的客观规律的要求。由于客观规律发挥作用的周期较长,并且都是隐性的。因此,将一些能体现社会发展规律要求的价值原则作为实质正义的价值标准,既可以校正社会发展的方向,减少社会发展的不必要支付的代价,又可以有具体衡量标准,将实质正义落实到社会生活的各个领域。因此,这些价值原则是具有独立的价值意义的。

如何处理好实质正义与形式正义的关系?

1. 在立法过程中,要把从实际出发的原则贯彻始终

我们必须旗帜鲜明地反对三种错误立场:一是唯发达国家制

---

① 马克思:《资本论》第3卷,人民出版社2004年,第379页。

度是从的拿来主义立场,简单地用西方发达国家的制度来套中国的实际情况;二是唯书本理论是从的教条主义立场,硬生生地用书上的东西来作为设计和评价制度的标准;三是片面地唯现实情况是从的庸俗实用主义立场,认为现存的制度都是合理的,将立法简单看成是既有制度的归纳总结,从而丧失了通过立法引领和推动进步的功能。那么,立法究竟应当坚持什么立场?我们认为,立法应当坚持的立场是:立法必须从中国实际出发,有效解决中国实际问题。法律属于上层建筑,实践是法律的基础,法律是实践经验的总结和提升。脱离国情和实际的立法,即使搞出来,也只是空中楼阁、纸上谈兵,解决不了我国发展面临的实际问题。依法治国,并不是什么样的法都能治国,更不是什么样的法都能治好国。法是公民、法人和国家机关行为的基本依据,而实际情况则是法的依据。立法不能只追求"好看",更要追求"管用"。立法需要借鉴,但不能采取拿来主义;立法需要理论,但不能僵化地运用理论。任何理论上博大精深、理念上先进时髦、形式上完美无缺,但不能有效解决中国问题的法,也是法治所不需要的、没有生命力的法。只有立足中国实际,体现客观规律的法,才是实行法治所需要的法。立法工作必须从我国长期处于社会主义初级阶段这个最大国情和最大实际出发,同改革开放不断深化和现代化建设不断推进相适应,顺应时代前进潮流、反映实践发展要求。我们也要注意汲取中华法律文化精华,吸收人类法治文明成果,借鉴国外立法有益经验,但绝对不能照抄照搬。

  立法工作需要重点把握三个原则:一是有必要。法律作为众多社会规则中的一种,是由国家强制力保证实施的。不是所有的社会现象都适合由法律来调整,而是由其他社会规范调整的。我们首先要判断解决某个问题,是否属于法律关系的范畴,是否有必要运用国家强制力,是否可以通过道德、纪律等其他规则来约束。二是能管住。要研究法律规定的措施与待解决问题之间的关系,采取的措施能否真正有效解决问题,在多大程度上解决问题,是不是在所有的地方、不同的时期都能解决问题,在解决问题的同时是否会引发其他问题。不去关注现行法律是否得到了严格执行,而是将实践存在的问题一味地归结为法律不健全、法律责任过轻,从而加强立法、加重法律责任,结果是更加严苛的法律在实践中更得不到有效执行,实践中的问题继续存在甚至加重,进而将其原因又归结为法律制度不健全,从而形成了"立法依赖症",陷入了"立法怪圈"。三是低成本。运用国家强制力实施法律,是需要耗费巨大社会资源的。一部好的法必定是让守法者感觉既方便、又有利,能够得到绝大多数社会成员的认同和自觉遵守,只有在这种前提下,国家强制力才能起作用。如果一部法律出台后,得不到大多数人的自觉遵守,要么就会陷入法不责众的境地,要么就会出现选择式执法的情况,要么就会付出高昂成本去推动法律的贯彻实施。因此在立法中,我们必须选择以最小的社会成本实现管理目的的方案。

立法,本质上是建立一种依靠国家强制力保障实施的利益分配方式,科学的立法应当是建立一种具有开放性、包容性、共识性的利益分配机制。因此,坚持立法从实际出发,最关键的是要用90%以上的时间研究情况,把现实的、历史的情况搞清楚,把各方面的利益需求和矛盾搞清楚,把存在的问题及其原因搞清楚。要充分尊重群众的创造,尊重基层的实践。要善于分析利益关系,在情感上把群众看成一个整体,在方法上把群众看成多个有利益表达的个体,准确把握背后的利益主体、利益诉求和利益关系,使绝大多数人认识到自己利益所在。分析各种不同利益各有什么样的实现方式和途径,各种不同利益之间有什么样的关系等等。要注意处理好部门利益和人民利益、服务部门和服务人民的关系,避免人民利益、国家利益被掩盖,防止公共利益部门化、部门利益法律化,要善于将群众的意见和愿望作为检验部门意见正确与否的试金石。处理好长远利益和眼前利益的关系,认识到只有综合平衡这两种利益,才是在更大程度上、更高水平上代表最广大人民的根本利益。尤其要注重基层利益,基层群众处于信息社会的最边缘,基层政府处于政权结构的最低端,基层的话语最容易被淹没、诉求最容易被替代、利益最难以被代言、难处最难以被理解、痛苦最难以被体会,政府立法尤其要注重深入基层一线,去倾听他们的想法、维护他们的利益。只有这样,才能设计出有效保护多数人利益、保护守法者利益,及时发现、有效制止、有力惩处少数人违法行为的办法,将立法工作从良好愿望的表达提升为有效解决问题的科学制度设计。

必须进一步扩大立法中的民主基础。人民是依法治国的主体和力量源泉,保证和发展人民当家作主,充分反映人民意愿、充分实现人民权利、充分保障人民权益,是法治建设的题中应有之义,是新形势下完善法律体系、加强和改进立法工作的根本目的。古人早已看到,"法不察民之情而立之,则不成"。以民为本、立法为民,确立了立法价值取向,要求立法必须为了人民、依靠人民、造福人民,贯彻社会主义核心价值观,使每一项立法都符合宪法精神、反映人民意愿、得到人民拥护。

科学的立法过程,应该是一个相关各方共同参与、消弭理念差异、弥合利益分歧、寻求制度共识的充分博弈过程,这样制定出来的法才能获得最广泛的民意基础,成为社会最大公约数。一般来讲,立法的民主程度越高,法的质量就越高,就越容易得到社会的普遍自觉遵守,获得良好的社会效果。从当前的立法实践看,提高立法的民主程度,要努力实现两方面目标:一个是立法活动的公开透明,不仅要求立法草案本身应当公开,还应当确保社会公众对立法背景、立法缘由、立法材料、立法过程等方面的知情权,确保社会公众都能够真实、全面、及时地获悉立法信息,为参与立法提供充分的前提条件;另一个是社会公众的有效参与,要通过制度化、程序性的安排,确保社会各方面,尤其是基层群众和弱势群体等"沉默的大多数"能够参与到立法的各个环节,探索建立对公众意见采纳情况的说明与反馈机制,防止征求意见搞形式、走过场。拓宽和畅通公众参与立法的渠道,积极运用信息网络技术,增强立法透明度和公众参与度,调动公众参与立法的积极性。同时,要改进法律法规草案征求意见的方式,由简单的"文本"形式变为"问题"形式,由一次性征求变为多次征求,不断提高征求意见的实际效果。

　　立法的结果应当贯彻国家的一切权力属于人民,坚持法律面前人人平等,保证人民依法享有广泛的权利和自由、承担应尽的义务,维护社会公平正义,促进共同富裕。尊重和保障人权,完善体现权利公平、机会公平、规则公平的法律制度,保障公民人身权、财产权、基本政治权利等各项权利不受侵犯,保障公民经济、文化、社会等方面权利得到落实,实现公民权利保障法治化。正确处理权利与权力、权利与义务、权力与责任的关系,统筹兼顾不同方面的利益,从法律制度上更好体现发展为了人民、发展依靠人民、发展成果由人民共享。

　　必须正确处理立法与改革的关系。改革与法治历来相辅相成、相伴而生。我国历史上的历次变法,都是改革和法治紧密结合,变旧法、立新法,从先秦战国时期商鞅变法、宋代王安石变法到明代张居正变法,莫不如此。中国同时全面深化改革和全面推进依法治国,二者是密切关联。实现全面深化改革总目标,必须全面推进依法治国,不断提高国家治理法治化水平。推进各领域各方面改革,都要坚持依法治国,这是一个破与立辩证统一的过程。古人讲:"治国无法则乱,守法而弗变则悖,悖乱不可以持国。"从一定意义上讲,全面推进依法治国也是对全面深化改革战略部署的深化。在全面深化改革的时代背景下,如何处理好改革与法治之间的关系,的确是当前法治建设面临的一项重大课题。历史上,法律推动改革或阻碍进步的正反经验比比皆是。一部符合大多数人利益、顺应历史发展规律、适应生产力发展方向的良法,可能开启一个时代或引领一种潮流。一部《自由大宪章》,确立了以自由为核心的资本主义基本原则;19世纪末德国社会保障立法,预示了西方社会保障时代的开始;1980年美国《谢尔曼反托拉斯法》,开启了通过政府干预促进市场公平竞争的时代;1940年代美国《国家产业复兴法》等一系列法律,不仅缓解了美国经济危机,还提供了西方国家政府干预市场、宏观调控的新思路。反之,只代表少数人利益、违背历史发展潮流、背离生产力发展方向的恶法,最可能带来两种后果:要么成为落后守旧和既得利益的挡箭牌,沦为创新发展和社会进步的绊脚石;要么由于历史潮流无法抗拒,很难得到切实执行,社会出现普遍违法和法不责众的现象,最终使法律被彻底架空,沦为一纸空文。

改革要求变动,而法治要求稳定;改革要求突破,而法治需要统一,两者在一定程度上存在内在矛盾。一种观点认为,现在的法律规定束缚和迟滞了改革,改革就是要冲破法律的禁区,法律要为改革全面让路;另一种观点认为,法律就是要保持稳定性、权威性和适当的滞后性,法律很难引领和推动改革。这两种观点无疑都是不全面的。对此,习近平总书记曾指出:"凡属重大改革都要于法有据。在整个改革过程中,都要高度重视运用法治思维和法治方式,发挥法治的引领和推动作用,加强对相关立法工作的协调,确保在法治轨道上推进改革。"这就为处理改革与法治的关系提供了正确的指导思想。改革的合法性来自于法律的授权,改革的经验和成果需要法律予以保障和推广,而法律也只有通过改革创新,才能适应经济社会发展新形势,才能获得普遍的尊重和认可。在改革过程中,立法既要善于把成熟的改革成果和成功经验及时确认,以法的形式固定下来;对实践条件还不成熟、需要先行先试的,要按照法定程序作出授权;对不适应改革要求的法律法规,要及时修改和废止。立法还要保持一定的预见性和超前性,保持一定的弹性空间和余地,为改革的进一步深入预留必要空间。

当前,中国特色社会主义法律体系中的一些制度还带有一定的计划经济和管制型政府的色彩,与发挥市场机制作用、激发社会活力、促进资本平等的改革思路相背离。强调管理而轻视服务、强调限制而拒绝松绑、强调调控而忽视自治、强调鼓励而忽视激励、强调处罚而忽视指导、强调身份而不强调契约、强调政府力量而不是社会组织。一些法律中还大量存在陈旧的管理方式,对社会资本的市场准入设置了种种限制,对社会组织和社会自治设置了种种限制,对制度的贯彻缺乏行之有效的激励方式,对体制内外和编制内外过多强调差别待遇,对法律责任的规定过多地依靠罚款;存在着重权力轻责任、重利益轻服务、重审批轻监管、重收费轻保障的思路,行政审批过多过滥,强调事前审批、忽视事中事后监管。在全面深化改革的今天,我们需要更新立法理念,适应改革对于促进政府管理方式转变的需要,适应促进市场在资源配置中起决定作用的需要。总之,我们要在立法工作中认真贯彻习近平总书记重要指示精神,努力把改革决策和立法决策更好结合起来,正确处理法律的稳定性与变动性、现实性与前瞻性、原则性与可操作性的关系,努力做到重大改革于法有据、立法主动适应改革和经济社会发展需要。

立法应当与"善治"相结合。良法是与善治相结合的,善治是良法的内在要求。善治是20世纪90年代初由世界银行首次提出的,主要包括下列要素:可预见的、公开的和开明的决策制定过程,具有职业伦理的科层组织,对其行为负责的政府行政,有效参与公共事务的社会,以及所有人都依法治而行动,等等。善治观念带来了立法与行政理念的转变,要求加强管理方式创新,增强社会活力。例如:传统法律模式主要强调政府作用,而善治则注重发挥政府和多元社会力量的各自优势与整体合力;传统法律模式更加重视从实体上判定是非曲直,而善治则更注重通过程序的公开和平等,达到实体结果上的妥协与合意;传统法律模式偏重以"允许"和"禁止"作为基本调整方式,而善治则更强调民主参与、协商合作;传统法律模式偏重于惩罚与强制,而善治则更强调激励与自觉;传统立法更加注重寻求硬办法、执行力,善治则更加注重巧办法,注重立法的成本收益。自善治理论在学术界被关注后,在立法中贯彻善治理念已经成为法律发展的新特点。如果法只是规定人们应当如何、必须如何,而对于怎样促使多数人守法和怎样制止少数人违法没有切中要害的办法,至多规定应当由某某部门负责,这种要求即便是正确或者正当的,也只是愿望的表达。立法的高级境界在于使绝大多数人认识到自己的利益所在,自觉规范自己的行为。我们不但应当搞清楚人民的共同利益所在,还要分析有哪些不同利益,各种不同利益各有什么样的实现方式和途径,各种不同利益之间有什么样的关系等。法律不能与民争利,不能陷民于罪,不能防民胜川,法律必须接受道德、理性和民意的应然限制。要设计出有效保护多数人利益、保护守法者利益,及时发现、有效制止、有力惩处少数人违法行为的办法,将立法工作从良好愿望的表达提升为有效解决问题的科学制度设计。我们设计的制度,不仅要切实有效,还要成本低,制止违法行为的成本不能比违法行为使社会付出的成本还要高。

现在我们的管理手段还比较简单、粗放,偏重审批、许可、检查、收费、罚款等,而针对具体矛盾的"巧办法"不够多。历史上,英国政府雇船向澳洲运犯人,最初是出发前按人付费,结果运输死亡率很高;曾采取审查船主资格、派人跟船检查等多种措施,效果均不理想,有些跟船的检查员、医生被收买了,也有莫名其妙死掉的。后来,改为运到后按活人数及体重付钱,死亡率大幅下降。再有分苹果或分蛋糕,让切的人后挑,其他人先挑,切的人为了自己的利益(剩下的那块不会小)就会尽量切得均匀。这两个例子都是利益机制发挥作用,可以给我们一些启发。前几年热炒的"钓鱼执法"问题,其实在大街上搞清汽车内驾驶员同乘车人的关系,几乎不可能,这种"法"不"钓鱼"就很难执。为什么要执这种"法"?因为规定开出租车要经批准,并且要交费,经过批准并交了费的人,为保护自己的市场当然要求制止没交费的"黑车"。问题是出租车管理制度造成的。总之,一部不完善的法,如果在执行中体现了善治的要求,可以弥补法的缺陷,取得好的效果;反之,即使看起来很完善的法,如果在执行中没有体现善治的要求,则实际效果可能打折扣。我国正处在全面深化改革的关键时期,经济发展和社会治理环境发生深刻变化,利益关系和价值观念高度复杂,在立法和行政管理中深入研究并运用善治理论就显得更为迫切。

2. 实质正义要靠形式正义体现,形式正义又要接受实质正义的检视

行政执法与司法活动中应充分考虑"实质正义"的要求。作为行政执法人员和法官,依法办事,刚正不阿是最低要求。但是,对于法的理解不能只是机械教条式的。就法律的内部结构而言,除了法律条文的含义之外,还应该充分考虑法律的目的和法律背后包含的法律精神,只有这样,才能让每个案件感受到公平正义的阳光。2017年2月17日,内蒙古巴彦淖尔市中级人民法院应最高人民法院的指令,开庭再审农民王某某因收购玉米被判非法经营罪一案,作出了撤销原审判决,改判王某某无罪的判决。就是一个范例。从单纯的法律观点看,王某某从2014年至2015年间,从周边的农民手中收购玉米,是在没有办理粮食经营许可证和工商营业执照的背景下进行的收购活动,的确违反了《粮食流通管理条例》的相关规定,原审法院作出有罪判决并无大错。但是,再审法院认为,王某某从粮农处收购玉米卖予粮库,在粮农与粮库之间起了桥梁纽带作用,没有严重扰乱市场秩序,且不具有与《刑法》第225条规定的非法经营罪前三项行为相当的社会危害性,不具有刑事处罚的必要性。因而作出了无罪的判决。这个案件,除了法理上的考量之外,也有实际社会生活的考虑。在当前,农村农民普遍遇到的问题是"卖粮难",王某某的行为有助于缓解"卖粮难",搞活流

通。这个案件的改判,就是实质正义高于形式正义的例证。

(三) 兼顾情理

什么是情理？情理是指社会共同体生活的人们,在交往互动过程中形成的并被普遍认可的对具体事情的共同看法。情理和法律之间的关系,处在既一致又有矛盾的状态。从大的方面看,法律是公意的产物,是以民意为基础的。但是,另一方面,法律作为普遍性规则,不可能照顾到各个地方的特殊性。因而,法律与情理之间的冲突也是必然的。在人们实际的社会生活中,合法不合理的事例经常遇到,也无时不在考验着立法者、法律的执行者和法官的智慧和法律学养。

生活即常识,常理即法理。一部法律虽然出发点是好的,动机也是正义的,但如果背离社会常理,不仅在执行过程中过度地耗费国家的成本,而且也会因得不到民众的支持和拥护最终被废止。美国宪法关于禁酒规定的订立和废止的过程就充分说明了这一点。美国国会于1919年颁布了宪法第18条修正案:"自本条批准一年以后,凡在合众国及其管辖土地境内,酒类饮料的制造、售卖或转运,均应禁止。其输出或输入于合众国及其管辖的领地,亦应禁止。"这一修正案的初衷是为了减少犯罪,由于酗酒造成了很多家庭暴力问题,为了保护妇女权益就需要实施禁酒。这一修正案也得到了美国基督教新教徒的支持,因为他们有一种禁欲苦行,节俭自制的思想倾向,禁酒令符合他们的要求。但这条修正案的实施,却引发了非法酿造、出卖和走私酒类饮料的新的犯罪行为,禁而不止,而联邦及各州政府又需要以酒税补充其财政收入。美国联邦政府为了宪法修正案的落实,还专门设立了禁酒警察,但因无权进入私人家中,执法不仅成本高,而且效果不佳。到30年代初,即美国禁酒令颁布10年之后,许多美国人开始呼吁解除禁令。当时正值美国经济大危机,全国上下惶惶不可终日,美国人希望飘香的美酒能缓解他们紧张忧虑的心情,唤起他们对新生活的渴望,希望重启的酿酒业、售酒业能刺激深陷危机中的经济,使之早日复苏。1932年民主党总统候选人富兰克林·罗斯福,把开放酒禁作为其竞选纲领之一,获得了美国人民的支持。1933年2月,美国国会通过第21条宪法修正案,该修正案也分三款,第一款规定:"美利坚合众国宪法修正案第18条现予废除。"第二款规定:"在合众国任何州、准州或属地内,凡违反当地法律为在当地发货或使用而运送或输入致醉酒类,均予以禁止。"第三款规定:"本条除非在国会将其提交各州之日起七年以内,由各州修宪会议依本宪法规定批准为宪法修正案,不得发生效力。"第二年,随着犹他州作为第36个州签署此弛禁法案,美国的禁酒令便正式明令废止了,曾经轰轰烈烈的禁酒运动也随之结束。

合法不合理,是执法和司法中经常遇到的难题。一个案件的处理,虽然既符合法律的实体要求,也符合法律程序的要求,但严重背离社会的常理,就是显失公平正义的。这里,某某省高级法院在处理一起政府强拆案件中的过程,值得总结。

案件的原由是:2016年11月17日,某某省某某市某某县杨某,因在农村的住宅被县政府组织人强拆。他向某某省某某市中级人民法院提起诉讼,请求法院确认县政府强拆违法。某某县政府在答辩中提出,杨某的房屋在建造过程中,没有办理规划许可证,应属违法建筑,拆除合法。某某市中级人民院经过审理后作出一审判决。判决的内容是:某某县政府未依法作出行政决定,而是仅作出限期拆除通知书,未提供向当事人依法送达书面催告书的相关证据,剥夺了杨某的陈述权和申辩权;某某县政府未依法将强制拆除违法建筑物、构筑物、设施的内容予以公告。综上,某某县政府强拆行为违法。某某县政府不服,向某某省高级人民法院提出上诉。2017 年 11 月 27 日,某某省高级人民法院作出了终审判决。判决的内容是:"一审原告系农村村民,其在本村集体土地上建有房屋,并办理了集体土地使用权证,某某县政府在土地征收及城中村改造过程中,因拆除一审原告的上述房屋而发生本案的行政强制争议。某某县政府以一审原告没有办理规划手续、土地证缺乏档案等理由,认定一审原告的房屋属于违法建筑,其称在下发限期拆除决定、限期拆除通知、强制拆除公告等法律文书后,对涉案的违法建筑物进行了拆除,但一审原告持相反意见,其认为强制拆除的根本原因不是违法建设,而是由于其未与某某县政府达成安置补偿协议,某某县政府因而依据非法理由、强制推行征收实施工作所致。对此,由于农村发展程度及行政管理的实际情况等,农村集体土地上房屋普遍存在着只有部分建设手续甚至完全缺乏建设手续的情况,这是一种客观现实,不是农村居民能够克服和解决的,其不存在过错,相反,这种管理现状在很大程度上是行政机关造成的。某某县政府推进征收实施工作,已与大部分村民签订补偿协议,因本案一审原告没有签订补偿协议,某某县政府便不遵循法定的组织实施程序,而径行将涉案房屋认定为违法建筑并强制拆除,其执法目的不是为了严格农村土地的管理使用,而是为了避开法定的组织实施程序、加快拆除进程,属于滥用职权,其所称据此作出的限期拆除决定、限期拆除通知、强制拆除公告等法律文书,本院均不予认可,也不能成为本案被诉的强制拆除行为的依据。一审判决认定事实清楚,适用法律正确,应予维持。依照《行政诉讼法》第89条第一款第一项之规定,判决如下:驳回上诉,维持一审判决。"本案如果单纯的就法论法,某某县以未办理规划许可证而认定杨某的房屋是违法建筑,并无不妥。但是某某省高级人民法院的终审判决则更具正义性。建设需办理规划许可证虽然是法定要求,但当时农村普遍没有办理则是常态,也是客观现实。如果不从这个现实出发,农村农民的住宅大都是违法建筑。不可能都予以拆除。

　　解决法律与情理之间的关系既要靠执法者和法官的智慧,还要靠制度和程序。这里,陪审制度就是一项有效的制度。从公民中产生陪审官(员)参与法院审判案件的制度。起源于希腊雅典、罗马,为中世纪欧洲少数封建国家所继承,盛行于现代国家。陪审制度的功能与作用是:(1)是人民群众对司法活动进行监督的重要措施,普通公民参与司法的过程,可以防止法官徇私枉法、独断专行,弥补其不周。(2)陪审团能够反映社情民意,反映社会的一般常理。中国的陪审制度,清代以前没有陪审制度。我国作为社会主义国家,一直高度重视陪审制度的建设。中华人民共和国成立后,1951年颁布的《人民法院暂行组织条例》、1954年颁布的《宪法》和《中华人民共和国人民法院组织法》,都对陪审员制度作了规定。1979年通过的《中华人民共和国人民法院组织法》和《刑事诉讼法》重申了过去宪法和法律的有关规定:人民法院审判第一审案件,除简单的民事案件和轻微的刑事案件外,都由审判员和陪审员组成的合议庭进行。1983年9月2日,第六届全国人民代表大会常务委员会第二次会议鉴于上述规定在实际执行中困难较大,决定修改人民法院组织法的有关条文,作出比较灵活的规定:"人民法院审判第一审案件,由审判员组成合议庭或者由审判员和人民陪审员组成合议庭进行;简单的民事案件、轻微的刑事案件和法律另有规定的案件,可以由审判员一人独任审判。"1982年通过的《民事诉讼法(试行)》第35条也规定,人民法院审判第一审民事案件,由审判员、陪审员共同组成合议庭或者由审判员组成合议庭审判。人民陪审员在执行职务期间同审判员有同等权利,有权参加所办案件的全部审判活动,按少数服从多数原则制作出判决或裁定。除被剥夺过政治权利的以外,凡年满23岁的公民都可以被选为人民陪审员。陪审员大多是由地方各级人民代表大会选出,定期轮流到人民法院参加审判;有的经人民法院向当地机关、企业、学校、团体邀请,由各该单位临时推选代表充当。

我国陪审制度虽然取得了很大的成就,但也存在需要进一步完善的地方。突出的是人民陪审员与主审法官在审判活动中的合理适当分工问题。制度设计的思路要从中国实际出发,借鉴其他国家的经验,赋予人民陪审员在司法活动的监督特别是在反映社情民意,表达社会常理方面的独立职责,避免让人民陪审员与主审法官在审判活动中功能同质化的现象,避免人民陪审员因缺乏专门的法律知识和技术,而实际缺少话语权的尴尬处境。

第五节 土地正义是地权平等、地利共享、地尽其用

在正义问题上,特别是在分配正义领域,土地正义占据特殊重要的地位。在农耕文明时代,土地作为生产资料,在经济和社会中,具有支配性的地位,社会的最大财富就是土地。拥有土地的多

少,直接决定了他的社会地位。社会的冲突也主要体现为土地的占有上。因而,在农耕文明时代,人们对于分配正义的理想和要求几乎全部集中在土地占有上。"耕者有其田"成为那个时代一次又一个农民起义的旗帜和纲领。进入工业文明时代后,社会财富虽然多样化,但土地作为生产资料和生产要素,在社会财富的分配上仍然具有重要作用。因为土地可以转化为资本,资本可以通过各种形式获取利润,有时是暴利。而且,土地作为人类生存生活的基础,以人口不断集中为特征的城市化,人地矛盾突现,分配正义问题更为重要和紧迫。因此,一个国家要实施正义,就必须实现土地正义。

那么,什么是土地正义呢?

一、地权平等

地权平等,是指每个人都享有对土地平等需要,平等利用、平等保护的权利。在人类的思想史上,"平均地权"一直是土地改革的重要指导思想和原则。它作为土地正义的理想深入人心。对于一些农业国家的农民来说更是如此。我在这里用"地权平等"而不是"地权平均",是基于以下考虑的。"地权平等"和"地权平均"在价值形态上是一致的,没有实质性的区别。用"平等"取代"平均"主要是考虑这一原则的时代性。"平均地权"体现的是结果平等的观念,在农耕文明时代,是有进步意义的。进入到工业文明之后,随着城镇化的不断推进,大量的农民进入城镇,离开了农村,离开了农村土地,成为城市居民。对于这些进入城市的农民来说,农业生产不再是谋生的手段,农村土地也不再作为他不可离开的生产资料。而在城市,土地问题又转变为居住问题,房地产的价格问题,土地资本获取暴利的问题,土地正义问题已远远超出了"平均地权"所要求的"耕者有其田"的范围。并且,在市场经济的条件下,平等观也发生了变化,由结果平等转向了权利平等和权利的平等保护。"平均地权"的实现形式多种多样,已不再是实物形式的平均。因此,使用"地权平等"的概念能够在坚持原有的理想价值的基础上,更好地适应社会变迁。

将地权平等作为土地正义的原则,其理论和实践依据就在于以下几个方面。

(一) 理论依据

1. "地权平等"是平等权的重要内容

平等具有多重含义。它首先是正义的基本要求,凡是不平等的就是非正义的。从人权保护的角度上看,它既是原则,又是法律制度。人权,从本来意义看,就是人人自由、平等地生存和发展的权利,这是人人都应该享受的基本权利。土地对于人类来说,是生存生活生产的基础,任何人类的生存生活生产都是在土地上进行的,离开了土地,人类就不可能生存生活和生产。在现代社会,土地作为法律形态,就表现为一系列的土地权利。比如,居住,就必然要求有房屋的所有权,或者租赁权,或者借住权。又比如,走路通行,就必须要求有地役权。地权平等,要求的是实质平等和形式平等的统一。同其它权利一样,形式平等要求的是平等保护,而实质平等,要求的是人人平等享有土地权利。"地权平等"虽然作为土地正义的要求和内容,但"地权平等"的实现则是由社会制度决定的。"权利决不能超出社会的经济结构以及由经济结构制约的社会的文化发展。"①在封建社会,实行的是地主阶级占有土地的所有权制度,这就决定了土地的占有的不平等性。资本主义社会,虽然建立了权利的平等保护的法律制度,但事实上,受私有制和资本的影响,地权实际上也是不平等的。从不平等到平等,是一个过程,它既有赖于社会制度的不断改革,还有赖于社会生产力的不断提高。需要一代又一代人的不懈奋斗。但是,我们决不能因为"地权平等"是一个需要长期奋斗的过程,而放弃我们在现阶段能够实现的目标。在当代,"地权平等"的目标就是要切实保障每个人对于土地的最基本需求,并且随着经济社会的发展不断提高保障水平。

2. "地权平等"是由人类与土地之间的特殊关系决定的

土地作为大自然的物体,是由地球的地质活动形成的,它先于人类而存在,先有土地后有人类。它不是人类劳动创造的,相反,人类作为大地之子,是依赖土地而生存和发展的。因此,生活在土地上的人类,对于土地的各种权利应该是平等的。美国学者亨利·乔治在1882年出版的《进步与贫困》一书中提出,土地和其它自然资源是自然赋予的,每个人对自然资源都有平等的需要,也有将他的劳动用于自然资源平等权利。他认为:"所有人都有使用土地的平等权利的道理,正如人人都有呼吸空气的平等权利一样。"后者是人们存在的事实所宣告的权利。因为我们不能这样假设:有些人活在世上有权利而其他人没有。②"在自然界中,土地不是费用造成的东西,因之世界上没有任何权力可以正当地让任何人

---

① 《马克思恩格斯选集》第3卷,人民出版社2012年,第364页。
② [美]亨利·乔治:《进步与贫困》,吴良健等译,商务印书馆2017年,第303—305页。

有土地的独占所有权。"①"大自然的公正不承认一个人占有和享有分外土地的权利,这不是自然儿子的平等权利。"②孙中山先生是我国伟大的民主革命先行者。在他的思想中,"平均地权"占据极其重要的地位。在1905年同盟会宣言发布以前,他就提出了"平均地权"的口号。同盟会,"平均地权"成为国民党成立后的正式纲领。在随后的革命实践中,孙中山先生创立了"三民主义"理论。在"民生主义"的两大支柱性理论("平均地权"和"节制资本")中,他认为,平均地权才是民生主义。

3."地权平等"是自给自足的小农经济向社会化大生产的市场经济过渡的重要路径

"平均地权"、"耕者有其田"是一个古老的口号,有了土地的不平等占有,就有了对土地平等的渴望和追求。但是在自给自足的小农经济状态下,生产力十分低下,每次农民起义,改朝换代后,虽然也平分土地,但最终还是土地归少数人所有,几千年的历史,循环往复,皆是如此。但是,当历史进入生产社会化的市场经济时代,局面开始改变,"地权平等"和"耕者有其田"的意义发生了改变,它成为铲除封建的土地关系,为市场经济的发展铺平道路的重要举措。封建的土地关系,土地为少数人所有和垄断,严重地阻碍了生产力的发展。制约了工业化城镇化所要求的生产要素的市场配置,农民对土地的依附关系,也制约了工业化城镇化所需要的劳动力的自由流动。并且,封建的土地关系地主对农民的超经济剥削日趋严重,使得农民阶级与地主阶级之间的矛盾十分尖锐。虽

---

① [英]亨利·乔治:《进步与贫困》,吴良健等译,商务印书馆2017年,第362页。
② 同上书。

然封建社会都有限制土地兼并的法律,但土地兼并却屡禁不止,愈演愈烈。因无地少地的人愈多,地租的剥削日益加重,农民日益穷困。在封建土地关系下也必然造成土地经营的日趋破碎,小土地所有者抱住小块土地不放;大土地所有者为了获取充分高额地租,将土地细分,小块出租,使得农业生产力十分低下。正因为如此,资产阶级在取得反封建的革命胜利后,都进行了形式不同的土地改革,土地改革都是以"平均地权""耕者有其田"为纲领的。

这里以日本"二战"后美国占领军对日本实施的一系列"民主化改革"为例。"二战"结束,日本战败后,在美国占领当局导下,对日本进行了政治、经济和教育等方面实行了一系列的"民主化"改革。改革的内容有:(1)修改宪法改革政治体制。虽然保留天皇制,但确定了国民主权原则和放弃战争权、司法独立和实行地方自治等政治改革的内容;(2)教育改革,铲除教育领域中的法西斯军国主义内容,禁止用神道进行宣传和教育;(3)解散财阀,取消其垄断地位,保证市场的公平竞争。(4)农地改革。

在一系列的"民主化改革"措施中,农地制度的改革是其重要内容。日本土地私有制度确立于明治时期,1868年日本明治新政府成立之后,对江户时代幕府、大名的私有领地正式确认,又放开了土地买卖。1926年实施自耕农创设维持事业,通过资金扶持、政策引导等方式促进佃农转化为自耕农。1938年,日本进入战时体制,为适应战争需要,实施了《农地调整法》,以保护佃农的耕作权。"民主化改革"前,佃租地有236.8万多町步(1町步约合1公顷),占全部耕地的45%左右。无地或少地的101.6万多户农民佃耕这些土地,缴纳收获量50%—80%的地租。日本战后的农地改革是经过1945年、1946年两次改革完成的。改革的主要内容就是政府通过强制手段从地主手中购买土地,将其廉价卖给佃农,建立起了"耕者有其田"的自耕农制度。1946年10月21日发布的第二次《农地改革法》。体规定了农地改革的具体措施:(1)由国家征购不在村地主的全部土地、在村地主的1町步以上的出租地(北海道为4町步)、农地委员会认为不宜耕种的土地、出租地和自耕地超过3町步以上的土地(北海道为12町步)以及经营上所需的房地、草地和未开垦地。(2)被征购的土地卖给佃农和少地农民。(3)成立由地主三人、自耕农两人、佃农五人组成的市町村。(4)残存租地的地租改为货币地租,地租率是水田25%以下,旱田15%以下。

自鸦片战争失败后,中国沦为半封建半殖民地国家。反帝反封建和向社会主义过渡是中国新民主主义革命的任务。土地改革始终是革命的重要内容。孙中山先生虽然提出了"平均地权""耕者有其田"的理论主张,但国民党在大陆并没有完成土地改革的任务。中国共产党在革命的过程中,一直高度重视土地改革问题。在1928年井冈山根据地,就颁布了《土地法》,规定没收一切土地归苏维埃政府所有,以人口为标准,男女老幼平均分配。在随后的革命实践中,不断总结经验,不断调整土改政策,到1931年,确定了土地归农民私有的原则,确定了"消灭地主阶级,半封建半殖民地的土地所有制为农民土地所有制"的指导方针。在抗日战争时期,为适应民族矛盾已经上升为国内主要矛盾的新形势,将土地改革政策调整为"地主减租减息,农民交租交息"的政策。在解放战争时期,1947年,中共中央召开全国土地会议,制订了《土地法大纲》,规定:没收地主阶级的土地,废除封建剥削的土地制度,实行耕者有其田的土地制度,按农村人口平均分配土地,并在解放区实行。1950年新中国建立伊始,中央人民政府就颁布了《中华人民共和国土地改革法》,并在全国范围内掀起了土改运动,到1952年9月止,(加上三年前已完成土改的老解放区)约占全国人口90%以上地区完成了土改工作。在古老的中国大地上,彻底消灭了几千年的封建土地制度。为即将开始的社会主义工业化和社会主义改造奠定了基础。

(二) 地权平等的内容

在当代,"地权平等"的主要内容是:

1. 耕者有其田

"耕者有其田",虽然是一个古老的口号,但在工业化城镇化的背景下,仍然具有现实意义。只要在农村,还存在依靠农业生产为主要谋生手段的农民,土地对于农民来说,具有双重功能:生产资料的功能和社会保障的功能。在现代化的进程中,必须高度重视农民土地权益的保障问题。中国不允许出现"无土地、无就业、无社会保障"的"三无农民",这是中国社会主义制度的本质要求。正因为如此,中国共产党和中国政府始终高度重视农民土地权益的保障工作。

在当代,"耕者有其田"已经突破了传统的消极保障的范畴,开始转向积极保障。也就是,除了保障农民的土地权益之外,政府还对农村农业农民(也称"三农")采取一系列的支持扶持政策。这是因为,农业是弱质产业,市场竞争力也不强,需要政府支持和扶持。并且,一些发展中国家,工业化的原始积累是从农业中提取的,随着经济发展,工业反哺农业,实现城乡均衡发展,让农民与城市居民一样,同步进入现代化,是关乎社会公平正义的大问题。

在我国台湾地区,扶持自耕农是作为"平均地权"的重要内容。

台湾"土地法"对此作了专门规定。立法的目的就在于,间接扶持保护自耕农,使其不致沦为佃农或者雇农;直接培植创设自耕农,将佃农或者雇农升格为自耕农。其主要内容是:私有农地转移以能自耕者为限;私有农地继承以能自耕者为限;佃农有请求政府代为收买佃耕地之权;限令地主超额土地在定期内分划出卖;佃农有承买耕地的优先权。限制耕地负债最高额;以免税及贷款办法鼓励自耕农民继承;自耕农场之适当规模。征收私有荒地、不在地主及超过面积最高额之出佃土地;征收私有超过最高限额的土地。

我国是社会主义国家,社会主义的本质要求和制度优势,决定了我国在这个问题可以做得更好。正因为如此,中国共产党统揽中国现代化大局,始终重视"三农问题",每年的"一号文件"现在已成为中共中央重视农村问题的专有名词(中共中央在1982年至1986年连续五年发布以农业、农村和农民为主题的中央一号文件,对农村改革和农业发展作出具体部署。2004年至2019年又连续16年发布以"三农"为主题的中央一号文件)。"一号文件"根据我国经济社会发展的水平和实际遇到的问题,不断地出台了一系列的扶持"三农"的政策措施。

党的十八大以来,我国又开始了脱贫攻坚行动和乡村振兴战略。乡村振兴战略是党的十九大报告中提出的战略。十九大报告指出,农业农村农民问题是关系国计民生的根本性问题,必须始终把解决好"三农"问题作为全党工作的重中之重,实施乡村振兴战略。2018年9月,中共中央、国务院印发了《乡村振兴战略规划(2018—2022年)》。我国已经确立了乡村振兴战略"三步走"的目标任务:到2020年,乡村振兴取得重要进展,制度框架和政策体系基本形成;到2035年,乡村振兴取得决定性进展,农业农村现代化基本实现;到2050年,乡村全面振兴,农业强、农村美、农民富全面实现。党的十八大以来,党中央把扶贫开发工作纳入"五位一体"总体布局、"四个全面"战略布局,作为实现第一个百年奋斗目标的重点任务,作出一系列重大部署和安排,全面打响脱贫攻坚战。党的十九大对脱贫攻坚作出新部署。《中共中央国务院关于打赢脱贫攻坚战三年行动的指导意见》明确要求,到2020年,如期实现现行标准下农村贫困人口脱贫、贫困县全部摘帽、解决区域性整体贫困的脱贫攻坚目标,将在中华民族几千年历史发展中首次整体消除绝对贫困现象。

2. 居者有其屋

居者有其屋也称"居住正义",是指任何社会都必须切实保障公民的居住权。在人类生活中,衣食住行,是最基本的需求。但由于城市人口的集中,地价的上涨,客观上造成了许多人无力在市场购买或者租赁房屋,形成了一个无家可归的流浪群体。因而,居住权的保障就成为重大的社会问题,也是土地正义的重要内容。恩格斯对于居住正义问题给予了特别的关注。他在对曼彻斯特、利物浦、兰开夏郡等城市的工人的居住状况进行考察后,对工人居住状况的非正义性进行了分析。"小宅子又坏又破,砖头摇摇欲坠,墙壁现出裂痕,"[1]"只是工业才把大批的工人(就是现在住在那里的工人)赶到里面去;只是工业才在这些老房子之间的每一小片空地上盖起房子,来安置它从农业区和爱尔兰吸引来的大批的人;只是工业才使这些牲畜栏的主人有可能仅仅为了自己发财致富,而把它们当做住宅以高价租给人们,剥削贫穷的工人,毁坏成千上万

---

[1] 《马克思恩格斯全集》第2卷,第345页。

人的健康；只是工业才可能把刚摆脱农奴制的劳动者重新当做无生命的物件……把他赶进对其他任何人都是太坏的住所。"①对居住问题的观察，是恩格斯解剖资本主义的一个重要入口。

在当代，在居住正义的背景下，居住权具有特殊意义。作为基本人权，在与其它权利发生竞合时，它具有最高效力。它表现在：(1)为低收入或者贫困人口提供各种形式的住房保障是政府应尽的职责；(2)政府在城市更新过程中，对于被拆迁的房屋的法定补偿安置费用不足以保障被拆迁人的居住权的，应当提高到满足基本居住需求的标准予以补偿；(3)政府在拆除违法建筑过程中，对于因拆除而没有居住房屋的，政府应当提供住所；(4)因房屋买卖发生产权变更的，应保证房屋租赁人优先购买或者保证未到期的租赁权不中止，保证买卖不破租。

3. 防止土地的过度集中

土地作为稀缺性资源，具有自然垄断性的特点。作为重要的生产要素，如果被少数人所占有，不仅造成地权的不平等，而且也会形成垄断利润，成为社会分配不公的重要因素。并且，在现实生活中，有的人囤积土地，不进行任何投入开发，坐等土地升值。影响了土地的利用。但在另一方面，在市场经济条件下，土地又可以通过市场机制实现兼并和集中。为了解决这一问题，一些国家或者地区在法律上建立了私人拥有土地面积的最高限额制度。这里以我国的台湾地区为例。台湾地区"土地法"第28条规定："直辖市或县(市)政府对于私有土地，得斟酌地方情形，按土地种类及性质，分别限制个人或团体所有土地面积之最高额。前项限制私有

---

① 《马克思恩格斯全集》第2卷，第335页。

土地面积之最高额,应经中央地政机关之核定"。第29条规定:"私有土地受前条规定限制时,由该管直辖市或县(市)政府规定办法,限令于一定期间内,将额外土地分划出卖。不依前项规定分划出卖者,该管直辖市或县(市)政府得依本法征收之。前项征收之补偿地价,得斟酌情形搭给土地债券。"台湾地区"土地法施行法"第7条规定:"依土地法第二十八条限制土地面积最高额之标准,应分别宅地、农地、兴办事业等用地。宅地以十亩为限,农地以其纯收益足供一家十口之生活为限,兴办事业用地视其事业规模之大小定其限制。""平均地权条例"第71条规定:"直辖市或县(市)政府对于尚未建筑之私有建筑用地,应限制土地所有权人所有面积之最高额。前项所有面积之最高额,以十公亩为限。但工业用地、学校用地及经政府核准之大规模建筑用地,应视其实际需要分别订定之。""平均地权条例施行细则"第93条规定:"依本条例第七十一条第一项规定,直辖市或县(市)政府对于都市计划区内尚未建筑之私有建筑用地,应先行办理清查,以限制土地所有权人所有面积之最高额"。不仅对于私人拥有土地的面积实施最高限额管理,对于住宅的间数也有限制。台湾"土地法"第96条规定:"城市地方每一人民自住之房屋间数,得由直辖市或县(市)政府斟酌当地情形,为必要之限制。但应经民意机关之同意"。这些规定都限制了土地过度集中。

二、地利共享

地利也就是土地的收益问题之所以成为土地正义的重要问题,就在于土地的自然属性。土地就其本质属性而言,具有土地不能增加，总量恒定和位置的固定性，不能移动等属性，这种本质属性就决定了土地资源是稀缺性资源，一方面是稀缺性资源，另一方面，人类的生存生活生产又须臾不能离开。供给与需求之间的不均衡状况，使得土地成为自然垄断性资源。土地在经济上的自然垄断性的特点，这种状况就决定了土地收益的双重性。一方面，拥有土地的权利人，可以通过对土地的投入，获取收益，另一方面，土地权利人可以依靠土地的自然垄断性获取垄断收益。对于前者，土地收益归土地权利人是理所当然。而对于后者，如果仅仅归土地权利人所得，则是不正义的。"涨价归公"就成为土地正义的选择。

"涨价归公"原则就其思想源流看，较早提出并且对后世产生巨大影响的当属美国学者亨利·乔治。他在《进步与贫困》一书中提出，土地价值的提高是全社会的贡献，应该设法让大部分的地租收益分配给全体人民。虽然他主张废除土地私有制，实行土地公有制，但在具体方案上，他提出地租公有，"说没有必要充公土地，只有必要充公地租。"①"如果我们让先前占有土地的人一直使用土地，同时，没收地租充社会公益之用，这样我们把改良土地所必要的土地固定使用权与完全承认人人有使用地的平等权利两者协调起来了。"②"只要现代进步所带来的全部增加的财富只是为个人积累巨大财产，增加奢侈，使富裕之家和贫困之家的差距更加悬殊，进步就不是真正的进步，它也难以持久。这种情形必定会产生反作用。塔楼在基础上倾斜了，每增加一层只能加速它的最终崩

---

① ［美］亨利·乔治：《进步与贫困》，吴良健等译，商务印书馆2017年，第362页。
② 同上书，第308页。

溃。对注定必然贫穷的人进行教育,只是使他们骚动不安。把理论上人人平等的政治制度建筑在非常显著的社会不平等上如何实现'地租充公'? 他开出的药方是征收地租税"我们已经以税收方式征收少许地租,我们只需要在征税方式中作某些改变,把地租全部征收就行了。""用这个方法,国家不必称地主,也不必承担一点新的职能,就成为全国惟一的地主。""在形式上,土地所有人一点不变。不需剥夺一个土地所有人,也不需对任何人拥有土地的数量施加限制。国家用税收取得地租。土地成为真正的公有财产,社会上每个成员将分享拥有土地的好处。"①

我国民主革命的伟大先行者孙中山先生对于土地增值收益问题作过精湛的研究。他提出的"平均地权"的主张的核心内容就是"涨价归公"。他在《中国同盟会革命方略》中阐述了"平均地权"的含义:"当改良社会经济组织,核定天下地价。其现有之地价,仍属原主所有;其革命后社会改良进步之增价,则归于国家,为国民所共享。"后来孙中山又对平均地权作了解释:"比方地主有地价值一千元,可定价一千,或至多二千;就算那地价将来因交通发达涨至一万,地主应得二千,已属有益无损;赢利八千,当归国家。"1912年10月12日,他在上海报界公会欢迎会的演讲中就具体操作方法作了说明:"平均地价,即厘定地价之高下,为一定准则,地主本之纳税,而国家得随时照其原价收买。……至地价之高低,则一任民间之所报。若多报于原值,则是先负重税,且不知国家何时收买;若少报于原值,则固可减省税量,然一俟国家收买,则必受方折。

---

① [美]亨利·乔治:《进步与贫困》,吴良健等译,商务印书馆2017年,第363页。

如是,以此两种心理自衡,则必能报一如原值公平之价格。因这既得地价之真数,则收买时不患民间有意抬高价额之事。可因将来交通便利,于其集中繁盛之区,一一收土地为国有。则因将来市场发达,地价涨高,皆国有之利,可免为少数地棍所把持。"①孙中山的这一思想对于中国影响较大。

在当今世界,对于土地的增值收益的归属问题已经形成共识。即土地的增值收益是社会进步所致,应当归社会所有。具体的实施大多是通过税收的方式。通过在土地保有环节和增值环节开征专门的税收。土地保有环节的税收,从征收的意义上看,有三点。一是财政作用。土地保有税税源广大,且征税成本较低,因而各国都将土地保有税作为地方税种。二是经济作用。土地保有税的直接效果是提高土地权利人持有土地的经济成本,促进加速利用,避免土地闲置和荒废。三是社会作用。土地保有税可以通过税收减少土地的自然收益,达到防止土地兼并集中和垄断投机的效应。土地增值税的目的和功能表现在以下四个方面:一是体现土地正义原则,落实因社会进步带来的土地增值收益归社会的要求。二是消除土地投机,防止土地兼并。三是调控土地市场,控制土地市场不出现大的波动性。四是促进政府的土地政策的实施。对于土地增值收益的归属问题,我国的学者也有不同的看法。我国的确有特殊性。我国农地的非农化是通过征收为国家所有来实现的,农地转变为城市用地的增值收益已经归国家所有。在这种制度背景下,再来开征不动产税是否正当?对此问题应当具体分析。不动产税就其属性而言,属于土地保有税,土地保有税的目的是提高

---

① 孙中山:《中国同盟会革命方略》。

土地保有成本,促进节约土地资源和合理利用土地。从这个意义上讲,开征不动产税是必要的。

三、地尽其用

土地由于不是人类劳动创造的物品,它作为自然物,是大自然赋予的。它的总量具备有限性,不能增加。而人类对土地的需求则是不断增加。特别是随着地球上人口的增长,一些国家或者地区人地矛盾十分尖锐。这就要求人类必须十分珍惜土地,不能浪费和粗放利用。土地的自然属性还具有重复使用的功能,这就要求人类在利用土地的过程中,必须尊重土地的自然规律,不能过度利用,破坏或者中断土地利用的重复性。并且,随着人类文明已经从工业文明迈向了生态文明,生态正义也成为土地正义的重要内容。人类对土地的不断增长的需求与土地供给的稀缺性之间的矛盾,人类世世代代栖居在土地与保证土地利用的重复性不能中断是当代土地利用面临的重大挑战,回答这一挑战的答案就是,地尽其用。

地尽其用,是指对人类土地利用行为的基本要求。土地利用是指人类通过投入劳动力和资本作用于土地以实现对土地的开发、改良、养护的目标的行为。地尽其用的总的要求是充分、有效、经济、合理的利用。其含义是:经济利用,按照均衡发展的要求利用;合理利用,避免土地的过度利用和粗放利用;有效利用,充分利用土地,发挥土地的最大功效。这些要求概括起来,就是合理利用和永续利用。

（一）合理利用

土地的合理利用是一个包含多种价值目标的概念。合理是一个"度"的概念。它要求利用既要充分有效，又不能过度利用。具体地讲，有以下几个标准。

1. 充分有效利用

充分有效利用，要求最大限度使土地的经济功能和生态功能发挥出来。实现土地的集约利用。以最小的土地投入，获取土地的最大收益。对此，我国《土地管理法》第3条规定："十分珍惜、合理利用土地和切实保护耕地是我国的基本国策。各级人民政府应当采取措施，全面规划，严格管理，保护、开发土地资源，制止非法占用土地的行为。"第38条规定："国家鼓励单位和个人按照土地利用总体规划，在保护和改善生态环境、防止水土流失和土地荒漠化的前提下，开发未利用的土地；适宜开发为农用地的，应当优先开发成农用地。国家依法保护开发者的合法权益。"第39条规定："开垦未利用的土地，必须经过科学论证和评估，在土地利用总体规划划定的可开垦的区域内，经依法批准后进行。禁止毁坏森林、草原开垦耕地，禁止围湖造田和侵占江河滩地。根据土地利用总体规划，对破坏生态环境开垦、围垦的土地，有计划有步骤地退耕还林、还牧、还湖。"第40条规定："开发未确定使用权的国有荒山、荒地、荒滩从事种植业、林业、畜牧业、渔业生产的，经县级以上人民政府依法批准，可以确定给开发单位或者个人长期使用。"第41条规定："国家鼓励土地整理。县、乡（镇）人民政府应当组织农村集体经济组织，按照土地利用总体规划，对田、水、路、林、村综合整治，提高耕地质量，增加有效耕地面积，改善农业生产条件和生态环境。地方各级人民政府应当采取措施,改造中、低产田,整治闲散地和废弃地。"第42条规定:"因挖损、塌陷、压占等造成土地破坏,用地单位和个人应当按照国家有关规定负责复垦;没有条件复垦或者复垦不符合要求的,应当缴纳土地复垦费,专项用于土地复垦。复垦的土地应当优先用于农业。"2004年国务院发布的《关于深化改革严格土地管理的决定》要求:"实行强化节约和集约用地政策。建设用地要严格控制增量,积极盘活存量,把节约用地放在首位,重点在盘活存量上下功夫。新上建设项目首先要利用现有建设用地,严格控制建设占用耕地、林地、草原和湿地。开展对存量建设用地资源的普查,研究制定鼓励盘活存量的政策措施。各地区、各有关部门要按照集约用地的原则,调整有关厂区绿化率的规定,不得圈占土地搞"花园式工厂"。在开发区(园区)推广多层标准厂房。对工业用地在符合规划、不改变原用途的前提下,提高土地利用率和增加容积率的,原则上不再收取或调整土地有偿使用费。基础设施和公益性建设项目,也要节约合理用地。今后,供地时要将土地用途、容积率等使用条件的约定写入土地使用合同。对工业项目用地必须有投资强度、开发进度等控制性要求。土地使用权人不按照约定条件使用土地的,要承担相应的违约责任。在加强耕地占用税、城镇土地使用税、土地增值税征收管理的同时,进一步调整和完善相关税制,加大对建设用地取得和保有环节的税收调节力度。"

2. 按照土地的自然条件利用土地

土地虽然是人类生存生活生产的基础,但是又具有多样性。有高山平原丘陵,并且,与土地利用相关联的气候降雨量海拔高度等也是不同的。因而,这就决定了对于土地的利用,必须充分考虑土地的自然特点,充分考虑适宜性。《土地管理法》第36条规定："非农业建设必须节约使用土地,可以利用荒地的,不得占用耕地;可以利用劣地的,不得占用好地。禁止占用耕地建窑、建坟或者擅自在耕地上建房、挖砂、采石、采矿、取土等。禁止占用基本农田发展林果业和挖塘养鱼"。前些年,我国有的地方,为了完成占补平衡的任务,在高山上开垦新的耕地,既不可能保证粮食安全,也不利于生态保护。这显然不是合理利用土地了。

3. 禁止土地的闲置和撂荒

《土地管理法》第37条规定："禁止任何单位和个人闲置、荒芜耕地。已经办理审批手续的非农业建设占用耕地,一年内不用而又可以耕种并收获的,应当由原耕种该幅耕地的集体或者个人恢复耕种,也可以由用地单位组织耕种;一年以上未动工建设的,应当按照省、自治区、直辖市的规定缴纳闲置费;连续二年未使用的,经原批准机关批准,由县级以上人民政府无偿收回用地单位的土地使用权;该幅土地原为农民集体所有的,应当交由原农村集体经济组织恢复耕种。在城市规划区范围内,以出让方式取得土地使用权进行房地产开发的闲置土地,依照《城市房地产管理法》的有关规定办理。承包经营耕地的单位或者个人连续二年弃耕抛荒的,原发包单位应当终止承包合同,收回发包的耕地。"

(二) 永续利用

永续利用,是指要保证土地的可持续利用。这是由人类生生不息,不断地繁衍后代,需要依靠土地永远生存生活生产,而土地又具有利用的重复性和连续性的自然属性决定的。在人类历史上,决不允许这一代人有地可用,用光耗尽,而下一代则无地生存的局面的发生。它还与生态正义的要求相关联。生态正义的原则同样适用土地正义。

1. 代际公平

代际公平要求代际间的均衡发展,即既满足当代人的需要,又不损害后代的发展能力。当代人为后代人的利益保存土地资源和环境的需求。代际公平中有一个重要的"托管"的概念,认为人类每一代人都是后代人类的受托人,在后代人的委托之下,当代人有责任保护好土地资源和环境,并将它完好地交给后代人。

代际公平由三项基本原则组成:保存选择原则,就是说每一代人应该为后代人保存土地资源的多样性,避免限制后代人的权利,使后代人有和前代人相似的可供选择的多样性;保存质量原则,就是说每一代人都应该保证土的质量,在交给下一代时,不比自己从前一代人手里接过来时更差,也就是说,土地没有在这一代人手里受到破坏;保存接触和使用原则,每一代人应该对其成员提供平行接触和使用前代人的遗产的权利,并且为后代人保存这项接触和使用权,也就是说,对于前代人留下的东西,应该使当代人都有权来了解和受益,也应该继续保存,使下一代人也能接触到隔代遗留下来的东西。

2. 代内公平

代内公平是指在同一代内的所有人,不论其国籍、种族、性别、经济发展水平和文化等方面的差异,对于利用土地和享受环境方面均有平等的权利。这个概念意味着所有人都有权得到基本满足,包括健康的环境、充足的食物和住宅、文化和精神的满足。在一个国家内,同一代人公平地获得当地大气中的清洁空气、国家的水流和领海中的清洁的水和其它共有的环境资源;同时,也要为环境公平的目的对私有财产进行限制,不允许以破坏环境资源的形式使用自己的财产。在国际社会中,代内公平是指公平地分配国际空气、水、海洋资源和其它共有的环境资源。实现这一目的基本方式是建立公平的土地权利及相应的法律制度。

3. 区际公平

区际公平是指区际间的均衡发展,包含以下准则:

第一,区际公平应表现为一个区域的发展不应以牺牲其它区域的发展为代价,或者说一个区域的发展能力的提高应不减少其它区域发展的能力。第二,区际公平的实现过程是促进各地区的协调发展,以实现共同富裕为目标。区域发展的本质一方面表现为区域内各行各业和各种利益的相互依存作用;另一方面表现为区域之间的各种利益的相互依存作用。任一区域发展都会产生一种外部性或邻近效应,就其性质来讲不是有害的就是有利的。而区域公平所涉及的就是区域内产业之间和区域之间的各种利益相互作用问题,要坚持的公平准则是设法使区域变化所引起的外部性"内部化"。帕累托最优法则认为,区域的一种变化,只要有益于某人而无损于他人就值得欢迎。如此引申开去,区际公平所要体现的恰恰是帕累托最优法则,即一个区域变化只要有益于本区域的发展而又无损于其它区域发展就是好的。然而,帕累托最优法则在具体的区域发展过程中是很难实现的。因此,在追求区际公平时,要正视区域的任一变化都会产生外部性这一事实,对区域变化的外部性采取科学合理的有效措施,这是区域政策所应涉及的重要内容。因此为了实现区际公平,发达地区有义务也有责任为欠发达地区经济发展做出一定程度的"补偿",以实现卡多尔—希克斯效率改进,达到国家、地区之间的公平。

第三章 土地权利的内在冲突

权利,既是法学的基本范畴,也是法律制度的核心内容。如何认识权利,是法理学的永恒课题。对于土地权利来说,还有其需要回答的特殊问题。在现实生活中,为什么物权法规定的土地物权,并不能有效地行使?这是一个需要我们认真对待的问题。

第一节 土地法中的权利

一、土地法中的土地权利

从一般意义上讲,土地权利就是指法律以土地为客体设置的权利的总称。从法律属性来划分,土地权利又可以分为民法上的土地物权和土地法中的土地权利两种。对于这种划分,目前法学界有的虽有涉及,但在理论上并没有具体提出。只有明确了土地物权与土地法中的土地权利这两种形态的权利的异同以及相互关系,我们才能对土地权利有全面理解。

什么是土地物权?简言之,就是以土地为客体的物权。具体地说,土地物权是指土地权利人依法对土地享有直接支配和排他的权利,包括土地所有权、土地用益物权和土地担保物权。土地物权具备物权的全部特征。(1)从种类上看,它包括:所有权、用益物权和担保物权;(2)从效力上看,它具有优先效力。当同一物上有多项权利时,效力较强的物权排斥较弱的权利。它依照以下原则来确定物权的优先效力。当同一物上同时存在多个物权时,先成立的物权优先于后成立的物权,"时间在先,权利在先"。同一物上既有物权又有债权时,物权的效力优于债权。物权的排他效力,即"一物一权",是指一项物权排斥与其内容与性质相抵触的其它物权的存在。物权的追及效力,物权成立后,物权的标的物无论怎么流转,权利人都可以追及到该物并行使支配权。物权请求权,物权权利人在其物权遭受侵害或者有被侵害的可能时,可以请求排除妨害或者消除危险。(3)从本质上看,物权是直接支配特定物的权利。权利人只需根据自己的意思就可以实现利益。它是直接支配,无须借助他人的意思和行为。它具有意思独断性和意思绝对性的特征。支配权也可视为绝对权。

土地法中的土地权利,实际上就是土地利用权。它是指土地权利人在利用土地的过程中,依照法律和规定的条件对土地享有的直接支配和排他的权利的总称,它是土地物权和政府依据法律设定的管制权的有机结合。与土地物权相比较,土地法中的土地权利具有以下区别:

第一,土地物权是以个人为本位,以绝对的支配权为中心。而土地法中的土地权利,则是以社会为本位,以充分利用为中心。土地物权要解决的问题是对某宗土地某人享有什么权利。而土地法中的土地权利,不仅要回答我对该宗土地享有什么权利,还要回答我如何利用该宗土地的问题。从 18 世纪末到 19 世纪,西方实行的是自由竞争的资本主义，个人主义是这个时期的价值基础，1789年的法国《人权宣言》第17条宣称："所有权为神圣不可侵犯"，据此，1807年的法国民法典确定了"所有权绝对原则"。按照所有权绝对原则，所有权的行使或者不行使，权利人有绝对自由，国家不得予以干涉。到了20世纪，随着工人运动的兴起，社会主义思想的传播，资本主义进行了调整。表现在土地问题上，就是对土地所有权观念的调整。由所有权的绝对转向相对，所有权为负有义务的权利，所有权的行使，应受适当的约束和限制。确立了禁止权利滥用、私权不得违反社会经济等原则。德国1896年《民法》第226条规定："权利的行使，不得以损害他人为目的。"1949《德意志联邦共和国基本法》第14条第2项规定："所有权负有义务，其行使应同时有益于公共福利。"1961年土耳其《宪法》第36条规定："个人财产所有权，得因公共利益，依法限制之。所有权的行使，不得与公共福利相冲突。"意大利共和国1947年《宪法》第44条规定："为达成土地之合理开发并建立公平的社会关系，法律应对私有土地的所有权课以义务与限制。"《日本1946年宪法》第12条规定："本宪法对于国民所保障的自由和权利，国民须经常负诚实为公共福祉而予以享用之责任，不得滥用。"

  第二，土地物权属私法范畴，而土地法中的土地权利则是土地物权加政府的管制权的统一体，具有私法和公法结合的性质。公法和私法是现代法律体系的基本分类。德国学者基尔克说："公法和私法的区别，是今日整个法律秩序的基础"。私法是调整平等主体之间关系的，主要是民法、商法；公法调整权力关系，是自上而下的管理和被管理的关系。在传统法治国家，私法领域以意思自治为最高原则和精髓，不主张国家公权力的介入，例如合同关系、婚姻关系。20世纪之后,随着城市化工业化进程的加快,社会关系复杂程度提高,相互之间的影响也更为深远,某些私人的自由意志妨害了公共利益,为了寻求个人利益和社会利益之间的平衡点,国家公权力开始介入私法领域,这就是所谓的西方国家私法公法化的道路。对于土地物权的私法性质,孙宪忠在《中国物权法总论》一书中作了详尽的说明:"物权是民事主体在民事法律关系中享有的权利,按照大陆法系的习惯,这种权利被称为"私权",即特定民事主体拥有的权利。物权不是公法上的权力,不表示权力与服从的关系。只有在民事法律关系中,物权才能表现其基本特征。这一点是物权最基本的前提条件。物权与公共权利尤其是和体现国家主权的行政管理权相比,其共同之处在于它们似乎都有"支配"的特征。但是物权并不具有行政管理权所体现的主权(大陆法系习惯称之为"公权")特征,而具有指向特定标的物且超越主权支配的特征。"[1]而土地法中的土地权利一方面,它具备土地物权的基本属性,另一方面,它又具有公法管制的特性。对这一公法属性,大陆法系的学者的看法是一致的。"尽管对土地权利的空间作了很多的分析,但所有国家必须对土地利用进行管制和限制,管制和限制的原因是多种多样的,它包括环境保护、建筑标准、社会公平、公用设施的条款,公平税赋和文化议题。"[2]这说明,土地法中的土地权利是土地物权与政府依公法设定在该宗土地上的管制权的统一体。

第三,就权利的内部结构而言,土地物权与土地法中的土地权利的区别就在于义务的内部性。土地物权在行使过程中必须履行

---

[1] 孙宪忠:《中国物权法总论》,法律出版社2009年,第52页。
[2] Willamson Enemark、Wallace Rajabifard, *Land Administration For Sustainable Development*, ESRI Press, p.90.

的义务是在土地物权的外部,而土地法中的土地权利的义务则是在土地权利结构的内部。在土地法中的土地权利的内部结构中,权利义务是一体的,权利即义务,义务即权利。比如,某人在自己所有的土地上准备建造一建筑物,就得向政府申请建设许可,政府依据法律和规划,批准建设,必然是附有用途、容积率、建设标准等条件。这些条件,对于土地所有权来说,就是义务。但是,申请人获得许可后,这些许可实际上就是这宗地的实际权利。它回答了土地权利人对该宗土地享有的实际和具体的权利。特别是,该宗建筑物转让时,人们考虑的是整幢建筑物的建筑面积,并以此来确定价格,这样,这些约束条件就变成了权利。"所有权和长期租赁权在土地中是最重要的权利,这些权利的实际内容在国家和司法活动中是变化的,但从一般意义上看,土地的权利还包括利用权。这种权利可以被限定,通过土地利用的公共性的管制和限制,不同行业土地利用条款,各种各样的私人土地利用的管制,像地役权、契约。许多土地利用权为了未来的土地利用的可能性而被限制和控制。"[1]

二、权利结构的内在性冲突

土地法中的土地权利,是土地物权和政府的管制权力有机结合的一种权利。土地物权是"私法"上的权利,适用的是民事法律,而政府的管制权是"公权",适用的是行政法。私权和公权是两种相互冲突的权利,土地法中的土地权利如何将两种互相冲突的要

---

[1] Willamson Enemark、Wallace Rajabifard, *Land Administration For Sustainable Development*, ESRI Press, p. 173.

素共生共处在土地权利的内部?从一般意义上讲,权利对于在行使过程中的政府约束,如果权利人认为不公正,可以诉诸于司法来裁定,据此,法学家和法官提炼出来了一系列的原则。但是,在土地法中的土地权利则不需要这种外部性的争端解决的方式,它一方面在土地权利内部相互排斥,但在另一方面,土地权利在行使过程中,又对外形成统一的权利要求,享受着权利的一切"红利"。所有的冲突和平衡都是在权利结构的内部实现的。这就是土地法中的土地权利与其它权利的不同之处,也是法理学至今未深入讨论的课题。

要回答这个问题,首先必须研究如何将政府的管制权转化成为权利的基本条件和功能。权利一词可以从不同意义上定义。从最一般的意义上看,它具有道德意义上和实际意义上的两种情形。一类是从伦理的角度来界定权利。一般说来,格劳秀斯和19世纪的形而上学法学家们强调的是伦理因素,如,格劳秀斯把权利看作"道德资格";霍布斯、斯宾诺莎等人将自由看作权利的本质,或者认为权利就是自由;康德、黑格尔也用"自由"来解说权利,但偏重于"意志",而且,他们的自由概念与霍布斯的也很不相同。严格说来,康德的权利定义是不限于意志自由的,他很重视人与人的协调共存。黑格尔指出:"一般说,权利的基础是精神,它们的确定地位和出发点是意志。意志是自由的,所以意志既是权利的实质又是权利的目标,而权利体系则是已成现实的自由王国。"这些解释都是将权利看作人基于道德上的理由或超验根据所应该享有之物,虽然也涉及利益,如拥有某物或做某事,但并不以利益本身为基点。我国法学家张恒山在《法理学要论》中界定为:"法律权利就是法律承认的主体行为的正当性。"[①]另一类是从实证角度来界定权

---

① 张恒山:《法理学要论》,北京大学出版社2009年,第360页。

利。如,实证主义把权利置于现实的利益关系来理解,并侧重于从实在法的角度来解释权利。德国法学家耶林使人们注意到权利背后的利益。他说,权利就是受到法律保护的利益。同时,不是所有的利益都是权利,只有为法律承认和保障的利益才是权利。功利主义者认为由社会功利规定全部的权利和义务并派生出所有的道德标准。权利的实质是普遍的功利。一些教科书对关于权利的界定作了许多的分类,主要有"自由说"、"意思说"、"利益说"、"法律上之力说"。在我看来,行为的正当性、利益的可预期性和可保障性是权利的两个本质特征。那么,政府对土地利用的具体约束条件是怎样转化为权利要素的呢?在土地利用过程中,土地法中的土地权利通过将政府设定具体的土地利用条件植入到土地物权的有机体中间,成为土地物权必不可少的基因,形成新的具象的权利,这种新型权利,虽然对外仍具有物权的一切特性和效力,也仍然可以作为物权或者私权来看待,其法律性质仍然是物权。但这种物权已不同于本来意义的物权,它已经是带有公权细胞的物权。这种新型权利可以保证土地利用促进公共福祉的实现,规避土地利用损害社会利益的行为的发生,这就使得土地权利人的土地利用行为具有正当性,由于这种正当性是基于法律认可的,土地权利人的利益就能够预期,也是有法律保障的,一旦遭遇不法侵犯,可以申请国家动用国家强制力来保证实现利益。

那么,土地物权与政府的管制权两种冲突的要素又是如何在权利内部实现平衡的呢?关键在于形成了内部自我平衡的机制。就普遍意义而言,土地物权人对于自己拥有的土地,往往可以选择以下几种方式来处理:(1)开发利用,获取利益最大化;(2)开发利用,满足自身的精神追求(如住宅、建筑艺术品等);(3)囤积,等待随着社会进步而自然升值,形成土地市场的垄断地位,以期获取超额垄断利益,为子孙后代留下遗产。这些愿望在土地权利的内部结构中就转化为"权利动机"。"权利动机"是土地利用生生不息的不竭动力。对于政府的土地利用管制权而言,它的目的是促进土地合理利用,维护社会公平,保证任何土地利用行为符合社会利益的要求,防止侵害公共福祉。政府的这种管制权在土地权利内部就内化为土地的开发利用成本,也可以称之为"权利代价"。当"权利动机"与"权利代价"相遇时,土地权利人必然要作出选择,当"权利代价"符合"权利动机"时,他就可以进行开发利用活动,当"权利代价"高于"权利动机"时,大都会选择放弃开发。对于政府来说,也有约束机制,一旦因政府的管制条件过于严苛,随意任性,就会导致大量的土地无人开发利用,也不符合政府的管制目标,政府就得修订管制条款,以符合实际。这样,权利内部结构的内在平衡机制就形成了,开始发挥自我调节的作用。还应该指出的是,这种内部自我调节机制的形成,是有前提条件的。从权利的原生性的角度看,人们往往是先获取土地物权,然后再向政府申请开发许可,政府开发许可的获取一般具有滞后性,这种滞后性就为权利人和政府进行理性选择提供了可能性。

应该说,土地法中的土地权利的内在冲突性是普遍性问题,凡是进行城镇化工业化的国家,都会遇到这类问题。但是,在中国,除了这个普遍性问题之外,还存在一些特殊性问题,主要有:国有土地的主体之间的冲突;农村集体土地的主体与权能之间的冲突。这是需要我们专门研究和回答的问题。

第二节　城市土地的国家所有权

我国宪法规定:"城市土地属于国家所有"。宪法的这一规定从1982年至今已有30多年了。但围绕宪法这一规定的讨论一直在进行中。并且,如何实施宪法的这一规定,在实践中也存在许多需要进一步研究的问题。

一、城市土地国家所有制度的形成

1949年,中华人民共和国成立。中国开始了翻天覆地的变化。城市的土地制度也随着中国经济社会的革命性的变革而改变。新中国成立之前,城市的土地制度主要由两部分构成,"国家所有"和"私人所有"。新中国成立之后,城市土地逐步朝着国家所有的方向迈进。

一是,接受。从一般意义上看,由中华人民共和国政府取代国民党的"中华民国"政府,在法律上只是政府继承问题,不涉及国家继承。"中华人民共和国,如上所说,作为一个国际法主体,是解放前中国的延续,不是一个新国家,因而单从传统的国际法理论说,根本不存在着国家继承问题。但是必须认识在阶级本质上中国已经变成了一个新的历史类型的国家。因此,把中华人民共和国政府对有关解放以前中国的国际权利义务的处理问题作为一种新的历史类型的国家继承问题提出是适当的。"[1]按照国际法的原则,对

---

[1] 周鲠生:《国际法》,商务印书馆2018年,第164页。

于新中国成立前中国政府的财产,包括公营企业,中华人民共和国都享有合法的继承权利。这样,对旧中国的"国有土地"都通过接受的方式成为新中国的国有土地。

二是,没收。根据《共同纲领》第3条的规定:"中华人民共和国必须取消帝国主义国家在中国的一切特权,没收官僚资本归人民的国家所有。"这样,对官僚资本和买办资产阶级的土地通过没收的方式成为国家所有。

三是,征用。根据1953年政务院发布的《国家建设征用土地办法》的规定:"凡兴建国防工程、厂矿、铁路、交通、水利工程、市政建设及其他经济文化建设等所需用之土地,均依本办法征用之。""私营经济企业和私营文教事业用地,得向省(市)以上政府提出申请,获得批准后,由当地人民政府援用本办法,代为征用。""凡征用之土地,产权属于国家。"从这些规定的内容看,无论是何种情况下的土地征用,征用后,土地的所有权属于国家。

从1949年中华人民共和国成立到生产资料的社会主义改造之前,我国城市土地实行两种所有制,即国家所有和私人所有。对此,1954年宪法作了确认:"中华人民共和国的生产资料所有制现在主要有下列各种:国家所有制,即全民所有制;合作社所有制,即劳动群众集体所有制;个体劳动者所有制;资本家所有制。""国家依照法律保护资本家的生产资料所有权和其他资本所有权。"对城市私人土地的国有化是在对资本主义工商业的社会主义改造过程中实现的。中华人民共和国建国初期,国家对私人资本主义工商业的基本政策是以利用和限制为主。为了统一金融市场,1952年下半年最先是对私营金融业实行全行业的公私合营,资本家交出经营、财务和人事三权,只拿股息,安排工作。从1953年开始,逐步扩大到对其他行业私营资本主义工商业的社会主义改造,主要采取排挤私营批发和有计划扩展加工定货的方针。通过各项经济手段,国家基本上控制了私营企业的原料供应和产品销售两个重要环节,使其在经营范围、价格、利润、市场条件等方面都受到一定限制,并在不同程度上纳入了国家计划的轨道。在这些企业实行"四马分肥",即企业利润按国家税收、企业公积金、职工福利金和资方股息红利这四方进行分配,使企业的经营性质有了很大改变。1955年8月以后,形成了对私营工商业改造的高潮。到1956年底,已实现公私合营的企业占原有私营企业数的99%。私营资本主义经济在中国已基本上不复存在。在工业企业总产值中国营占68.2%,公私合营占31.7%。这样,私营企业拥有的土地,作为最重要的生产资料,也随着社会主义改造变为国家所有。在城市,还对私房主的土地进行了社会主义改造。1955年底,中央书记处第二办公室提出了《关于目前城市私有房产基本情况及进行社会主义改造的意见》,意见提出:必须"对城市私人房产进行社会主义改造"。"加强国家控制,首先使私有房产出租完全服从国家的政策,进而逐步改变其所有制。"另外,该意见还要求,"一切私人占有的城市空地、街基等地产,经过适当的办法一律收归国有"。[①] 1956年1月,中共中央在批转中央书记处第二办公室《关于目前城市私有房屋基本情况汇报及进行社会主义改造的意见》时,决定比照对资本主义工商业改造的原则,即"对城市私人房屋通过采用国家经租、公私合营等方式,对城市房屋占有者用类似赎买的办法,即在

[①] 《中共中央批转中央书记处第二办公室〈关于目前城市私有房产基本情况及进行社会主义改造的意见的指示〉》,1956年1月18日,中央档案馆、中共中央文献研究室编:《中共中央文件选集》第22册,人民出版社2013年,第99—100页。

一定时期内给以固定的租金,来逐步地改变他们的所有制;同时对依靠房租作为全部或主要生活来源的房东和二房东,进行逐步的教育和改造,使他们由剥削者改造成为自食其力的劳动者。"批示还指出:"争取在一两年内完成这一任务,是完全可以做到的"①。接着召开的中央房产会议提出,要在一二年内完成对城市私有房屋的社会主义改造。到 1963 年,国家房产管理局向国务院报告:"除少数大城市对私营房产公司和一些大房主实行公私合营以外,绝大多数是实行国家经租。经租的办法是,凡房主出租房屋的数量达到改造起点的,即将其出租房屋全部由国家统一经营,在一定时期内付给房主原房租 20%—40% 的固定租金。改造起点的规定,大城市一般是建筑面积 150 平方米(约合十间房),中等城市一般是 100 平方米(约合六七间房),小城市(包括镇)一般是 50—100 平方米之间(约合三至六间房)。按照上述办法,全国各城市和 1/3 的镇进行了私房改造工作。纳入改造的私房共约有 1 亿平方米。"②从这些文件看,对城市私有房屋的社会主义改造虽然是采取由"国家经租"、"公私合营"的方式进行,但改造的目标却是"逐步改变所有制"。在实际实施过程中,特别是"文革"中,又变成了国有。

二、城市土地国家所有的宪法学分析

正式确认城市土地属于国家所有的是 1982 年宪法。宪法第 10 条规定:"城市的土地属于国家所有。农村和城市郊区的土地,

---

①② 见《国务院批转国家房产管理局"关于私有出租房屋社会主义改造问题的报告"的通知》1964 年 1 月 13 日,转引自《程雪阳:城市土地国有规定的由来》。

除由法律规定属于国家所有的以外,属于集体所有;宅基地和自留地、自留山,也属于集体所有"。彭真在《关于中华人民共和国宪法修改草案的报告》中专门作了说明:"关于土地的所有权问题,宪法修改草案从我国的现实状况出发,作出了明确规定。城市的土地属于国家所有。农村和城市郊区的土地,除由法律规定属于国家所有的以外,属于集体所有。宅基地和自留地、自留山,归农户长期使用,但是不属于农户私有。对于集体所有的土地,国家为了公共利益的需要,可以依照法律实行征用。""任何组织或者个人不得侵占、买卖、出租或者以其他形式非法转让土地。"这些原则规定,对于保证国家的社会主义经济建设,特别是保证农业经济发展的社会主义方向,具有重大的意义。这里需要说明一下,草案第10条中原来是把镇的土地和农村、城市郊区一律看待的。全民讨论中有人指出,全国各地情况不同,有些地方镇的建制较大,今后还要发展,实际上是小城市。因此删去了有关镇的规定。镇的土地所有权问题,可以根据实际情况分别处理。"应该说,1982年宪法通过实施后,在相当长的时间内,社会对这一规定的反应是平静的。到了20世纪90年代,随着社会主义市场经济体制改革的推进,特别是国有土地的有偿使用制度的展开,土地的巨大经济效益凸现,对于宪法的这一规定的讨论就开始,并且一直在持续状态。围绕这一条的意见虽然很多,概括起来就是,如何认识城市土地属于国家所有的问题。

分析问题的前提就是把问题放在一定的时空背景下去研究。研究宪法第10条的规定,就必须从1982年宪法修改时的大的历史背景开始。

第一,宪法的这一规定,是对历史事实的确认。一个国家的宪法,首要任务就是对已经发生的社会经济变革的既成事实予以确认,这种确认,包含肯定性确认和否定性确认两种。所谓肯定性确认,就是将社会经济变革的成果上升为基本制度,用根本大法的形式予以固定,成为制度的基础。所谓否定性确认,就是对于已经发生的社会经济变革,进行否定,不予承认。比如,对于"文革",1982年宪法是采取彻底否定的。并且,宪法的许多规定都是从总结"文革"教训的基础上形成的。"修改宪法不吸收反面教训也容易犯错误,在一定意义上讲,反面的教训比正面的经验更重要,因为它更深刻、更有意义、更不易遗忘。"①从1982年宪法的修改过程看,也是对历史上发生的变革事实进行了系统的总结。"宪法是已经走过的道路的总结,是历史经验的总结,因此它必须总结本国的历史经验。一九八二年宪法总结了我国一百多年来的经验,特别是'文化大革命'的经验教训,因而是符合我国实际的、比较完善的宪法。"②宪法也在序言中宣告:"本宪法以法律的形式确认了中国各族人民奋斗的成果,规定了国家的根本制度和根本任务,是国家的根本法,具有最高的法律效力。"彭真在宪法修改草案的报告中也作了说明:"1978年12月中国共产党十一届三中全会以后,党和国家领导全国人民全面清理"文化大革命"的错误,深入总结建国以来的历史经验,恢复并根据新情况制订一系列正确的方针和政策,使国家的政治生活、经济生活和文化生活发生了巨大的变化。现行宪法在许多方面已经同现实的情况和国家生活的需要不相适应,有必要对它进行全面的修改。中国共产党去年召开的十一届六中全会通过的《关于建国以来党的若干历史问题的决议》和今年

---

①② 肖蔚云:《我国现行宪法的诞生》,北京大学出版社1986年,第22页。

召开的第十二次全国代表大会的文件,得到全国人民的拥护,为宪法修改提供了重要的依据。""宪法修改草案的《序言》回顾了一百多年来中国革命的历史。《序言》指出,20世纪中国发生了翻天覆地的伟大历史变革,其中有四件最重大的历史事件。除了1911年的辛亥革命是孙中山先生领导的以外,其他三件都是以毛泽东主席为领袖的中国共产党领导全国人民进行的。这三件大事是:推翻帝国主义、封建主义和官僚资本主义的统治,建立了中华人民共和国;消灭延续几千年的剥削制度,建立了社会主义制度;基本上形成独立的、比较完整的工业体系,发展了社会主义的经济、政治和文化"。从彭真的宪法修改草案的报告中,我们不难看出,1982年宪法对中国历史上的四件大事进行了总结,四件大事中就包含"社会主义改造"这件大事,评判的依据就是十一届六中全会通过的《关于建国以来党的若干历史问题的决议》。城市土地属于国家所有,是"社会主义改造"的一个结果,既然"社会主义改造"是肯定的,那么,实际上发生的城市土地属于国家所有的事实,宪法也是采取肯定性确认的。这一点应该是没有疑义的。

第二,宪法的这一规定,是以当时社会普遍性共识为基础的。宪法作为根本大法,集中体现人民的根本利益,必须以广泛的社会共识为基础,没有广泛的社会共识,宪法是不可能有效实施的。从陆续披露出的八二宪法修改的过程的材料看,在土地问题上,对于城市土地属于国家所有并未引发争议,似乎是理所应当的。争议的问题反而是农村土地是否应该规定为国家所有。参加1982年宪法修改的肖蔚云老师是这样记录当时的讨论情况的:"那么究竟怎样规定土地所有权呢?有少数人提出,应当规定农村土地一律归国家所有。他们说,现在有这样一种不良现象,就是当国家征用土地进行国防和经济建设时,土地所有者要价很高,每亩要几万元甚至更高的价钱,这样就妨碍了经济建设和国防建设的进行。如果将土地收归国有,就可以解决上述问题。另一种意见则认为,农村和城市郊区的土地,除法律规定属于国家所有外,都应属于集体所有,而不应该轻易地将土地收归国有。他们说,农民从参加土地革命开始,为了分田地、打土豪进行了长期艰苦的斗争。如果今天突然宣布将土地收归国有,就会在农民心理上产生极大的影响,而国家实际上也并没有得到多少好处,因为土地还得由农民去耕种,去使用。这样并没有解决实际问题,只会使农民感到不安。要解决要价很高的问题,应当用制定土地征用条例的办法来解决,而不应靠随便宣布土地国有。宪法修改委员会采纳了后一种意见。"①"城市的土地究竟属于谁所有?在过去全国没有统一的法律规定。即使有的城市有,也只是规定城市郊区的土地属于国家所有。像北京郊区,土改时就有这样的规定,所有权归国家,使用权归农民。但广大城市土地所有权归谁所有?没有统一规定。所以有的城市收地产税,有的城市收房产税,很不一致。这次修改宪法把这个问题解决了。统一规定城市的土地属于国家所有。这样,城市中的私房,其房屋所有权属于个人,但房基地是国家的。特别是在今天城市发展越来越快,地价逐步上涨的情况下,把城市土地统一收归国有,更显得必要和及时"②。"关于镇的土地所有权问题。一种意见认为,镇的土地应和农村、城市郊区的土地一样看待,除法律规定属于国家所有外,都属于集体所有。宪法修改草案第十条开始是这样规定的。另一种意见认为,把镇的土地与农村、城市郊区

---

①② 肖蔚云:《我国现行宪法的诞生》,北京大学出版社1986年,第42—43页。

土地一样看待不大合适,因为全国各地情况不一样,有的镇建制比较大,而且还要进一步发展,实际上相当于小型或中型城市,把它和农村、城郊一样规定属于集体所有,不太合适。所以,后来把宪法修改草案第十条的'镇'去掉了,以便于以后根据具体情况再由国家作出规定,这样修改是完全必要的。"①

第三,宪法的这一规定也是宪法自身逻辑结构的应有之义。在我国社会主义改造完成后,随后的宪法,1975年宪法、1978年宪法都确认了我国实行社会主义公有制,公有制分为国家所有和集体所有两种形式。规定:"中华人民共和国的生产资料所有制现阶段主要有两种:社会主义全民所有制和社会主义劳动群众集体所有制。"1982年宪法同样规定:"中华人民共和国的社会主义经济制度的基础是生产资料的社会主义公有制,即全民所有制和劳动群众集体所有制"。彭真在《宪法修改草案的报告》中指出:"宪法修改草案正确地反映了社会主义经济制度在我国已经确立起来和正在发展壮大的事实,肯定了生产资料的社会主义公有制是我国社会主义经济制度的基础。""我国的社会主义公有制有全民所有制和劳动群众集体所有制这两种形式。宪法修改草案规定:"国营经济是社会主义全民所有制经济,是国民经济中的主导力量。"这是保证劳动群众集体所有制经济沿着社会主义方向前进,保证个体经济为社会主义服务,保证整个国民经济的发展符合于劳动人民的整体利益和长远利益的决定性条件。草案规定,在自然资源中,矿藏、水流完全属于国家所有;森林、山岭、草原、荒地、滩涂等除由法律规定属于集体所有的以外,都属于国家所有。国家所有

---

①② 肖蔚云:《我国现行宪法的诞生》,北京大学出版社1986年,第42—43页。

的某些资源,经国家允许,还可以划出一定范围由集体经济组织以至个人使用。"这说明,生产资料的社会主义公有制在中国已经确定,成为"正在发展壮大的历史事实",1982年宪法又作了肯定。土地是最重要的生产资料,也必然是实行社会主义公有制。

第四,宪法的这一规定在实践中表现出强大的生命力,是我国实现代化的制度优势,应该长期坚持下去。彭真在《宪法修改草案的报告》中就城市土地国家所有的意义专门作了论述:"这些原则规定,对于保证国家的社会主义经济建设,特别是保证农业经济发展的社会主义方向,具有重大的意义"。从宪法实施30多年的实际情况看,宪法的这一规定对于我国的现代化建设发挥了巨大的作用。1982年宪法实施之后,正是我国进行改革开放和现代化建设之时,城市土地国家所有,保证了高效率地提供建设用地,同时,还为工业化、城镇化提供了巨大的资金支持。由于在实施过程中,不断总结经验和教训,不断调整征地补偿安置制度,使被征地农民"原有生活水平不降低,长远生计有保障",我国没有出现大规模的城市"贫民窟"现象。并且,随着经济发展,城市国有土地的收益分配关系开始向农村农民城市贫困人口倾斜,促进社会公平的功能开始显现。西方经济学关注的国家所有存在的资源配置效率低下的通病,在我国通过改革得到了解决。我国创造性地将国有土地的所有权与使用权分离,使用权通过市场机制配置,解决了配置效率问题。

第五,城市土地国家所有的实施途径有中国特点。在讨论宪法关于城市土地属于国家所有这一规定的含义时,学者们的看法不一致。"针对许多学者提出《宪法》第10条第1款关于"城市的土地属于国家所有"的规定与第3款关于"国家为了公共利益的需要,可以依照法律规定对土地实行征收或者征用并给予补偿"的规定之间存在紧张关系,彭錞博士认为这不是一个悖论,事实上,1982年的土地国有化之合法性与历史上的土地改造和社会主义改造运动并无二致。1982年宪法城市土地国家所有条款仅仅适用于宪法生效时既存的城市建成区内的土地,对于宪法生效之后形成的城市土地,该条款既不会导致自动国有化,也不要求国家最终进行征收。在此意义上,该条款只是一个历史的见证和总结。我们没有必要通过质疑其合法性,主张废除或重新解释该条款来解决所谓的"征地悖论",因此"征地悖论"难以成立。我们或许应把研究中心转向严格的集体土地用途管制所带来的"集体土地非农使用以国家征地为原则,集体自用为例外,与征地公共利益前提之间的紧张或矛盾"。"上海交通大学凯原法学院朱芒教授针对彭錞博士的发言提出,1998年《土地管理法》中的建成区是一个事实概念,如何解释?在规划学界,建成区这一概念使用较多,他们也一般在《城乡规划法》的项下使用该概念。但实际上,建成区只能适用于城市改造,农村土地不是城市土地,又如何使用该概念?实际上从1982年宪法开始直到1998年的《土地管理法》,学术界和实践中都是在逐渐界定相关概念,而不是1998年的《土地管理法》解释了1982年宪法的相关问题"。① 这里,讨论的问题实际上是,城市是不断拓展的,那么,宪法关于城市土地国家所有的规定是否适用于不断拓展的城区?这个问题涉及城市边界的确定。城市边界的确定,属城市规划的范畴。但不管怎么界定,都有一个拓展问

---

① 见《环球法律评论》同苏州大学法学院联合举办《国家所有权性质与行使机制完善学术研讨会综述》,姚佳:《环球法律评论》2015年第3期。

题。拓展区宪法的这一规定是否适用？从实践看，这是一个较为复杂的问题，我国有的城市在城市建成区的范围内，仍然保留有农村集体土地。这是因为将农村土地转为国家所有，需要将农民转为市民，要补足各个年龄层次的农民的社会保障和就业、住房等问题，是需要付出巨大的经济成本的。从目前看，城市拓展区主要是通过国家建设土地征收来实现的，对于建成区的"城中村"改造则是通过"村转居"的方式实现的。根据《土地管理法实施条例》第2条第五项规定，"农村集体经济组织全部成员转为城镇居民的，原属于其成员集体所有的土地属于国家所有"。除此之外，在20世纪90年代，一些乡镇企业实行股份制改革，原国家土地管理局为支持改革，实施"转权让利"的政策，即将改制的乡镇企业的土地转为国家所有，改制企业拥有国有土地出让使用权，免除乡镇企业取得国有土地出让使用权的土地出让金。

三、城市国有土地的主体制度的内在冲突

城市土地属于国家所有，说明了城市土地的归属问题。那么，土地的国家所有权制度如何界定呢？

（一）土地的国家所有权的性质

土地的国家所有权的性质，说的是土地国家所有权是公法意义上的权利还是私法意义上的权利？对此，法学界看法不尽相同。

一种意见认为，土地的国家所有权的性质不同于私法性质的权利，具有公法性质。"清华大学法学院马俊驹教授认为，国家所有权不是纯粹的民法概念，具有公权与私权的双重属性，它与传统

上的所有权概念相去甚远,因而不能从传统的物权、所有权的构成去看待国家所有权。国家所有权的行使应根据不同财产的类型由不同的法律来调整。即针对自然资源、公共资产、营运资产,由不同的法律加以调整。国有自然资源应区分为国有私物与国家自然公物,国有公共财产应属于国有人工公物,国有营运资产应属于国有私物。对于国有营运资产而言,其虽然属于国有私物,政府代表国家对用以出资并获取收益的财产享有所有权,但它与私人所有权还是有很大区别,特别对其财产的取得、转让和处分上要受人大、审计机关和监察机关的监督,并非完全适用私法规范。在西方国家,所谓国有企业实际上就是政府的私产,这与我国国家所有即全民所有的性质不同,在我国,政府只是代表国家行使权利,并非所有权的主体,所以其权利的行使更应受到人民的监督和法律的限制。另外,关于《物权法》中所规定的国家所有权,有一个明显的缺陷就是打乱了《物权法》着眼于"私"的逻辑体系,国家所有权这种既有公权又有私权的权利,放在其中并不合适。国家所有权制度调整范围广泛,是一整套多层次的立法体系。完善的方法为,一是把国家所有权从物权法中析出,另行规定国有财产法典;二是在未来的民法典中增设财产权总则,国家所有权在财产权分则中加以规定,形成与物权等其他财产权平行的各具特色的财产权体系。"苏州大学王健法学院王克稳教授指出,如果国家所有权是民法上的所有权,那么它可能存在如下难以解决的问题:首先,国家所有权与传统上的所有权功能发生冲突,侵害国家所有权的行为不适用民法规范,国家所有权中的公权力因素很难得到解释等。其次,如果将国家所有权定位为公法上的所有权,需要论证如下问题:公法上所有权是否有存在的空间,何为公法上所有权的本质,它与民法上的所有权有哪些区分,与传统上的公权力又有哪些区别。针对马俊驹教授提出的把自然资源划分为公物和私物,王克稳教授认为这种方法也存在一些问题:大陆法系国家是按照物的用途来划分公物和私物的,它与所有权没有关系;自然资源的功能是多重的,不能简单划分。大陆法系国家以能否反复使用为标准进行划分,使用之后消耗的东西不属于公物;公物和私物之间的界限是变动不定的,公物由公法调整,私物由私法调整,同样也存在问题。最后,国家所有权应当细化和实化,要明确其内容和行使的边界,以避免其侵害私权。自然资源构成人类生存与生活的基础和保障,本质上应归属全民所有,法律上创设为国家所有是为了赋予国家对全民所有资源的管理与保护职责,这种"法律上国家所有,实质上全民所有"的双重所有是公共信托理论在自然资源管理领域的应用。我国《宪法》第 9 条第 1 款关于自然资源"双重所有"的规定应从公共信托的角度去解读,我国资源立法上应当以公共信托理论作为创设自然资源国家所有权的依据并应以此为基础展开自然资源国家所有权的制度设计,同时,应当将国家所有的自然资源合理划分为中央与地方的两级所有与分别代表"。中国政法大学法学院王蔚针对王克稳教授的发言提出如何认定管理权和所有权的关系这一问题。她首先介绍了法国的公法人公共财产法典,指出该法典规定了公共财产如何取得、出让等以及国家与地方之间的关系等内容。在法国的司法实践中,行政法院判例也对公共财产的认定有扩大化的趋势。在法国,对于如何理解管理权的基本路径是,首先从民法上进行一次梳理,从民法角度理解所有权,将管理与行政管理相结合,又将行政管理与行政行为相结合。第二次是由公法学者进行进一步梳理,分成保有、行政管理和支配。王蔚向王克稳老师提出,从功能角度而言,在中国的实证法体系之中,如何界定管理权?如何界定管理权和国家所有权之间的关系?这是需要探讨的问题。上海大学法学院李凤章教授对大陆法系所有权概念从观念史角度进行考察,其指出,概念的统一和明确是对话展开的基础,对于国家所有权问题,更要从概念史的角度分析大陆法系土地所有权的含义。大陆法系土地所有权的本质并非占有、使用、收益、处分,对所有权的理解必须在国家和社会的维度下展开,大陆法系的土地所有权乃是国家在涤除土地上的公权力因素,使土地成为单纯的财产之后建立的私人对于土地的终极支配权。所有权将土地在立法规制之外甚至人类认识之外的潜在价值归属于个人,确立了所有权享有的无条件性,从而建立起所有权人相对于国家的终极地位,所有权因此构成了国家权力的边界。就土地权利而言,如果按照近代所有权的观念来审视的话,我国土地权利类型中目前没有任何一种符合所有权的本质特征,我国的土地所有权实际上是主权意义上的所有权,而非财产权。南京大学法学院肖泽晟教授指出,宪法意义上的国家所有权相对于社会主义目的而言只是手段,是为确保政府履行消灭剥削、维护社会公平和保障公民基本权利实现的义务而赋予政府代表国家对国有土地、自然资源、财产上的利益进行合理分配的资格,是一种体现平等主义的义务性所有权、抽象所有权和私法类型的权利。它要承担诸多宪法上的义务,应优先将自然资源用于基础设施建设和公民基本权利保障,反对将自然资源物权化。应当区分土地和依附于土地的自然资源的所有权,制定保障国家履行国家所有权对应的宪法义务的宪法性法律。此外,也提出疑问,如果自然资源所有权属于义务性所有权,那么这种权能到底能否与行政管理权区分开。"上海交通大学凯原法学院林彦提出,肖泽晟教授提出的义务性权利如何才能在体系上形成自洽?另外,哪一主体代表全民行使所有权?所引申出的不仅是国家与公民关系问题,而且还包括纵横两向的分权问题,即作为立法机关的全国人大常委会与作为行政机关的国务院,以及中央人民政府与地方人民政府之间的关系问题。另外,还需要明确自然资源的内涵与外延,自然资源国家所有权的边界实际上也是在一定程度上明确私有财产权客体的边界。""浙江大学光华法学院巩固认为,自然资源国家所有权是宪法性公权,因为,第一,从宪法和民法的区别来看,《宪法》第9条不是民法规范。第二,从权利和权力的区别来看,《宪法》第9条未赋予国家一项基本权利。由于基本权利是个人对抗国家的权利,而如果国家享有基本权利,即国家对抗国家,这是荒谬的。应当在个人和国家的关系角度理解《宪法》。从宪法与民法之别、权利与权力之别以及《宪法》第9条的完整表述来看,资源国家所有权的公权性确定无疑。作为国家对于公共资源的一种"公权性支配",资源国家所有权的实质是对资源利用的"积极干预"权,内容在于保障自然资源的合理利用,通过立法、行政和司法加以行使,并为这三种权力施加规范与限制。在实践层面,只有衍生出以资源实际利用者为主体、以对资源物的合理利用为内容的私权性的"资源利用权",才能真正形成资源利用秩序。""中国政法大学法学院汪庆华教授指出,国家所有权既不是公权,也不是私权,更不是公权和私权的结合,而是一种所有制。这是由1982年宪法中无法回避的意识形态的色彩所决定的,是社会主义经济制度的核心内容。集体土地所有权存在如下问题:第一,主体存在残缺,是村民小组所有、村庄所有,还是乡政府所有?实际上往往是村委会所有;第二,权能存在残缺,即没有完全的处分权和收益权;第三,立法上将土地和自然资源的所有权分离,这也是一大问题;第四,集体土地所有权未确权,导致国家和集体争夺土地等自然资源的所有权。当权属产生争议时,推定国家所有,而集体承担举证责任,这其实是一种危险的倾向。在自然资源内容和范畴的确定方面,最低的限度应当是遵循法律保留原则。最根本的是要反思自然资源的物权化倾向,应当要回到所有制立法本身,消灭阶级剥削和社会的贫富分化,让社会成员平等自由地接触人类生存所必不可少的物质资源"。"程雪阳提出,《宪法》第9条和第10条关于土地、矿产等资源国家所有的规定源自对苏联宪法的模仿,但二者也有区别。在解释中国宪法的相关条款时,首先不能混淆规范的性质与规范中术语的性质。第9条第1款和第10条第1款都是授权性条款。通过这两个条款,宪法授予国家获得矿产、水流、森林等自然资源民法所有权的资格。那国家如何获得这些自然资源的所有权呢?这就需要依赖于法律的具体化和立法的形成。在法律没有将宪法上的自然资源国家所有权予以具体化之前,此种自然资源属于没有进入物权法或财产法秩序的社会共有物。对于这种共有物,国家可以基于主权以及由主权衍生的行政管理权来设定开发和使用规则,但不能作为所有权人获得相关财产性收益。如果立法者决意要将某种自然资源纳入财产法秩序或者将其具体化为国家所有,应当遵循审慎的美德,不能违背基本的自然规律和基本的立法原则。国家所有权的本质是民法上的所有权,但基于"国家所有,即全民所有"的制度性保障要求,这种所有权的功能在于为"全体公民的自由和自主发展"提供物质保障"。"清华大学法学院谢晶认为,虽然国家所有权是一个当代的法治问题,但不妨从中国法制史的角度来观察历史上类似问题是如何处理的。传统社会没有所有权的概念,国家所有权的概念也是不存在的。长期以来,我们对"溥天之下,莫非王土。率土之滨,莫非王臣"的解读有所偏差,它并非是在表彰传统社会所有权的状态,而是"一位士子怨恨大夫分配工作劳逸不均的诗"。在我国传统时代的王朝律典中,并无"所有权"这一概念,更遑论"国家所有权"。《大清律例》作为传统律典的最后形态,具体规定了自然资源的一系列规则,明文列举了各项为官方所有的自然资源,禁止或限制私人任意开采,并对侵犯这些自然资源的行为规定了详细的处理规则。清代的这种详尽列举规范的立法方式,及其背后"与民同利"、"藏富于民"的治民哲学与立法思想,颇值当代参酌借鉴。"①

另一种意见则认为,土地的国家所有权的性质,要看运用的目的。"其实在国际上的市场经济国家,公共财产所有权就是政府所有权或者公法法人所有权,而这种所有权是分级享有的。在这些国家里,公共财产的运用要符合公法的目的,即管理社会和服务公共利益的目的,而绝对不能应用于私法上的目的,即为公法法人自己牟取利益的目的。"②

对于这种争论,我国的立法实践已经作了回答。我国的《物权法》第 45 条规定:"法律规定属于国家所有的财产,属于国家所有即全民所有。""国有财产由国务院代表国家行使所有权;法律另有规定的,依照其规定。"第 47 条规定:"城市的土地,属于国家所有。法律规定属于国家所有的农村和城市郊区的土地,属于国家所

---

① 参见,姚佳:《环球法律评论》2015 年第 3 期。《环球法律评论》同苏州大学法学院联合举办《国家所有权性质与行使机制完善学术研讨会会议综述》。

② 孙宪忠:《中国物权法总论》,法律出版社 2014 年,第 146 页。

有。"从物权法的这些规定中我们不难看出,土地的国家所有权已经纳入了物权的范畴,其行使和保护就必须依照物权法来规制,其性质与其它物权并无区别,自然属私法上的权利。2017年《民法总则》第99—101条规定了农村集体经济组织法人、城镇农村的合作经济组织法人、基层群众性组织法人,这些规定均有益于对权利主体的明晰。①

(二)土地国家所有权制度的内在冲突

既然我们承认土地的国家所有权属于物权,那么,土地所有权的制度建设也必须依照物权法的规定来进行。

(1)从所有权的主体看,主体是国家,而国家只是代表全体人民享有所有权。这就是说,土地的国家所有权是一级所有权,由中央政府行使。不是地方分级所有权。地方对国家所有的土地不具有所有权。

(2)从权能看,国家对属于国家所有的土地,依法享有占有、使用、收益和处分的权利。这种权利,是全面支配,并排除他人干涉的权利。它属于自物权,不属于他物权。我国物权法,在土地的国家所有权的基础上,分别设立了用益物权(国有建设用地使用权:出让国有土地使用权和划拨国有土地使用权)、担保物权。但是第40条规定:"所有权人有权在自己的不动产或者动产上设立用益物权和担保物权。用益物权人、担保物权人行使权利,不得损害所有权人的权益。"

(3)从客体上看,是城市的土地。"城市的土地,属于国家所有。法律规定属于国家所有的农村和城市郊区的土地,属于国家所有。"

---

① 郭明瑞:《民法总则通义》,商务印书馆2018年,第134—141页。

(4) 从所有权的保护看,物权法规定了对一般义务人的禁止性行为和对国家所有权行使的监督措施。第 56 条规定:"国家所有的财产受法律保护,禁止任何单位和个人侵占、哄抢、私分、截留、破坏。"第 57 条规定:"履行国有财产管理、监督职责的机构及其工作人员,应当依法加强对国有财产的管理、监督,促进国有财产保值增值,防止国有财产损失;滥用职权、玩忽职守,造成国有财产损失的,应当依法承担法律责任"。"违反国有财产管理规定,在企业改制、合并分立、关联交易等过程中,低价转让、合谋私分、擅自担保或者以其他方式造成国有财产损失的,应当依法承担法律责任。"

对照物权法的这些规定,土地的国家所有权制度当前存在的主要问题是所有权主体制度的建设滞后。从宪法的规定实施情况看,在相当长的时间内,对土地的国家所有权制度建设没有进展。只是随着改革开放的深入推进,土地所有权与使用权分离,使用权由市场机制来进行配置。土地的国家所有权制度的建设到 20 世纪 90 年代才开始得到重视。1990 年国务院颁布了《城镇国有土地使用权出让和转让暂行条例》,用行政法规的形式规范了国有土地使用权的出让和转让行为。1994 年全国人大常委会通过的《城市房地产管理法》规范了房地产开发用地中的"土地使用权出让"和"土地使用权划拨"的行为。这些法律和行政法规虽然都是以规范土地市场为重点,但也涉及到所有权的主体制度。《城镇国有土地使用权出让和转让暂行条例》第 9 条规定:"土地使用权的出让,由市、县人民政府负责,有计划有步骤地进行。"第 10 条规定:"土地使用权的地块、用途、年限和其他条件,由市、县人民政府土地管理部门会同城市规划和建设管理部门、房产管理部门共同拟定方案,按照国务院规定的批准权限报经批准后,由土地管理部门实施。"

从这些规定看,市、县人民政府实际上行使国有土地的所有权。1998年,《土地管理法》修订,第一次在法律上明确了土地的国家所有权的行使主体,第2条规定:"全民所有,即国家所有土地的所有权由国务院代表国家行使"。2014年,《预算法》将土地收益纳入全国人民代表大会的预算监督范围,体现了全国人民代表大会作为全民所有的土地的所有权主体的法律地位。《预算法》第5条规定:"预算包括一般公共预算、政府性基金预算、国有资本经营预算、社会保险基金预算。""一般公共预算、政府性基金预算、国有资本经营预算、社会保险基金预算应当保持完整、独立。政府性基金预算、国有资本经营预算、社会保险基金预算应当与一般公共预算相衔接。"第9条规定:"政府性基金预算是对依照法律、行政法规的规定在一定期限内向特定对象征收、收取或者以其他方式筹集的资金,专项用于特定公共事业发展的收支预算。政府性基金预算应当根据基金项目收入情况和实际支出需要,按基金项目编制,做到以收定支。"国有土地收益在预算中,列为政府性基金收入。因此,《预算法》的这些规定,一方面体现了宪法赋予全国人民代表大会的职权即"钱包权",另一方面,又体现了全国人民代表大会作为土地的国家所有权主体的法律地位。这样,我国就初步形成了土地的国家所有权主体制度的雏形:全国人民代表大会是土地国家所有权主体,国务院是土地国家所有权的行使主体,市、县人民政府依照法律和规定,具体行使国有土地的所有权。

但是,在土地国家所有权的行使主体制度中,存在着双重结构:国务院虽然是国有土地的所有权行使主体,但实际上并无占有、使用、收益和处分的权利,而地方政府主要是市、县政府则实际上拥有对本辖区内国有土地的占有、使用、收益和处分权。这就形成了内在的冲突性。我在 1996 年曾对这种内在的冲突性进行了分析:"我国城镇国有土地资产价值巨大。用活用好这笔巨大的资产,对于我国正在进行的现代化建设、对于土地的综合整治和合理利用、对于人民生活水平的提高有着巨大的作用。但是,由于现行城市国有土地资产体制存在的弊端,这些作用并未得到应有的发挥,反而却带来了诱发地方政府,特别是城市政府不合理用地行为的负面效应。随着"分灶吃饭"的财政体制的形成,地方政府的负责人承受着加快本地区经济发展、尽快改善人民生活及加快本地区基础设施建设的巨大压力。这一切需要巨大的资金投入。而捉襟见肘的地方政府很自然地把解决建设资金的来源放在"卖地收入"之上。由于在现行的国有土地资产体制中缺乏应有的产权约束机制,加上国有土地的收益又全部归地方所有,就形成了"卖地机制"。这种现象被群众尖锐地指出是"崽卖爷田不心疼,不卖白不卖"。"这种机制不仅导致了一些地方政府竞相低价卖地,造成国有土地资产大量流失,同时也造成了城市土地的粗放利用,大量占用耕地的恶性循环。"[①]虽然这个分析是在 20 多年前做的,但至今仍然是适用的。

(三) 城市土地国家所有权主体制度的完善

应该说,对于城市土地国家所有权主体制度的缺陷大家是有目共睹的。但 20 多年过去了,这一问题仍然没有得到很好的解决,足以说明这个问题的复杂性。

2019 年,中共中央办公厅、国务院办公厅印发了《关于统筹推

[①] 甘藏春:《体制、机制、法制——资源管理方式改革的思考》,中国大地出版社 2012 年,第 85 页。

进自然资源资产产权制度改革的指导意见》，对包括土地在内的自然资源的产权制度改革作出了部署。涉及到国有土地所有权主体制度改革的内容主要有：(1)推进相关法律修改，明确国务院授权国务院自然资源主管部门具体代表统一行使全民所有自然资源资产所有者职责。(2)研究建立国务院自然资源主管部门行使全民所有自然资源资产所有权的资源清单和管理体制。(3)探索建立委托省级和市(地)级政府代理行使自然资源资产所有权的资源清单和监督管理制度，法律授权省级、市(地)级或县级政府代理行使所有权的特定自然资源除外。(4)完善全民所有自然资源资产收益管理制度，合理调整中央和地方收益分配比例和支出结构，并加大对生态保护修复支持力度。(5)发挥人大、行政、司法、审计和社会监督作用，创新管理方式方法，形成监管合力，实现对自然资源资产开发利用和保护的全程动态有效监管，加强自然资源督察机构对国有自然资源资产的监督，国务院自然资源主管部门按照要求定期向国务院报告国有自然资源资产报告。各级政府按要求向本级人大常委会报告国有自然资源资产情况，接受权力机关监督。建立科学合理的自然资源资产管理考核评价体系，开展领导干部自然资源资产离任审计，落实完善党政领导干部自然资源资产损害责任追究制度。完善自然资源资产产权信息公开制度，强化社会监督。充分利用大数据等现代信息技术，建立统一的自然资源数据库，提升监督管理效能。建立自然资源行政执法与行政检察衔接平台，实现信息共享、案情通报、案件移送，通过检察法律监督，推动依法行政、严格执法。完善自然资源资产督察执法体制，加强督察执法队伍建设，严肃查处自然资源资产产权领域重大违法案件。

第三节　农村土地的农民集体所有权和用益物权

农村土地的农民集体所有权和用益物权,是近年来农村改革的重点,也是争议较多的热点问题。需要从理论上理清涉及的各种关系,为改革提供理论支持。

一、农村土地的农民集体所有权

在当代中国,农村土地的农民集体所有权,就是法学界的"哥德巴赫猜想",我们每天都能感知它,但并不能完全说明它。

(一) 农村土地的农民集体所有权的性质和法律特征

什么是农村土地的农民集体所有权的性质？它有哪些法律特征？当然,从一般意义上,我们也可以将农村土地的农民集体所有权定义为:"劳动群众在法律规定的范围内占有、使用、收益、处分自己土地的权利,是土地集体所有制在法律上的表现。"①但是,农村土地的农民集体所有权的法律性质如何界定？近年来,我国的学者从不同方面进行了深入的探讨。青年学者袁震对此进行了概括:(1)集体土地所有权是一种由"农民集体经济组织"或"农民集体经济组织法人"享有的单独所有权;(2)集体土地所有权是集体组织全体成员的共有权;(3)集体土地所有权是传统的总有;(4)集体所有权是一种新型的总有;(5)集体土地所有权是集体组

---

① 王家福、黄明川:《土地法的理论与实践》,人民日报出版社1991年,第36页。

织所有与新型总有的内在融合;(6)集体土地所有权是新型的合有权;(7)集体所有权在本质上是一种社区所有权。① 这七个方面的概括都试图揭示农村土地的农民集体所有权的法律属性,都为我们认识农村土地的农民集体所有权提供了理论基础,但似乎又都有欠缺。这也给了我们有益的启示。中国农村土地的农民集体所有权,是中国在特殊历史条件下依据特殊国情作出的特殊的制度安排。在历史上和现代的法律制度中很难找到完全相同的制度。这就要求我们转换研究思路,用历史还原的方法,把研究的重点放在挖掘我国农村土地的农民所有权形成的历史过程中的制度因素,并在此基础上进行提炼和概括。

我国农村土地的农民集体所有权是与农民集体所有制相联系的,所有权是所有制在法律上的实现形式。在中国,农民集体所有制是依据马克思对于小农经济国家如何实现共产主义的设想而形成的。马克思针对法国小农经济为主的国情,提出:"(无产阶级)将以政府的身份采取措施,直接改善农民的状况,从而把他们吸引到革命方面来;这些措施,一开始就应当促进土地私有制向集体所有制的过渡,让农民自己通过经济的道路来实现这种过渡。"②我国的农民集体所有制还是在土地改革之后,从互助组、初级合作社、高级合作社再到人民公社才逐步形成的。我国的农民集体所有制还经受了改革开放的考验,并在改革开放中不断完善。从所有制形态看,具有以下特点:一是从性质上看,集体所有制是"社会主义

---

① 参见,袁震:《中国农村土地物权制度研究》,法律出版社2018年,第229—232页。
② 马克思:《巴枯宁国家制度和无政府状态一书摘要》,《马克思恩格斯全集》第18卷,人民出版社1964年,第695页。

劳动群众集体所有制"。是社会主义社会中公有制经济的重要组成部分。姓"公"不姓"私";二是,集体所有制的形成是依据自愿互利的原则联合组成或成员自筹资金组建而成,即在集体所有制内部劳动者共同占有生产资料,在所有权面前是完全平等的;三是劳动者结合在一起,共同劳动,实行按劳分配;四是所有者与劳动者相统一,每个实行集体所有制的经济组织,在内部,每个成员既是所有者又是劳动者。在具体经济活动中集体所有制的生产资料归集体的劳动者直接所有,劳动者的劳动与劳动者集体(包括劳动者自己在内)所有的生产资料相结合,其生产成果及资产收益和劳动收益统归劳动者所有。

从农民集体所有制的特点出发,我们可以将农村土地的农民集体所有权概括为以劳动群众的联合劳动为基础的社区成员的共同共有权。它的法律特征是:

第一,它是以劳动群众的联合劳动为基础的,具有合作制的特征

合作制最典型的代表形式是合作社。合作社是合作制的具体组织形式。合作社是依照平等、互助原则,以满足社员经济需要或其他服务为目的而组建的经济组织。依各国立法通例,均认为合作社属于社团法人。1995年,国际合作社联盟第31届代表大会对合作社的定义是:"合作社乃是社员共同所有及民主管理的企业体,也是社员为满足共同的经济、社会、文化之需求与欲望,而自愿结合之自治团体。"[1]20世纪30年代后期,国际合作社联盟确定了合作社的原则:(1)面向所有人员开放,即入社自由;(2)实行民主

---

[1] 转引自陈扬众:《农村土地制度改革中农民集体成员权行使机制研究》,中国经济出版社2018年,第45页。

方式,每个人享有平等的投票权利,根据交易情况对结余进行分配;(3)对于股金利息实行控制;(4)在政治领域、宗教领域实行中立;(5)允许现金形式进行交易;(6)强化成员相关教育。国际合作社联盟第 30 届会议对这一原则进行了完善:(1)坚持人员自愿参与、向所有人开放;(2)实行民主方式进行管理;(3)在经济领域进行参与;(4)保持独立性,自主开展活动;(5)加强教育,强化信息沟通;(6)相互之间强化合作;(7)对社区方面给予关注①。从合作社的这些原则看,合作制具有以下特征:(1)合作制是按照成员的权利、义务平等的原则联合起来的。他们在组织内的地位平等,是"人合"。(2)合作制按章程实行自愿参加、自由退出的原则,个别成员的退出不会影响整个组织的结构和它的继续存在。

从我国农村土地的农民集体所有权的形成历史看,完全符合合作制的特征。它是先通过"互助组"、"初级合作社"和"高级合作社"的劳动合作的方式形成的,入社的农民带着土地入社,共同劳动,在"初级社"阶段,土地参与分红,到了"高级社"阶段,土地就不再分红,成为入社的农民集体所有。正因为如此,我国宪法将集体所有制界定为"劳动群众集体所有制"。联合劳动是农村土地的农民集体所有权的前提。在人民公社时期,对于联合劳动不会有异议,因为当时生产的组织方式是按照工厂车间和兵营的形式进行的。农村改革之后,实行家庭承包经营经营为基础、统分结合的双层经营体制,赋予农民长期而有保障的使用权之后,联合劳动是否还成立? 答案是肯定的。因为拥有土地承包经营权的主体仍

---

① 转引自陈扬众:《农村土地制度改革中农民集体成员权行使机制研究》,中国经济出版社 2018 年,第 45 页。

然是本集体经济组织内部的成员,使用的是本集体经济组织的土地,在所有权层面看,仍然是联合劳动。改变的是具体的生产组织方式。因此,劳动群众集体所有,联合劳动是我们认识农村土地的农民集体所有权的前提。

第二,它是社区成员权的集合,具有社区所有权的法律特征

集体所有是一个集合概念,农村集体所有制是1962年后定型的我国公有制形式之一,既不同于全民所有制、城镇集体所有制,也不同于按份共有、共同共有等共有制,其最突出的特征是成员权制度,即因出生、婚嫁等自动获得成员权而无需支付对价,因死亡、迁移等自动丧失成员权而无任何补偿,成员权不可买卖、转让、抵押、继承,以成员权为基础的各项财产权利仅限在本集体经济组织范围内平均分配和内部流转(叶兴庆,2015)。① 我国的农村土地的农民集体所有权实际上就是农村不同社区内每个成员权的集合。社区也可以称之为"共同体",由于历史的变迁和血缘关系家族关系的沿革,中国农村形成了大大小小的自然村落。这种村落,又是以各个家庭为基础的。在自然村落内,各个家庭有独立性,但又有一些需要共同处理的共同事务,村落又成为各个家庭的共同栖息地。农业合作化运动开始后,又是主要依自然村为基础组建合作社,在人民公社时期,又成为生产小队。农民带地入社也主要是加入本村的合作社。土地成为合作社的集体所有之后,合作社的全体成员都平等地享有土地所有权。决定能否享有所有权的是身份,即是否具有该组织的成员资格,对于所有权主体地位的则是

---

① 叶兴庆等:《农村集体产权结构开放性的历史与未来》,《村庄与城市》2019年6月27日。

每个成员按照章程或共同的规则行使成员权来体现的。新的成员或因生育、婚姻、国家政策的规定而取得,无需支付任何费用。原有的成员因死亡、迁出等退出社区,无权获取补偿。在我国,农村社区集体所有制表现为农民集体所有权,应采取农村社区全体成员所有的形式,包括村民小组范围全体集体成员所有权、村范围的全体集体成员所有权、乡范围内的全体集体成员所有权。也就是说,农村社区集体所有权的主体分别是村民小组全体成员,村内全体集体成员,乡内全体集体成员。

第三,它是社区成员的共同共有权,具有共同共有的法律特征

我国的《物权法》对农民集体所有权作了界定:"农民集体所有的不动产和动产,属于本集体成员所有。"在共有关系的规定中,对于共有作了区分。"共有包括按份共有和共同共有"。我国农村土地的农民集体所有权,不属于按份共有的所有权形态。农民集体土地所有权一经形成,就不可划分为主体成员的份额。土地所有权无论是在实体形态或者价值形态上都具有不可分割性。我国农村土地的农民所有权具有与"共同共有"相同的特征。共同共有是指共有人不分份额地对共有的不动产或者动产共同享有所有权。共同共有一般以共同关系为基础,以共同关系的存在为前提。共同共有是不分份额的共有。共有人的权利义务平等。有的学者囿于"共同关系"的认定,否认农村土地的农民集体所有权的"共同共有"的性质,"在家庭承包经营的体制之下,集体成员之间也不存在显著的共同关系,不存在团体关系破裂进行分割的必然性,这使集体土地所有权与共同共有差距明显。"[①]其实,"共同关系"的形成,

---

① 袁震:《中国农村土地物权制度研究》,法律出版社2018年,第235页。

有多种情形。"这里所谓共同关系,是指当事人之间有特殊的身份关系,如夫妻关系等。""共同共有也可以由当事人约定。"①从我国农村土地的农民集体所有权的形成过程看,农民加入合作社,成为集体经济组织的成员,相互之间就事实上形成了特殊的身份关系,并且这种关系是基于章程约定的,就是"共同关系"。至于家庭承包经营体制,它只是用益物权方面的变化,并没有在所有权层面改变集体经济组织内部成员之间的关系。因此,将农村土地的农民所有权界定为"共同共有"是成立的。

(二) 农村土地的农民集体所有权的主体

所有权主体制度是所有权制度中的重要内容。但在我国,农民集体土地所有权在所有权主体制度的建设上,存在着缺位。农民集体土地所有权主体制度的缺位,严重地影响了农民集体土地所有权作用的发挥。

谁是农民集体土地所有权的主体?对此,学界认识并不一致。我国现行法律已经明确农村土地属于农民集体所有,这种"农民集体所有"到底是属于集体组织所有,还是属于集体组织内的"全体成员"所有,《物权法》第59条给予了回答,属于"集体成员集体所有"。但是,关于"农民集体所有"的权利主体是"本集体成员"还是"成员集体"?学界有不同的理解:(1)集体成员说,认为属于本集体的全体成员所有(王利明,2007年)。(2)复合主体说,认为集体成员和集体组织都是所有权的主体(崔建远,2011)。(3)成员集体说,认为属于成员个体组成的集体所有(韩松,2005年)。(4)集体所有权主体应当是农村集体经济组织(孙宪忠,2001年),司法

---

① 郭明瑞:《物权法通义》,商务印书馆2018年,第139页。

实践也承认了其主体资格的合法性（崔文星，2009年）。[1] 在我看来，农民集体土地所有权的主体问题实质上是要回答农民集体土地的所有权究竟属于谁的问题。从一般意义上讲，属于农民集体的全体成员是成立的。但是，从更精确地反映农民集体土地所有权的法律性质的意义上看，界定为农村集体经济组织内由个体成员组成的集体所有更为科学。因为这种界定突出了农民集体土地所有权的"成员"的特点，并且与《物权法》第59条规定："农民集体所有的不动产和动产，属于本集体成员集体所有"的立法精神是一致的。

在实践中，人们往往将农民集体土地所有权主体与所有权行使主体混同，将农村集体经济组织、村民委员会和村民小组认定为农民集体土地所有权的主体。这就形成了农民集体土地所有权主体制度的缺位。从我国的法律制度的安排上，一直是将所有权的主体与所有权行使的主体予以区分的。1998年修订的《土地管理法》第10条规定："农民集体所有的土地依法属于村农民集体所有的，由村集体经济组织或者村民委员会经营、管理；已经分别属于村内两个以上农村集体经济组织的农民集体所有的，由村内各该农村集体经济组织或者村民小组经营、管理；已经属于乡（镇）农民集体所有的，由乡（镇）农村集体经济组织经营、管理。"2002年的《农村土地承包法》第12条规定："农民集体所有的土地依法属于村农民集体所有的，由村集体经济组织或者村民委员会发包；已经分别属于村内两个以上农村集体经济组织的农民集体所有的，由村内各该农村集体经济组织或者村民小组发包。村集体经济组织

---

[1] 转引，陈扬众：《农村土地制度改革中农民集体成员权行使机制研究》，中国经济出版社2018年，第37—38页。

或者村民委员会发包的,不得改变村内各集体经济组织农民集体所有的土地的所有权。国家所有依法由农民集体使用的农村土地,由使用该土地的农村集体经济组织、村民委员会或者村民小组发包。"2007年的《物权法》第60条也规定:"对于集体所有的土地和森林、山岭、草原、荒地、滩涂等,依照下列规定行使所有权:(一)属于村农民集体所有的,由村集体经济组织或者村民委员会代表集体行使所有权;(二)分别属于村内两个以上农民集体所有的,由村内各该集体经济组织或者村民小组代表集体行使所有权;(三)属于乡镇农民集体所有的,由乡镇集体经济组织代表集体行使所有权。"从法律的这些规定看,虽制定的时间有先后之分,但立法的精神始终是一致的,即严格区分所有权主体与所有权行使主体,集体经济组织、村民委员会和村民小组都是农民集体土地所有权的行使主体,拥有的是"经营、管理"权,不是所有权。所有权界定的是"农民集体所有"。随着改革的推进,认识的不断深化,到了2007年的《物权法》则将所有权主体与所有权行使主体的规定更为明确具体。将农民集体土地所有权主体明确为"本集体成员所有",将所有权行使主体界定为经济组织、村民委员会和村民小组"代表集体行使所有权"。

既然农村集体经济组织、村民委员会和村民小组都只是农民集体土地所有权的行使主体,那么,农民集体土地所有权的主体就存在一个主体组织重构的问题,这种主体组织制度的缺失,应当是我国农村农民集体所有土地制度改革应着力解决的重要问题,但是又恰恰是没有引起高度重视的问题。

以什么为基础重构农民集体土地所有权的主体的组织结构?应该依据农民集体土地所有权的法律性质来确定。也就是要以农村集体经济组织内的成员权为基础。

什么是成员权？成员权作为一般意义上的社员权，国内目前有不同的界定。谢怀栻先生（1996年）较早地提出社员权属于民事权利的观点，认为"社员对社团享有的各种权利之总体，称为社员权。"龙卫球（2002年）认为，"社员权是社团成员……对社团享有参与管理和取得财产利益之权利。"中国台湾学者史尚宽认为是业务执行权、表决权，胡长清还提出成员权是"社员对社团的所有权利、义务之总称"。① 在我看来，农民集体土地所有权主体制度的成员权有其特殊性，它是指在农村集体经济组织内部，各个成员享有的平等而且共同行使土地所有权的权利安排。成员权具有以下特点：一是身份性。成员权的权利人必须是本集体经济组织的成员，有了成员资格，他就具有成员权，成员资格丧失，就会一同丧失成员权。二是平等性。每个成员的权利都是平等的，它不是依财产的多寡而分配权利的。三是共同性。单个的成员都不能行使所有权，所有权的行使是由每个成员共同行使。四是规则性。成员权的行使严格依据法律、章程、合同约定的规则。五是集合性。它是围绕土地所有权行使的一不系列的权利安排，是"权利束"。六是民事性。成员权在法律属性上是民事权利。

农民集体成员权的权利内容究竟包括哪些内容？吴兴国（2006年）、梁庆宾、彭玉旺（2014年）将农民集体成员权分为土地承包权、征地补偿款分配权、宅基地分配权、股份分红权、集体福利获得权等经济权利以及经济民主管理权利等。李磊（2011年）从

---

① 转引，陈扬众：《农村土地制度改革中农民集体成员权行使机制研究》，中国经济出版社2018年，第93页。

社员权的角度将农民集体成员权分为自益权和共益权,并认为自益权包括土地承包权、宅基地使用权、征地补偿款的分配权、孳息分配请求权、退社权、同等条件下的优先权,共益权包括民主决策权、选举权和被选举权、表决权、知情权和监督权。陈小君(2014年)把农民集体成员权分为知情权、表决权和监督权、集体盈利分配权利、从集体获得社会保障及补贴的权利、集体土地承包经营权利、对侵害集体利益的行为提起诉讼等①。陈扬众对农民集体成员权进行了归纳:"综合学界研究,农民集体成员权应包括以下内容:(1)土地承包经营权请求权(包括了土地承包经营权流转的优先权);(2)宅基地分配请求权;(3)参与集体收益分配请求权;(4)集体土地的获益权;(5)集体收益的获益权;(6)获得集体保障权;(7)对集体财产状况的知情权;(8)对集体财务状况的知情权;(9)对征地补偿费用的收支情况的知情权;(10)对集体管理制度、经营决策的知情权;(11)成员大会的召集权;(12)集体事务的表决权;(13)建议和质询权;(14)选举权与被选举权;(15)罢免权;(16)撤销权;(17)退出权。"②在我看来,由于农民集体成员权是一个权利束,内容比较广泛。对它的归纳和提炼可以从多角度进行。但是,应该将本质性权利和非本质性的权利进行区分。划分本质性与非本质性的标准就是以土地所有权中的处分权和收益权直接关联性。从这个意义上看,农民集体成员权只有两类:一是收益权。它包括获取土地承包经营权的请求权、获取宅基地使用权的请求权、获取集体土地收益的分配权。二是对决定土地所有权行

---

① 转引,陈扬众:《农村土地制度改革中农民集体成员权行使机制研究》,中国经济出版社2018年,第96页。
② 同上书,第96页。

使的参与权。

农民集体成员权的前提是成员资格的获取。如何认定成员资格，是当前比较棘手的问题。它主要涉及两个问题。

1. 成员权的权利主体问题

成员权的权利主体是"农户"还是个人？从我国《土地管理法》和《农村土地承包法》的规定看，土地承包经营权、宅基地使用权等请求权都是以农户为主体，因此把农户作为集体成员的主体是符合我国现行法律的。个人能否成为农民集体成员权的主体？需要作具体分析。我们在这里说的个人，并不是社会上的个人，而是范围有严格界定的个人，它是作为"家庭中的个人"而存在的。一方面，个人和家庭的其他成员一起行使农户的成员权，另一方面，他又有单独的成员权的权能。比如，宅基地是按照"一户一宅"的原则分配的，当原有家庭成员具备了分户的条件，就可以行使提宅基地分配的请求权。又比如，土地承包经营权的主体是家庭，但承包地的面积分配又充分考虑家庭人口因素。这说明，个人也享有成员权的部分权能。但是，这种个人是"家庭中的个人"。它是通过家庭的形式来享有成员权的。因此，将农民集体成员权界定为农户与个人的结合比较符合中国的实际。

2. 成员资格的认定标准问题

我国现行法律法规对成员权的判断标准尚无明确统一的规定。但在一些地方有过不同形式的探索。主要有：

（1）单一户籍标准。原则上以户籍是否在本村为标准，判断常住人员是否具有集体成员资格并享有相应的成员权。（2）户籍和年龄相结合的标准。把成员资格与年龄挂钩，要求达到一定年龄条件的本村村民才能具有集体成员资格。（3）区分原始成员和新增成员。把集体成员划分为原始成员和新增成员,并结合出生、婚姻、收养及集体组织的决议行为进行综合判定。认定成员资格本来是一个简单的问题,成员是从"人民公社"的社员演化而来的。在计划经济时期,户籍是认定成员的唯一标准。但是,随着社会主义市场经济体制改革的深入,个人财产权的保护日益重视。加上城镇化的快速推进,农村的人户分离现象较为普遍,人口迁移流动的频繁,使得认定成员的资格变为复杂的问题。确定成员资格应该坚持实质标准,综合考虑多种因素。(1)公平正义的要求,成员资格的认定,属于分配正义的范畴。对于弱势群体应该予以特殊保护。比如对外嫁女、入赘婿、农嫁非农、离婚或丧偶的妇女、再婚、收养、非婚生子女或超计划生育子女、外出经商或务工、在读大学生、服兵役、服刑等形成少数人成员资格的处理时,应平等对待,不能歧视。(2)有利于推进城镇化。城镇化的本质特征就是农村人口向城镇集中,农民变为居民,就业领域从农业生产转向非农业生产。农村人口的减少是必然趋势。(3)有利于实施国家政策。我国是社会主义国家,国家可以基于社会利益的要求,统筹安排资源,是我国的特点。因生态保护、地质灾害易发区或重大工程等国家政策移民,非本集体成员需要迁入集体所在地的,对于这种安排,集体组织应当同意集体外部人员加入。(4)尊重集体所有权形成的历史。我国的农民集体土地所有权,虽然是由入社农民带地入社形成的,但一旦形成集体土地所有权之后,土地就与原来的所有权人脱离关系,土地的所有权与农村集体经济组织内从事"联合劳动"的"劳动群众"形成了直接关联关系,土地所有权属于从事"联合劳动"的"劳动群众"集体所有,通过"联合劳动"建立起劳动者与生产资料直接结合的所有制,认定成员资格必须充分考虑这一因素。由于成员资格的认定问题,涉及到成员之间的利益的增加或者减少,从法律性质上看,它是属于"团体自治权"的范畴,具体认定标准应该是在符合国家的法律、政策的前提下,由农村集体经济组织内部成员按照程序自主决定为宜。

　　明确了农民集体土地所有权的主体是以成员权为基础。那么,成员权又是如何构建合适的组织形式呢？对此,1998年修订的《土地管理法》第10条规定:"农民集体所有的土地依法属于村农民集体所有的,由村集体经济组织或者村民委员会经营、管理;已经分别属于村内两个以上农村集体经济组织的农民集体所有的,由村内各该农村集体经济组织或者村民小组经营、管理;已经属于乡(镇)农民集体所有的,由乡(镇)农村集体经济组织经营、管理。"从实际情况看,属于村农民集体所有的土地,往往采取村民委员会的形式来决定土地所有权的有关事项,承担着土地承包经营权的发包、宅基地的分配、土地征收的协商谈判等土地所有权代表的角色。虽然从法律性质上看,村民委员会属基层群众自治性组织,并不是土地所有权的主体,但从节约制度成本的角度看,也不失为一种形式。并且,农民群众也认同村民委员会的这一角色。属于乡镇的农民集体所有土地,所有权的主体是缺失的。乡镇的地域广阔,土地与农民的直接关联度不高,也难以形成"团体意志",在人民公社期间,往往是以农场、养殖水面、林场的形式存在。农村改革后,又以承包的形式承包给私人使用,发包权和收益权由乡镇人民政府享有。重新构造一个所有权主体,不仅成本高,也无实际效果,因为这些土地在历史上和现实上都与农民关联度不高。可以考虑,在乡镇人民代表大会的职权配置上,增加一项对属于乡镇农民集体所有的土地所有权的行使情况进行监督的职权。在我国,农民集体土地所有权的主体制度的缺失,最严重的是属于村民小组农民集体所有权的主体。我国农村农民集体所有土地的格局是在人民公社时期确定下来的,"三级所有、队为基础"是其特点。《农村人民公社工作条例修正草案》(1962年9月27日中国共产党第八届中央委员会第十次全体会议通过)第2条规定:"人民公社的基本核算单位是生产队。根据各地方不同的情况,人民公社的组织,可以是两级,即公社和生产队;也可以是三级,即公社、生产大队和生产队。"第20条规定:"生产队是人民公社中的基本核算单位。它实行独立核算,自负盈亏,直接组织生产,组织收益的分配。这种制度定下来以后,至少三十年不变。"第21条规定:"生产队范围内的土地,都归生产队所有。生产队所有的土地,包括社员的自留地、自留山、宅基地等等,一律不准出租和买卖。""生产队所有的土地,不经过县级以上人民委员会的审查和批准,任何单位和个人都不得占用。要爱惜耕地。基本建设必须尽可能地不占用或者少占用耕地。""生产队范围内的劳动力,都由生产队支配。公社或者生产大队向生产队调用劳动力,必须同生产队的社员群众商量,不得到他们的同意,不许抽调。""生产队集体所有的大牲畜、农具,公社和大队都不能抽调。原来公社、大队所有的农具、小型农业机械、大牲畜,凡是适合于生产队所有和使用的,应该归生产队所有;不适合于一个生产队所有和使用的,可以仍旧归公社或者大队所有;有些也可以归几个生产队共有,联合经营。""集体所有的山林、水面和草原,凡是归生产队所有比较有利的,都归生产队所有。生产队可以把零星的树木,交给社员专责经营,并且订立收益分配的合同,或者划归社员所有。""上面所说的土地、牲畜、农具、山林、水面、草原的所有权和经营权,经过社员大会或者社员代表大会讨论同意,定下来以后,长期不变。除了这些以外,还有别的所有权和经营权的问题,经过社员大会或者社员代表大会讨论同意,定下来以后,也长期不变。"这些规定表明,生产小队是农民集体土地所有权的基础。人民公社制度解体后,生产小队变为村民小组,但土地所有关系并没有改变,属于村民小组农民集体所有。但是,实际情况是,村民小组的集体所有权被淡化,有的地方实际上进行了一场静悄悄的所有权变革,将属于村民小组农民集体所有的土地变成为村农民集体所有。这种改变对社会稳定的后果是严重的。因为,属于村民小组农民集体所有的土地,都是当年入社带来的土地,与农户之间有天然联系,并且,村内各个小组土地的面积、区位、灌溉条件都不同,把属于村民小组农民集体所有的土地变为村农民集体所有,是一种新的平均主义,必然会侵害一些条件好的村民小组的农民的利益,会引发农村矛盾。生产小队改为村民小组之后,原来的生产小队的组织体系解体,仅设小组长负责行政事务。作为农村农民集体所有土地的基础的村民小组的农民集体土地所有权,竟然没有体现所有权要求的主体制度,不能不说是严重缺憾。因此,重新建立村民小组农民集体所有土地所有权主体,是当前农村土地制度改革的不可能绕开的任务。特别是,农民集体所有经营性建设用地进入市场,就提出了谁是所有权主体的问题,由于经营性建设用地经济效益巨大,再用现在的由村民委员会代行村民小组所有权的做法,恐难以为继。重建村民小组农民集体土地所有权的主体,其内容有以下两个方面：

一是,恢复村民小组的社员大会。可以参照《农村人民公社工作条例修正草案》(1962年9月27日中国共产党第八届中央委员会第十次全体会议通过)的一些规定的精神。比如,第38条规定：

"生产队必须实行民主办队,充分发挥社员当家作主的积极性。""生产队的生产和分配等一切重大事情,都由生产队社员大会讨论决定,不能由干部决定。事先都应该征求社员的意见,向社员提出几种不同的方案,并且把每一种方案的具体办法向社员说清楚,经过充分讨论,由社员大会民主决定。""生产队社员大会要定期开会,每月最少开一次。社员大会也可以根据生产和分配工作的需要,根据社员的要求,临时召集。"二是,完善决策机制。为稳妥起见,不宜简单地采取少数服从多数的表决机制,多协商沟通,在协商沟通的基础上凝集共识,再表决。表决的最低的线应该是"绝对多数制",即至少有 2/3 的同意,决定才能生效。

二、农民集体所有土地的用益物权

用益物权是物权法中的重要制度。它是指用益物权人对他人所有的不动产或者动产,依法享有占有、使用和收益的权利。用益物权的含义包括:是在他人所有权基础上设定的,对他人所有的物享有的以占有使用为目的的权利。它是对物直接为一定支配并排除他人干涉的权利。它是利用他人之物的权利。它具有他物权、限制物权、有期物权的特点。我国的物权法在农村农民集体土地所有权的基础上分别设立了以土地承包经营权、建设用地使用权、宅基地使用权为内容的用益物权。近些年来,围绕这三种用益物权制度的改革成为农村农民集体所有土地制度改革的重点。也是学术界讨论的热点问题。

(一)农民集体所有土地用益物权制度的内在冲突性

我国农村农民集体所有土地上设定的用益物权,从权能上看与物权法确定的其它用益物权没有区别,都是权利人依法享有的占有、使用和收益的权利。但是,在权利主体上则是封闭的,有特定的限制。也就是说,不是任何人都能够成为农民集体所有土地用益物权的权利主体。

1. 土地承包经营权

土地承包经营权是土地承包经营权人依法对其承包经营的耕地、林地、草地等享有占用、使用和收益,以从事农业生产的权利。对于土地承包经营权的主体,《土地管理法》规定:"农民集体所有的土地由本集体经济组织的成员承包经营,从事种植业、林业、畜牧业、渔业生产。土地承包经营期限为30年。发包方和承包方应当订立承包合同,约定双方的权利和义务。承包经营土地的农民有保护和按照承包合同约定的用途合理利用土地的义务。农民的土地承包经营权受法律保护。在土地承包经营期限内,对个别承包经营者之间承包的土地进行适当调整的,必须经村民会议2/3以上成员或者2/3以上村民代表的同意,并报乡(镇)人民政府和县级人民政府农业行政主管部门批准"。《农村土地承包法》规定:"国家实行农村土地承包经营制度。农村土地承包采取农村集体经济组织内部的家庭承包方式,不宜采取家庭承包方式的荒山、荒沟、荒丘、荒滩等农村土地,可以采取招标、拍卖、公开协商等方式承包。""农村集体经济组织成员有权依法承包由本集体经济组织发包的农村土地。任何组织和个人不得剥夺和非法限制农村集体经济组织成员承包土地的权利。""家庭承包的承包方是本集体经济组织的农户。农户内家庭成员依法平等享有承包土地的各项权益。"从《土地管理法》规定看,土地承包经营权的主体只能是"本集体经济组织的成员。"《农村土地承包法》对承包经营权的主体进

第三章 土地权利的内在冲突

一步明确为"农村集体经济组织内部的家庭,"对于"家庭成员"之间的关系也作了界定,"农户内家庭成员依法平等享有承包土地的各种权益"。

2. 建设用地使用权

《物权法》规定:"集体所有的土地作为建设用地的,应当依照土地管理法等法律规定办理"。而《土地管理法》是这样规定的:"乡镇企业、乡(镇)村公共设施、公益事业、农村村民住宅等乡(镇)村建设,应当按照村庄和集镇规划,合理布局,综合开发,配套建设;建设用地,应当符合乡(镇)土地利用总体规划和土地利用年度计划,并依照本法第四十四条、第六十条、第六十一条、第六十二条的规定办理审批手续。""农村集体经济组织使用乡(镇)土地利用总体规划确定的建设用地兴办企业或者与其他单位、个人以土地使用权入股、联营等形式共同举办企业的,应当持有关批准文件,向县级以上地方人民政府土地行政主管部门提出申请,按照省、自治区、直辖市规定的批准权限,由县级以上地方人民政府批准;其中,涉及占用农用地的,依照本法第四十四条的规定办理审批手续。按照前款规定兴办企业的建设用地,必须严格控制。省、自治区、直辖市可以按照乡镇企业的不同行业和经营规模,分别规定用地标准"。"乡(镇)村公共设施、公益事业建设,需要使用土地的,经乡(镇)人民政府审核,向县级以上地方人民政府土地行政主管部门提出申请,按照省、自治区、直辖市规定的批准权限,由县级以上地方人民政府批准;其中,涉及占用农用地的,依照本法第四十四条的规定办理审批手续。"从《物权法》和《土地管理法》的这些规定看,农民集体所有建设用地使用权制度有以下特点:(1)从建设用地使用权的设立看,在范围上有严格限制。只能是用

251

于"乡镇企业、乡(镇)村公共设施、公益事业、农村村民住宅"四类用地;(2)对于企业用地在用地主体上规定了两种情形:农村集体经济组织自己"兴办企业"和"与其他单位、个人以土地使用权入股、联营等形式共同举办企业"。(3)对于建设用地使用权的流转作了严格限制,只限于存量建设用地,只能在破产兼并情形发生时。"农民集体所有的土地的使用权不得出让、转让或者出租用于非农业建设;但是,符合土地利用总体规划并依法取得建设用地的企业,因破产、兼并等情形致使土地使用权依法发生转移的除外。"综合法律的这些规定,从立法精神看,农民所有的建设用地使用权也是严格限制的,原则上是农村集体经济组织使用本集体经济组织内农民集体所有的土地。例外只有两种情形,与集体经济组织外的单位或者个人共同举办企业;破产兼并情形发生。只有在这两种情况下才能使用农民集体所有的建设用地。

3. 宅基地使用权

宅基地使用权是宅基地使用权人依法对集体所有的土地享有占有和使用并依法利用该土地建造住宅及其附属设施的权利。《物权法》规定:"宅基地使用权的取得、行使和转让,适用土地管理法等法律和国家有关规定"。《土地管理法》规定:"农村村民一户只能拥有一处宅基地,其宅基地的面积不得超过省、自治区、直辖市规定的标准。农村村民建住宅,应当符合乡(镇)土地利用总体规划,并尽量使用原有的宅基地和村内空闲地。农村村民住宅用地,经乡(镇)人民政府审核,由县级人民政府批准;其中,涉及占用农用地的,依照本法第四十四条的规定办理审批手续。农村村民出卖、出租住房后,再申请宅基地的,不予批准。"从法律的规定看,宅基地使用权的主体是农村村民,以户为主体。限定在农村集体经济组织内部的成员。对于非集体经济组织的成员是否可以成为宅基地使用权的主体问题,我国经历了一个从有限开放到完全禁止的过程。1982年《村镇建房用地管理条例》规定:"农村社员,回乡落户的离休、退休、退职职工和军人,回乡定居的华侨,建房需要宅基地的,应向所在生产队申请,经社员大会讨论通过,生产大队审核同意,报公社管理委员会批准;确实需要占用耕地、园地的,必须报经县级人民政府批准。批准后,由批准机关发给宅基地使用证明。"1986年《土地管理法》规定,城镇非农业户口居民建住宅,需要使用集体所有的土地的,必须经县级人民政府批准,其用地面积不得超过省、自治区、直辖市规定的标准,并参照国家建设征用土地的标准支付补偿费和安置补助费。1991年《土地管理法实施条例》规定,"城镇非农业户口居民建住宅需要使用集体所有的土地的,应当经其所在单位或者居民委员会同意后,向土地所在地的村农业集体经济组织或者村民委员会或者乡(镇)农民集体经济组织提出用地申请。使用的土地属于村农民集体所有的,由村民代表会或者村民大会讨论通过,经乡(镇)人民政府审查同意后,报县级人民政府批准;使用的土地属于乡(镇)农民集体所有的,由乡(镇)农民集体经济组织讨论通过,乡(镇)人民政府审查同意后,报县级人民政府批准。回原籍乡村落户的职工、退伍军人和离、退休干部以及回乡定居的华侨、港澳台同胞,需要使用集体所有的土地建住宅的,依照《土地管理法》相关条款办理"。到1998年修订的《土地管理法》,取消了非农村集体经济组织成员获取宅基地的规定。1999年,《国务院办公厅关于加强土地转让管理严禁炒卖土地的通知》规定:"农民的住宅不得向城市居民出售,也不得批准城市居民占用农民集体土地建住宅,有关部门不得为违法建造和购买的住宅发放土地使用证和房产证"。这样,依据现行的法律规定,非农村集体经济组织内部成员,不能成为宅基地使用权的主体。

我国农民集体所有土地的用益物权制度有其特殊性。这种特殊性就表现在权利主体是封闭的,而非开放的,严格限定在特定范围内,这就使得用益物权的制度存在着内在的冲突性。这种冲突性就表现为权利主体的封闭性与用益物权权能之间的冲突,从实现权能的要求看,要实现占有、使用和收益权效用的最大化,就要求在全社会的范围内配置主体,形成竞争。但权利主体是封闭性的,只属于特定人群,这就势必影响权能效用的最大化。这种内在冲突的权利结构,在农业社会不会有明显的显现。但是,随着社会主义市场经济体制的建立和乡村工业化城镇化的快速推进,这种内在性的冲突就开始突现。社会主义市场经济要求生产要素由市场配置、自由流动、地权平等,农业产业化规模化要求土地集中,而用益物权的权利主体的限制就制约了农民集体土地的流动和由市场配置。这种用益物权制度的内在冲突性就成为近年来农村土地制度改革的动力。

（二）用益物权权利主体的开放与限制

既然我国的农村土地制度的改革是基于用益物权制度的内在冲突性。那么,改革的对象就是用益物权的主体制度,将以封闭系统为特点的用益物权主体变为开放的结构系统。要实现这种变革,就要求我们认真探究用益物权主体封闭性结构形成的原因。毫无疑义,从一般经济学的原理看,土地作为重要的生产要素,通过市场机制配置,使其自由流动,是实现土地效率最大化的方式。

这是人尽皆知的道理。我国的法律为什么在农村农民集体所有的土地对用益物权设置限制？这种原因应该从我国所处的历史发展阶段和农村土地与农民之间的特殊关系中去寻找。

第一，从我国所处的历史发展阶段看，我国仍然处在社会主义初级阶段。社会主义初级阶段的主要任务就是发展经济，把中国从农业国家建设成为工业化强国。把中国从农业国家建设成为工业化强国，是一代又一代中国人的梦想。鸦片战争失败后，中国开启了现代化的航程，但是这种进程因为革命和战争被中断。1949年中华人民共和国成立后，在中国共产党的领导下，重新开启了现代化的进程。从农业国向工业国转变，必然涉及工业化的原始积累问题。从世界各国实现现代化的道路看，早期以英国为代表，它的原始积累是两个途径解决的。一是对内圈地运动，历史上叫"羊吃人"运动，剥夺小农的土地。二是通过发动战争，拓展海外市场和掠夺海外资源。新中国成立后，我国是一穷二白，没有工业基础。我国不可能走发动战争，掠夺别国资源的道路。原始积累问题只能依靠自己解决。回溯我国工业化原始积累的方式，我国是两个途径解决的。一是苏联和东欧的社会主义国家在"一五"期间的援助，156项重点工程使中国形成了门类较全的工业布局。二是农副产品的"剪刀差"，压低农副产品的价格，提高农副产品剩余支持国家的工业化，中国农民为中国的工业化作出了巨大的牺牲。改革开放之后，我国的工业化的途径拓展，主要有：原有的国有企业的利润、外商投资、个体私营经济。在这个过程中农副产品的"剪刀差"已经随着农副产品价格的放开而逐渐退出，但农村土地又成为工业化城镇化的重要资金来源。城市土地的国家所有为城镇化提供了巨额资金，农村农民集体所有的土地为乡镇企业提供了保障。到了现在,我国经济总量已经跃居世界第二,正在向现代化强国迈进。我们开始进入有条件实现以工补农,以城带乡,城乡一体的协调发展的新的历史阶段。与新的历史阶段相适应,逐步放松对农民集体所有土地用益物权主体的限制就势在必行。

第二,从农民与土地的关系看,土地对于农民有双重功能,既有生产资料的经济功能,又具有社会保障的社会功能。我国的城镇化道路有自己的特点,大量的农民工进城务工,为工业化提供了源源不断的劳动力支持。但是,我国采取的是农民"离土不离乡"的模式,这种模式使得我国的城镇化低成本推进,这是我国用40年的时间走完了西方几百年城镇化过程的"奥秘"之所在。农民虽然进城务工,但在农村的承包地仍然保留,当经济周期变化,经济下行,形成失业,农民可以返乡务农,农村土地的社会保障功能就发挥作用。如果将承包地流转到别人手里,就会形成无业无保障的"流民",就会对社会稳定造成巨大的冲击。从农业生产看,农业是天生的弱质产业,农业现代化的出路在于产业化和规模化。但是我国的国情是,除了东北平原可以实现规模化之外,大多数地方,农民对土地的占有水平非常低,在农民没有根本上转向非农业生产领域之前,一家一户的分散的小生产方式是其基本特点。如果引入城市资本进入农村,一旦产生经营风险,资本是可以流动的,而农民如果将土地交给公司,就会失地失业。因此,将农民集体所有土地的用益物权主体进行限制,是保护农民利益的重要措施。在农村农民集体所有土地的改革问题上,我们始终面临着抉择,是效率优先还是稳定优先?从我国现代化的大局着眼,我们只能是以保证农村稳定为优先目标,在稳定优先兼顾效率的原则下推进农民集体所有土地的制度变革。

第三，从国家的安全战略看，粮食安全始终是我国经济安全的重中之重，把中国人的饭碗端在中国人的手中是我国特殊国情下的唯一选择。城镇化是需要大量占用土地的，特别是我国工业化城镇化主要集中在"胡焕庸线"的东部地区，而这些地方又是我国农业生产最为发达的地方。城镇化的过程要造成大量耕地的减少。我国土地法把保护耕地作为首要目标。由于农地与城市建设用地在经济效益上存在巨大的差异，在相当长的时间内，政府对于农业的扶持措施难以填平两者之间的差距。利益机制决定了保护耕地主要依靠行政手段。现阶段的制度设计主要是管住地方政府，既依靠法律手段还依靠政治优势。在20世纪，在乡村工业化的过程中，"村村点火，户户冒烟"，遍地都是开发区。大量圈占耕地。在当时，如果贸然放开对农民集体所有建设用地的限制，对我国的耕地保护和粮食安全必然造成难以纠正的损失。这就是1998年修订《土地管理法》时对这个问题的考虑。

从长远的目标看，从逐步放松到彻底放开对农民集体所有土地的用益物权的权利主体的限制，是我国农村集体土地制度改革的方向。但是，这种放松和放开是渐进的，也是有条件的。一是，改革的进程必须与农民工由农民变为市民的进程相一致；二是，改革的进程必须与农民依靠从事非农业生产的收入的群体不断扩大相一致；三是，改革的进程必须与农村农民的社会保障水平的不断提高相一致；四是，改革的进程必须与合理的土地收益分配关系的形成的进程相一致。

(三) 农民集体所有土地用益物权主体制度改革的法理基础

近年来，我国一直在积极稳妥地推进农村农民集体所有土地制度的改革。改革的内容主要有:完善土地承包制度,实行农民集体所有权、承包经营权、经营权"三权分置";农民集体所有经营性建设用地使用权可流转;农民宅基地使用权退出机制,等等。这些改革涉及到一系列的法律关系的调整,需要从法理上认真研究。

改革首先涉及到方向问题,也就是改革向什么方向推进。具体就表现在改革应坚持什么原则。这些原则决定着改革的内容。农村土地制度改革应该坚持以下原则:一是,改革应该有利于农村土地农民集体所有制的坚持和完善;二是,改革应该有利于农民利益的维护和提高;三是,改革应该有利于城镇化进程的加快;四是,改革应该有利于农业生产力水平的提高。除此之外,改革还应该是系统的配套的。在现实中,人们对农村改革过多地集焦在土地制度上,使得农村土地制度改革承担着难以承受之重。实际上,我国农村的发展问题,有的是土地制度的安排问题,有的则是经营管理问题,有的是农村的产供销和金融服务体系问题。因此,应该将地权、经营、服务三个问题予以区别对待,是什么问题就解决什么问题,不可以把一切问题都归结到地权制度上来。比如,我国对农民集体所有土地的用益物权的主体进行限制,就要求根据这种制度的特点设计出产供销的服务体系,就要求设计出适合农村土地制度的金融服务体系。我们往往用一般的金融服务的标准要求对待农村和农业。为了适应一般金融服务的标准,要求地权改革。逻辑关系是倒置的。像日本和我国的台湾地区,也是对农地实行严格管制的,但它们都有一套完善的产供销和金融服务体系。这些好的做法值得我们借鉴。

改革还涉及到法理问题,需要我们以创新的精神予以回应。

1. 关于农地的"三权分置"的改革问题

承包地"三权分置"是指,落实集体所有权、稳定农户承包权、放活土地经营权。我国的农村土地制度的改革从所有权与承包经营权的"两权分离"到所有权、承包经营权、经营权的"三权分置",标志着我国农村土地制度改革进入了一个新的历史阶段。"三权分置"的改革方案,既体现了坚持和完善农民所有制的社会主义性质,又体现了在新的历史条件下振兴乡村的时代要求,是符合中国国情的制度安排。改革方案提出来之后,各地积极探索,取得了经验和成果。学术界对此积极跟进,进行了有意义有价值的探讨,也形成了许多学术成果。但是,也存在一些不足,把关注的焦点始终聚焦在经营权上。实际上,"三权分置"的改革的任务不仅仅只是放活经营权,它还包括"落实所有权、稳定承包权"的内容,对于后面两项改革任务,似乎着力不多。因此,对于"三权分置"的改革的理解应该全面。

落实所有权,就是要完善乡、村、村民小组"三级所有"农民集体土地所有权的权利治理结构,治理结构完善的重点就是重塑农民集体土地所有权的主体制度。稳定农户的承包经营权,就是要坚持承包经营权的主体是农村集体经济组织内部的成员。维持承包经营权是以成员权为基础的财产权利基本属性。对于承包经营权的流转,新修改的《农村土地承包法》作了规定,严格限定在本集体经济组织内部的成员之间。对于流转的形式,《农村土地承包法》也作了规定,"承包期内,承包方可以自愿将承包地交回发包方。承包方自愿交回承包地的,可以获得合理补偿,但是应当提前半年以书面形式通知发包方。承包方在承包期内交回承包地的,在承包期内不得再要求承包土地。""承包方之间为方便耕种或者各自需要,可以对属于同一集体经济组织的土地的土地承包经营权进行互换,并向发包方备案。""经发包方同意,承包方可以将全部或者部分的土地承包经营权转让给本集体经济组织的其他农户,由该农户同发包方确立新的承包关系,原承包方与发包方在该土地上的承包关系即行终止。""土地承包经营权互换、转让的,当事人可以向登记机构申请登记。未经登记,不得对抗善意第三人。"从法律的这些规定看,承包经营权流转的法定形式有:自愿交回发包方、内部互换、内部转让。为了稳定承包经营权,《农村土地承包法》还规定:"承包期内,发包方不得收回承包地。国家保护进城农户的土地承包经营权。不得以退出土地承包经营权作为农户进城落户的条件。承包期内,承包农户进城落户的,引导支持其按照自愿有偿原则依法在本集体经济组织内转让土地承包经营权或者将承包地交回发包方,也可以鼓励其流转土地经营权。承包期内,承包方交回承包地或者发包方依法收回承包地时,承包方对其在承包地上投入而提高土地生产能力的,有权获得相应的补偿。"放活土地经营权,主要是因为经营权的主体是开放系统,对全社会开放。因此,放活土地经营权的主线就是鼓励经营权以多种方式向外部人员流转集中。新修改的《农村土地承包法》对放活土地经营权的形式作了具体明确的规定。"承包方承包土地后,享有土地承包经营权,可以自己经营,也可以保留土地承包权,流转其承包地的土地经营权,由他人经营"。"国家保护承包方依法、自愿、有偿流转土地经营权,保护土地经营权人的合法权益,任何组织和个人不得侵犯。""承包方可以自主决定依法采取出租(转包)、入股或者其他方式向他人流转土地经营权,并向发包方备案"。"土地经营权流转应当遵循以下原则:(一)依法、自愿、有偿,任何组织和个人不得强迫或者阻碍土地经营权流转;(二)不得改变土地所有权的性质和土地的农业用途,不得破坏农业综合生产能力和农业生态环境;(三)流转期限不得超过承包期的剩余期限;(四)受让方须有农业经营能力或者资质;(五)在同等条件下,本集体经济组织成员享有优先权。""土地经营权流转的价款,应当由当事人双方协商确定。流转的收益归承包方所有,任何组织和个人不得擅自截留、扣缴。""土地经营权流转,当事人双方应当签订书面流转合同。土地经营权流转合同一般包括以下条款:(一)双方当事人的姓名、住所;(二)流转土地的名称、坐落、面积、质量等级;(三)流转期限和起止日期;(四)流转土地的用途;(五)双方当事人的权利和义务;(六)流转价款及支付方式;(七)土地被依法征收、征用、占用时有关补偿费的归属;(八)违约责任。承包方将土地交由他人代耕不超过一年的,可以不签订书面合同。""土地经营权流转期限为五年以上的,当事人可以向登记机构申请土地经营权登记。未经登记,不得对抗善意第三人。""承包方不得单方解除土地经营权流转合同,但受让方有下列情形之一的除外:(一)擅自改变土地的农业用途;(二)弃耕抛荒连续两年以上;(三)给土地造成严重损害或者严重破坏土地生态环境;(四)其他严重违约行为"。"承包方流转土地经营权的,其与发包方的承包关系不变。""经承包方书面同意,并向本集体经济组织备案,受让方可以再流转土地经营权。"从法律的规定看,放活土地经营权的法律措施主要有,承包经营权人可以通过"出租(转包)、入股或者其他方式向他人流转土地经营权","用承包地的土地经营权向金融机构融资担保";受让方可以"再流转土地经营权""通过流转取得的土地经营权……可以向金融机构融资担保";承包方用承包地的经营权、受让方用通过流转取得的土地经营权融资担保的,"实现担保物权时,担保物权人有权就土地经营权优先受偿。"

在"三权分置"中,形成了所有权、承包经营权、土地经营权的三种权利关系。在三种权利关系中,所有权与土地承包经营权之间的关系是明确的,是所有权与用益物权的关系,也是自物权与他物权的关系。而承包经营权与土地经营权的关系法学界则看法不尽相同。讨论的焦点就在于土地经营权的法律性质的认定上。对于土地经营权的法律性质,主要有"债权说"、"物权化债权说或者特殊债权说"、"物权说"、"可物可债说"。这些争论大都是在《农村土地承包法》修改之前发生的。《农村土地承包法》的修改,从改革过程中土地经营权的现实需要出发,对土地经营权的权能和行使作了规定,这就为我们认识土地经营权的法律性质提供了基础。其主要内容:

(1) 土地经营权是土地承包经营权的派生性权利。"承包方流转土地经营权的,其与发包方的承包关系不变"。这一规定对"三权分置"的权利关系作了界定。土地经营权是在土地所有权、土地承包经营权基础上设立的权利,土地所有权与承包经营权之间的关系是其权利基础,并且受这种关系的制约。(2) 土地经营权是基于两种情形发生的。"出租(转包)"和"入股"。"承包方可以自主决定依法采取出租(转包)、入股或者其他方式向他人流转土地经营权,并向发包方备案。""出租(转包)"的方式取得的土地经营权属于债权,而"入股"方式取得的土地经营权又具有物权的性质。(3) 土地经营权的权能是权利人在合同约定的期限内享有占有、使用和收益的权利。"土地经营权人有权在合同约定的期限内占有农村土地,自主开展农业生产经营并取得收益。"(4) 附条件的享受物权保护。"土地经营权流转期限为五年以上的,当事人可以向登记机构申请土地经营权登记。未经登记,不得对抗善意第三人。"(5)土地经营权人对土地不享有独立的绝对的支配权,土地经营权人与土地承包经营权人共同行使土地的处分权。"经承包方同意,受让方可以依法投资改良土壤,建设农业生产附属、配套设施,并按照合同约定对其投资部分获得合理补偿。""经承包方书面同意,并向本集体经济组织备案,受让方可以再流转土地经营权。""承包方可以用承包地的土地经营权向金融机构融资担保,并向发包方备案。受让方通过流转取得的土地经营权,经承包方书面同意并向发包方备案,可以向金融机构融资担保。担保物权自融资担保合同生效时设立。当事人可以向登记机构申请登记;未经登记,不得对抗善意第三人。实现担保物权时,担保物权人有权就土地经营权优先受偿。土地经营权融资担保办法由国务院有关部门规定。"对于土地经营权人"投资改良土壤"、"再流转土地经营权"、"向金融机构融资担保"等行为,法律规定了"经承包方同意"、"经承包方书面同意"、"向本集体经济组织备案"、"向发包方备案"等所有权和承包经营权两层控制方式。从法律的这些规定来看,土地经营权的法律性质很难用传统的物权或者债权来界定,它不是一种"泾渭分明"的关系,而是一种"你中有我,我中有你"的关系。它是一种新型的权利,既可认定为"具有物权特点的债权",也可认定为"具有债权特点的物权。"

2. 农民集体所有经营性建设用地使用权的流转问题

2019年8月26日,第十三届全国人民代表大会常务委员会第十二次会议通过了《全国人民代表大会常务委员会关于修改〈中华人民共和国土地管理法〉、〈中华人民共和国城市房地产管理法〉的

决定》,对于农民集体所有经营性建设用地使用权直接进入市场的问题作出了规定:

一是,放开了建设使用土地的限制性规定。删除了"建设必须使用国有土地"的规定。1998年修订的《土地管理法》第43条规定:"任何单位和个人进行建设,需要使用土地的,必须依法申请使用国有土地;但是,兴办乡镇企业和村民建设住宅经依法批准使用本集体经济组织农民集体所有的土地的,或者乡(镇)村公共设施和公益事业建设经依法批准使用农民集体所有的土地的除外。前款所称依法申请使用的国有土地包括国家所有的土地和国家征收的原属于农民集体所有的土地"。

二是,规定了集体经营性建设用地使用权设立的依据、进入市场的条件和方式以及再流转的形式。"土地利用总体规划、城乡规划确定为工业、商业等经营性用途,并经依法登记的集体经营性建设用地,土地所有权人可以通过出让、出租等方式交由单位或者个人使用,并应当签订书面合同,载明土地界址、面积、动工期限、使用期限、土地用途、规划条件和双方其他权利义务。""前款规定的集体经营性建设用地出让、出租等,应当经本集体经济组织成员的村民会议2/3以上成员或者2/3以上村民代表的同意。""通过出让等方式取得的集体经营性建设用地使用权可以转让、互换、出资、赠与或者抵押,但法律、行政法规另有规定或者土地所有权人、土地使用权人签订的书面合同另有约定的除外。

三是,确定了集体经营性建设用地使用权的出租、出让的最高年限和再流转的管理原则,参照同类用途的国有建设用地,由国务院制定。"集体经营性建设用地的出租,集体建设用地使用权的出让及其最高年限、转让、互换、出资、赠与、抵押等,参照同类用途的国有建设用地执行。具体办法由国务院制定。"

四是，明确了由土地所有权人依据合同收回集体经营性建设用地使用权的原则。"收回集体经营性建设用地使用权，依照双方签订的书面合同办理，法律、行政法规另有规定的除外。"

修改后的《土地管理法》对于农民集体所有经营性建设用地使用权的规定，是在总结我国从20世纪末开始的农民集体所有建设用地使用权流转改革的经验的基础上形成的。它的通过意义重大。但是从实施的角度看，还有许多需要研究的问题。一是，与"城市土地属于国家所有"的宪法规定如何协调。将农民集体所有经营性建设用地使用权进入市场的范围限定在城市规划区范围外还是也可以在城市规划区范围内？二是，农民集体所有经营性建设用地使用权的用途如何确定？修改后的《土地管理法》规定为"工业、商业等"，对于大家关心的建设商品住房的用途没有明确规定。是否属于"等"的范围，还需在实践中探索。在现实中，有关部门提出了利用集体土地建设只租不售的"租赁住房"。也有的学者建议明确规定集体土地使用权可以通过出让的方式用于建设租赁住房，乃至共有产权房。三是，土地改变用途的增值收益的调节问题。增值收益是完全归属农民集体土地所有权人，还是归属国家或者与国家共同所有。国家是通过税收的方式参与分配还是通过征收基金的方式。这些问题重大而复杂，社会关注度极高，需要通盘研究，慎重决策。

3. 农民宅基地管理制度的改革问题

我国农村农民宅基地制度也是很有中国特点的制度。我国的农村宅基地几千年来都是私人所有。新中国成立后，从土改到"合作化"也仍然是私人所有。一直到1962年9月27日中国共产党第八届中央委员会第十次全体会议通过的《农村人民公社工作条例(修正草案)》才明确为集体所有。"生产队范围内的土地,都归生产队所有。生产队所有的土地,包括社员的自留地、自留山、宅基地等等,一律不准出租和买卖。生产队所有的土地,不经过县级以上人民委员会的审查和批准,任何单位和个人都不得占用。要爱惜耕地。基本建设必须尽可能地不占用或者少占用耕地。"从当时的历史情况看,这个规定主要是解决存量宅基地的归属问题。因为当时农业生产力十分低下,农业生产大多处在简单的再循环状态中。对新增宅基地的需求还不旺盛。80年代之后,随着农村"大包干"政策的实施,加上农产品的价格提高,农民生活水平大幅度提升,富裕起来的农民的第一需求就是新建住宅。农村宅基地问题就开始突现。农民宅基地的管理制度也就随之建立。从1982年国务院发布的《村镇建房用地管理条例》到1986年《土地管理法》,确定了按照"一户一宅"的原则,分配给本集体经济组织内部成员的管理制度。到2007年,《物权法》又将宅基地使用权纳入物权的范围,明确为用益物权。形成了我国独特的农民宅基地管理制度。宅基地使用权有以下特点:(1)身份性。宅基地使用权的主体只能是本集体经济组织内部的农户。(2)无偿性。农户获取宅基地无需支付地价。只要达到分户的条件,就可由本集体经济分配给农户法定面积的宅基地。(3)福利性。与农民集体所有的其它用益物权(承包经营权、建设用地使用权)相比较,宅基地使用权的权能只有占有和使用以及建造房屋的权利,并无收益权。《物权法》规定:"宅基地使用权人依法对集体所有的土地享有占有和使用的权利,有权依法利用该土地建造住宅及其附属设施。"这说明,宅基地使用权在法律属性上只是居住权。(4)无期限性。宅基地的使用年限法律并没有规定。这一点与农地的承包经营权、建设用地使用权是不同的。(5)宅基地所有权与房屋的所有权分别设立。宅基地所有权属于农民集体所有。房屋所有权属于农民私人所有。《农村人民公社工作条例(修正草案)》规定:"社员的房屋,永远归社员所有"。

2019年修改的《土地管理法》对宅基地管理制度又作了进一步的完善。一是,确定了"居住正义"的原则。规定:"人均土地少、不能保障一户拥有一处宅基地的地区,县级人民政府在充分尊重农村村民意愿的基础上,可以采取措施,按照省、自治区、直辖市规定的标准保障农村村民实现户有所居。"二是,对保证宅基地的土地供应问题提出了要求。"农村村民建住宅,应当符合乡(镇)土地利用总体规划、村庄规划,不得占用永久基本农田,并尽量使用原有的宅基地和村内空闲地。编制乡(镇)土地利用总体规划、村庄规划应当统筹并合理安排宅基地用地,改善农村村民居住环境和条件"。三是,将宅基地用地的审批权下放到乡镇一级政府。"农村村民住宅用地,由乡(镇)人民政府审核批准;其中,涉及占用农用地的,依照本法第四十四条的规定办理审批手续。四是,加强了对农民宅基地进入市场的法律约束。"农村村民出卖、出租、赠与住宅后,再申请宅基地的,不予批准"。五是,确定了退出宅基地的原则是依法、自愿、有偿。"国家允许进城落户的农村村民依法自愿有偿退出宅基地,鼓励农村集体经济组织及其成员盘活利用闲置宅基地和闲置住宅。"

因为对于宅基地改革的认识还没有形成全社会的共识,新修改的《土地管理法》对于放开农民宅基地使用权的主体问题没有作出规定。放开宅基地使用权的主体,涉及的问题比较多。需要在以下几个方面进行研究。

一是，农民宅基地使用权的主体的限制在未来是否必须完全放开？对于这个问题，一些人多地少的国家和地区，都持比较慎重的态度。2010年，我在日本学习时专门问过日本农林省的官员，他的回答是，城里人可以到农村购买房屋，但不能购买宅基地。作法与我国相同。我国台湾地区对"农舍"的管理也经历了没有限制到设置限制再到逐步放开的过程。1973年以前，台湾地区对于农地兴建农舍没有任何的管制措施。1973年，基于世界上出现的粮食危机，台湾当局出台了《限制建地扩展方案》和《限制建地扩展执行办法》，规定，一至八等农田，除了土地所有权人自建农舍外，不准变更为建地；九至十二等农田，有条件的可以转为工业用地和一般建地。1973年12月，台湾地区根据建筑方面有关规定，制定了《实施都市计划以外地区建筑物管理办法》，该办法第4条规定："申请兴建自用农舍的建造人，应该具有自耕农身份，其建筑楼地板面积不得超过495平方公尺，其建筑面积不得超过耕地面积5%，建筑物高度不得超过三层楼且不得超过10.5公尺，最大基层建筑面积不得超过330平方公尺"。这个管理办法规定了申请人的自耕农身份以及农舍的容积率和建筑高度等。这个办法表明，台湾地区把实行的"农地农用"、"农地农民种"的原则拓展到"农舍农民住"的范围。为了确保这些原则的实施，1976年，台湾"内政事务主管部门"颁布了《自耕能力证明书的申请及核发注意事项》，规定，下列情形不得核发证明书：(1)申请人为公私法人或未满16岁的自然人；(2)专任农耕以外的职业者；(3)在校学生（夜间部学生除外）；(4)住所与其承受农地不在同一或毗邻乡（镇、市、区），但交通路线距离在15公里以内的除外；(5)现耕农地与承受农地不再同一或毗邻乡（镇、市、区），但交通路线距离在15公里以内或申请人已经丧失原耕农地者除外；（6）全部农地出租者；（7）现有农地已弃耕或已委托经营者。只有取得自耕能力证明书的农民，在不违反土地利用管制的用途和强度规范下，才可以兴建农舍。进入21世纪之后，面对人口都向城市流动，乡村的萎缩和加入WTO后的形势，台湾当局将农地政策调整为"放宽农地农有，落实农地农用"，开放农地自由买卖。台湾当局于2000年修改《农业发展条例》，2001年修改了《农业用地兴建农舍办法》。台湾《农业发展条例》第18条规定：

"本條例中華民國八十九年一月四日修正施行後取得農業用地之農民，無自用農舍而需興建者，經直轄市或縣（市）主管機關核定，於不影響農業生產環境及農村發展，得申請以集村方式或在自有農業用地興建農舍。前項農業用地應確供農業使用；其在自有農業用地興建農舍滿五年始得移轉。但因繼承或法院拍賣而移轉者，不在此限。本條例中華民國八十九年一月四日修正施行前取得農業用地，且無自用農舍而需興建者，得依相關土地使用管制及建築法令規定，申請興建農舍。本條例中華民國八十九年一月四日修正施行前共有耕地，而於本條例中華民國八十九年一月四日修正施行後分割為單獨所有，且無自用農舍而需興建者，亦同。第一項及前項農舍起造人應為該農舍坐落土地之所有權人；農舍應與其坐落用地併同移轉或併同設定抵押權；已申請興建農舍之農業用地不得重複申請。前四項興建農舍之農民資格、最高樓地板面積、農舍建蔽率、容積率、最大基層建築面積與高度、許可條件、申請程序、興建方式、許可之撤銷或廢止及其他應遵行事項之辦法,由內政部會同中央主管機關定之。主管機關對以集村方式興建農舍者應予獎勵,並提供必要之協助;其獎勵及協助辦法,由中央主管機關定之"。

《农业用地兴建农舍办法》对农民兴建农舍资格及集村兴建农舍办法进行了规定,农舍申请人应为农民;农民的资格是年满20岁或未满20岁已结婚者;申请人的户籍所在地及其农业用地,必须在同一直辖市、县(市)内,且土地取得和户籍登记均应满二年者;但参加集村兴建农舍者,不在此限;申请兴建农舍的农业用地面积不得小于0.25公顷。但参加集村兴建农舍及外岛地区兴建农舍,不在此限;申请人为无自用农舍者;申请人应为该农业用地的所有权人,且该农业用地应确实供农业使用,且属未经申请兴建农舍的农业用地;修法前取得农地者如被依法征收或即将被征收,土地所有权人自愿以协议价格让售土地给需地部门。土地所有权人申请兴建农舍,以自公告征收或完成让售转移登记之日起一年内,于同一直辖市、县(市)内重新购置农业用地者为限,其申请兴建农舍面积不得超过原被征收或让售土地的面积。对于集村兴建农舍,《农业用地兴建农舍办法》第3条规定:(1)以集村方式兴建农舍,应一次集中申请;(2)兴建集村农舍需20户以上的起造人,共同在一宗或数宗相毗连的农业用地整体规划兴建农舍。各起造人持有的农业用地,应位于同一乡(镇、市、区)或毗邻乡(镇、市、区)。外岛地区达到10户以上起造人可以兴建集村农舍;(3)参加集村兴建的各起造人所持有的农业用地,其农舍基底建筑面积计算应依据《都市计划法省(市)施行细则》、《台北市土地使用分区管制规则》、所谓的"建筑法"及其他相关规定办理;(4)依据前款规定计算出来的基底建筑面积总和,为集村兴建的全部农舍的基底建筑面积。其范围内的土地为全部农舍的建筑基底地,并应该完整相连,不得零散分布;(5)集村兴建农舍的建筑基底地,建蔽率不得超过60%,容积率不得超过240%。建筑基底地位于山坡地范围的,建蔽率不得超过240%,容积率不得超过220%;(6)农舍坐落的一宗或数宗相毗连的农业用地,应有道路相连通,大于十户小于30户的道路宽度为六公尺,30户以上的为八公尺;(7)建筑基底地与道路的距离不得小于八公尺。但基底地情况特殊,经直辖市、县(市)主管建筑机关核准的,不受此限制;(8)集村兴建农舍应整体规划,在法定空地设置公共设施;(9)已经以集村方式兴建农舍的农民,不得重复申请在自有农业用地兴建农舍。我国未来宅基地使用权的主体的放开必须是在严格的耕地监管措施下进行,必须是有条件的逐步放开的过程。也必须与城镇化的进程相协调。台湾地区的放开是在基本完成城镇化之后才进行的。

二是,对于农民宅基地主体的放开,还涉及到对宅基地使用权的物权改造问题。依据现行的《物权法》,我国的宅基地使用权只是一种福利性权利,还不完全具备财产权的属性。因此,城市居民到农村购买农民宅基地使用权,是不受法律保护的。因为法律赋予宅基地使用权的权能没有收益权。并且,城市居民也不具有成员权资格。对于城市居民可否到农村购买农民集体所有建设用地使用权自己兴建住宅的问题,这个问题应该与农民集体所有经营性建设用地使用权直接进入市场的相关规定统筹考虑。要对农民宅基地使用权进行物权改造可以考虑这种思路,(1)总的原则仍然坚持"一户一宅",仍然坚持农村集体经济组织内的农户为主体。

(2)宅基地使用权的分配可实行"双轨制",一是,仍然实行现有的分配方式,无偿、无期限、无收益权,禁止向本集体经济组织外的公民法人转让。二是,实行有偿使用。农户通过有偿的方式获取宅基地使用权,宅基地使用权有偿有期限有收益权,可以向本集体经济组织外的公民和法人转让。两种方式由农民自愿选择。已经拥有的宅基地使用权也可以在自愿的基础上转变成有偿使用。赋予收益权和外部转让的权利。这样,在宅基地使用权的权利类型上,可以比照国有土地使用权的标准分为出让宅基地使用权和划拨宅基地使用权。(3)严格管制条件。无论是何种方式取得的宅基地使用权,都只有一次申请的权利。宅基地使用权流转后不能再分配宅基地。通过有偿的方式取得的出让宅基地使用权必须是经过一定的期限后才可以转让。

第四节 构建中国特点的土地登记制度

一、土地登记制度概述

土地登记制度是土地管理制度的重要内容。它是指土地权利人向国家设立的法定机构申请将自己的土地物权变动事项载于登记簿的行为的规范。土地登记的目的是建立土地登记制度必须考量的主要因素,不同的目的,就有不同的土地登记制度。不同的国家,对于土地登记的目的的认识也不尽相同,都是在土地管理实践中为了解决实际问题而逐步确立的。从我国的历史传统和改革开放以来的实践看,我国土地登记制度目的的设定,主要有以下几个方面:为土地权利的变动提供法律基础;为土地市场交易安全提供保证;为国家土地信息的统一性、完整性、真实性提供系统支持;为土地权利的保护提供国家公信力。

从土地登记的类型看,当代世界各国的土地登记制度大体可以分为三种类型:

一是契约登记制,以法国为代表。也称为登记对抗主义或者登记公示主义。登记在当地的土地登记机构,备置公簿,记载物权变动事项,使有利害关系的第三人,得就该公簿辨认契约已经订立的事实,推断土地权利存在的状态。以双方当事人意思一致,订立契约,即可发生物权变动的效力。并不以登记为生效要件。但不能对抗第三人。其特点是:采取形式审查主义。土地登记机构完全依据当事人提出的契约内容进行审查,实质的权利事项,不在审查范围内;土地权利的变动,以登记为对抗第三人的要件。土地权利的变动依照当事人意思一致的契约,即发生效力。但必须以登记公示为对抗要件;登记无(实质)公信力;登记为自愿登记。

二是权利登记制,以德国为代表。又可以称为要件主义。权利登记制对于土地权利的取得或变更,没有登记在土地登记机构设置的登记簿,土地权利的变动就不发生效力。其特点是:土地权利的变动以登记为发生效力的必要要件;登记采取实质审查主义,土地登记机构对土地权利变动的事实原因是否相符合、是否能够成立程序、是否有瑕疵进行审查;登记具有公信力;登记实行强制登记。

三是托伦斯登记制。以澳大利亚为代表。托伦斯登记制是指由政府组织全国范围内的土地总登记,由政府确认地权,以代替私人间无数次追求权源。政府确权后,土地权利就具有确定性。其特点是:登记并非一律全面强制,登记与否由当事人自主决定。但任何土地经过申请第一次登记后,今后土地权利发生变动则必须登记,不登记不发生效力;登记采取实质主义审查;登记具有公信力。

我国的土地登记制度经历了从分散到统一的过程。在2015年3月1日,《不动产登记暂行条例》实施之前,我国实行的是分散的土地登记制度。房屋所有权由住房和城乡建设部门主管和登记,建设用地使用权和集体土地所有权等由国土资源部门负责登记,草地由农业部门进行主管和登记,林地由林业部门进行管理和登记,承包经营的耕地也是由农业部门进行登记,水面、滩涂的养殖使用权由渔业部门进行管理和登记,滩涂由国家海洋部门进行登记。不动产抵押权的登记,有的由国土资源部门负责,有的由住房和城乡建设部门负责,有的甚至由工商部门负责等等。初步统计,我国涉及不动产登记的部门和机构繁多,有近10个。[①] 形成多头分散登记的格局这是由当时的历史条件决定的。中国是从计划经济体制向社会主义市场经济体制逐步过渡的。在计划经济时期,资源按部门管理,且在当时的情况下,都是国家所有和集体所有,没有民法上的"私权",谈不上物权保护。即使有登记,也是着眼于行政管理。进入社会主义市场经济之后,公民、法人的财产权问题开始突现,土地登记的性质才开始逐步从行政管理手段转为物权保护的手段。特别是随着2007年《物权法》的颁布实施,建立统一

---

① 参见,甘藏春等著:《当代中国土地法若干重大问题研究》,中国法制出版社2019年,第119页。

的土地登记制度就由部门的推动变为法律的要求。《物权法》第10条明确规定:"不动产登记,由不动产所在地的登记机构办理。""国家对不动产实行统一登记制度。统一登记的范围、登记机构和登记办法,由法律、行政法规规定。"

土地的分散登记制度虽然是在特定历史条件下形成的,但在实践中暴露出一系列问题需要改革。一是,容易造成权利重叠,引发社会纠纷。由于各部门认定地类的标准不统一,就容易造成同一地块重复登记,权利冲突。比如,有的地方屡屡发生林地和草原重复登记,原因就在于林业部门和草原管理部门认定地类的标准不统一。二是,增加了制度交易成本。在农村,农民仅就其财产就要分别到四个不同的部门办理四个不同的证件:住房要到建设部门办理《房屋所有权证》,宅基地要到国土资源部门办理《集体土地使用证》,承包的土地要到农业部门办理《耕地承包证》,栽种的树木要到林业部门办理《集体林权证》。在城市,居民最少也要办两个证:要到建设部门办理《房屋所有权证》,到国土资源部门办理《国有土地使用证》。各种证书满天飞,不仅增加了公民、群众办证的不便,而且增加了其时间、资金成本。三是,难以形成统一完整的地籍资料,影响了政府对土地资源的调控和管理的效能。四是,人为地割裂了土地的自然属性。房屋、林木、草原等其他不动产均依附于土地而存在,无法分割。如果人为的分割,将违背自然属性。

二、中国土地登记制度的统一

2013年3月,全国人大通过的《国务院机构改革和职能转变方案》决定"加强基础性制度建设。……建立不动产统一登记制度","减少部门职责交叉和分散。最大限度地整合分散在国务院不同部门相同或相似的职责,理顺部门职责关系。房屋登记、林地登记、草原登记、土地登记的职责……分别整合由一个部门承担",不动产统一登记才有了实质性了进展。2013年12月6日《中央编办关于整合不动产登记职责的通知》明确由国土资源部指导监督全国土地登记、房屋登记、林地登记、草原登记、海域登记等不动产登记工作。2014年11月24日,李克强总理签发656号国务院令,正式颁布《不动产登记暂行条例》,自2015年3月1日期施行。以此为标志,我国统一的土地登记制度正式形成。

第一,形成了统一登记的法律法规。2007年的《物权法》确定了土地统一登记的原则。2014年国务院颁布,2015年3月1日施行的《不动产登记暂行条例》,明确了统一登记的基本原则、基本规则、基本程序。为统一登记制度奠定了法律基础。

第二,统一了登记的内容。立法总的原则是以土地登记为核心建立我国的不动产统一登记制度。《不动产登记暂行条例》第2条规定:"本条例所称不动产登记,是指不动产登记机构依法将不动产权利归属和其他法定事项记载于不动产登记簿的行为。本条例所称不动产,是指土地、海域以及房屋、林木等定着物"。第5条规定:"下列不动产权利,依照本条例的规定办理登记:(一)集体土地所有权;(二)房屋等建筑物、构筑物所有权;(三)森林、林木所有权;(四)耕地、林地、草地等土地承包经营权;(五)建设用地使用权;(六)宅基地使用权;(七)海域使用权;(八)地役权;(九)抵押权;(十)法律规定需要登记的其他不动产权利"。

第三,统一了登记机构。从目前世界上国家和地区的法定登记机构看,主要有两种情况,法院登记制和政府主管登记制。我国实行的是由政府土地行政主管部门登记的制度。这是由历史和现实情况决定的。从历史上来看,在民国初期,我国便设立地政局负责不动产的统一登记。国民党统治时期曾有一段时间由法院登记,后来还是改为地政部门登记。我国台湾地区现在仍由地政部门负责登记。如前所述,新中国的土地登记制度是从单一行政管理手段逐步转向物权登记的。并且,政府行政主管部门积累了土地登记的人才、经验。更为重要的是,土地登记和土地调查,土地确权、地籍管理统一,有利于提高效率。《不动产登记暂行条例》第6条规定,"国务院国土资源主管部门负责指导、监督全国不动产登记工作。县级以上地方人民政府应当确定一个部门为本行政区域的不动产登记机构,负责不动产登记工作,并接受上级人民政府不动产登记主管部门的指导、监督"。根据中共中央2018年3月印发的《深化党和国家机构改革方案》,为统一行使全民所有自然资源资产所有者职责,统一行使所有国土空间用途管制和生态保护修复职责,着力解决自然资源所有者不到位、空间规划重叠等问题,将国土资源部的职责,国家发展和改革委员会的组织编制主体功能区规划职责,住房和城乡建设部的城乡规划管理职责,水利部的水资源调查和确权登记管理职责,农业部的草原资源调查和确权登记管理职责,国家林业局的森林、湿地等资源调查和确权登记管理职责,国家海洋局的职责,国家测绘地理信息局的职责整合,组建自然资源部,作为国务院组成部门。为此,国家层面,自然资源部统一履行调查和确权登记的职责,地方也将由各地自然资源主管部门统一履行调查和确权登记的职责。

第四,实现了登记簿的统一和效力的统一。《物权法》第16—

17条规定:"不动产登记簿是物权归属和内容的根据。不动产登记簿由登记机构管理。""不动产权属证书是权利人享有该不动产物权的证明。不动产权属证书记载的事项,应当与不动产登记簿一致;记载不一致的,除有证据证明不动产登记簿确有错误外,以不动产登记簿为准。"《不动产登记暂行条例》第8条规定:"不动产以不动产单元为基本单位进行登记。不动产单元具有唯一编码。不动产登记机构应当按照国务院国土资源主管部门的规定设立统一的不动产登记簿。不动产登记簿应当记载以下事项:(一)不动产的坐落、界址、空间界限、面积、用途等自然状况;(二)不动产权利的主体、类型、内容、来源、期限、权利变化等权属状况;(三)涉及不动产权利限制、提示的事项;(四)其他相关事项。"第9条规定:"不动产登记簿应当采用电子介质,暂不具备条件的,可以采用纸质介质。不动产登记机构应当明确不动产登记簿唯一、合法的介质形式。不动产登记簿采用电子介质的,应当定期进行异地备份,并具有唯一、确定的纸质转化形式。"

三、中国土地登记制度的特点

我国的土地登记制度也开始形成了自己的特点。我国的土地登记制度的特点是,以权利登记制度为基础,兼有托伦斯登记制度的某些特点的结合体。

1. 登记生效与登记对抗

在土地登记的效力问题上,土地物权变动原则上采取登记生效主义,在特定情况下也采取登记对抗主义。土地登记实行依申请登记原则,又称自愿登记原则。所谓依申请原则是指,除非法律、行政法规另有规定外,不动产登记应依当事人之申请进行。当事人不申请的,登记机构不得主动进行登记或强制当事人登记;当事人的申请决定了不动产登记的类型和范围;在不动产登记完成前,申请人可以撤回。《物权法》第9条第1款明确规定"不动产物权的设立、变更、转让和消灭,经依法登记,发生效力;未经登记,不发生效力,但是法律另有规定的除外"。土地承包经营权、地役权的设立和变动实行的是登记对抗主义。《物权法》第127条规定:"土地承包经营权自土地承包经营权合同生效时设立","土地承包经营权人将土地承包经营权互换、转让,当事人要求登记的,应当向县级以上地方人民政府申请土地承包经营权变更登记;未经登记,不得对抗善意第三人。"(第129条)"地役权自地役权合同生效时设立。当事人要求登记的,可以向登记机构申请地役权登记;未经登记,不得对抗善意第三人"。(第158条)还有一种不登记也产生效力,但是处分物权时需要依法办理登记,否则不产生物权效力的情形。《物权法》第2规定,如因人民法院、仲裁委员会的法律文书或者人民政府的征收决定等,导致物权设立、变更、转让或者消灭的;因继承或者受遗赠取得物权的以及因合法建造、拆除房屋等事实行为设立或者消灭物权的。自然资源的所有权无须登记。

2. 登记为主,形式为辅

在登记申请资料的审查问题上采取实质审查为主、形式审查为辅的方式。《物权法》第12条规定:"登记机构应当履行的职责:(一)查验申请人提供的权属证明和其他必要材料;(二)就有关登记事项询问申请人;(三)如实、及时登记有关事项;(四)法律、行政法规规定的其他职责。申请登记的不动产的有关情况需要进一步证明的,登记机构可以要求申请人补充材料,必要时可以实地查看。"从这个规定看,登记机构不仅应当查验申请人提供的权属证明和其他必要材料,就有关登记事项询问申请人、如实、及时登记有关事项,而且当申请登记的不动产的有关情况需要进一步证明的,登记机构可以要求申请人补充材料,必要时可以实地查看。因此登记有公信力。并且,在登记错误的赔偿责任的履行上,《物权法》第21条规定:"当事人提供虚假材料申请登记,给他人造成损害的,应当承担赔偿责任。因登记错误,给他人造成损害的,登记机构应当承担赔偿责任。登记机构赔偿后,可以向造成登记错误的人追偿。"

3. 土地登记行为的"准司法性"

土地登记行为的法律性质上,我国的土地登记行为是建立在土地权利行政确认基础上的民事行为。对于土地登记行为的性质,学术界有以下几种看法。"行政行为说"认为,土地登记属于行政行为,进行土地登记是履行行政管理职能。"私法行为说"认为,登记属于私法行为,因为登记是发生私法效果的法律事实。"双重行为说"认为,不动产登记兼具行政行为和私法行为双重性质。不动产登记是借国家的行政行为发生私法上不动产物权变动效果的法律事实。① 在我看来,土地登记是对土地物权的公示,并不创设权利,不是行政许可。它只是对土地权利的一种公示,前提是当事人存在合法的土地权利,它仅仅是对现有权利状况的一种确认。行政确认一般是指对行政相对人既有法律地位和权利义务的确定和认可。只有合法的土地权利,才能被确认,才能被登记。登记了的权利受到法律保护,但不能说着没有登记的权利就不合法,就不

---

① 参见,郭明瑞:《物权法通义》,商务印书馆2018年,第35—36页。

能受到法律保护。因为无论是否登记,土地权利是客观存在的事实。只要是合法的,就应该受法律保护。我国由行政机关负责土地登记,但不能据此认为土地登记行为就是行政行为。因为行政机关在履行土地登记的职责时,遵循的是物权公示登记的民事规则,保证土地登记公信力是最高目标。登记的结果也同样是为物权变动和对抗善意第三人提供法律凭证,与物权法赋予土地登记的功能别无二致。从这个意义上讲,我国的土地登记行为是建立在土地权利行政确认基础上的民事行为。具有"准司法"性质。

目前,我国已经具备形成高效科学的土地登记的体制的基础。

第一,已经形成了土地登记、地籍调查、土地确权"三位一体"的体制基础

地籍调查一般是指依照国家的规定,通过权属调查和地籍测量,查清宗地的权属、界址线、面积、用途和位置等情况,形成数据、图件、表册等调查资料,为土地注册登记、核发证书提供依据的一项技术性工作。地籍调查包括土地权属调查和地籍测量。其中土地权属调查主要包括调查土地权属状况和界址,绘制宗地草图,填写地籍调查表,签订土地权属界线协议书或填写土地权属争议原由书等。地籍测量主要包括地籍控制测量、界址点测量、地籍图测量、面积量算等。地籍调查是土地登记的基础工作,其资料成果经土地登记后,具有法律效力。在土地登记中,地籍调查主要是调查土地的权属,同时对土地面积界址等进行测量。通过土地权属调查,明确土地归属,做到权属清楚,通过地籍测量,确定土地的四至界限,确定土地的面积。土地登记主要就是将土地的坐落、界址、空间界限、面积、用途等自然状况以及土地权利的主体、类型、内容、来源、期限等权利状况记载于登记簿,土地的自然状况主要通

过地籍测量获得,土地的权利状况主要通过土地权属调查明确。土地确权是指当土地权利的归属、内容发生争议时的权利确认。当权利发生争议时,必须先进行对土地权利的主体、权利的内容进行确认,这种确认是根据《物权法》、《土地管理法》等实体性法律法规通过土地确权进行实体性确认。而土地登记则是将确定的权利公示并登记,解决的是公信力问题,属于程序性权利。《物权法》第33条规定:"因物权的归属、内容发生争议的,利害关系人可以请求确认权利"。该条明确规定了当事人的物权确认请求权。《土地管理法》第16条规定:"土地所有权和使用权争议,由当事人协商解决;协商不成的,由人民政府处理。单位之间的争议,由县级以上人民政府处理;个人之间、个人与单位之间的争议,由乡级人民政府或者县级以上人民政府处理。当事人对有关人民政府的处理决定不服的,可以自接到处理决定通知之日起三十日内,向人民法院起诉。在土地所有权和使用权争议解决前,任何一方不得改变土地利用现状",确权机关是县级以上人民政府。西方国家一般是地籍调查、土地登记和土地确权分别由政府和法院负责。而我国,则是实行"三位一体"的体制,地籍调查、土地登记都由政府负责土地管理的部门负责,土地确权虽然属县级以上政府负责,但实际的负责部门仍然是负责土地管理的部门。这种"三位一体"的体制对于提高工作效率,降低制度的交易成本,加强政府对土地资源的管控能力是有重要意义的。

第二,我国已经具备土地"总登记"的工作基础

经过一代又一代的努力,到目前为止,从1986年到1996年,我国开展了第一次全国土地调查,基本查清了我国的土地"家底"。2007年到2009年,我国又组织开展了第二次全国土地调查。对全

国土地利用的变化情况有了详细的数据。每年还进行土地变更调查,利用卫星遥感技术开展土地变化的动态监测,利用信息技术实现土地数据的共享都取得了实质性进展。城镇国有土地使用权和农村集体土地使用权登记发证基本完成。土地主管部门在长期的登记工作过程中,建立了完整的规章、制度和技术和土地登记资料的公开查询。这就为未来的土地"总登记"打下了坚实的基础。

第四章 土地发展权的设立和配置

土地发展权是现代土地法中的重要问题。它与土地法中的土地权利一起,构成了现代土地法的两大支柱性的制度框架,它们之间的关系成为观察研究现代土地法的立足点。土地发展权的设立和配置,都是基于土地规划而来的,因此,研究土地发展权必须从土地规划制度开始。

第一节 土地规划制度的法理基础

一、土地规划的概念

在西方国家,土地规划制度的大规模集中研究始于20世纪的60年代,而我国则是20世纪80年代才开始起步的。

从20世纪60年代开始,西方兴起的规划理论研究的热潮中,对规划的概念有过多种解释。多种解释虽然各有侧重点。但共同之处在于,都将规划作为一种可适用的手段为特定的哲学认识,为意识形态或思想观念提供服务。实际上,将规划作为实施理念的手段。规划最重要的特征是对未来的导向性。其实质是对冲未来的不确定性。

土地规划有着悠久的历史。它是伴随着城市化工业化的脚步而发展的。在国外,英国于1909年颁布了《房屋和城镇规划法》,首次提出了土地利用规划概念。法国在1705年就开展土地整理工作,并于1919年3月颁布了土地整理法。德国于1834年颁布土地整理法。日本于1899年制定土地整理法。在我国相当长的时间内,因考虑到部门分工,往往将土地规划与城市规划分开,学者力求论述两者之间的差异,将土地规划称为土地利用规划,并且注重从土地整理规划中寻找历史依据。随着规划体制的统一,空间规划的概念的提出,我们应该将城市规划与土地利用总体规划统一到空间规划中。而空间规划又是以土地为核心的空间要素资源配置为内容的。其实质仍然是土地规划。

什么是土地规划?土地规划是指法律授权的机构对一定区域内的土地资源和其他空间资源依照法定权限和程序为实现未来的发展进行统筹协调,以实现其发展理念和政策目标,作出的战略性、强制性的安排。土地规划有以下特点:

1. 土地规划编制的主体是法定的

由于土地规划实施的后果是对各种所有权主体的土地利用行为的强制性干预,因而,土地规划的编制主体必须是能够以公共利益为归依的,由法律授权的机构。在规划编制的主体的制度设计中,世界各国主要有三种模式:(1)政府组织编制,议会批准。西方国家大多采用这种模式。(2)政府组织编制,议会批准后交由全民公决。瑞士就是这种模式。(3)政府编制。我国采用的是这种模式。

我国《城乡规划法》第14条规定:"城市人民政府组织编制城

市总体规划。直辖市的城市总体规划由直辖市人民政府报国务院审批。省、自治区人民政府所在地的城市以及国务院确定的城市的总体规划，由省、自治区人民政府审查同意后，报国务院审批。其他城市的总体规划，由城市人民政府报省、自治区人民政府审批。"第15条规定："县人民政府组织编制县人民政府所在地镇的总体规划，报上一级人民政府审批。其他镇的总体规划由镇人民政府组织编制，报上一级人民政府审批。"第16条规定："省、自治区人民政府组织编制的省域城镇体系规划，城市、县人民政府组织编制的总体规划，在报上一级人民政府审批前，应当先经本级人民代表大会常务委员会审议，常务委员会组成人员的审议意见交由本级人民政府研究处理。镇人民政府组织编制的镇总体规划，在报上一级人民政府审批前，应当先经镇人民代表大会审议，代表的审议意见交由本级人民政府研究处理。规划的组织编制机关报送审批省域城镇体系规划、城市总体规划或者镇总体规划，应当将本级人民代表大会常务委员会组成人员或者镇人民代表大会代表的审议意见和根据审议意见修改规划的情况一并报送"。第19条规定："城市人民政府城乡规划主管部门根据城市总体规划的要求，组织编制城市的控制性详细规划，经本级人民政府批准后，报本级人民代表大会常务委员会和上一级人民政府备案"。第20条规定："镇人民政府根据镇总体规划的要求，组织编制镇的控制性详细规划，报上一级人民政府审批。县人民政府所在地镇的控制性详细规划，由县人民政府城乡规划主管部门根据镇总体规划的要求组织编制，经县人民政府批准后，报本级人民代表大会常务委员会和上一级人民政府备案。"第22条规定："乡、镇人民政府组织编制乡规划、村庄规划，报上一级人民政府审批。村庄规划在报送审批前,应当经村民会议或者村民代表会议讨论同意。"《土地管理法》第17条规定:"各级人民政府应当依据国民经济和社会发展规划、国土整治和资源环境保护的要求、土地供给能力以及各项建设对土地的需求,组织编制土地利用总体规划。土地利用总体规划的规划期限由国务院规定"。第21条规定:"土地利用总体规划实行分级审批。省、自治区、直辖市的土地利用总体规划,报国务院批准。省、自治区人民政府所在地的市、人口在一百万以上的城市以及国务院指定的城市的土地利用总体规划,经省、自治区人民政府审查同意后,报国务院批准。本条第二款、第三款规定以外的土地利用总体规划,逐级上报省、自治区、直辖市人民政府批准;其中,乡(镇)土地利用总体规划可以由省级人民政府授权的设区的市、自治州人民政府批准。土地利用总体规划一经批准,必须严格执行。"

从《城乡规划法》的规定看,我国城乡规划的编制法定主体是政府。由于我国实行的是集权型的规划管理体制,同级政府组织编制规划,还需要报请上级政府批准。上级政府的批准与"上一级"政府批准是不同的概念。上级政府的批准权限是根据规划的重要性而设立的。比如:直辖市、省、自治区人民政府所在地的城市、国务院确定的城市的城市总体规划由国务院批准。土地利用总体规划的立法精神大体一致。与西方城市规划属地方事权的理念不同,我国的规划体系是自上而下的控制体系。因此,在处理规划编制过程中政府与人大之间的关系时,我国有自己的特点,要求城市总体规划报上级政府批准时,应将本级人大常委会组成人员或者镇人民代表大会的代表审议意见一并报批准机关。对于组织编制的详规,由组织编制的政府报同级人大常委会备案。村庄规划报批前,必须经村民会议或村民代表会议讨论同意。因为根据我国的宪法,上级政府不能改变或者撤销下级人民代表大会及其常务委员会的决议。

2. 规划编制的对象是土地资源和其他空间资源

我们现在的规划已经不同于当年的土地利用总体规划,只是对土地资源进行统筹安排。现在要统筹考虑土地资源和其他资源,山、水、田、林,这些都属于大的土地范畴。还有一些无形的资源,比如空气、环境等,属于立体的交互作用的空间资源布局,它还包括空间环境中能够为人类开发利用、获得经济和其他效益的物质或非物质资源。这些非土地资源都是依托土地,以土地为基础的。因而这些资源也是新的土地规划的对象。

3. 应对未来

规划最重要的特征是对未来的引导。规划的任务是面向未来针对未来的发展,它既是对未来行动结果的预测,又是对实现未来结果的预先安排。所以,规划必须研究未来的发展究竟会遇到哪些问题?通过规划来对冲未来的不确定性。这是规划的重要功能,从这个意义上讲,规划是未来学的一个范畴。所以我们的规划是导向型的,是用来对冲未来的不确定性的。

4. 实现新理念和新的政策目标

规划永远是以实现政策目标为导向的,而政策目标又是以新理念为指引的,这是规划的特点。自然资源是什么?这是调查的问题。资源按照什么方向用?怎么用?现在有哪些资源?这是规划要研究的问题。比如生态环境建设当中就有很多问题:生态环境的优先目标和耕地保护的优先目标是什么关系?和功能分区布局是什么关系?将来胡焕庸线的西部是据点式发展还是成片发展？生态环境建设和西部发展战略又是什么关系？这一次习近平总书记到长江去,长江沿线从开发战略变为保护战略。十八届五中全会就提出了是发展的新理念,制定规划就要按照新理念来指导,并且把实施新的理念作为规划的目标。

5. 法定效力

因为规划涉及到未来安排,也涉及到重要的生产力布局、生产力安排等很多问题,它一旦施行,就成为政府对土地实施管制的依据。对地权的行使产生极大的影响,直接涉及土地所有权人和使用权人的土地利用中权利义务的变动。所以,各国法律都规定,规划"一经制定就具有法定效力"。规划的修改程序与制定程序一致。我国《城乡规划法》第7条规定:"经依法批准的城乡规划,是城乡建设和规划管理的依据,未经法定程序不得修改"。第9条规定:"任何单位和个人都应当遵守经依法批准并公布的城乡规划,服从规划管理……"《土地管理法》第4条规定:"国家实行土地用途管制制度。国家编制土地利用总体规划,规定土地用途,将土地分为农用地、建设用地和未利用地。严格限制农用地转为建设用地,控制建设用地总量,对耕地实行特殊保护。""使用土地的单位和个人必须严格按照土地利用总体规划确定的用途使用土地。"

二、土地规划的法理基础

土地规划的法理基础是要回答政府为什么能够对私人土地的利用实施用途管制。从学理上看,主要有以下两个理论解释。

(一)"社会本位"理论

"社会本位"理论的要义就是,公民财产权的行使以社会为本位。

在资产阶级革命和资产阶级取得反对封建革命的胜利后,占据统治地位的思想是"个人本位"。体现在宪法上是"自由至上",体现在民事关系上是私有财产"绝对性和神圣不可侵犯性"。这种理念对于促进以自由竞争为特征的资本主义的发展产生过十分重大的作用。随着自由竞争资本主义的发展,到了19世纪末和20世纪初,也暴露出许多问题。对于传统的意识形态提出了一系列的挑战:

一是,自由竞争虽然促进了经济的迅猛增长,生产规模呈几何倍数的扩张。但也引发了社会阶级矛盾和冲突频次和烈度不断加剧,赢者通吃,造成贫富悬殊使得社会难以正常维系下去。

二是,城市化带来的人口集中,使得人与人之间的互相依存的系数不断提高,在人口密度不断提高的城市,很难说一个人的行为不会对他人造成影响。比如,在农村或者草原,放声歌唱是一种天性和享受,而在城市就有可能对他人造成惊扰。并且,城市化和工业化带来的环境问题也十分突出。

三是,马克思主义的传播和社会主义运动的兴起。面对资本的统治和压迫,工人阶级走上政治舞台开始了反抗资产阶级的斗争,各种社会主义学说兴起,又助推了工人阶级的反抗和斗争,特别是马克思主义的诞生,科学社会主义理论的提出,靶心直指资本主义的私有制。也迫使作为统治阶级的资产阶级需要作出改变。

正是在这种背景下,西方的意识形态作出了调整。由"个人本位"转向"社会本位。"体现在法律理论上,则形成了财产权为社会服务的主张。德国法学家耶林在《论法律的目的》一书中提出,所有权的行使的目的,不应该仅仅是个人的利益,同时也应当成为社会的利益。因此,现在应当以"社会所有权"制度取代"个人所有权"制度。人们的所有权之所以受到他人的尊重,是因为它具有有益于社会的机能。[①] 将"社会本位"学说落实到法律制度的,当首推1919年德国《魏玛宪法》。《魏玛宪法》第153条规定:"所有权受宪法之保障。其内容及限制,以法律规定之。"到第二次世界大战之后,法律制度又进一步向社会本位迈进。财产不仅是一项权利,同时也是一种社会责任。德国《基本法》第14条规定:"财产应负义务。财产的使用也应为社会福利服务。"作为国家实施公共政策的工具,土地规划实施的后果,必然导致"被规划"的土地的财产权的限制。因此,"社会本位"思想应当是土地规划的法理基础。

(二)国家"最高土地所有权"理论

国家拥有最高土地所有权,最早是霍布斯提出来的[②]。这种理论认为,在政治学上,国家的构成要素有:人民、领土、政府、主权。在政治学上,土地概念主要体现的是其政治属性,土地指的就是领土。作为领土意义上的土地不是被当作一块块的土地来看待的,而是一个整体的不可分的概念,一个国家的土地只被看作是一整块土地,其主体只能是国家。但是,在一个国家的范围内,土地必然是按照利用的要求被分割为各种不同的所有权主体。作为领土意义上的土地所有权与具体的所有权之间的关系是上级所有权与次级所有权的关系。这种上级所有权就是"最高所有权"或者"最高支配权"。属于国家或者全体人民所有。明确土地"最高所有

[①] 参见,刘平主编:《征收征用与公民财产权保护》,上海人民出版社2012年,第17—18页。

[②] 本书在"土地征收"一章中,有专门的论述。

权"属于国家或者全体人民,其意义就在于:

一是,土地的"最高所有权"既然属于国家或者全体人民,就要求土地的具体所有权的行使,应当以社会利益、人民的根本利益为归依。二是,土地的"最高所有权"既然属于国家或者全体人民,就要求全体人民都有平等的利用土地和获取土地收益的权利。国家因为公共利益的需要,可以征收私人土地。三是,土地的"最高所有权"既然属于国家或者全体人民,就意味着国家有按照公共利益的要求,可以对私人所有的土地的利用行为,行使管制权。

如何处理国家的"最高土地所有权"与次级土地所有权之间的关系?不能简单地认为是"板块结构",即将全国的土地分为国家所有和私人所有。在现实生活中,一国领土范围内的土地,因为利用,按照宗地,分割为各种各样利用主体,所有权也呈现出不同的形式,有国家所有,有集体所有,有私人所有。在不同的国家,特别是联邦制国家,国家所有仅仅限于联邦所有,州所有和地方所有则认定为"公有"。这些所有权都属于次级所有权,即使是属于国家所有,也与私人所有一样,属于私法范畴的所有权概念。在我看来,"最高土地所有权"与次级土地所有权的关系,是抽象与具体的关系。"最高土地所有权"的要求是通过次级土地所有权的行使来实现的。它要求次级土地所有权在行使过程中,必须体现"最高土地所有权"的意志和要求。"最高土地所有权"的这种特殊的支配力是土地规划和土地征收的法理基础,它的实现是通过法律和规划为手段的。在讨论我国宪法第 10 条"城市土地属于国家"问题时,一些法学家认为土地的国家所有权属公法范畴,应与私法上的土地所有权区别。这种看法要具体分析,要区别国家所有是属于"最高所有权"还是属于具体的土地所有权,前者是及于国家领土范围,是整体不可分的一国领土的所有权,后者则是具体的,是具体的用地单元的所有权。我国宪法确定的城市土地属于国家所有,是与农村土地属于农民集体所有并列的,它不是领土的概念。因此,城市土地属于国家所有的所有权性质,仍然属于土地物权的范畴。对于土地的"最高所有权"与次级土地所有权在法律上的体现,我国台湾地区的"土地法规"就有相应的规定。"土地法规"规定:"……土地,属于……人民全体,其经人民依法取得所有权者,为私有土地。"这里,"……土地属于……人民全体"的规定,在理念上表明"土地的最高所有权"属于国家或者全体人民。而私人依法取得的所有权,则属于次级所有权。国家代表全体人民对于土地保持"最高所有权",私人可依法取得次级所有权,全国的土地可按照国家土地政策实施管理,私人所有的土地则在国家的用途管制下占有、使用、收益和处分。两种所有权有序互动,形成和谐的土地利用关系,促进经济和社会发展。

第二节 土地发展权的设立和配置

一、土地规划法律关系的核心:发展权的分配

土地规划无论在制定还是实施过程中,涉及诸多的战略选择。既要考虑自然禀赋,又要考虑发展布局;既要考虑发展理念和政策目标,又要考虑区域平衡。它是多重矛盾中的平衡产物,同时又是诸多战略选项中的次优选择。它需要资源、经济、社会等多学科从

不同的视角中比较分析。那么,在这个过程中,法学扮演什么样的角色?这是法学应该回答的问题。

在我看来,法学的重点是解决发展空间的公平分配问题,也可以说是发展权的公平分配问题。

一是,从规划关系的内容看,它具有两方面的内容:(1)各级政府之间的发展空间的分配。它包括:生产力的空间布局、用地结构、时间结构、时序安排等等。(2)政府与公民法人之间的关系。涉及公民法人现在拥有的土地使用权的使用性质,未来土地利用的方向等。

二是,从规划关系的核心看,规划关系实质上就是利益关系。各级政府发展空间的分配,是关系到区域经济和社会发展的头等大事。与区域内居民的生活水平、幸福指数、就业和发展机会息息相关。政府与公民法人之间的规划关系,更是与每个人的具体物质利益相关连。规划为基本农田与规划为房地产用地,其经济价值不可同日而语。

三是,对政府行为与公民法人的行为产生重大影响。规划对政府来说,是依法行政实施管制的依据,对公民和法人来说,则涉及权利义务的增加或减少。

二、土地发展权

什么是土地发展权?土地发展权的理念最早是由英国在1940年《巴罗报告》和1942年《阿斯瓦特报告》中提出来的。在1949年英国的《城乡规划法》中,正式将"土地发展权"作为法律概念在法律制度中明确。随后,在世界上一些国家开始借鉴,并形成了各具特色的土地发展权制度。

英国是土地发展权的故乡。1947年,英国颁布的《城乡规划法》创立了土地发展权,明确将"发展"定义为"在地上、地下或地表进行建筑、工程、采矿或其他行动,或使任何建筑物或其他土地的使用上发生任何实质上的变化",并明确依该法成立的中央土地委员会有权决定是否发放发展许可或者变更土地的用途,此后还相继颁布了《一般性许可开发条例》和《用途种类条例》,就此形成了土地发展权的法律概念和制度。1990年英国对《城乡规划法》进行了修改。其中对于"土地发展权"的定义,仍然坚持1947年《城乡规划法》的原则,将土地发展权,定义为"在地上、地面、地下进行建筑建造、工程建设、矿产开采或其他工作,或在对任何建筑、土地的使用中所进行的任何实质性改变"的权利①。按照这一定义,"土地发展",不仅包含了在地上、地面和地下的建筑、开采行为;还包括了对建筑、土地的使用中所作的实质性改变。所谓"实质性改变"是指,一是将原来一个单独的建筑,改造为几个独立的建筑使用的情况;二是未经许可在土地上倾倒垃圾,或者超出允许的范围和高度倾倒垃圾的情况;此外,在非专用于广告的建筑外立面展示广告的行为,也被视为"实质性改变"。近年来,又将"产生了总建筑面积增加的结果"的内部改动,使用功能的改变纳入"实质性变动"的范畴。

土地发展权在中国,是在20世纪90年代才逐步引起中国学术界的关注。1992年原国家土地管理局土地规划勘测院编写的《各

---

① [英]巴里·卡林沃思、文森特·纳丁:《英国城乡规划》,陈闽齐等译,东南大学出版社2011年,第162页。

国土地制度研究》一书,对于外国的土地发展权制度专门作了介绍。在1998年《土地管理法》修订的过程中,南京农业大学沈守愚教授呼吁将"土地发展权属于国家所有"写入《土地管理法》。随后,国内的学界围绕中国土地管理改革的实践对土地发展权问题进行了深入持久的探讨,形成了一批有价值的成果。对于土地发展权的概念,一般都将土地发展权定义为转变土地用途(主要是将农地变更为建设用地),以及提高土地利用强度的权利。① 但是,也有一种观点认为,土地发展权与农地发展权在概念上应该是一致的,两者的主要目的都是为了保护农地、自然资源和生态环境等公共利益。② 沈守愚教授主张,应从农地开发利用的角度,直接使用农地发展权一语,将之视为农用地变更为非农用地的权。③ 有的学者提出应结合我国《土地管理法》中关于土地类型划分的规定,以农地发展权、建设用地发展权和未利用土地发展权对不同性质的土地发展权进行区分。④ 在此基础上,有的学者还主张,除了上述几类之外,生态用地的发展权,也应当属于土地发展权的范畴。⑤ 在我看来,对于土地发展权的定义,应该处理好同与不同的关系。"同"是指土地发展权的共同价值标准。从一些国家的实践看,土地发展权的设立主要是针对土地的所有权人和土地的使用权人出于对高额利润的追逐,随意改变土地的用途,从经济效益低的用途

---

① 参见,张新平:《土地发展权》,载甘藏春等著:《当代中国土地法若干重大问题研究》,中国法制出版社2019年,第181—182页。
② 江平:《中国土地立法研究》,中国政法大学出版社1999年,第384页。
③ 沈守愚:《论设立农地发展权的理论基础和重要意义》,载于《中国土地科学》1998年第1期。
④ 程信和:《房地产法学》,中国人民公安大学出版社2003年,第65页。
⑤ 刘明明:《论土地发展权的理论基础》,载《理论导刊》2008年第6期。

转向经济效益高的用途,从而损害社会的总体利益的行为,国家通过设立土地发展权予以管制。土地发展权与私人利益具有冲突性。"不同"在于各国的发展阶段不同,法律制度不同,所以,判断的标准应该是以各国的法律制度为标准。从我国的具体情况看,判断土地发展权的标准的法律有《土地管理法》和《城乡规划法》,《土地管理法》的主要任务就是限制农用地转为建设用地。《城乡规划法》的重点是管制城市建设用地的具体用途和建筑强度。并且,我国正处在快速城镇化阶段,保护耕地和旧城改造的任务都很繁重。从这个意义上看,在中国现阶段,土地发展权可以定义为,将农用地改变为建设用地和改变城市建设用地的具体用途和利用强度的权利。

土地发展权的概念还涉及一系列的理论问题需要研究。这里,择其要者,作一说明。

(一) 土地发展权的法律性质

对于土地发展权的法律性质,学界有不同的主张。主要有"公法说"、"私法说"和"公私法二元性质说"三种观点。主张土地发展权的法律性质为私法性质的观点认为,土地发展权权益源自于土地所有权,由土地的固有属性所决定。土地所有权是土地发展权的基础,土地发展权自所有权权能延伸而来。最初的土地发展权,与土地所有权密不可分,土地发展权始终是私法上土地所有权的重要内容。[1] 主张土地发展权的法律性质为公法性质的观点认为,土地发展权是因针对土地的规划管制所生,属于国家公权。在

---

[1] 程雪阳:《土地发展权与土地增值收益的合理分配》,载《法学研究》2014年第5期。

西方,土地规划的实施,具有严格的程序,一般认为属于立法或者议会的权限,具有很高的地位,属于警察权的范畴。①"公私法二元性质说"认为:土地发展权兼具公私法性质,具有二元性,也表明土地发展权权益实际上由两方面构成:其一,土地自身固有的发展权益。这部分土地发展权权益,基于土地所有权产生。在大陆法系上,主要体现为地上权和地役权等用益物权权益。在英美法上,则被视为一种独立的地产权。其二,基于规划管制的发展权益。这是通过公法上的规划管制,对私法上的土地发展权益进行强制分配后形成的权益。其权益的基础虽然来自于私法上的土地所有权,但是,却与其所依附的土地并无必然联系,而是由其他土地上的土地权益转移而来。因此,土地发展权可区分为私法上的土地发展权和公法上的土地发展权。私法上的土地发展权基于土地所有权而生,公法上的土地发展权基于土地规划管制而生。这两项权利同时存在于土地之上。②

说清楚土地发展权的法律性质的确有一些困难,其困难就在于土地发展权是以多种面孔呈现在世人面前。一方面它呈现的是以强制性为特点的管制权,当然就被认定为公法性质的权利。另一方面,它又成为土地交易决定价格的主要因素,为土地权利人获取收益,又成为私法性质的权利。实际上,土地发展权是一种动态性的权利,它在抽象意义上是公法管制权,在具体意义上则是物权。土地发展权是一种从抽象意义上的公法管制权向私法上的物权转化的动态权利。土地发展权是基于国家"最高土地所有权"而

---

① 陈柏峰:《土地发展权的理论基础与制度前景》,《法学研究》2012 年第 4 期。
② 张新平:《土地发展权》,载甘藏春等著:《当代中国土地法若干重大问题研究》,中国法制出版社 2019 年,第 198—199 页。

设定的权利,它不是从土地所有权的派生权利,因为有了土地发展权,才使得原来土地所有权中的开发建设的权利受到限制或者禁止。它也不是基于土地规划而形成的,土地规划的基础也同样是国家的"最高土地所有权",规划只不过是土地发展权的实现手段。而为了保证规划的实施,在《规划法》中设立的开发许可权又是以土地发展权为基础的。土地发展权从抽象的公法的管制权到私法上的物权的转化过程,往往是通过规划设定,再由土地权利人通过申请许可或者通过公开市场竞争的方式获取。获取土地发展权之后,土地发展权就转化为物权。因为人们进行土地交易时,不再仅仅是土地面积,土地的具体用途、开发强度就直接成为土地交易价格的组成部分,相同面积的土地,因为用途不同、开发强度不同,价值是不同的。这样,土地发展权就演化成收益权。

(二) 土地发展权的归属

土地发展权的归属问题,似乎是一个众所皆知的问题。即土地发展权的归属有两种模式:以英国为代表的土地发展权归国家所有。以美国为代表的土地发展权归私人所有。但是,认真研究这个问题,这个结论也有值得重新认识的必要。

从土地发展权产生的历史背景看,在土地发展权的概念以及土地规划制度产生之前,人类并非没有土地的开发建设活动,人类最初使用土地的目的,除了耕作之外,住宅、道路、商业场所的建设也同样在进行着。只不过,土地发展权在当时并没有成为一项独立的权利,只是作为土地所有权的一种应然的权利而存在。在英美法系国家,由于受罗马法上"上穷天宇,下及地心"理念的影响,将土地所有权范围及于地表、地上和地下。因此,按照英美法的理解，土地权利包罗万象，持有或拥有土地，自然可对土地进行开发。土地权利是一种"权利束"。英国最具代表性。近代英国土地法体系的形成，主要源自 1066 年诺曼征服之后。征服者威廉（William the Conqueror）将盎格鲁撒克逊法律制度和欧洲大陆的采邑制予以融合，建立了不同于大陆法的土地保有制。在土地保有制下，国王是全国土地名义上的所有者，并作为全国土地的领主将土地授予直属封臣，直属封臣成为威廉的"租户"，这些直属封臣又作为领主，将持有的土地进行次级分封，分配给更多的阶层。由此，通过层层的分封，形成了一种"金字塔"型的层级分封关系。由于国王为名义上的土地所有者，取得封地的人仅仅是在一定范围内享有土地权利，即"保有"土地。由于保有土地并不是所有权，英国的法律就创造了家们地产权（estate）的概念。土地保有人拥有的不是土地，而只是拥有"地产权"。由于地产权是一个抽象的不明确的概念，因而，数个人可以在同一时间对同一土地拥有权益，比如一个人享有立即占有土地并收益的权利，其他人则享有在将来占有和收益的权利，即将地产权在时间次序上进行"第四维"的分割。在按照时间段分割土地权益的基础上，英国法继续将这种特殊财产权的构造，被称为"束权利"的理论。地产权被视为"一束权利"（a bundle of rights），或者说"一把木条"（a bundle of sticks），不同的"木条"代表了形形色色的土地权益，土地发展权正是其中的一个"木条"，权利人可以将其从地产权"棒束"中分离出来，单独进行处分和转让。[①] 由此可见，土地发展权最初在英国土地法中，属于地产权的"权利束"中的一项权利。与英美法系不同的是，在传统

---

① 张新平：《土地发展权》，载甘藏春等著：《当代中国土地法若干重大问题研究》，中国法制出版社 2019 年，第 185 页。

大陆法系国家,土地发展权是附属于土地所有权存在。传统大陆法坚持以所有权为中心的财产权理念,在罗马法时期,所有权就被认为是最显要的和最广泛的权利。1900年在传统的大陆法系,并没有独立的土地发展权的概念,土地发展权实际上是土地所有权的应有之意。按照罗马法土地所有权"上穷天宇,下及地心"的理念,凡是人类可以支配的土地空间范围,均属于土地所有权的权利行使范畴,具体而言,也包括针对土地地表、地下和地上的支配。综上所述,土地发展权在正式诞生之前,在英美法系,它是地产权"权利束"中的一项权利,在大陆法系,它只是隐藏在土地所有权背后的一项内容,不具独立性。但都属于地产权或者土地所有权的权利人所有。土地发展权正式成为土地法中的独立权利,是为了解决城镇化过程中农地大量减少,城市无序开发的问题。土地发展权是基于国家"最高土地所有权"的理论,为实施城市规划的基础,它的诞生,就意味着原来附着在土地所有权和地产权"权利束"的开发建设活动受到土地发展权的管制,或者限制或者禁止,成为属于国家由政府行使的权利。因此,土地发展权在正式形成后,只属于国家所有。这样,我们可以对发展权的归属问题得出以下结论:在土地发展权的法律概念和法律制度正式形成之前,土地发展权属于土地权利人。从所有形态看,每宗土地应当平等地享有发展权。在正式形成之后,土地发展权就属于国家,每宗土地的土地发展权在法律上属于普遍禁止的自由。只能由政府通过规划设立,通过开发许可制度来获取。

由于土地发展权的设立,势必对原有土地改变用途的权利进行禁止或者限制,势必对土地权利人的利益造成减损,需要有一个利益补偿机制。英国1947年颁布的《城乡规划法》实行了全面的发展许可制度,并将土地发展权及其相关利益实行国有化。同时,为规避将土地发展权收归国有可能引发的社会动乱,建立了一个总额为3亿英镑的基金,用于向提出开发申请但被拒绝的土地权利人进行补偿支付。而美国虽然从英国引进了土地发展权概念,却是将土地发展权的权益私有化,通过市场交易机制,使受损者获得补偿,降低政府征收土地资金压力和诉讼案件的发生。

(三)土地发展权是独立的、可转移的权利

在前面,我们已经论述了土地发展权从抽象的公权力转向具体的私权利的过程。作为私权利的土地发展权,有独立的价值,因为往往和土地所有权、土地使用权一起行使,并且和具体的空间作为客体,人们往往并不认为土地发展权是一种独立的物权。问题在于,随着美国出现的土地发展权的转移制度,土地发展权是否具有独立性的问题就提出来了。"事实上,若无土地发展权在不同土地间移转的实践,则土地发展权的物权定位将会非常明了。如就空间权而言,空间与其下的土地具有密不可分的关系,若土地发展权不转移,则空间权可以很好解释土地发展权。但按照土地发展权价值转移的一般观点,一块土地的发展权,在一定条件下可以允许由其他土地异地使用,然而显然地上空间不可能脱离土地而转移。"[1]为解决这一问题,有的学者主张,应该更新物权观念,将土地发展权的客体限定为权利(同上)。这样就为土地发展权的转移提供了理论支持。在我看来,土地发展权必然要依附在一个特定的空间,权利才能实现。它作为一项独立的权利,能从一个具体空间

---

[1] 张新平:《土地发展权》,载甘藏春等著:《当代中国土地法若干重大问题研究》,中国法制出版社2019年,第225页。

转移到另一个空间,恰恰是独立性的表现。从土地发展权的转移过程看,虽然在表象上看,是从甲地到乙地,但背后的法律关系则是两种,一是政府依据规划收回或者禁止甲地的土地发展权,二是政府依据规划授予乙地土地发展权。只不过这种转移是通过市场方式来实现的。土地发展权始终是与具体的空间联结在一起。因而,土地发展权是一项独立的可以与土地所有权分离的权利。

从土地发展权的法律性质看,它是政府通过规划确定宗地的具体用途,用途确定之后,在规划改变之前不可更改,具有确定性。但是由于用途的限制影响了原土地权利人的利益。美国采取了发展权购买方式来解决利益补偿问题。土地发展权购买是指政府提供现金一次性买断某块土地的发展权,所有者只能以当前的用途和强度继续使用该土地。在美国还出现了可转移的土地发展权制度。依照美国《发展权转让授权法》的规定,发展权转让机制的核心是将一个地区(即"发送区",Sending Areas)的土地发展权转让给另外一个地区(即"接受区",Receiving Areas)。这样,一旦"发送区"土地的发展权被买走,该土地将被禁止开发。在土地发展权移转项目中,受限开发土地(Sending Areas)的所有人可以将土地发展权卖给希望在准许开发地区(Receiving Areas)获得更大开发强度的开发者。1978年为保护历史文物建筑,纽约政府不允许中央车站土地所有者改建,法院判定支持这一要求,同时允许其将土地发展权转让给邻近的另一个地。

我国近些年的一些地区,为应对建设用地的总量控制与经济发展之间的矛盾,探索了两种方式。一是耕地"占补平衡"指标交易。即一些发展较快的地区,因耕地后备资源不足,难以实现《土地管理法》规定的"国家实行占用耕地补偿制度。非农业建设经批准占用耕地的,按照"占多少,垦多少"的原则,由占用耕地的单位负责开垦与所占用耕地的数量和质量相当的耕地;没有条件开垦或者开垦的耕地不符合要求的,应当按照省、自治区、直辖市的规定缴纳耕地开垦费,专款用于开垦新的耕地。"而一些欠发达地区,则有新增耕地的潜力,有些废弃工矿区通过土地复垦也可以增加耕地。这样,"占补平衡"的指标通过市场交易,既解决了发达地区履行建设占用耕地"占补平衡"的义务问题,又解决了欠发达地区的经济问题,有利于保证耕地面积的不减少。但是,这种指标交易必须在严格监管下进行。当前存在的问题是只注重新增耕地"量"的考核,而忽略新增耕地"质"的考核。并且,即使新增加的耕地的数量和质量都合格,还要考虑区域,考虑水土气候等因素。比如新疆的北疆,耕地的水土条件很好,适合粮食生产,但新疆与内地的运输距离太长,只能是公路和铁路运输,运输成本过高,这也是必须考量的因素。所以,《土地管理法》对跨省补充耕地作了严格限制。"个别省、直辖市确因土地后备资源匮乏,新增建设用地后,新开垦耕地的数量不足以补偿所占用耕地的数量的,必须报经国务院批准减免本行政区域内开垦耕地的数量,易地开垦数量和质量相当的耕地。"二是建设用地指标交易。重庆的"地票"交易制度的试验是代表。"地票"交易制度的试验的政策背景在于2004年国务院发布的《关于深化改革严格土地管理的决定》,"鼓励农村建设用地整理,城镇建设用地增加要与农村建设用地减少相挂钩"。"地票"交易制度的试验还在于中国从严控制新增建设用地的计划指标。一些发展较快的地方缺乏建设用地计划指标,而一些农村因为随着城镇化的进程,农民进城,"空壳村"大量出现,对农村建设用地进行整理,复垦成耕地,既可以增加耕地,也可以将原有的建设用地的指标通过市场交易流转到发展区,农民可以增加收入,城市发展可以突破"用地指标"困境。这种建设用地指标交易也必须有严格的限制。用地指标的"接受区"不得突破土地规划确定的用地规模,具体用途上也不能改变规划确定的用途。这种交易突破的是用地计划指标的约束和控制,实质上是加快土地规划的实施。对于用地指标的"发送区"来说,必须是存量建设用地,还必须是经过复垦是合格的耕地。这两种方式是中国的创造。

(四) 土地发展权配置的公平性

土地规划是土地发展权配置的基本政策工具。由于土地发展权的设立,直接关系到区域的经济发展,关系到公民法人的具体利益,因而,规划的编制过程,往往是一个利益博弈的过程。由于中国的工业化城镇化还在进行中,平衡的利益关系尚未形成,这就使得中国在规划的编制过程中,区域之间的博弈尤为突出。博弈的焦点是给予本区域更多的土地发展权,用规划语言就是"建设用地规模"。都希望减少耕地保有量,增加建设用地规模。一些发达地区认为,在他们地区,政府投入的建设用地单位效益远远高于其他地区,产生的税收可以多向中央财政上缴,还能解决就业问题。一些欠发达的地区认为,在欠发达地区虽然土地投入产出的效益不如发达地区,但这种区域不平衡的状况应该改变。因此,应该增加建设用地规模,同时,他们保证完成耕地保护的任务,为保证国家粮食安全作贡献。这里涉及的问题是,土地发展权配置过程中如何处理好公平与效率之间的关系。

在土地规划的编制过程中,总的原则应该追求效益和公平之间的平衡。

第一,规划编制应该追求效益的最大化。这里说的效益是指"物尽其用,地尽其力"。各类土地和自然资源能够在规划规定的用途下充分发挥其自然属性。以最小的投入获取最大的效益。具体地说,能让依附在土地上的各种资源最大地实现其自然禀赋和区位优势。效益是综合性的,有经济效益、生态效益、文化效益等。

第二,规划编制应该以实现国家的战略和政策为目标。实施国家战略和政策的意义是,在规划编制过程中,遇到矛盾时应以国家的战略和政策要求为优先目标。

第三,规划编制应该注重公平发展。区域之间发展的平衡是一个动态过程,任何国家都有一个从不平衡到逐步平衡的过程。处理发达地区与欠发达地区的关系,要始终贯彻公平发展的原则。公平发展的含义有:(1)每个地区都有公平发展的机会。(2)对于欠发达地区应予适当照顾,在同等条件下,优先考虑欠发达地区的要求。(3)代际补偿原则(历史性补偿原则)。社会发展是一个长链条,是需要一代又一代人的奋斗。有的利益问题可以立即解决,有的利益补偿问题可能需要下一代人发展起来后才能解决。(4)发展成果应该由全体人民分享。我国是社会主义国家,经济发展社会进步是全体人民奋斗的结果,经济发展和社会进步的成果也必须由全体人民享受。"共同富裕"是最终目标。

如何实现对土地发展权的收益的公平分配?西方提出的"浮动价值"和"价值转移"理论值得借鉴。浮动价值理论(Floating Value)和价值转移理论(Shifting Value),是英国1940年在《巴罗报告》和《阿斯瓦特报告》中提出的一种理论。巴罗报告认为,发展控制对土地价值的转移造成的影响——增加了一些土地的价值,并且降低了另外一些土地的价值,但并没有摧毁土地价值。在理论上,用向土地价值增加的人征税得来的资金,来足额补偿土地价值减少的人应该是可行的。但是,在目前的土地规划中还无法实现价值上的平衡,这主要是因为:(1)如果单独对每个项目开发进行补偿,则全部未开发土地的补偿的价格会超出统一补偿的价格。(2)证明增值的困难性,特别是,证明因单个发展计划而导致增值的成本过高,没有效率。(3)对增值征税不具有可操作性,除非证明地主确实获得了增值,例如,只有在地主处分其土地时,才有可能对其获益进行评估。为此,《巴罗报告》提出,对所有的未开发土地,提供一个整体性的补偿资金。这种观念被后来的《阿斯瓦特报告》所继承。1942年发布的《阿斯瓦特报告》在《巴罗报告》的基础上,进而详细说明了"浮动价值"理论。这一理论的基本点在于:土地的开发价值仅仅反映了潜在的开发预期价值,哪一块土地能够获准开发,可以享受到开发价值,在相关规划落地之前是不确定的,其发展权价值始终处在"漂浮"的状态。但是,在发展权受到限制的时期,每一块土地所有者均可以其受损为由向政府提出补偿请求,但由于这一地区的土地显然不能全部获准开发,因此,如果政府实行单个的逐一补偿,其补偿价格将远远超过实际的土地发展权价值。为了解决这个难题,《阿斯瓦特报告》进而提出了"价值转移"理论。按照这一理论的解释,在规划管制的过程中,虽然导致了一些土地的发展权损失,这种价值并不会平白消失,而是转移到了其他获准开发的土地之上。由于这部分土地的增值是因政府的管制行为而产生的,因此,不应由土地所有者所享有,而是应当通过对其收取价值增益的方式,建立一个土地发展权的"改善基金"(betterment fund)。土地发展权受到规划管制侵害的土地所有人,可以从"改善资金"中获得财产权受损的补偿。按照这个理论,英国通过税收和规划协议等手段实现土地发展权收益归公。早期,征税方式较为流行,如:1947—1952年实施收取发展税,1967—1970年依土地委员会法案征收改良税,1976—1985年依土地发展税法案征收土地发展税;后期,采用规划义务与征税相结合的做法。1990年《城乡规划法》明确"规划义务"概念,包含规划协议和申请者提出的单边承诺两种方式,具体可以是付现金、实物或出让某种权益,如:提供政策性住房、开敞空间、交通设施和教育设施等;税收的方式则是指社区基础设施税,即允许英国地方当局向在其管辖区进行新建设项目的开发商筹款,为开发可能导致的道路、学校、医院、绿地及其他基础设施建设需求提供资金。在美国则建立了土地发展权转移制度。

我国的情况与西方国家不同,土地发展权不仅仅涉及私人之间的利益,更多的则是地区之间的利益平衡。由于中国的特殊国情,中国的市场经济是从计划经济体制逐步转轨而形成的。作为后发国家,中国实行的是政府主导型的市场经济。在中国,市场之间的竞争不仅仅只是企业之间的竞争,更重要的竞争是区域间地方政府之间的竞争。这种竞争对于推动中国经济的发展动力作用更为突出。在这种背景下,土地发展权收益分配承担的任务是双重的:既要协调地区间发展利益的平衡,又要平衡土地所有权人之间的利益。对于区域间的利益平衡,中国主要是通过财政转移支付制度来实现的。同时,还逐步推行生态补偿制度、对口支援等措施。在土地发展权上,省域内实行耕地"占补平衡"指标交易、建设用地"增减挂"指标的交易。在土地所有权权利人之间的利益平衡,采用土地征收补偿安置制度解决被征地农民问题。其余收益属国家所有,统筹安排。在城市,通过拆迁补偿安置解决居民的住房问题。不过,随着改革的深入,又有新的利益平衡问题开始出现。农村农民集体所有经营性建设用地进入市场,不同农村的土地所有权人或者承包经营权人因为土地发展权的设立或者禁止、限制,土地收益会形成巨大的差距。处理不好就会引发社会冲突。应该坚持土地发展权独立性原则,土地发展权与土地空间适当分离,明确土地发展的收益权属于特定区域(有的是村、有的是乡镇、有的是区县)内的全体农民。因为,某块土地获取土地发展权,是以其他土地禁止或者限制土地发展权为代价的。土地发展权的收益不能只是该宗土地的所有权人享受,而应该属于相邻的农地的全体所有权人。这就是公平发展的应有之义。

第三节 土地规划行为

土地规划行为是政府组织、编制土地规划和保证规划实施的一系列活动的总称。土地规划的行为具有多重目标:科学性、适宜性、协调性、兼容性等。编制规划的过程既是一个利益博弈的过程,也是一个理论与实际结合的过程。从法学意义上来讲,规划行为的目标就在于努力实现公共利益与私人利益之间的有机结合和平衡。我们讲《土地法》是公法和私法的结合,土地权利也是公权利和私权利的结合,土地规划就是连接公权力、私权利、公共利益和私人利益的一个桥梁,一个手段,一个技术措施。因此,法学的任务就是通过合理的制度安排,来实现全社会对公共利益和私人利益之间界限的共识。

一、土地规划的编制过程

如前所述,我国土地规划的编制体制是政府主导的集权型为特点的。这种体制与我国现在所处的发展阶段是相适应的。我国正处在快速工业化城镇化的历史发展阶段,"快"是这个阶段的特点。这个体制有利于形成统一认识,有利于提高效率,以满足经济社会发展对土地规划的需求。但是也存在"长官意志",随意性大的弊端。因此,土地规划编制程序的设计的任务是既要保证规划编制的高效率的优势,又要提高规划编制的科学性、稳定性和社会性。对此,我国的土地法律制度从整体上作出了制度安排。

(一) 法定原则编制

由于土地规划行为的主体是各级政府,因而在土地法和城乡规划法律制度中对政府的规划编制行为作出原则规定显得十分重要。我国的《土地管理法》和《城乡规划法》确定了规划编制的一系列的法定原则。法定原则的功能在于:约束政府的规划编制行为,确定形成社会共识的法律基础。我国的《土地管理法》规定:"土地利用总体规划按照下列原则编制:(一)落实国土空间开发保护要求,严格土地用途管制;(二)严格保护永久基本农田,严格控制非农业建设占用农用地;(三)提高土地节约集约利用水平;(四)统筹安排城乡生产、生活、生态用地,满足乡村产业和基础设施用地合理需求,促进城乡融合发展;(五)保护和改善生态环境,保障土地的可持续利用;(六)占用耕地与开发复垦耕地数量平衡、质量相当"。《城乡规划法》规定:"制定和实施城乡规划,应当遵循城乡统筹、合理布局、节约土地、集约发展和先规划后建设的原则,改善生态环境,促进资源、能源节约和综合利用,保护耕地等自然资源和历史文化遗产,保持地方特色、民族特色和传统风貌,防止污染和其他公害,并符合区域人口发展、国防建设、防灾减灾和公共卫生、公共安全的需要。在规划区内进行建设活动,应当遵守土地管理、自然资源和环境保护等法律、法规的规定。县级以上地方人民政府应当根据当地经济社会发展的实际,在城市总体规划、镇总体规划中合理确定城市、镇的发展规模、步骤和建设标准。"这些法定原则虽然抽象,却是土地规划编制的基本准则。对政府的规划行为是约束,也为处理规划争议提供了法律依据。

(二) 科学编制

由于规划是对冲未来不确定性的政策工具,这就要求规划的编制必须建立在科学研究的基础上。特别是在中国这样的政府主导型的规划编制体制,保证规划的编制建立在科学基础上更为重要。西方的规划体制虽然能够充分吸纳社会各界的意见,把利益的博弈过程公开化、规则化,但因利益集团的利益冲突和强势利益集团的绑架,规划的科学性原则很难有效的贯彻。我国由于实行的是政府主导的规划编制体制,能够摆脱利益集团的绑架,做到有效的贯彻规划的科学性原则。但缺点是易受"长官意志"的左右,与行政首长的学识个人素质息息相关。

从我国的规划编制实践看,我国的规划编制要求建立在一系列的专题研究的基础上。它主要包括:

1. 土地利用现状分析

它包括：土地利用数量分析、土地利用结构分析、土地利用影响因素分析和土地利用效益分析。土地利用现状分析是在土地利用现状调查基础上进行的。通过土地利用现状的分析，研究各种土地资源在地域组合、结构和空间配置上的合理性，确定下一步土地资源开发利用的方向和重点。

2. 土地利用规划后评价

后评价是指在规划实施的一定时间或者规划实施结束后对土地规划实施的实际效果的总结。它一般包括规划的预期目标是否实现、规划实施中存在的问题、下一步需要改进的措施等等。

3. 土地利用战略研究

土地利用战略研究是指在土地利用现状分析研究的基础上，按照经济与社会发展总体目标的要求，确定土地利用的目标和基本准则。它要解决的问题是协调土地资源与经济社会的关系，从而为土地的具体规划提供依据。

4. 土地适宜性评价

对土地适宜性评价主要是解决某个特定区域内的土地最适合用于何种用途。适宜性评价是确定土地用途的依据，它是以土地的自然属性为基础，同时也要考虑经济社会的发展要求。

5. 规划基础数据预测

它包括：（1）人口预测。数据要求是一定时间准确的人口现状和规划期间的人口变化状况的预估。（2）城镇化水平预测。数据要求是，现有的城镇化率和规划期的城镇化增长率。（3）食物消费水平预测。数据要求有：人均粮食消费量预测和其它食品消费量。（4）农作物单产水平预测。

6. 土地供给量预测

它包括：(1)土地利用潜力分析。具体内容：土地开发潜力、土地复垦潜力、土地整理潜力。(2)不同类型用地利用潜力分析。具体内容是：(1)耕地利用潜力分析；(2)建设用地利用潜力分析。

7. 土地需求量预测

它包括：(1)粮食需求量预测；(2)农业用地需求量预测：耕地需求量、果园用地需求量、副业用地需求量、渔业用地需求量、林地需求量。(3)建设用地需求量预测。具体内容是：居民点用地需求量、水利工程用地需求量、交通用地需求量。(4)生态用地需求量预测。(5)土地供需平衡分析。

8. 土地利用结构和布局

它包括：(1)土地利用的空间布局。具体内容是：土地利用地域分区、土地利用用地分区。(2)各类用地的区位选择。具体内容是：农业用地的配置、建设用地的配置。

(三) 规划民主

由于土地规划实施的后果是对社会各个群体的利益的重新分配，涉及权利义务的重大调整，要想规划制定后能够获得广泛的社会支持，规划编制过程中的规划民主机制和程序就十分重要。在西方国家，公众对规划编制的参与度比较高，并且有程序保障。这就使得西方的规划制度呈现出两种不同的图景，一方面，在规划编制的过程中，社会各方的利益充分博弈，规划编制的过程十分冗长，效率极其低下。另一方面，在规划经法定程序通过实施之后，全社会一体遵行，规划的严肃性和稳定性得到充分实现。和西方国家相反，我国在规划编制过程中极富效率，并且规划编制的科学性在总体上也能得到保证。但是,在规划实施阶段常常因为引发社会冲突事件而影响实施,最近一些年一些地方频频发生的"邻避现象"就是例证。究其原因就在于规划的编制过程中公众参与度不高。

我国正处在快速城镇化的阶段,要满足经济社会的快速增长对土地规划的需求,现行的规划编制体制是适宜的。但是,如何在充分发挥现行规划编制体制优势的同时,不断扩大公众在规划编制过程中的有序参与,是我国规划制度必须解决的问题。

我国现行的规划编制过程中公众参与存在的问题主要是法律制度不健全。在现行《土地管理法》中,第19条规定:"县级土地利用总体规划应当划分土地利用区,明确土地用途。""乡(镇)土地利用总体规划应当划分土地利用区,根据土地使用条件,确定每一块土地的用途,并予以公告。"从这一规定看,它只是解决了乡镇土地利用总体规划在制定之后的公众的知情权问题,而对于编制过程中的参与权没有规定。《城乡规划法》规定:"城乡规划组织编制机关应当及时公布经依法批准的城乡规划。但是,法律、行政法规规定不得公开的内容除外。""任何单位和个人都应当遵守经依法批准并公布的城乡规划,服从规划管理,并有权就涉及其利害关系的建设活动是否符合规划的要求向城乡规划主管部门查询。任何单位和个人都有权向城乡规划主管部门或者其他有关部门举报或者控告违反城乡规划的行为。城乡规划主管部门或者其他有关部门对举报或者控告,应当及时受理并组织核查、处理。"这里也只是解决了知情权问题。但是,在规划编制过程中的公众参与问题上,《城乡规划法》确定了一些有意义的原则。"乡、镇人民政府组织编制乡规划、村庄规划,报上一级人民政府审批。村庄规划在报送审批前,应当经村民会议或者村民代表会议讨论同意。""城乡规划报送审批前,组织编制机关应当依法将城乡规划草案予以公告,并采取论证会、听证会或者其他方式征求专家和公众的意见。公告的时间不得少于三十日。组织编制机关应当充分考虑专家和公众的意见,并在报送审批的材料中附具意见采纳情况及理由。""建设单位应当按照规划条件进行建设,确需变更的,必须向城市、县人民政府城乡规划主管部门提出申请。变更内容不符合控制性详细规划的,城乡规划主管部门不得批准。城市、县人民政府城乡规划主管部门应当及时将依法变更后的规划条件通报同级土地主管部门并公示。建设单位应当及时将依法变更后的规划条件报有关人民政府土地主管部门备案。"但存在的问题是,对公众参与缺乏程序性机制性和强制性的制度安排。

要完善我国土地规划的公众参与制度,主要应该从以下几个方面着力:一是,将公众参与作为规划编制的法定原则;二是,完善公众参与的具体程序;三是,对于公众提出的意见应当建立沟通和反馈机制;四是,对于规划争议应当建立解决机制;五是,建立对未履行公众参与程序和对公众的意见未作合理处理的行为的责任制度。

二、土地规划的实施过程

土地规划的实施过程,涉及的主要问题有:规划的实施方式、规划的变更、规划的效力。

(一) 规划的实施方式

在中国,规划的实施方式有两种:一是间接实施;二是直接实施。

1. 间接实施

间接实施是指上级土地规划通过下级土地规划和专门规划作为实施工具的方式。我国的规划体制是一种自上而下的"集权型"体制。规划的编制过程也是自上而下的过程。只有当上级土地规划编制完成后，下级土地规划才能制定。从某种意义上讲，下级土地规划的重要功能就是落实上级土地规划的目标和要求，编制的过程就是实施上级土地规划的过程。它的具体内容是：

（1）下级土地规划编制的依据

各级土地规划之间的关系，我国的法律确定了"逐级"原则。也就是下级土地规划编制的依据是"上一级"土地规划，而不是"上级"土地规划，这说明，我国土地规划实行的是"逐级"落实的原则，一级落实一级是其特点。《土地管理法》规定："下级土地利用总体规划应当依据上一级土地利用总体规划编制"。这样规定，是考虑到规划层级越高，内容就越原则。并且规划的控制指标是按照行政层次层层分配的。因此，下级土地规划只能依据"上一级"规划而不能依据"上级"规划。

（2）处理土地规划与其它专门规划之间的关系的原则是"相衔接"

土地规划是关于土地资源开发利用和保护的总体战略安排，具有战略性和综合性的特点。除了土地规划之外，我国还有涉及土地资源的规划，如城乡规划、交通规划等。如何处理这些规划之间的关系，我国确定的原则是这些规划应当与土地利用总体规划相衔接。《土地管理法》规定："城市总体规划、村庄和集镇规划，应当与土地利用总体规划相衔接，城市总体规划、村庄和集镇规划中建设用地规模不得超过土地利用总体规划确定的城市和村庄、集镇建设用地规模"。"江河、湖泊综合治理和开发利用规划,应当与土地利用总体规划相衔接。在江河、湖泊、水库的管理和保护范围以及蓄洪滞洪区内,土地利用应当符合江河、湖泊综合治理和开发利用规划,符合河道、湖泊行洪、蓄洪和输水的要求。"《城乡规划法》也规定:"城市总体规划、镇总体规划以及乡规划和村庄规划的编制,应当依据国民经济和社会发展规划,并与土地利用总体规划相衔接。"

(3) 上下级规划关系的核心内容是指标控制

指标控制是上下级土地规划的核心内容。在中国,由于实行"分税制"的财政体制,各地方政府除了按照"全国一盘棋"的要求履行职责之外,关注地方的经济发展也是不争的事实。这就需要中央政府设定一些控制性规划指标,由地方政府在编制规划中落实,这种控制性规划指标,是自上而下,具有强制性。但是,对这些控制性规划指标的设定,也必须遵循以下原则,一是必须是关系到全局利益和长远利益的发展目标;二是必须是与地方政府的"地方发展利益"相矛盾,是地方政府积极性主动性不高的指标。按照这两项原则,就要求控制性规划指标宜少宜精不宜多。如果指标过多过滥,不仅影响了地方政府的自主性和积极性,也加重了中央政府的管理成本,变为"管不住、管不好",从而影响规划的权威性。我国现在实行的是"建设用地总量"和"耕地保有量"双控的指标体系。《土地管理法》规定:"地方各级人民政府编制的土地利用总体规划中的建设用地总量不得超过上一级土地利用总体规划确定的控制指标,耕地保有量不得低于上一级土地利用总体规划确定的控制指标。""省、自治区、直辖市人民政府编制的土地利用总体规划,应当确保本行政区域内耕地总量不减少。"

(4)规划审批是保证上一级规划实施的行政措施

规划的行政审批制度的设立,其目的就在于保证上一级土地规划确定的"建设用地总量"和"耕地保有量"两个控制性指标以及省级"耕地总量不减少"的目标在规划中是否真正得到了落实。因此,规划的审批应该围绕这三类指标进行,是"重点审查"。但是在现实生活中,规划的审批变成"全面审查",这种审查方式不仅侵害了地方政府的自主权,也影响了审批的效率。从法治政府依法行政的角度看,违背了行政审批的目的,也是不符合依法行政要求的。按照《土地管理法》的规定,我国确定的规划审批的层级没有按照"上一级"的原则设计,而是在原则上提高到"上一级"的"上一级"政府审批,主要是考虑到规划的权威性稳定性的要求。《土地管理法》规定:"土地利用总体规划实行分级审批"。"省、自治区、直辖市的土地利用总体规划,报国务院批准。""省、自治区人民政府所在地的市、人口在一百万以上的城市以及国务院指定的城市的土地利用总体规划,经省、自治区人民政府审查同意后,报国务院批准。""本条第二款、第三款规定以外的土地利用总体规划,逐级上报省、自治区、直辖市人民政府批准;其中,乡(镇)土地利用总体规划可以由省级人民政府授权的设区的市、自治州人民政府批准。"

《城乡规划法》规定的审批层级比《土地管理法》要灵活,原则上实行"上一级"政府审批。规定:"国务院城乡规划主管部门会同国务院有关部门组织编制全国城镇体系规划,用于指导省域城镇体系规划、城市总体规划的编制。全国城镇体系规划由国务院城乡规划主管部门报国务院审批"。"省、自治区人民政府组织编制省域城镇体系规划,报国务院审批。省域城镇体系规划的内容应当包括:城镇空间布局和规模控制,重大基础设施的布局,为保护生态环境、资源等需要严格控制的区域。""直辖市的城市总体规划由直辖市人民政府报国务院审批。省、自治区人民政府所在地的城市以及国务院确定的城市的总体规划,由省、自治区人民政府审查同意后,报国务院审批。其他城市的总体规划,由城市人民政府报省、自治区人民政府审批。""县人民政府组织编制县人民政府所在地镇的总体规划,报上一级人民政府审批。其他镇的总体规划由镇人民政府组织编制,报上一级人民政府审批。"

2. 直接实施

直接实施是指土地管理机构依据土地规划确定的土地的具体用途,对土地的所有权人或者使用权人从事的土地开发行为实施管制的活动。我国的土地规划分为全国土地利用总体规划、省、自治区、直辖市土地利用总体规划,设区的市、自治州土地利用总体规划、县级土地利用总体规划,乡(镇)土地利用总体规划一共五级。规划由于层级不同,规划的内容不同,能够作为具体的用地审批依据的只能是县级土地规划和乡(镇)土地利用总体规划。《土地管理法》规定:"县级土地利用总体规划应当划分土地利用区,明确土地用途区,明确土地用途。""乡(镇)土地利用总体规划应当划分土地利用区,根据土地使用条件,确定每一块土地的用途,并予以公告。"城市建设,按照《城乡规划法》的要求,直接依据则是"控制性详细规划。""城市人民政府城乡规划主管部门根据城市总体规划的要求,组织编制城市的控制性详细规划,经本级人民政府批准后,报本级人民代表大会常务委员会和上一级人民政府备案。""镇人民政府根据镇总体规划的要求,组织编制镇的控制性详细规划,报上一级人民政府审批。县人民政府所在地镇的控制性详细规划,由县人民政府城乡规划主管部门根据镇总体规划的要求组织编制,经县人民政府批准后,报本级人民代表大会常务委员会和上一级人民政府备案。""城市、县人民政府城乡规划主管部门和镇人民政府可以组织编制重要地块的修建性详细规划。修建性详细规划应当符合控制性详细规划。"

直接实施的方式主要有:

(1) 土地利用计划控制

土地利用计划是实施土地规划的重要政策工具。它的功能主要是:第一,控制农用地转为建设用地的规模和速度。因为中国处在快速工业化和城镇化的阶段,如何在这个过程中有效地保护耕地,从严控制建设用地规模的扩大和过快增长,以保证土地规划确定的目标实现,就需要对规划的实施实行动态管理,土地利用计划就成为有效的政策工具;第二,调控土地市场,对冲土地市场的波动性。在我们,土地使用权主要通过市场配置,市场具有周期性波动的特点,特别是土地与宏观经济的关联度高,任何市场波动性都会在土地市场上有所反应。由于土地是重要的生产要素,土地市场的波动又会对宏观经济产生影响。因此,保证土地市场的基本稳定,把土地市场的波动控制在一定范围内,就需要对土地供应总量进行调控,调控的工具就是土地利用计划。对于土地利用计划,我国的《土地管理法》作了规定:"各级人民政府应当加强土地利用计划管理,实行建设用地总量控制。""土地利用年度计划,根据国民经济和社会发展计划、国家产业政策、土地利用总体规划以及建设用地和土地利用的实际状况编制。土地利用年度计划应当对本法第六十三条规定的集体经营性建设用地作出合理安排。土地利用年度计划的编制审批程序与土地利用总体规划的编制审批程序相同,一经审批下达,必须严格执行。"

"省、自治区、直辖市人民政府应当将土地利用年度计划的执行情况列为国民经济和社会发展计划执行情况的内容,向同级人民代表大会报告。"

虽然从法律上和政府的文件都强调土地利用计划的严肃性,强调计划的刚性,但在实际的管理中,往往面临"用地指标困境",有的年份,计划指标紧缺,有的年份计划指标又有结余。这种情况,在不同的地区也有不同的表现。并且,经济周期又不是以"年"为单位来计算的。因此,土地利用计划管理也有一个改革问题。可否考虑年度计划作为滚动计划,以三年或者五年作为周期进行硬考核。年度计划作为指导性计划,可以对年度计划的执行情况进行通报、提示、警示。到了三年或者五年的周期,土地利用计划就是指令性计划,严格考核。视执行的不同情况分别作出处理。

(2)建设用地标准控制

用地标准是指根据建设项目的性质、特点制定的具体用地的要求。用地标准是土地规划实施的技术工具。它的功能是促进土地的节约集约利用,防止土地浪费。对此,我国的《土地管理法》作了规定:"城市建设用地规模应当符合国家规定的标准,充分利用现有建设用地,不占或者尽量少占农用地。"从严格意义上讲,用地标准是供地的依据,只能适用于国有划拨土地使用权的供应领域。而在完全由市场配置的土地使用权的供应,政府的管理目标应该是防止土地的过度利用。

(3)规划许可

规划许可是指政府主管部门对具体的用地者提出的土地开发

申请,依据土地规划进行审查,作出的同意或者不同意的决定的行政行为。规划许可是土地规划实施的行政手段。它的功能就在于确保每宗建设用地能够按照规划设定的用途使用。在我国,规划许可表现为两种形式:

一是,在《土地管理法》中是农用地转为建设用地的审批,简称"农地转用审批"。《土地管理法》规定:"建设占用土地,涉及农用地转为建设用地的,应当办理农用地转用审批手续。"

二是,城市建设项目,依据《城乡规划法》,分别设立了"选址意见书"、"建设用地规划许可证"两种许可。《城乡规划法》规定:"按照国家规定需要有关部门批准或者核准的建设项目,以划拨方式提供国有土地使用权的,建设单位在报送有关部门批准或者核准前,应当向城乡规划主管部门申请核发选址意见书。前款规定以外的建设项目不需要申请选址意见书。""在城市、镇规划区内以划拨方式提供国有土地使用权的建设项目,经有关部门批准、核准、备案后,建设单位应当向城市、县人民政府城乡规划主管部门提出建设用地规划许可申请,由城市、县人民政府城乡规划主管部门依据控制性详细规划核定建设用地的位置、面积、允许建设的范围,核发建设用地规划许可证。建设单位在取得建设用地规划许可证后,方可向县级以上地方人民政府土地主管部门申请用地,经县级以上人民政府审批后,由土地主管部门划拨土地。""在城市、镇规划区内以出让方式提供国有土地使用权的,在国有土地使用权出让前,城市、县人民政府城乡规划主管部门应当依据控制性详细规划,提出出让地块的位置、使用性质、开发强度等规划条件,作为国有土地使用权出让合同的组成部分,未确定规划条件的地块,不得出让国有土地使用权。以出让方式取得国有土地使用权的建设项目,建设单位在取得建设项目的批准、核准、备案文件和签订国有土地使用权出让合同后,向城市、县人民政府城乡规划主管部门领取建设用地规划许可证。城市、县人民政府城乡规划主管部门不得在建设用地规划许可证中,擅自改变作为国有土地使用权出让合同组成部分的规划条件。""在乡、村庄规划区内进行乡镇企业、乡村公共设施和公益事业建设的,建设单位或者个人应当向乡、镇人民政府提出申请,由乡、镇人民政府报城市、县人民政府城乡规划主管部门核发乡村建设规划许可证。在乡、村庄规划区内使用原有宅基地进行农村村民住宅建设的规划管理办法,由省、自治区、直辖市制定。在乡、村庄规划区内进行乡镇企业、乡村公共设施和公益事业建设以及农村村民住宅建设,不得占用农用地;确需占用农用地的,应当依照《土地管理法》有关规定办理农用地转用审批手续后,由城市、县人民政府城乡规划主管部门核发乡村建设规划许可证。建设单位或者个人在取得乡村建设规划许可证后,方可办理用地审批手续。"

随着机构改革,住建部的城市规划职能与原国土资源部的土地规划职能合并到新成立的自然资源部,这就为简化规划许可的审批创造了条件。最近,自然资源部出台了《关于以"多规合一"为基础推进规划用地"多审合一、多证合一"改革的通知》,对规划许可制度进行了初步改革,合并规划选址和用地预审,合并建设用地规划许可和用地批准,多测整合、多验合一,简化报件审批材料等,进行了流程再造,完善了便民措施。

(二) 土地规划的变更

规划是应对未来不确定性的政策工具。但是,正因为是对未来的预测,规划师并不是"算命先生",有些不确定性是突然将至。因此,规划的实施常常面临着"规划窘境":规划是面对未来的,但未来又是难以预测的。规划从实施的第一天起,就面临新情况新问题,需要变更,有的规划还在审批过程中,情况就发生了变化,需要重新调整。"规划赶不上变化",对于正在快速工业化城镇化过程中的中国,是一个真实的写照,也是常态。但并不能因此得出结论,规划无用。越是经济社会形势的变化,越需要规划来保证稳定性。因此,在法律上确定规划适应社会变迁的制度和程序就显得十分重要。对此,各国法律为了保证规划的严肃性,都确定了规划的修改与规划的制定程序相同的原则。我国的法律制度也是如此。《土地管理法》规定:"第二十五条经批准的土地利用总体规划的修改,须经原批准机关批准;未经批准,不得改变土地利用总体规划确定的土地用途。"《城乡规划法》规定:"有下列情形之一的,组织编制机关方可按照规定的权限和程序修改省域城镇体系规划、城市总体规划、镇总体规划:(一)上级人民政府制定的城乡规划发生变更,提出修改规划要求的;(二)行政区划调整确需修改规划的;(三)因国务院批准重大建设工程确需修改规划的;(四)经评估确需修改规划的;(五)城乡规划的审批机关认为应当修改规划的其他情形。修改省域城镇体系规划、城市总体规划、镇总体规划前,组织编制机关应当对原规划的实施情况进行总结,并向原审批机关报告;修改涉及城市总体规划、镇总体规划强制性内容的,应当先向原审批机关提出专题报告,经同意后,方可编制修改方案。修改后的省域城镇体系规划、城市总体规划、镇总体规划,应当依照本法第十三条、第十四条、第十五条和第十六条规定的审批程序报批。""修改控制性详细规划的,组织编制机关应当对修改的必要性进行论证,征求规划地段内利害关系人的意见,并向原审批机关提出专题报告,经原审批机关同意后,方可编制修改方案。修改后的控制性详细规划,应当依照本法第十九条、第二十条规定的审批程序报批。控制性详细规划修改涉及城市总体规划、镇总体规划的强制性内容的,应当先修改总体规划。修改乡规划、村庄规划的,应当依照本法第二十二条规定的审批程序报批。"

　　法律强调规划的修改程序与制定程序相同的原则,是为了保证土地规划的稳定性、权威性,防止"朝令夕改"。但是,现实生活是复杂的。许多变化需要修改规划,而修改规划的程序又十分严格,往往难以满足需要,最后都是以牺牲规划的严肃性为代价的。因此,可以考虑,将规划的修改区分为全面修改与个别调整。全面修改是指对规划确定的目标指标重大布局和结构的调整。对于这种调整,则应该按照制定的程序修改。个别调整,是指在不影响规划确定的目标、指标、布局和结构的前提下对个别建设项目涉及的土地用途进行的调整。对于这种修改,则可以授权政府主管部门进行修改。对此,《土地管理法》也有一些弹性规定:"经国务院批准的大型能源、交通、水利等基础设施建设用地,需要改变土地利用总体规划的,根据国务院的批准文件修改土地利用总体规划。""经省、自治区、直辖市人民政府批准的能源、交通、水利等基础设施建设用地,需要改变土地利用总体规划的,属于省级人民政府土地利用总体规划批准权限内的,根据省级人民政府的批准文件修改土地利用总体规划。"《城乡规划法》也规定:"建设单位应当按照规划条件进行建设;确需变更的,必须向城市、县人民政府城乡规划主管部门提出申请。变更内容不符合控制性详细规划的,城乡规划主管部门不得批准。城市、县人民政府城乡规划主管部门应当及时将依法变更后的规划条件通报同级土地主管部门并公示。建设单位应当及时将依法变更后的规划条件报有关人民政府土地主管部门备案。"

(三) 土地规划的效力

土地规划的效力问题,我国的学术界鲜有论述。在我看来,土地规划不具有法律效力,而具有法定效力。法律效力是指法律一经通过公布之后,就具有一体遵行的效力。而土地规划不是法律,它的效力来源于法律赋予。法律确定有什么效力就具有什么效力。因此,将土地规划的效力确定为"法定效力"较为稳妥。从法律规定看,土地规划的法定效力表现在以下几个方面。

1. 确定效力的原则

《土地管理法》规定:"国家实行土地用途管制制度。""国家编制土地利用总体规划,规定土地用途,将土地分为农用地、建设用地和未利用地。严格限制农用地转为建设用地,控制建设用地总量,对耕地实行特殊保护。"土地利用总体规划一经批准,必须严格执行。"这里,"严格执行"就是确定土地规划效力的总原则。它要求的对象只土地管理者和用地者,是对于全社会的普遍要求,因为土地规划是实施用途管制的依据,而用途管制是土地法律制度的基本原则。

2. 政府实施土地管理的基本依据

土地规划为政府实施土地管理提供了基本依据,因而,是否严格按照土地规划管理土地成为政府和部门的土地管理行为是否具有合法性的判定标准。对此,《城乡规划法》规定:"经依法批准的城乡规划,是城乡建设和规划管理的依据,未经法定程序不得修改"。"镇人民政府或者县级以上人民政府城乡规划主管部门有下列行为之一的,由本级人民政府、上级人民政府城乡规划主管部门或者监察机关依据职权责令改正,通报批评;对直接负责的主管人员和其他直接责任人员依法给予处分:(一)未依法组织编制城市的控制性详细规划、县人民政府所在地镇的控制性详细规划的;(二)超越职权或者对不符合法定条件的申请人核发选址意见书、建设用地规划许可证、建设工程规划许可证、乡村建设规划许可证的;(三)对符合法定条件的申请人未在法定期限内核发选址意见书、建设用地规划许可证、建设工程规划许可证、乡村建设规划许可证的;(四)未依法对经审定的修建性详细规划、建设工程设计方案的总平面图予以公布的;(五)同意修改修建性详细规划、建设工程设计方案的总平面图前未采取听证会等形式听取利害关系人的意见的;(六)发现未依法取得规划许可或者违反规划许可的规定在规划区内进行建设的行为,而不予查处或者接到举报后不依法处理的。""县级以上人民政府有关部门有下列行为之一的,由本级人民政府或者上级人民政府有关部门责令改正,通报批评;对直接负责的主管人员和其他直接责任人员依法给予处分:(一)对未依法取得选址意见书的建设项目核发建设项目批准文件的;(二)未依法在国有土地使用权出让合同中确定规划条件或者改变国有土地使用权出让合同中依法确定的规划条件的;(三)对未依法取得建设用地规划许可证的建设单位划拨国有土地使用权的。"

3. 判定公民法人利用土地的行为是否合法的标准

公民法人在利用土地的过程中,其合法性的基础在于是否符合规划。公民法人拥有的土地权利的空间范围用途也是由规划确定的。因此,《土地管理法》规定:"使用土地的单位和个人必须严格按照土地利用总体规划确定的用途使用土地。"《城乡规划法》规定:"任何单位和个人都应当遵守经依法批准并公布的城乡规划,服从规划管理,并有权就涉及其利害关系的建设活动是否符合规划的要求向城乡规划主管部门查询。任何单位和个人都有权向城乡规划主管部门或者其他有关部门举报或者控告违反城乡规划的行为。城乡规划主管部门或者其他有关部门对举报或者控告,应当及时受理并组织核查、处理。"

4. 对土地违法行为予以惩处的重要依据

要保证土地规划的严格执行,就必须建立对于违反土地规划利用土地的行为依法进行惩处。而惩处的一个重要依据就是土地规划。《土地管理法》规定:"对违反土地利用总体规划擅自将农用地改为建设用地的,限期拆除在非法占用的土地上新建的建筑物和其他设施,恢复土地原状,对符合土地利用总体规划的,没收在非法占用的土地上新建的建筑物和其他设施,可以并处罚款;对非法占用土地单位的直接负责的主管人员和其他直接责任人员,依法给予处分;构成犯罪的,依法追究刑事责任。""无权批准征收、使用土地的单位或者个人非法批准占用土地的,超越批准权限非法批准占用土地的,不按照土地利用总体规划确定的用途批准用地的,或者违反法律规定的程序批准占用、征收土地的,其批准文件无效,对非法批准征收、使用土地的直接负责的主管人员和其他直接责任人员,依法给予处分;构成犯罪的,依法追究刑事责任。非法批准、使用的土地应当收回,有关当事人拒不归还的,以非法占用土地论处。""非法批准征收、使用土地,对当事人造成损失的,依法应当承担赔偿责任。"

三、国土空间规划体系的构建

构建国土空间规划体系,是中国共产党第十九次全国代表大会提出来的任务。十九大报告提出:"加强对生态文明建设的总体设计和组织领导,设立国有自然资源资产管理和自然生态监管机构,完善生态环境管理制度,统一行使全民所有自然资源资产所有者职责,统一行使所有国土空间用途管制和生态保护修复职责,统一行使监管城乡各类污染排放和行政执法职责。构建国土空间开发保护制度,完善主体功能区配套政策,建立以国家公园为主体的自然保护地体系。坚决制止和惩处破坏生态环境行为。"2019年5月,中共中央、国务院发布了《关于建立国土空间规划体系并监督实施的若干意见》。为了保证国土空间规划与现行的土地利用总体规划的衔接。新修改的《土地管理法》对国土空间规划体系的法律地位作了明确规定:"国家建立国土空间规划体系。编制国土空间规划应当坚持生态优先,绿色、可持续发展,科学有序统筹安排生态、农业、城镇等功能空间,优化国土空间结构和布局,提升国土空间开发、保护的质量和效率。""经依法批准的国土空间规划是各类开发、保护、建设活动的基本依据。已经编制国土空间规划的,不再编制土地利用总体规划和城乡规划。""在根据本法第十八条的规定编制国土空间规划前,经依法批准的土地利用总体规划和城乡规划继续执行。"

从土地利用规划到国土空间规划,是规划体系的重大变革。变革的背景是:(1)适应生态文明建设的需要。生态文明建设,要求从更广泛的领域和更高的层次统筹安排土地资源和其它资源。

整体谋划新时代国土空间开发保护格局,综合考虑人口分布、经济布局、国土利用、生态环境保护等因素,科学布局生产空间、生活空间、生态空间,加快形成绿色生产方式和生活方式。(2)改革现行规划体系的弊端。对于现行规划体系的弊端,中共中央、国务院发布的《关于建立国土空间规划体系并监督实施的若干意见》作了准确的分析:"存在规划类型过多、内容重叠冲突、审批流程复杂、周期过长,地方规划朝令夕改等问题。"要求建立全国统一、责权清晰、科学高效的国土空间规划体系。

《中共中央 国务院关于建立国土空间规划体系并监督实施的若干意见》对于构建国土空间规划体系作出了具体部署。

一是明确了主要目标

到2020年,基本建立国土空间规划体系,逐步建立"多规合一"的规划编制审批体系、实施监督体系、法规政策体系和技术标准体系;基本完成市县以上各级国土空间总体规划编制,初步形成全国国土空间开发保护"一张图"。到2025年,健全国土空间规划法规政策和技术标准体系;全面实施国土空间监测预警和绩效考核机制;形成以国土空间规划为基础,以统一用途管制为手段的国土空间开发保护制度。到2035年,全面提升国土空间治理体系和治理能力现代化水平,基本形成生产空间集约高效、生活空间宜居适度、生态空间山清水秀,安全和谐、富有竞争力和可持续发展的国土空间格局。

二是确定了总体框架

(1)分级分类建立国土空间规划。国土空间规划是对一定区域国土空间开发保护在空间和时间上作出的安排,包括总体规划、详细规划和相关专项规划。国家、省、市县编制国土空间总体规划,各地结合实际编制乡镇国土空间规划。相关专项规划是指在特定区域(流域)、特定领域,为体现特定功能,对空间开发保护利用作出的专门安排,是涉及空间利用的专项规划。国土空间总体规划是详细规划的依据、相关专项规划的基础,相关专项规划要相互协同,并与详细规划做好衔接。

(2)明确各级国土空间总体规划编制重点。全国国土空间规划是对全国国土空间作出的全局安排,是全国国土空间保护、开发、利用、修复的政策和总纲,侧重战略性,由自然资源部会同相关部门组织编制,由党中央、国务院审定后印发。省级国土空间规划是对全国国土空间规划的落实,指导市县国土空间规划编制,侧重协调性,由省级政府组织编制,经同级人大常委会审议后报国务院审批。市县和乡镇国土空间规划是本级政府对上级国土空间规划要求的细化落实,是对本行政区域开发保护作出的具体安排,侧重实施性。需报国务院审批的城市国土空间总体规划,由市政府组织编制,经同级人大常委会审议后,由省级政府报国务院审批;其他市县及乡镇国土空间规划由省级政府根据当地实际,明确规划编制审批内容和程序要求。各地可因地制宜,将市县与乡镇国土空间规划合并编制,也可以几个乡镇为单元编制乡镇级国土空间规划。

(3)强化对专项规划的指导约束作用。海岸带、自然保护地等专项规划及跨行政区域或流域的国土空间规划,由所在区域或上一级自然资源主管部门牵头组织编制,报同级政府审批;涉及空间利用的某一领域专项规划,如交通、能源、水利、农业、信息、市政等基础设施,公共服务设施、军事设施,以及生态环境保护、文物保护、林业草原等专项规划,由相关主管部门组织编制。相关专项规划可在国家、省和市县层级编制,不同层级、不同地区的专项规划可结合实际选择编制的类型和精度。

（4）在市县及以下编制详细规划。详细规划是对具体地块用途和开发建设强度等作出的实施性安排,是开展国土空间开发保护活动、实施国土空间用途管制、核发城乡建设项目规划许可、进行各项建设等的法定依据。在城镇开发边界内的详细规划,由市县自然资源主管部门组织编制,报同级政府审批;在城镇开发边界外的乡村地区,以一个或几个行政村为单元,由乡镇政府组织编制"多规合一"的实用性村庄规划,作为详细规划,报上一级政府审批。

三是对规划编制中的一些重大问题作出了有针对性的规定

（1）体现战略性。全面落实党中央、国务院重大决策部署,体现国家意志和国家发展规划的战略性,自上而下编制各级国土空间规划,对空间发展作出战略性系统性安排。落实国家安全战略、区域协调发展战略和主体功能区战略,明确空间发展目标,优化城镇化格局、农业生产格局、生态保护格局,确定空间发展策略,转变国土空间开发保护方式,提升国土空间开发保护质量和效率。

（2）提高科学性。坚持生态优先、绿色发展,尊重自然规律、经济规律、社会规律和城乡发展规律,因地制宜开展规划编制工作;坚持节约优先、保护优先、自然恢复为主的方针,在资源环境承载能力和国土空间开发适宜性评价的基础上,科学有序统筹布局生态、农业、城镇等功能空间,划定生态保护红线、永久基本农田、城镇开发边界等空间管控边界以及各类海域保护线,强化底线约束,为可持续发展预留空间。坚持山水林田湖草生命共同体理念,加强生态环境分区管治,量水而行,保护生态屏障,构建生态廊道和生态网络,推进生态系统保护和修复,依法开展环境影响评价。坚持陆海统筹、区域协调、城乡融合,优化国土空间结构和布局,统筹地上地下空间综合利用,着力完善交通、水利等基础设施和公共服务设施,延续历史文脉,加强风貌管控,突出地域特色。坚持上下结合、社会协同,完善公众参与制度,发挥不同领域专家的作用。运用城市设计、乡村营造、大数据等手段,改进规划方法,提高规划编制水平。

(3)加强协调性。强化国家发展规划的统领作用,强化国土空间规划的基础作用。国土空间总体规划要统筹和综合平衡各相关专项领域的空间需求。详细规划要依据批准的国土空间总体规划进行编制和修改。相关专项规划要遵循国土空间总体规划,不得违背总体规划强制性内容,其主要内容要纳入详细规划。

(4)注重操作性。按照谁组织编制、谁负责实施的原则,明确各级各类国土空间规划编制和管理的要点。明确规划约束性指标和刚性管控要求,同时提出指导性要求。制定实施规划的政策措施,提出下级国土空间总体规划和相关专项规划、详细规划的分解落实要求,健全规划实施传导机制,确保规划能用、管用、好用。

四是建立了规划实施的新机制

(1)强化规划权威。规划一经批复,任何部门和个人不得随意修改、违规变更,防止出现换一届党委和政府改一次规划。下级国土空间规划要服从上级国土空间规划,相关专项规划、详细规划要服从总体规划;坚持先规划、后实施,不得违反国土空间规划进行各类开发建设活动;坚持"多规合一",不在国土空间规划体系之外另设其他空间规划。相关专项规划的有关技术标准应与国土空间规划衔接。因国家重大战略调整、重大项目建设或行政区划调整等确需修改规划的,须先经规划审批机关同意后,方可按法定程序进行修改。对国土空间规划编制和实施过程中的违规、违纪、违法行为,要严肃追究责任。

(2)改进规划审批。按照谁审批、谁监管的原则,分级建立国土空间规划审查备案制度。精简规划审批内容,限制管什么就批什么,大幅缩减审批时间。减少需报国务院审批的城市数量,直辖市、计划单列市、省会城市及国务院指定城市的国土空间总体规划由国务院审批。相关专项规划在编制和审查过程中应加强与有关国土空间规划的衔接及"一张图"的核对,批复后纳入同级国土空间基础信息平台,叠加到国土空间规划"一张图"上。

(3)健全用途管制制度。以国土空间规划为依据,对所有国土空间分区分类实施用途管制。在城镇开发边界内的建设,实行"详细规划+规划许可"的管制方式;在城镇开发边界外的建设,按照主导用途分区,实行"详细规划+规划许可"和"约束指标+分区准入"的管制方式。对以国家公园为主体的自然保护地、重要海域和海岛、重要水源地、文物等实行特殊保护制度。因地制宜制定用途管制制度,为地方管理和创新活动留有空间。

(4)监督规划实施。依托国土空间基础信息平台,建立健全国土空间规划动态监测评估预警和实施监管机制。上级自然资源主管部门要会同有关部门组织对下级国土空间规划中各类管控边界、约束性指标等管控要求的落实情况进行监督检查,将国土空间规划执行情况纳入自然资源执法督察内容。健全资源环境承载能力监测预警长效机制,建立国土空间规划定期评估制度,结合国民经济社会发展实际和规划定期评估结果,对国土空间规划进行动态调整完善。

中共中央国务院关于国土空间规划体系的总体设计既符合中国的国情,也与国际上规划体系的发展趋势是一致的。按照这个设计施工,一定能够在中国大地上形成先进的有中国特点的国土空间规划体系。但实施这个设计的过程,需要推进一系列的规划观念的变革。在当前,如何在理论上认识土地规划与国土空间规划之间的关系就是一个重要问题。在我看来,国土空间规划本质上仍属于土地规划,是土地规划的又一种表现形式。它仍然要以土地利用为基础。不同的是,它虽然是以土地为基础,但统筹的资源除了土地资源之外,还包括空间资源,不仅包括有形资源还包括无形资源。它除了耕地保护作为红线之外,还增加了生态保护为红线。但各类"空间需求"与空间资源"供给能力"之间的平衡,最终都要靠土地利用的安排来实现。

第四节 耕地保护制度的法理

土地发展权与耕地保护是一种矛盾的关系。凡划定为永久基本农田和土地规划确定为耕地的地域,其土地发展权或者禁止或者限制。因此,耕地保护制度应该结合土地发展权一起研究。

一、耕地保护制度的法律表现

耕地保护是土地法的重要制度。在法律上,它又有自己独特的表现形式。

(一) 耕地保护的法律地位

耕地保护的法律地位,是指在法律中耕地保护制度与其他制度的相互关系。从我国的《土地管理法》的规定看,耕地保护制度的法律地位主要表现为以下几个方面。

1. 基本国策

基本国策是指国家的基本政策。和其他政策相比较,基本国策具有长期性、根本性、稳定性的特点。在中国,称之为基本国策的有环境保护、计划生育。1998年《土地管理法》在草案公开征求意见的过程中,几位农民发电报提出将耕地保护作为基本国策的建议。全国人民代表大会常务委员会接受了这个建议,在《土地管理法》中把耕地保护确定为基本国策。"十分珍惜、合理利用土地和切实保护耕地是我国的基本国策。各级人民政府应当采取措施,全面规划,严格管理,保护、开发土地资源,制止非法占用土地的行为。"

2. 立法宗旨

立法宗旨是回答法律中法律制度的设立所要解决的问题,它是指导法律的执行、法律的解释、司法应该遵循的原则。《土地管理法》规定:"为了加强土地管理,维护土地的社会主义公有制,保护、开发土地资源,合理利用土地,切实保护耕地,促进社会经济的可持续发展,根据宪法,制定本法。"这说明,"切实保护耕地"是我国《土地管理法》的立法宗旨和目的。

3. 用途管制的目标

政府管理土地采用用途管制的方式。而用途管制作为手段,必须服从服务于管制的目标。在我国,耕地保护是实施用途管制的优先目标。《土地管理法》规定:"国家实行土地用途管制制度。""国家编制土地利用总体规划,规定土地用途,将土地分为农用地、建设用地和未利用地。严格限制农用地转为建设用地,控制建设用地总量,对耕地实行特殊保护。""国家保护耕地,严格控制耕地转为非耕地"。这里,对耕地实施的"特殊保护"的要求,就是作为优先目标。优先目标的意义就在于,当多个目标发生冲突时,服从优先目标。

(二)保护方式

对于耕地保护的方式,《土地管理法》确定了严格限制建设占用耕地、多种措施增加耕地、政府耕地保护责任制等三种方式。

1. 严格限制建设占用耕地

(1)确定建设占用土地的原则为不占或者少占耕地。《土地管理法》规定:"城市建设用地规模应当符合国家规定的标准,充分利用现有建设用地,不占或者尽量少占农用地。""非农业建设必须节约使用土地,可以利用荒地的,不得占用耕地;可以利用劣地的,不得占用好地。""禁止占用耕地建窑、建坟或者擅自在耕地上建房、挖砂、采石、采矿、取土等。""农村村民建住宅,应当符合乡(镇)土地利用总体规划、村庄规划,不得占用永久基本农田,并尽量使用原有的宅基地和村内空闲地。编制乡(镇)土地利用总体规划、村庄规划应当统筹并合理安排宅基地用地,改善农村村民居住环境和条件。"

(2)建立永久基本农田保护制度。《土地管理法》规定:"国家实行永久基本农田保护制度。下列耕地应当根据土地利用总体规划划为永久基本农田,实行严格保护:(一)经国务院农业农村主管部门或者县级以上地方人民政府批准确定的粮、棉、油、糖等重要农产品生产基地内的耕地;(二)有良好的水利与水土保持设施的耕地,正在实施改造计划以及可以改造的中、低产田和已建成的高标准农田;(三)蔬菜生产基地;(四)农业科研、教学试验田;(五)国务院规定应当划为永久基本农田的其他耕地。""各省、自治区、直辖市划定的永久基本农田一般应当占本行政区域内耕地的百分之八十以上,具体比例由国务院根据各省、自治区、直辖市耕地实际情况规定。""永久基本农田划定以乡(镇)为单位进行,由县级人民政府自然资源主管部门会同同级农业农村主管部门组织实施。永久基本农田应当落实到地块,纳入国家永久基本农田数据库严格管理。""乡(镇)人民政府应当将永久基本农田的位置、范围向社会公告,并设立保护标志。""永久基本农田经依法划定后,任何单位和个人不得擅自占用或者改变其用途。国家能源、交通、水利、军事设施等重点建设项目选址确实难以避让永久基本农田,涉及农用地转用或者土地征收的,必须经国务院批准。""禁止通过擅自调整县级土地利用总体规划、乡(镇)土地利用总体规划等方式规避永久基本农田、农用地转用或者土地征收的审批。"

(3)耕作层表土剥离制度。耕作层表土是经过漫长的岁月由大自然作用和人力改良土壤等多种方式形成的适合农作物生长的土壤,是极其宝贵的土地。因此,《土地管理法》规定:"县级以上地方人民政府可以要求占用耕地的单位将所占用耕地耕作层的土壤用于新开垦耕地、劣质地或者其他耕地的土壤改良。"

(4)不同于占用其他土地的审批制度。由于耕地保护的特殊地位,《土地管理法》设定了不同于占用其他土地的审批制度,建设占用耕地的审批无论在审批层级上还是审批条件上要比占用其它土地严格。从严审批,从立法的本意上考虑,就是要提高占用耕地的行政成本,达成尽量不占或少占耕地的目的。《土地管理法》规定:"征收下列土地的,由国务院批准:(一)永久基本农田;(二)永久基本农田以外的耕地超过三十五公顷的;(三)其他土地超过七十公顷的。""征收前款规定以外的土地的,由省、自治区、直辖市人民政府批准。"

2. 鼓励增加耕地的法律措施

尽管对建设占用耕地法律作了严格限制,但建设占用耕地是不可避免的。要保证粮食安全,还必须从"开源"的角度增加耕地。为此,《土地管理法》规定了一整套鼓励增加耕地的法律措施。

(1)占补平衡制度。《土地管理法》规定:"国家实行占用耕地补偿制度。非农业建设经批准占用耕地的,按照"占多少,垦多少"的原则,由占用耕地的单位负责开垦与所占用耕地的数量和质量相当的耕地;没有条件开垦或者开垦的耕地不符合要求的,应当按照省、自治区、直辖市的规定缴纳耕地开垦费,专款用于开垦新的耕地。"

(2)鼓励开垦未利用土地。我国土地中未利用土地潜力较大,但大都分布在生态脆弱地区。一方面要充分利用未利用土地的潜力,另一方面,则要充分考虑生态环境问题。对此,《土地管理法》从开发与保护相结合,把保护放在优先位置的原则出发,对未利用土地的利用作出规定:"国家鼓励单位和个人按照土地利用总体规划,在保护和改善生态环境、防止水土流失和土地荒漠化的前提下,开发未利用的土地;适宜开发为农用地的,应当优先开发成农用地。""国家依法保护开发者的合法权益。""开垦未利用的土地,必须经过科学论证和评估,在土地利用总体规划划定的可开垦的区域内,经依法批准后进行。禁止毁坏森林、草原开垦耕地,禁止围湖造田和侵占江河滩地。""根据土地利用总体规划,对破坏生态环境开垦、围垦的土地,有计划有步骤地退耕还林、还牧、还湖。""开发未确定使用权的国有荒山、荒地、荒滩从事种植业、林业、畜牧业、渔业生产的,经县级以上人民政府依法批准,可以确定给开发单位或者个人长期使用。"

(3)鼓励土地整理。土地整理是指对已经利用的土地按照新的目标通过工程手段进行改造的活动。从广义的土地整理角度看,土地整理包括:农地整理、市地整理和工矿地复垦。在我国,《土地管理法》中的"土地整理"专指农地整理。农地整理的目标是,增加面积、提高质量。我国土地整理潜力巨大。1998年至2007年间,全国通过土地整理补充耕地4042万亩。2001至2012年,全国通过土地整理新增加耕地5000多万亩,经过土地整理的耕地质量平均提升1—2个等级。① 对此,《土地管理法》规定:"国家鼓励土地整理。县、乡(镇)人民政府应当组织农村集体经济组织,按照土地利用总体规划,对田、水、路、林、村综合整治,提高耕地质量,增加有效耕地面积,改善农业生产条件和生态环境。""地方各级人民政府应当采取措施,改造中、低产田,整治闲散地和废弃地。"

(4)鼓励废弃工矿地复垦。《土地管理法》规定:"因挖损、塌陷、压占等造成土地破坏,用地单位和个人应当按照国家有关规定负责复垦;没有条件复垦或者复垦不符合要求的,应当缴纳土地复

---

① 甘藏春主编:《社会转型与中国土地管理制度改革》,中国发展出版社2014年,第148—149页。

垦费,专项用于土地复垦。复垦的土地应当优先用于农业。"

3. 耕地保护的政府责任

将政府确定为耕地保护的责任主体,是基于中国国情作出的制度安排。中国是政府主导型的发展模式,而耕地保护与当期的地方经济发展是矛盾的。将耕地保护的责任明确为地方政府的责任,有利于地方政府统筹保护与发展之间的关系。

(1) 省级政府承担耕地保护的主要责任

考虑到因经济发展情况不同,一些发展较快的县市难以实现耕地建设占用和补充的总量平衡。而在省域范围内,省级政府可以统筹省域内各个地方的土地资源,实现总量平衡是可行的。因此,明确省级政府承担耕地保护的主要责任是必要的。2004年,国务院发布了《深化改革严格土地管理的决定》规定:明确土地管理的权力和责任。调控新增建设用地总量的权力和责任在中央,盘活存量建设用地的权力和利益在地方,保护和合理利用土地的责任在地方各级人民政府,省、自治区、直辖市人民政府应负主要责任。在确保严格实施土地利用总体规划,不突破土地利用年度计划的前提下,省、自治区、直辖市人民政府可以统筹本行政区域内的用地安排,依照法定权限对农用地转用和土地征收进行审批,按规定用途决定新增建设用地土地有偿使用费地方分成部分的分配和使用,组织本行政区域内耕地占补平衡,并对土地管理法律法规执行情况进行监督检查。地方各级人民政府要对土地利用总体规划确定的本行政区域内的耕地保有量和基本农田保护面积负责,政府主要领导是第一责任人。地方各级人民政府都要建立相应的工作制度,采取多种形式,确保耕地保护目标落实到基层。

（2）耕地总量不减少、质量不降低是省级政府的责任

《土地管理法》规定："省、自治区、直辖市人民政府应当严格执行土地利用总体规划和土地利用年度计划，采取措施，确保本行政区域内耕地总量不减少、质量不降低。耕地总量减少的，由国务院责令在规定期限内组织开垦与所减少耕地的数量与质量相当的耕地；耕地质量降低的，由国务院责令在规定期限内组织整治。新开垦和整治的耕地由国务院自然资源主管部门会同农业农村主管部门验收。""个别省、直辖市确因土地后备资源匮乏，新增建设用地后，新开垦耕地的数量不足以补偿所占用耕地的数量的，必须报经国务院批准减免本行政区域内开垦耕地的数量，易地开垦数量和质量相当的耕地。"

（3）省级政府负责耕地"占补平衡"的监督

由于总量平衡的责任在省级政府，耕地的"占补平衡"是补充耕地的主渠道。因而，按照权责一致的原则，赋予省级政府的耕地"占补平衡"的监督权是合适的。《土地管理法》规定："省、自治区、直辖市人民政府应当制定开垦耕地计划，监督占用耕地的单位按照计划开垦耕地或者按照计划组织开垦耕地，并进行验收。"

（4）建立耕地保护责任的考核体系

2004年，国务院发布的《关于深化改革严格土地管理的决定》规定："建立耕地保护责任的考核体系。国务院定期向各省、自治区、直辖市下达耕地保护责任考核目标。各省、自治区、直辖市人民政府每年要向国务院报告耕地保护责任目标的履行情况。实行耕地保护责任考核的动态监测和预警制度。国土资源部会同农业部、监察部、审计署、统计局等部门定期对各省、自治区、直辖市耕地保护责任目标履行情况进行检查和考核，并向国务院报告。对

认真履行责任目标,成效突出的,要给予表彰,并在安排中央支配的新增建设用地土地有偿使用费时予以倾斜。对没有达到责任目标的,要在全国通报,并责令限期补充耕地和补划基本农田。对土地开发整理补充耕地的情况也要定期考核"。"严格土地管理责任追究制。对违反法律规定擅自修改土地利用总体规划的、发生非法占用基本农田的、未完成耕地保护责任考核目标的、征地侵害农民合法权益引发群体性事件且未能及时解决的、减免和欠缴新增建设用地土地有偿使用费的、未按期完成基本农田图件备案工作的,要严肃追究责任,对有关责任人员由上级主管部门或监察机关依法定权限给予行政处分。同时,上级政府要责令限期整改,整改期间暂停农用地转用和征地审批。具体办法由国土资源部会同有关部门另行制订。实行补充耕地监督的责任追究制,国土资源部门和农业部门负责对补充耕地的数量和质量进行验收,并对验收结果承担责任。省、自治区、直辖市国土资源部门和农业部门要加强监督检查。"

二、耕地保护制度的法理基础

耕地保护制度作为一项重要的法律制度,涉及到诸多的法理问题。我国土地法学对此论述不多。而法理基础不解决,不利于耕地保护制度的完善。

(一) 耕地保护制度的法律特征

什么是耕地保护制度?从法律意义上看,耕地保护制度是指国家根据公共利益的需要,对土地规划确定的耕地采取特殊保护措施的制度。它具有以下特征：

第一，保护的对象是土地规划确定的用途为耕地的土地。按照《土地管理法》的规定：我国"将土地分为农用地、建设用地和未利用地。""农用地是指直接用于农业生产的土地，包括耕地、林地、草地、农田水利用地、养殖水面等；建设用地是指建造建筑物、构筑物的土地，包括城乡住宅和公共设施用地、工矿用地、交通水利设施用地、旅游用地、军事设施用地等；未利用地是指农用地和建设用地以外的土地"。可耕地又可分为土地利用现状的"耕地"和规划确定为耕地用途的"耕地"。作为耕地保护制度保护对象的"耕地"是土地利用总体规划确定的"耕地"。《土地管理法》规定："国家实行土地用途管制制度。""国家编制土地利用总体规划，规定土地用途，将土地分为农用地、建设用地和未利用地。严格限制农用地转为建设用地，控制建设用地总量，对耕地实行特殊保护。"

第二，国家是基于公共利益的需要，来确定耕地保护的总量和划定耕地的范围。由于耕地保护对于某些土地所有权人和使用权人的发展利益有一定程度的减损，因而，公共利益的需要就是划定耕地保护范围的依据。公共利益的需要，在这里就表现为中国的粮食安全战略，也表现为中华民族的可持续发展。

第三，对耕地采取的是特殊保护措施。特殊保护是法律制度的要求。《土地管理法》规定："对耕地实行特殊保护"。特殊保护措施是与耕地之外的其它土地相比较而言的。从一般意义上讲，所有土地都是土地法保护的对象。耕地作为土地的一个种类，自然也属于保护对象之列。但是，和其它类别的土地相比，法律规定对耕地实行"特殊保护"措施，是指"更严格"的措施。集中在耕地的面积保护和质量保护两个方面。

(二) 特殊保护措施的法律性质

从《土地管理法》的规定看,对耕地的特殊保护措施就表现为对耕地用途的土地,对其土地发展权采取更为严格的限制甚至禁止的措施。对于永久性基本农田,原则上是禁止土地发展权和转为农用地的其它用途。对于普通耕地则是采取比其它土地更为严格的限制土地发展权的措施。

这些特殊保护措施在法律性质上应当认定为行政保护。它是基于耕地保护是国家义务。国家义务是一种普遍性的义务,属于财产权的社会义务范畴。所有国家机构、公民、法人都必须履行。而义务履行主要是通过行政法律关系而落实的。这是理解我国耕地保护制度的法理钥匙。

特殊保护措施是否可以请求政府补偿？如前所述,对耕地的特殊保护措施实质上是特殊限制甚至是禁止措施,对于某些耕地的所有权人和使用权人利益造成实际的减损。对于这种情况权利人是否可以向政府提出补偿的请求？这是一个需要探讨研究的问题。在我看来,耕地的权利人对这种特殊保护措施不具有提出补偿请求的正当性。

第一,这种特殊保护措施没有造成权利人利益的实际和明显的减少和损失,只是对未来预期利益有可能造成减损。划入土地利用总体规划的耕地,其现状就是耕地,并且因为是耕地还享受政府的各种扶持措施,实际的利益是增加的。而补偿只能是以造成实际而明显的损害为条件的。按照财产权补偿的"可期待(忍受)性"理论,对于限制财产权的措施应根据该措施的严重性、重要性和损害程度的轻重程度来判断,是否给予补偿。凡属轻微侵犯人民可以期待忍受的,可不予补偿。

第二,这种特殊保护措施是对土地利用规划确定的耕地普遍适用的。实际情况是,除了少量的城郊结合部或者交通沿线具有改变土地用途而增值外,绝大多数耕地并不具备改变用途形成增值的可能性。

虽然我们认为国家对于采取的耕地特殊保护措施不应该补偿,但并不意味着国家对于耕地保护放弃责任。其中一项重要的责任就是支持耕地保护,包括资金、优惠政策等。这也是政府义务的履行方式。

(三)耕地保护制度的法律关系

我国的耕地保护制度就其内容上划分,是由两种不同的措施组成的。即限制措施和鼓励措施。仔细研究,这两种措施的法律关系呈现出不同的特点。

就限制措施而言,其法律关系具有以下特点:一是,法律关系的主体为政府、耕地的权利人、建设占用耕地的土地使用人。二是,连结这三者之间关系的纽带是义务和行政责任。就耕地的权利人而言,他被要求的义务是不得擅自改变耕地的用途。对于需要占用耕地进行建设的土地使用人,必须履行补充耕地的义务;对于政府来说,它要履行土地利用总体规划确定的耕地总量不减少,质量不降低的责任。因此,这种法律关系的性质当属行政法律关系。

就鼓励措施而言,其法律关系的特点是:一是,法律关系的主体为政府、土地复垦者、土地整理者、未利用土地开发者。二是法律关系主体之间的关系具有行政法律关系和民事法律关系交织的特点。就土地复垦而言,复垦的义务人是土地的"破坏人","谁破坏,谁复垦"是土地复垦的法定原则。土地复垦义务就其性质而言是行政义务。土地整理按照一般道理应该由农用土地的所有权人、承包经营权人负责,但在中国,为了扶持农业,扶助耕地的所有权人和承包经营权人,由政府投入资金组织土地整理,然后再将整理的土地交给土地的所有权人或者承包经营权人。从这个意义上讲,政府是义务人,也属于行政义务。就未利用土地的开发而言,法律规定"国家依法保护开发者的合法权益"。"开发未确定使用权的国有荒山、荒地、荒滩从事种植业、林业、畜牧业、渔业生产的,经县级以上人民政府依法批准,可以确定给开发单位或者个人长期使用。"未利用地开发利用涉及的是政府与土地开发者之间的关系,政府具有双重角色,一方面作为公共管理机构,要对土地开发行为进行监管,政府与土地开发者之间的关系是行政法律关系。另一方面,政府作为国有土地的所有权人的实际代表人,对于土地开发者的开发行为或者进行补偿,或者"确定给开发单位或者个人长期使用",又是平等主体之间的民事法律关系。

第五章 土地征收

土地征收制度是近年来国内关注度最高讨论最热烈的问题。究其原因,就在于随着城镇化工业化进程的加快,公民民主法治意识特别是财产权保护意识的提高,加上一段时间内土地征收过程中暴露出的分配问题和暴力强拆问题的不断出现。引发了学术界甚至社会各界的高度关注。

第一节 土地征收制度的学理基础

一、土地征收制度的概念及其历史发展

1. 土地征收的概念和特征

土地征收是指国家为了公共利益或者公共目的的需要,依照宪法和法律的规定,强制转移土地权利人的土地所有权或其它土地权利,并给予公平合理补偿的制度。

其特征是:法律性、强制性、公共目的性、权利转移性、正当程序性、补偿性。

2. 近代土地征收制度

近代意义的土地征收制度是在资产阶级反抗封建专制统治的过程中确立的,是资产阶级革命取得胜利的产物。

从一般意义上讲,在任何社会,只要有社会共同体的存在,为了共同体的共同需要,都会发生涉及对私人土地的占用和使用问题。比如,修筑道路,水利设施,城墙,军事设施,学校,宗教场所,等等。但由于所需数量不大,并不构成征收。在中世纪,普通民众有着为公共设施放弃土地的传统,国王也有可能视不同的情况给予补偿。英国虽然自12世纪后,确立了国王修筑王宫为公共利益,应当给予土地所有人补偿。但总体上讲,严格规范普适性的土地征收制度并没有建立。因为它的适用范围非常狭窄。在中世纪的法国,私人财产权不受法律保护,统治者是土地所有权人,私人只有使用权,并可由所有权人随时收回。"溥天之下,莫非王土。率土之滨,莫非王臣"。在这种制度背景下,自然不可就出现近代意义的土地征收制度。

土地征收制度的萌芽最早出现在英国。征收土地的公共性和补偿性一直是英国的传统。1215年的《大宪章》第39条规定,非依法律,国王不得武断征收自由民的财产。尽管有了土地征收的公共性和补偿性的历史传统,也有了《大宪章》的约束,但近代意义的土地征收制度并没有从英国诞生。历史是以这样的画面来嘲讽英国的。从12—13世纪开始,英国开始了"羊吃人"为特征的"圈地运动"。"圈地运动"刚开始只是对荒地进行圈占,到了16—17世纪则演化为对大量农地的圈占。一直到1850年以后,圈地运动才基本停止。前后持续近600年。资本主义原始积累就是一部血淋淋的历史。到1845年,英国颁布了《土地条款统一法》,英国才出现了近代意义的土地征收制度。

近代意义的土地征收制度最先在法国建立。1789年,法国大革命爆发。作为大革命的胜利成果的《人权宣言》第17条规定:"人民私有财产权为神圣不可侵犯的权利,非依法律认定为公共需要,并先履行公平补偿,不得加以剥夺。"1791年制定的宪法在序言中,重申了这一原则,但将"公共需要"改为"公共用途"。到1810年又颁布了《公用征收法》。1804年的《民法典》第545条规定"所有权仅能依先行补偿而加以剥夺。"这样,作为近代意义的普适性的土地征收制度就确立下来了。随后,德国于1794年在《普鲁士一般邦法》序章第74条规定:国家成员之个别权利和利益,如与促进公共福祉之权利及义务发生实际冲突时,个别之权利及利益应予让步。第75条规定:对于因公共福祉而牺牲权利及利益之人,国家应予补偿。到19世纪中叶,德国各邦宪法中都有类似的规定。[1]

伴随着城市化工业化的进程,西方土地征收制度一直在调整中。土地征收制度的核心是如何在保护私人土地财产权与推动城市化工业化顺利进行之间寻找平衡。西方国家从建立土地征收制度的第一天起就经历了从理想到现实的挑战。平衡点从以保护私人土地财产权为中心逐步转变为以推动经济发展为中心,也就是在保证满足城市化工业化对土地的需求的基础上保护私人的土地财产权。其表现是:放宽土地征收的范围,从单纯的土地所有权扩展到所有的土地权利;放宽对公共利益的解释,征收的目的不再是

---

[1] 参见,刘平主编:《征收征用与公民财产权保护》,上海人民出版社2012年,第59页。

仅限于特定的具体的公用事业,而是拓展到一般意义或者抽象意义上的公共利益,从而为征收机关根据具体情况认定提供了法律空间;征收的补偿原则调整为适当补偿;放宽程序控制,美国的法律制度是以强调"正当程序"为代表的,但近年来,随着公共交通、运输、城市改造等事业的迅猛发展,土地征收的项目越来越多,传统土地征收的法律程序的低效率的弊端日益显现。为应对这一挑战,联邦政府和一些州制定或修改法律,允许政府在向法院提供了押金或者担保的情况下,"立即"或者"快速征收"土地。快速征收与正常征收在程序上最大的区别就在于允许征收方在补偿的司法判决下达前可以提前占用土地。

二、土地征收制度的宪法基础

(一) 土地征收首先是宪法问题

土地征收制度必须以宪法为其法律基础,是指土地征收制度是宪法制度的重要内容,必须通过宪法直接规范和调整。比较各国宪法中关于土地征收制度的规定,虽然具体的表述有所不同,但其基本要素则是一致的:财产权的保护、土地征收权行使受公共利益的限制、对被征收的土地所有权给予补偿。这三点就构成了现代土地征收制度的宪法基础,无论是随后的立法还是行政或者司法,都必须宪法为依据。

土地征收问题首先是宪法问题。土地征收制度的原则必须由根本大法来确定。还意味着,凡是没有宪法基础的土地征收制度,就不具有合法性。

第一,土地是最重要的财产权,"无恒产者无恒心",对土地财产权的保护,关乎整个经济社会的稳定。特别是作为资产阶级革命的产物,保护财产权不受侵犯是资产阶级革命的重要胜利成果,需要用根本大法的形式确立。另一方面,土地征收制度则是对土地财产权的侵犯和剥夺,也需要用宪法来规制。

第二,从宪法理论的角度看,财产权是最重要的人权。在宪法理论中,人权的保障有直接保障与间接保障两种情形。所谓直接保障,是指对某项人权由宪法直接保障,没有经过宪法直接授权,不得限制和剥夺。所谓间接保障,则是指通过法律来保障,对人权由法律来保障,未经法律授权,不得限制和剥夺。土地财产权作为最重要的人权,各国无一例外采取了直接保障方式。

第三,从各国宪法的规定看,各国宪法关于土地征收权授权的对象都是国家而不是政府。这就意味着,无论是立法、行政、司法活动都必须在宪法设定的制度框架内进行。

(二) 我国的财产权保护与土地征收制度的历史轨迹

我国在私有财产的保护和土地征收制度的规制上,走过了与西方国家不同的路径。西方国家走了一条从保护私有财产神圣不可侵犯严格限制国家的土地征收权出发,逐步向限制所有权的行使放松土地征收权的限制的路径,而在我国,则从消灭私有制的社会革命出发,再经过改革开放,确认保护私有财产的合法利益的路径。这种不同,是观察研究中国土地征收制度的出发点,而又是许多研究土地征收制度的学者忽略的问题。我们看看我国宪法关于这方面规定的历史沿革,就可以对这个问题有比较清醒的认识。

1. 1949年《共同纲领》

1949年9月29日中国人民政治协商会议第一届全体会议通过的《共同纲领》,是中国起过临时宪法作用的文献。对于新中国的财产保护政策主要体现在以下几个方面:第3条规定:"中华人民共和国必须取消帝国主义国家在中国的一切特权,没收官僚资本归人民的国家所有,有步骤地将封建半封建的土地所有制改变为农民的土地所有制,保护国家的公共财产和合作社的财产,保护工人、农民、小资产阶级和民族资产阶级的经济利益及其私有财产,发展新民主主义的人民经济,稳步地变农业国为工业国。"第26条规定:"中华人民共和国经济建设的根本方针,是以公私兼顾、劳资两利、城乡互助、内外交流的政策,达到发展生产、繁荣经济的目的。国家应在经营范围、原料供给、销售市场、劳动条件、技术设备、财政政策、金融政策等方面,调剂国营经济、合作社经济、农民和手工业者的个体经济、私人资本主义经济和国家资本主义经济,使各种社会经济成分在国营经济领导之下,分工合作,各得其所,以促进整个社会经济的发展。"第27条规定:"土地改革为发展生产力和国家工业化的必要条件。凡已实行土地改革的地区,必须保护农民已得土地的所有权。凡尚未实行土地改革的地区,必须发动农民群众,建立农民团体,经过清除土匪恶霸、减租减息和分配土地等项步骤,实现耕者有其田。"第28条规定:"国营经济为社会主义性质的经济。凡属有关国家经济命脉和足以操纵国民生计的事业,均应由国家统一经营。凡属国有的资源和企业,均为全体人民的公共财产,为人民共和国发展生产、繁荣经济的主要物质基础和整个社会经济的领导力量。"第29条规定:"合作社经济为半社会主义性质的经济,为整个人民经济的一个重要组成部分。人民政府应扶助其发展,并给以优待。"第 30 条规定:"凡有利于国计民生的私营经济事业,人民政府应鼓励其经营的积极性,并扶助其发展。"第 31 条规定:"国家资本与私人资本合作的经济为国家资本主义性质的经济。在必要和可能和条件下,应鼓励私人资本向国家资本主义方向发展,例如为国家企业加工,或与国家全营,或用租借形式经营国家的企业,开发国家的富源等"。从《共同纲领》的这些规定看,对私有财产保护的政策,依据的是新民主主义的理论,保护并逐步过渡到社会主义公有制。并且,没有土地征收的条款。但是《共同纲领》通过不久,1953 年 12 月,经中央人民政府委员会主席批准,政务院发布了《国家建设征用土地办法》,成为新中国的第一个关于土地征用的法律。这个法律,对于新中国的土地征收制度的发展起了奠基作用。它规定,征用土地是要解决"国家建设"的用地需要,"国家建设"的范围包括:兴建国防工程、厂矿、铁路、交通、水利工程、市政建设及其他经济、文化建设等所需土地(第 2 条),对于非国家建设用地,"私营经济企业私营文教事业用地,得向省(市)以上政府提出申请,获得批准后由当地人民政府援用本办法,代为征用(第 19 条)";征用的对象既包括私有土地也包括国有土地、公有土地,既包括农村土地也包括城市土地(第 8 条);确定了补偿的原则,征用公有土地及城市郊区国有农用地,对耕种该土地的农民"适当补助",征用在城市市区内的建设用地,则采用公平合理的原则补偿(第 9 条)。

2. 1954 年宪法

我国土地征收制度是由 1954 年宪法正式确立的。1954 年 9 月 20 日第一届全国人民代表大会通过了《中华人民共和国宪法》,宪法对土地征收制度作了明确规定:

第 4 条规定"中华人民共和国依靠国家机关和社会力量,通过社会主义工业化和社会主义改造,保证逐步消灭剥削制度,建立社会主义社会"。

第 5 条规定:"中华人民共和国的生产资料所有制现在主要有下列各种:国家所有制,即全民所有制;合作社所有制,即劳动群众集体所有制;个体劳动者所有制;资本家所有制。"

第 6 条规定:"国营经济是全民所有制的社会主义经济,是国民经济中的领导力量和国家实现社会主义改造的物质基础。国家保证优先发展国营经济。矿藏、水流,由法律规定为国有的森林、荒地和其他资源,都属于全民所有。"

第 7 条规定:"合作社经济是劳动群众集体所有制的社会主义经济,或者是劳动群众部分集体所有制的半社会主义经济。劳动群众部分集体所有制是组织个体农民、个体手工业者和其他个体劳动者走向劳动群众集体所有制的过渡形式。国家保护合作社的财产,鼓励、指导和帮助合作社经济的发展,并且以发展生产合作为改造个体农业和个体手工业的主要道路。"

第 8 条规定:"国家依照法律保护农民的土地所有权和其他生产资料所有权。国家指导和帮助个体农民增加生产,并且鼓励他们根据自愿的原则组织生产合作、供销合作和信用合作。国家对富农经济采取限制和逐步消灭的政策。"

第 9 条规定:"国家依照法律保护手工业者和其他非农业的个体劳动者的生产资料所有权。国家指导和帮助个体手工业者和其他非农业的个体劳动者改善经营,并且鼓励他们根据自愿的原则组织生产合作和供销合作。"

第 10 条规定:"国家依照法律保护资本家的生产资料所有权

和其他资本所有权。国家对资本主义工商业采取利用、限制和改造的政策。国家通过国家行政机关的管理、国营经济的领导和工人群众的监督,利用资本主义工商业的有利于国计民生的积极作用,限制它们的不利于国计民生的消极作用,鼓励和指导它们转变为各种不同形式的国家资本主义经济,逐步以全民所有制代替资本家所有制。国家禁止资本家的危害公共利益、扰乱社会经济秩序、破坏国家经济计划的一切非法行为。"

第 11 条规定:"国家保护公民的合法收入、储蓄、房屋和各种生活资料的所有权。"

第 12 条规定:"国家依照法律保护公民的私有财产的继承权。"

第 13 条规定:"国家为了公共利益的需要,可以依照法律规定的条件,对城乡土地和其他生产资料实行征购、征用或者收归国有。"

综合宪法这些条款分析,有以下几个特点:第一,继承了《共同纲领》的原则,仍然是以新民主主义理论为基础;第二,既立足当时财产权的现实状况,又着眼于社会主义改造的未来需要,具有过渡性;第三,确定了土地征收的"公共利益"的属性。并且确定了三种形式:征购、征用、收归国有。

1954 年宪法颁布后,1957 年 10 月国务院对 1953 年《征用土地办法》进行了修改,经全国人民代表大会常务委员会批准后于 1958 年 1 月发布实施。新《办法》除了补充完善明确国家建设和非国家建设用地的范围外,属于制度性的变革就是将土地征用的对象从适用于所有城乡各类所有制的土地缩小至非国家所有范围,仅适用于城乡个人私有土地、农村生产合法社所有的土地。对于国有土地和公有土地则采用"核拨"和"拨用"方式。这种变化的主要原因是我国已经完成了生产资料所有制的社会主义改造任务。

3. 1975 年宪法

我国 1975 年的宪法,是在十年浩劫为标志的"文化大革命"期间制定的。它的指导思想是"无产阶级专政下继续革命"的极左思想,在当时的背景下,不可能提出保护私有财产的问题。在私有财产的保护上,它仅仅规定:

第 5 条规定:"中华人民共和国的生产资料所有制现阶段主要有两种:社会主义全民所有制和社会主义劳动群众集体所有制。国家允许非农业的个体劳动者在城镇街道组织、农村人民公社的生产队统一安排下,从事在法律许可范围内的,不剥削他人的个体劳动。同时,要引导他们逐步走上社会主义集体化的道路。"

第 6 条规定:"国营经济是国民经济中的领导力量。矿藏、水流,国有的森林、荒地和其他资源,都属于全民所有。国家可以依照法律规定的条件,对城乡土地和其他生产资料实行征购、征用或者收归国有。"

第 7 条 规定"农村人民公社是政社合一的组织。现阶段农村人民公社的集体所有制经济,一般实行三级所有、队为基础,即以生产队为基本核算单位的公社、生产大队和生产队三级所有。在保证人民公社集体经济的发展和占绝对优势的条件下,人民公社社员可以经营少量的自留地和家庭副业,牧区社员可以有少量的自留畜。"

第 8 条 规定:"社会主义的公共财产不可侵犯。国家保证社会主义经济的巩固和发展,禁止任何人利用任何手段,破坏社会主义经济和公共利益。"

第 9 条规定:国家实行"不劳动者不得食","各尽所能、按劳分配"的社会主义原则。国家保护公民的劳动收入、储蓄、房屋和各种生活资料的所有权。

从这些规定看,国家只保护生活资料所有权,房屋所有权。在土地征用制度上,删除了"公共利益"的规定。这种制度安排是与当时社会的现实是吻合的。当时"兴无灭资",除了公共利益集体利益国家利益,不承认私人利益。1978 年宪法虽然是在"文化大革命"结束后制定的。但由于在指导思想没有完成拨乱反正的历史任务,在财产权保护问题上,仍然继承了 1975 年宪法的规定。

4. 1982 年宪法

开始实现历史性转变的是 1982 年宪法。而转变是从 1982 年宪法实施后,伴随着改革开放的历史进程,通过对宪法的多次修改逐步完成的。

对于 1982 年宪法关于财产权的保护问题,彭真(1902—1997)同志代表宪法修改委员会作的《关于中华人民共和国宪法修改草案的报告》作了全面准确的阐述:

> "宪法修改草案正确地反映了社会主义经济制度在我国已经确立起来和正在发展壮大的事实,肯定了生产资料的社会主义公有制是我国社会主义经济制度的基础。
>
> 我国的社会主义公有制有全民所有制和劳动群众集体所有制这两种形式。宪法修改草案规定:'国营经济是社会主义全民所有制经济,是国民经济中的主导力量。'这是保证劳动群众集体所有制经济沿着社会主义方向前进,保证个体经济为社会主义服务,保证整个国民经济的发展符合于劳动人民

的整体利益和长远利益的决定性条件。草案规定,在自然资源中,矿藏、水流完全属于国家所有;森林、山岭、草原、荒地、滩涂等除由法律规定属于集体所有的以外,都属于国家所有。国家所有的某些资源,经国家允许,还可以划出一定范围由集体经济组织以至个人使用。

劳动群众集体所有制是我国农村的主要经济形式,它适合于我国现阶段农业生产力的状况。在农村,除了人民公社的形式以外,还存在和发展着农业生产合作社和其他生产、供销、信用、消费等各种形式的合作经济。在城镇,也不能由国营经济包办一切,无论是在商业和服务业中,还是在手工业、工业、建筑业和运输业等行业中,都有相当的部分适合于发展集体所有制的合作经济。宪法修改草案规定:'国家保护城乡集体经济组织的合法的权利和利益,鼓励、指导和帮助集体经济的发展。'

关于土地的所有权问题,宪法修改草案从我国的现实状况出发,作出了明确规定。城市的土地属于国家所有。农村和城市郊区的土地,除由法律规定属于国家所有的以外,属于集体所有。宅基地和自留地、自留山,归农户长期使用,但是不属于农户私有。对于集体所有的土地,国家为了公共利益的需要,可以依照法律实行征用。'任何组织或者个人不得侵占、买卖、出租或者以其他形式非法转让土地。'这些原则规定,对于保证国家的社会主义经济建设,特别是保证农业经济发展的社会主义方向,具有重大的意义。这里需要说明一下,草案第十条中原来是把镇的土地和农村、城市郊区一律看待的。全民讨论中有人指出,全国各地情况不同,有些地方镇的建制较大,今后还要发展,实际上是小城市。因此删去了有关镇的规定。镇的土地所有权问题,可以根据实际情况分别处理。

在城市和农村,劳动者个体经济在相当长的时期内还有必要存在并有一定程度的发展。宪法修改草案确认,在法律规定范围内的城乡劳动者个体经济,是社会主义公有制经济的补充;国家保护个体经济的合法的权利和利益,并通过行政管理,对个体经济进行指导、帮助和监督。草案还规定:'参加农村集体经济组织的劳动者,有权在法律规定的范围内经营自留地、自留山、家庭副业和饲养自留畜。'

总起来说,国营、集体和个体这三种经济,各在一定范围内有其优越性,虽然它们的地位和作用不同,但都是不可缺少的。个体经济在整个国民经济中所占比重不大,它的存在并不妨碍社会主义公有制是我国经济制度的基础和它的顺利发展。我们要在坚持国营经济占主导地位的前提下,发展多种形式的经济,以利于整个国民经济的繁荣。

社会主义公有制的确立,为消除社会生产的无政府状态,实行计划经济,提供了客观的可能性。计划经济是社会主义经济的基本制度,也是社会主义制度优越于资本主义制度的重要标志。我国的国民经济必须有计划地发展,而计划管理体制又必须适合于我国存在着多种经济形式的具体情况和经济发展的现实水平。宪法修改草案在明确肯定'国家在社会主义公有制基础上实行计划经济'的同时,规定'国家通过经济计划的综合平衡和市场调节的辅助作用,保证国民经济按比例地协调发展。'这就是说,国家应当把基本的生产和流通纳入统一的计划,包括指令性计划和指导性计划;至于在统一计划以外的其他产品,则允许生产这些产品的企业根据市场供求的变化灵活地自行安排生产。为了保证社会经济的正常运行和国家计划的权威性,草案规定:'禁止任何组织或者个人扰乱社会经济秩序,破坏国家经济计划。'

鉴于过去国家在计划管理上存在着统得过多、过死的毛病,除了需要根据不同情况采取多种计划形式以外,还需要把国家计划的统一领导和生产单位的自主性结合起来,给企业以不同范围的自主权。宪法修改草案规定:'国营企业在服从国家的统一领导和全面完成国家计划的前提下,在法律规定的范围内,有经营管理的自主权。''集体经济组织在接受国家计划指导和遵守有关法律的前提下,有独立进行经济活动的自主权。'此外,草案还规定要'实行各种形式的社会主义责任制'。所有这些,对于调动生产单位和劳动者的积极性、主动性,搞活经济,群策群力推进社会主义现代化建设,具有重大的意义。

社会主义公有制的确立,消灭了人剥削人的制度,各尽所能、按劳分配成为社会主义经济的一项基本制度。宪法修改草案再一次把它肯定下来。按劳分配是同各尽所能相联系的。实行按劳分配,应当从思想上要求劳动者并且从物质利益上鼓励劳动者尽其所能地为社会劳动。在社会主义社会中,固然还没有条件使所有人的才能都得到全面的发展,但是同剥削制度的社会相比,劳动的性质已经发生了根本的变化。草案规定:'国营企业和城乡集体经济组织的劳动者都应当以国家主人翁的态度对待自己的劳动。'从社会方面来说,劳动是有计划有组织的,既要使劳动者按照他们劳动的数量和质量取得应得的报酬,又要为劳动者发展他们的才能尽可能地创造条件。"

从宪法的这些内容看,一是确立了公有制的两种形式。全民所有制和集体所有制。二是确立了城市土地属于国家所有。三是土地征用制度恢复了"公共利益"的限定,同时将征购征用和收归国有合并为征用一种形态。

随着改革开放的进程,宪法开始了多次修改。

1988年4月12日第七届全国人民代表大会第一次会议将宪法第11条增加规定:"国家允许私营经济在法律规定的范围内存在和发展。私营经济是社会主义公有制经济的补充。国家保护私营经济的合法权利和利益,对私营经济实行引导、监督和管理。"宪法第10条第四款"任何组织或者个人不得侵占、买卖、出租或者以其他形式非法转让土地。"修改为:"任何组织或个人不得侵占、买卖或者以其他形式非法转让土地,土地的使用权可以依照法律的规定转让。"

1993年3月29日第八届全国人民代表大会第一次会议对1982年宪法进行了第二次修改。涉及到经济制度内容的主要有:

将宪法第7条:"国营经济是社会主义全民所有制经济,是国民经济中的主导力量。国家保障国营经济的巩固和发展。"修改为:"国有经济,即社会主义全民所有制经济,是国民经济中的主导力量。国家保障国有经济的巩固和发展。"

将宪法第8条第一款:"农村人民公社、农业生产合作社和其他生产、供销、信用、消费等各种形式的合作经济,有权在法律规定的范围内经营自留地、自留山、家庭副业和饲养自留畜。"修改为："农村中的家庭联产承包为主的责任制和生产、供销、信用、消费等各种形式的合作经济,是社会主义劳动群众集体所有制经济。参加农村集体经济组织的劳动者,有权在法律规定的范围内经营自留地、自留山、家庭副业和饲养自留畜。"

将宪法第 15 条："国家在社会主义公有制基础上实行计划经济。国家通过经济计划的综合平衡和市场调节的辅助作用,保证国民经济按比例地协调发展。""禁止任何组织或者个人扰乱社会经济秩序,破坏国家经济计划。"修改为："国家实行社会主义市场经济。""国家加强经济立法,完善宏观调控。""国家依法禁止任何组织或者个人扰乱社会经济秩序。"

将宪法第 16 条："国营企业在服从国家的统一领导和全面完成国家计划的前提下,在法律规定的范围内,有经营管理的自主权。""国营企业依照法律规定,通过职工代表大会和其他形式,实行民主管理。"修改为："国有企业在法律规定的范围内有权自主经营。""国有企业依照法律规定,通过职工代表大会和其他形式,实行民主管理。"

将宪法第 17 条："集体经济组织在接受国家计划指导和遵守有关法律的前提下,有独立进行经济活动的自主权。""集体经济组织依照法律规定实行民主管理,由它的全体劳动者选举和罢免管理人员,决定经营管理的重大问题。"修改为："集体经济组织在遵守有关法律的前提下,有独立进行经济活动的自主权。""集体经济组织实行民主管理,依照法律规定选举和罢免管理人员,决定经营管理的重大问题。"

1999 年 3 月 15 日第九届全国人民代表大会第二次会议对

1982年宪法进行了第三次修改。涉及经济制度内容的主要有：

将宪法第6条："中华人民共和国的社会主义经济制度的基础是生产资料的社会主义公有制，即全民所有制和劳动群众集体所有制。""社会主义公有制消灭人剥削人的制度，实行各尽所能，按劳分配的原则。"修改为："中华人民共和国的社会主义经济制度的基础是生产资料的社会主义公有制，即全民所有制和劳动群众集体所有制。社会主义公有制消灭人剥削人的制度，实行各尽所能、按劳分配的原则。""国家在社会主义初级阶段，坚持公有制为主体、多种所有制经济共同发展的基本经济制度，坚持按劳分配为主体、多种分配方式并存的分配制度。"

将宪法第8条第一款："农村中的家庭联产承包为主的责任制和生产、供销、信用、消费等各种形式的合作经济，是社会主义劳动群众集体所有制经济。参加农村集体经济组织的劳动者，有权在法律规定的范围内经营自留地、自留山、家庭副业和饲养自留畜。"修改为："农村集体经济组织实行家庭承包经营为基础、统分结合的双层经营体制。农村中的生产、供销、信用、消费等各种形式的合作经济，是社会主义劳动群众集体所有制经济。参加农村集体经济组织的劳动者，有权在法律规定的范围内经营自留地、自留山、家庭副业和饲养自留畜。"

将宪法第11条："在法律规定范围内的城乡劳动者个体经济，是社会主义公有制经济的补充。国家保护个体经济的合法的权利和利益。""国家通过行政管理，指导、帮助和监督个体经济。""国家允许私营经济在法律规定的范围内存在和发展。私营经济是社会主义公有制经济的补充。国家保护私营经济的合法的权利和利益，对私营经济实行引导、监督和管理。"修改为："在法律规定范围内的个体经济、私营经济等非公有制经济,是社会主义市场经济的重要组成部分。""国家保护个体经济、私营经济的合法的权利和利益。国家对个体经济、私营经济实行引导、监督和管理。"

2004年3月14日第十届全国人民代表大会第二次会议对1982年宪法进行了第四次修改。将宪法第10条第三款"国家为了公共利益的需要,可以依照法律规定对土地实行征用。"修改为:"国家为了公共利益的需要,可以依照法律规定对土地实行征收或者征用并给予补偿。"

将宪法第11条第二款"国家保护个体经济、私营经济的合法的权利和利益。国家对个体经济、私营经济实行引导、监督和管理。"修改为:"国家保护个体经济、私营经济等非公有制经济的合法的权利和利益。国家鼓励、支持和引导非公有制经济的发展,并对非公有制经济依法实行监督和管理。"

将宪法第13条"国家保护公民的合法的收入、储蓄、房屋和其他合法财产的所有权。""国家依照法律规定保护公民的私有财产的继承权。"修改为:"公民的合法的私有财产不受侵犯。""国家依照法律规定保护公民的私有财产权和继承权。""国家为了公共利益的需要,可以依照法律规定对公民的私有财产实行征收或者征用并给予补偿。"

2004年的宪法修改,对于财产权保护制度和土地征收制度的影响意义深远而重大。一是确立了合法的私有财产权不受侵犯的原则;二是完善了土地征收制度的内容,将征收征用相分离;三是确定了对公民私有财产实行征收征用,必须符合公共利益并给予补偿的原则。至此,我们才能说我国完善的宪法关于财产保护制度和土地征收制度已经形成。

(三）土地征收权的法理基础

研究土地征收问题，说明了土地征收制度必须以宪法为基础，只是回答了问题的一部分。更重要的是还必须说明宪法确立土地征收权的理论依据，这就是土地征收权的法理基础。

西方国家关于土地征收权的法理假说经历了一个不断发展不断提炼的过程。不同的社会发展阶段，有不同的理论假说。

1. 国家主权权能说

国家主权权能说是西方在自由竞争资本主义时期占统治地位的理论。该学说最早由荷兰著名法学家格劳秀斯提出。他认为，财产权之所以可以被征收，是因为领主对臣民有"最高统治权"，如果有"合法理由"，并且以"公共用途"为目的，人民的财产权即可被征收，无需特别的法律作依据。① 作为西方启蒙思想家，格劳秀斯是系统阐述理性自然法的第一人，但创立主权学说的则是法国自然科学家博丹。他在《国家论六卷》中，第一次明确提出了主权概念"主权就是超越于一切公民与属民之上不受任何限制的最高权力"②。博丹认为，"国家是由许多家庭及共同财产所组成的，具有一种最高主权的合法政府。"③博丹提出的主权学说得到了同一时期的思想家格劳秀斯和霍布斯的响应。他们分别对主权问题进行了阐述，既有相同的一面又有不同的一面，特别是对待财产权的征收问题的主张不尽相同。他们的相同观点是：主权具有至高无上，不可分割，不可转让的性质；主权是国家的本质特征。在对待

---

① 参见，刘平主编：《征收征用与公民财产权保护》，上海人民出版社2012年，第59页。

②③ 同上书，第37页。

财产权的保护问题上,博丹认为,财产权和主权性质不同,主权者无权侵犯家庭的私有财产。格劳秀斯则主张,主权就是国家的最高统治权,当人们订立契约成立国家的时候,就把权力交给了君主,并对君主负有服从义务。霍布斯则认为,人民的一切财产,土地的最高所有权属于主权者。

到了18世纪,卢梭在社会契约论的基础上提出了人民主权理论。他主张,人民通过订立社会契约,组成社会共同体,每一个社会共同体成员为了公共管理的需要,将自己的权利让渡出来,形成全体人民的意志,全体人民的意志就是主权,因此,主权属于人民。资产阶级在取得革命胜利后,将"人民主权"作为原则载入了宪法。这样,西方国家理论家也就形成了完整的土地征收权的法理基础。人民主权、"最高统治权"、"最高土地所有权"三位一体就构成了土地征收权的法理基础。

2. 社会连带关系说

社会连带说是在资本主义进入垄断资本义阶段,社会法学派兴起的背景下提出的。最早提出"社会连带"理论的是法国法学家狄骥。他是"社会所有权"的主张者。他认为,人们必须生活在社会中,人与人之间具有两种连带关系:同求的连带关系和分工的连带关系。社会连带关系是一切社会规范的基础,它就是客观法。是国家和法律的基础。据此,他反对自然法和国家主权理论。"人们相互有连带关系,即他们有共同的需要,只有通过互相服务才能使自己得到满足,因而,如果人们要想生存,就必须遵循连带关系的社会法则。连带关系不是行为规则,它是一个事实,一切人类社会的基本事实。"社会规则约束着社会的个人,要求个人对其他人负有义务,个人主观权利产生于其社会义务,是义务的产物,是其必须自由充分地履行社会义务。国家可以限制每个人的自由,只要这种自由有利于所有人的自由。社会成员应当为社会的存在和发展牺牲部分权利和利益,而社会则应以整体力量保障社会成员的生存发展,对其合法权益所遭受的损失和损害,应给予补偿。

3. 降低交易成本说

这是在资本主义进入当代,由美国所奉行的学说。采用的是法经济学的分析方法。这种学说认为,如果将政府征收财产权的过程看作政府在市场上购买财产的行为,将会出现两种情况:一种是当政府面临众多卖主时(买方市场),政府可以与多个卖主协商,没有必要用强制手段取得特定的一个卖主的财产;另一种情况是,当政府面对的是只有一个卖主的市场(卖方市场)时,卖主居垄断地位,他就可以以远远高于财产的价格来要挟,这种情况下,政府与卖主自由协商,要么很难达成交易,要么政府要支付远远高于市场的价格。而这些负担,最终将转嫁到纳税人身上。因此,赋予政府强制征收权,既可以只需支付市场价格,降低成本,减少纳税人的负担,还可以节省时间,提高效率。①

从这些理论的演进看,反映了不同时期资本主义发展的要求。总的看来,一直是朝着"实用化"的方向发展。即便是一直起主导作用的"最高统治权"和"最高土地所有权"的理论,只是解决和回答了宪法为什么可以授予国家土地征收权的问题,对授予国家土地征收权的价值判断则没有涉及,这不能不说是这些理论的共同缺陷。在我们看来,宪法授予国家的土地征收权,应该是基于维护

---

① 参见,国务院法制办国际司编:《政府法制对外交流成果汇编》(一),第68页。

发展人民根本利益的考虑。只有基于人民的根本利益,个人的财产权利益才能够不被侵害。只有基于人民的根本利益,才能够协调处理个人利益与整体利益之间的关系,给被征收财产权以合理补偿。只有基于人民的根本利益,才能为界定征收的范围提供价值判断标准,确保利用被征收土地真正是用于促进经济社会发展,以满足人民不断增长的物质和文化需要。

第二节 土地征收制度的基本特征

一、土地征收目的的公共性

土地征收目的的公共性,是土地征收制度的基本要素之一。宪法上都以"公共利益"作为征收的目的,其法理意义就在于通过"公共性"的原则规定,来约束国家的土地征收权,国家虽然拥有土地征收权,不可以理解为是随心所欲的任意行为,它必须受"公共性"的约束。宪法作这一原则规定,还意味着不仅是行政机关要受制约,立法机关制定法律也要受这一原则的约束。宪法以公共性作为土地征收的目的,还有价值判断意义,它昭示土地征收行为的正当性。

对于"公共性",一些国家和地区的法律制度有不同的表述。多数国家采用的是"公共利益"(如加拿大、德国、法国、丹麦、希腊、韩国、日本等)。还有其他的表述:"公众使用"(如美国、巴西);"国家需要"(俄罗斯);"公共目的"(印度、澳大利亚);"公共用途"(中国香港特别行政区)。这些表述,虽然侧重点有不同,在具体的硬约束(如美国的"公众使用")与抽象的软约束(如"公共利益")之间存在程度的差异,但总体上看,都属于"公共利益"范畴。

(一)"公共利益"的法律界定

"公共利益"是一个在法律制度上出现频次较高的概念。荷兰宪法学家亨利·范·马尔赛文、格尔·范·德·唐对世界142部宪法进行了统计,85个国家的宪法出现了"公共福利"的概念,占总数的59.9%;96个国家的宪法都有"公共利益"的规定,占总数的67.6%。[①] 对于在宪法上出现频次如此之高的"公共利益"的概念,也给人类的智慧提出了一个只能不断接近但又永远不能完美回答的挑战。在当今社会,谁都赞成土地征收必须以公共利益为目的,但谁也不能提出一个大家普遍认同的概念。回答什么是"公共利益"的问题,也许交由哲学家、经济学家、社会学家去完成更符合学科的分工要求。而公共利益的法律界定则是法学责无旁贷的使命。因为法学的使命就是为解决矛盾和争端提供尺度。法律规则的形式和法学理论的提出,都是在解决无数矛盾纠纷的个案中提炼出来的。

那么,法学是如何界定"公共利益"的呢?我们可以从立法和法律实践两个方面去观察。

1. 立法上的界定方式

从世界各国的土地征收法律制度看,立法上的解决方式,一般

[①] 参见,[荷]亨利·范·马尔赛文、格尔·范·德·唐:《成文宪法的比较研究》,陈云译,华夏出版社1987年,第129页。转引自黄右丽:《宪法文本中"公共利益"的规范分析》,《法学论坛》2005年第1期。

可分为以下几种情形：

一是立法概括方式。这种方式只是在法律上对公共利益作一般概括规定，而将具体认定的裁量权交由政府和司法机关。这是较为普遍的方式。这种方式的优点是给予法律与社会变迁和情势变迁之间留足空间，使法律更好地适应社会经济的发展，同时，也解决了节约立法资源，防止立法与社会脱节。

二是立法概括加立法特殊事项单项授权的方式。欧洲多数国家大都采取这种方式。如丹麦和希腊两国对于"公共利益"都是从三个方面概括的：(1) 显而易见意义上的公共需要，包括政府投资兴建的高速公路、铁路、学校、医院等；(2) 为实施城市规划也属于公共利益的需要，只要符合议会通过的城市规划确定的用途，可以行使土地征收权；(3) 特殊用地。针对特殊情况，可以通过特别立法单独解决。如2004年雅典奥运会项目建设所需土地的征收，就是通过专门立法来解决的。这种方式在英国又有其特点，它不是通过一部或几部法律来实现概括性授权的，概括性授权是分散在多部法律中，每部法律又没有具体项目的列举，只是规定某类特定目的可以征地。

三是立法详尽列举加概括授权方式。巴西和我国台湾地区、韩国较为典型。巴西在1941年第3365号法令《公共使用征地法令》第5条详细列举了16项公共使用的情形：国家安全、国家防卫、重大灾害中的公共救援、公共卫生、建立改善人口生活中心及生存环境常规供给、矿产工业、矿场、水及水利能源的利用、公共救助、卫生工程及装修、卫生站、诊所、气象站及其它医疗点、公共服务开发和保护、公共马路或街道开放、维护和改善；城市规划的实施；在无施工情况下，对土地划分以更好实现其经济、卫生和美学用途;工业区的建设和扩建、公共交通工具的运营、历史、艺术纪念碑、自然风景独立或融入城市或农村整体规划中的保存和保护,及其他必要的保存其珍贵的或有特点的外观所采取的方式、档案、文件及其他可移动的有历史或艺术价值的物品恰当的保存和保护、建造公共建筑、纪念碑及墓地、建造体育场、机场或停机坪、重编或宣传科学、艺术或文学作品或事件、其他有专门法令另行规定的情况。对于实施灌溉工程,规定"可根据公共使用、需要或社会利益"实行征地。根据灌溉规划和工程,社会利益征地主要用于"农业及其他。"这里,"其他有专门法令另行规定的情况"就属于概括性规定。

我国台湾地区的"土地法"规定,土地征收的目的有"因公共事业之需要"和"实施国家经济政策"两种。因公共事业的需要征收土地的具体范围是:国防事业、交通事业、公用事业、水利事业和公共卫生及环境保护事业,政府机关、地方自治机关及其他公共建筑,教育、学术及文化事业,社会福利事业、国营事业。同时,还规定了因"其他依法得征收土地之事业"可以征收私有土地的概括性条款。

韩国的土地征收制度深受日本土地征收制度的影响。1981年韩国《土地征收法》第3条将公共利益分为8类:(1)国防、军事事业;(2)根据法律或者法律所授权的命令建设的各类基础设施事业,如铁道、轨道、道路、停车场、桥梁、防沙、防风、防火、防潮、防水、运河、港口、码头、船渠、电气、广播、煤气、公共厕所、垃圾处理场、气象观测、航空等;(3)国家或者地方团体所设立的公共设施事业,如厅舍、工厂、研究所、试验所、保健或文化设施、公园、广场、运动场、市场、墓地、火葬场、屠宰场等;(4)根据法律或者法律所授权的命令建设的社会教育或者文化艺术事业;(5)国家或者地方公共团体,以及国家或者地方公共团体指定者以租赁或者转让为目的而进行的住宅建设或者宅地造成事业(相当于我国的保障房建设);(6)制铁、肥料及其他关于总统令规定的重要事业(1982年韩国总统令发布的《土地征收法实施令》将炼油及石油管道,电子及造船,综合机械、电信机器及计量器、纺织机、加工机、发动机制造,水泥、纤维人造丝、苏打灰、纸浆、苏打、合成树脂生产都列为重要事业);(7)前述六项所列事业施行所需的通路、桥梁、电线路、材料堆积场及其他附属设施;(8)其他法律规定可以征收或者使用土地的事业。这里,第8项又是概括性规定。2002年韩国《土地征收与补偿法》对公共利益的范围进行了调整,删除了第六项"制铁、肥料及其他关于总统令规定的重要事业",在第二项和第四项中增加了"基于公益目的"的要求。由此可见,由于发展阶段的不同,韩国公共利益的标准经历了从"不区分公益性和经营性"向"区分公益性和经营性"的转变。在国家经济起飞快速发展阶段,将大量的重点支持的产业列为公共利益,在经济发展水平达到较高程度后,又开始过渡到以公益性为标准界定公共利益。

　　四是完全立法穷尽性列举方式。指的是所有征收土地的范围全部由立法详细列举。代表国家是日本。

　　日本《土地征收法》第3条规定了公共利益的范围有49种情形:道路、停车场、公共汽车客运设施、集装货物货运设施;水利设施;防砂、防滑坡、防陡坡崩塌、防汛设施;运河用设施;农业道路、水渠、排水沟、海岸堤防灌溉等配套设施;铁路、轨道、石油管道;港口、海岸保护设施、航道标识、水路测量标志;机场及航空安全设施;气象、海象、地象、洪水等观测预报设施;无线电监视、电讯设施;广播设施;电力设施、煤气工作设施;自来水、供水设施;消防设施;学校、图书馆、博物馆。

社会福利事业、复兴保护事业设施、职业培训设施;公立医疗机构;火葬场;畜场、死畜处理场;垃圾处理设施、公共厕所;中央批发市场、地方批发市场;公园、自然保护区、绿地、广场、运动场等公用设施;公共住宅;国家或者地方公共团体设施的官厅房舍、工厂、研究所、实验所及其他直接用于办公和事业的设施;原子能研究所研究设施、核设施;水资源开发设施、宇宙开发事业设施,等等。日本这种处理方式虽然是"穷尽式列举"方式,但很难说是"公共利益"的范围。从列举的范围看,实际包含五大类内容:基础设施建设项目、社会公益事业建设项目、政府办公设施、政府组织建设的公共住宅项目、国家扶持的重要产业。因此,也可以将日本的方式称之为"征地具体范围法定"方式。

2. 法律实践中的界定方式

除了立法穷尽列举方式外,其他方式都存在将"公共利益"的判断权交由政府和法院的问题。那么,政府和法院在法律实践中又是如何作出判定的呢？总结实践,在我看来,至少是通过以下原则来实现的。

(1) 情势相宜原则

无论是政府还是法院,在判定公共利益的时候,总是需要在价值观与现实之间作出选择。好的判定就是要在维护私有财产权与国家经济社会发展需求之间寻求平衡。这就是情势相宜原则。在这方面,美国联邦最高法院法官就是典型代表。美国宪法第5条修正案规定:"未经法律正当程序不得剥夺任何人的生命、自由和财产;凡私有财产,非有公正补偿不得收为公众使用。"在这里,"公众使用"就成为美国宪法确立的"公共利益"的法律标准。但是在美国的司法实践中,美国联邦最高法院的法官一直不愿意对"公众使用"下定义,一直在小心翼翼地避免政府被"公众使用"捆住手脚,不断地将"公众使用"作扩大解释:在不同的时候和不同的案件中,将"公众使用"扩大解释为"公共利益"、"公共目的"、"公共需要"、"公共福祉"。在 Hawaii Housing Authority v. Midkiff 一案中,美国联邦最高法院宣称:"公共使用要件和最高主权公权力的范围是一致的"。[①]

(2) 紧迫而且必需的原则

虽然许多项目用地是可以通过土地市场协商购买来完成的,但因为谈判过程比较漫长,费时颇多。因此,对一些时间要求紧迫的,并且又是必须进行的项目,其用地可以动用土地征收权。荷兰的土地征收法就设定,征收应当是紧迫的。市政府只有在实现区域规划的需求极其紧迫的情况下允许进行征收。并且,每起征收应当是为实现市政府的特定规划所必需的。[②]

(3) 共识机制原则

共识机制是计算机网络区块链技术的一个原理。也称为区块链事务达成分布式共识的算法。它是指通过特殊节点的投票,在很短的时间内完成对交易的验证和确认;对一笔交易,如果利益不相干的若干个点上能够达成共识,我们就可以认为全网对此也能够达成一共识。这个原理在自然科学界虽然是伴随着区块链技术

[①] 转引自刘平主编:《征收征用与公民财产权保护》,上海人民出版社 2012 年,第 61 页。

[②] 参见,张千帆主编:《土地管理制度比较研究》,中国民主法制出版社 2013 年,第 157 页。

的应用而提出的。但在社会科学界,特别是公共政策决策和立法司法的过程中广泛采用。在法律实践中,建立一道法律程序,听取各界的意见,既有利益相关方也有利益无关的超脱方,多数意见一致,即可决策。在"公共利益"的判定上,许多国家都建立了"公共利益"的认定程序,法院在审判过程中也设立了听证程序。也许有人会提出,有时真理是掌握在少数人手中,从哲学意义上看,这种看法是有道理的。但从解决问题的角度看,共识机制则是一个有效的办法。它既避免了久拖不决的现象,也是以一定时期民意为基础的。

(4) 利益比较原则

对于一些私人为了营利进行的商业开发的项目用地,能否适用土地征收程序?关键就在判定该项目的投入和产出。如果该项目不仅能够为投资人带来商业利润,而且,创造的就业和税收以及环境改善的效益远远大于商业利益,则可以启动土地征收程序。这类案例在美国比比皆是。在 Poletown Neighborhood Council v. City of Detroit 一案中,底特律市政府实施了一项征收 465 英亩土地的计划,这块土地上有居民区、教堂、商店等建筑物,市政府然后将这块土地以优惠的条件转让给通用汽车公司作为生产车间。密歇根州最高法院在审理这个案件时认为,市政府的行为能够为当地创造就业机会、增加税收、避免社会秩序的恶化,符合公共目的。尽管这个案件被一些学者批评为恶例。但美国的一些州法院在"公共利益"的判定上,仍然适用利益比较原则。[①]

---

① 参见,国务院法制办国际司编:《政府法制对外交流成果汇编》(一),第73页。

(二) 我国土地征收中"公共利益"的认定问题

界定"公共利益"的范围,是我国征地制度的一项重要内容。也是近年来法学界重点关注和讨论的问题。在我看来,研究"公共利益"的界定问题,从应该是的这一应然状态出发,固然重要。但从"公共利益"与一个国家经济社会发展的历史阶段,从一个国家的土地制度的特点,从一个国家的土地国情和发展的历史出发,更为重要,也许,得出的结论更科学,更能接近实际。我是这样看这个问题的。

第一,从中国土地制度的制度安排来看,不同于西方国家。西方国家建设用地供应的主渠道,大量的用地是通过市场的买卖交易而解决的。涉及到的土地征收问题只是少量的,矛盾并不十分突出。在中国,由于宪法和法律都严格禁止土地的买卖,建设所需要的土地只能通过国家提供,要么是存量国有土地,大量的主要的则是增量国有土地。增量国有土地唯一的渠道就是土地征收。如果我们不切实际地区分"公共利益"和"非公共利益",就会使得大量的非公益性的建设项目,缺乏用地供应,成为无源之水。尽管这些用地是私人追求商业利润,但也是创造就业税收的主渠道。如果这些用地得不到保证,经济社会的发展就会停滞下来。现在,我国正在修改《土地管理法》,为农村集体建设用地使用权进入市场扫清法律障碍,提供法律保障。但因受宪法第10条规定"城市土地属于国家所有"的规制,很难成为建设用地供应的主渠道。在可以预见的时间内,国有土地作为建设用地供应的主渠道的格局不会发生大的改变。

第二,从我国的历史发展阶段看,我国仍处于并将长期处于社会主义初级阶段。社会主义初级阶段的主要任务就是以经济建设为中心。对此,我国宪法在序言中明确规定"我国将长期处于社会主义初级阶段。国家的根本任务是,沿着中国特色社会主义道路,集中力量进行社会主义现代化建设。中国各族人民将继续在中国共产党领导下,在马克思列宁主义、毛泽东思想、邓小平理论、"三个代表"重要思想、科学发展观、习近平新时代中国特色社会主义思想指引下,坚持人民民主专政,坚持社会主义道路,坚持改革开放,不断完善社会主义的各项制度,发展社会主义市场经济,发展社会主义民主,健全社会主义法治,贯彻新发展理念,自力更生,艰苦奋斗,逐步实现工业、农业、国防和科学技术的现代化,推动物质文明、政治文明、精神文明、社会文明、生态文明协调发展,把我国建设成为富强民主文明和谐美丽的社会主义现代化强国,实现中华民族伟大复兴。"宪法的这一宣告,从学理上讲,就是全民的"宪法共识",就是判定"公共利益"的最高准则。在传统的法学理论中,"公共利益"的功能往往被局限在是对私有财产权行使的限制,"限制"是"公共利益"的唯一功能。但是,在土地征收领域,这种认识就不完全适用。"公共利益"具有双重功能,限制功能和保障功能。国家之所以能够行使土地征用权,是基于"公共利益",因为财产权的行使,必须受"公共利益"的限制。但另一方面,在国家行使土地征收权的过程中,"公共利益"又成为了私人土地财产权的"护身符",它是土地财产权利人对抗政府征收行为的法律盾牌。只有"公共利益"土地才能被征收,非"公共利益"的征收是不合法的。在这里,"公共利益"又呈现出保障功能。"公共利益"在土地征收领域中同时呈现出的限制功能和保障功能,使得我们能够把这种具有对抗性的双重功能有机结合起来,结合点就是将"公共利益"提升为人民的根本利益和国家的长远发展目标。这种限制和保障我们可以定义为"积极限制"和"积极保障",从这个意义上讲,将我国宪法确定的国家"根本任务"界定为"公共利益"的最高价值准则,就属于"积极限制"和"积极保障"的范畴。

正是基于这种认识,我认为,(1)在现阶段中国,"公共利益"的界定应当按照"宜宽不宜窄、宜粗不宜细、宜抽象不宜具体"的原则掌握。(2)征收农村集体土地与征收国有土地上的房屋在公共利益尺度的掌握上应该有所区别,后者应该严于前者。(3)在确定土地和国有土地上房屋的征收目录的制定上,与其煞费苦心地研究征地的目录,还不如研究禁止或者限制土地征收的"负面清单"。(4)研究征地制度改革的重点应放在补偿安置制度的完善上。

我国2019年修改的土地管理法对土地征收的公共利益的范围作了列举的界定:军事和外交,政府组织实施的能源、交通、水利、通信、邮政等基础设施,科技、教育、文化、文生、体育、生态环境和资源保护、救灾减灾、文物保护、社区信息服务、社会福利、市政公用、优抚安置、英烈保护等公共事业,由政府组织实施的扶贫搬迁、保障性安置工程建设、土地规划确定的城镇建设用地范围内的成片开发。虽然列举比较详尽,但保留的"成片开发"的规定仍体现了弹性原则。

二、土地征收的补偿性

土地征收的补偿性,是土地征收制度的另一要素。没有补偿,土地就不得被征收,是各国宪法确定的基本原则。补偿性还是土地征收行为区别于没收土地行为的法律标志。

我国土地征收补偿制度有其特点。受我国土地征收制度形成的历史背景影响和适应我国改革开放的要求,我国的土地征收制度一方面符合市场经济的一般要求,另一方面,又体现了社会主义制度的本质属性和中国的特殊土地国情。开始彰显出明显的中国特色。

(一) 补偿的基本原则

对于土地补偿的原则,各国法律的规定不尽相同。概括起来,主要有:"合理补偿"(如美国、马来西亚)、"公平补偿"(如法国、菲律宾)、"相当补偿"(如德国)、"等值补偿"(如俄罗斯)、"充分补偿"(如荷兰)、"公正补偿"(如澳大利亚)、"公平赔偿"(如巴西)、"正当补偿"(如日本、韩国),等等。

我国确定的确保以被征地农民原有生活水平不降低、长远生计有保障为补偿的基本原则。

确保被征地农民原有生活不降低、长远生计有保障的原则是在 2004 年《国务院关于深化改革,严格土地管理的决定》中确立的。在此之前,除了在《城市房地产管理法》和《土地管理法》中关于收回国有土地使用权中有"相应的补偿"、"适当补偿"的规定。《城市房地产管理法》第 20 条规定:"国家对土地使用者依法取得的土地使用权,在出让合同约定的使用年限届满前不收回;在特殊情况下,根据社会公共利益的需要,可以依照法律程序提前收回,并根据土地使用者使用土地的实际年限和开发土地的实际情况给予相应的补偿"。《土地管理法》第 58 条规定:"有下列情形之一的,由有关人民政府土地行政主管部门报经原批准用地的人民政府或者有批准权的人民政府批准,可以收回国有土地使用权:(一) 为公共利益需要使用土地的;(二) 为实施城市规划进行旧城区改建,需要调整使用土地的;(三)土地出让等有偿使用合同约定的使用期限届满,土地使用者未申请续期或者申请续期未获批准的;(四)因单位撤销、迁移等原因,停止使用原划拨的国有土地的;(五)公路、铁路、机场、矿场等经核准报废的。依照前款第(一)项、第(二)项的规定收回国有土地使用权的,对土地使用权人应当给予适当补偿。"

除此以外,我国关于土地征收的法律基本上是处于有补偿的具体标准无补偿原则的状态。2004年国务院在《关于深化改革,严格土地管理的决定》(以下简称"决定")中确立这一原则,是有其深刻的历史背景和现实原因的。从历史背景看,我国在2000年已经顺利实现了现代化第一步战略目标,开始向第二步迈进,城镇化用地需求巨增,需要在促进经济发展与保护农民利益之间寻求平衡。从当时的现实情况看,一些地方屡屡发生征地过程中压低和克扣农民的征地费,不严格按照法定程序,漠视被征地农民的合法权益事件,影响了社会的稳定和和谐。并且,当时法定补偿安置标准偏低已不适应形势的需要,而修改法律又需要一个过程。这就需要确定一个实事求是的原则,为地方推动征地制度的改革提供遵循。当时,在讨论这一原则时,也有一种主张,建议将确保被征地农民原有生活水平"不降低"改为"有提高",有的还主张改为"有明显提高"。经过反复研究,《决定》还是确定为"不降低"。当时的考虑是,全国各地方经济发展水平差异较大,"不降低"是一个最低要求,也是一个普遍要求。"不降低"并不影响一些地方根据本地的经济发展水平,提高被征地农民的补偿安置水平。如果一律规定"有提高"或者"明显提高",有些地方很难实现。特别是一些线型工程项目(如铁路公路)因经过的区域较多,就会出现同一

项目有不同的补偿标准的情况,引发新的矛盾。(笔者当时参加了《决定》的起草工作)

这一原则是法定原则。当时在研究这一文件时,就考虑文件的很多内容属于法律制度的补充和完善,用国务院《决定》的形式,能够享有与行政法规同等的法律效力。从而保证文件所确定的内容能够定型化,成为各级政府依法行政的法定依据,成为农民维护自身合法权益的法律武器。这一原则的要义就在于:征地补偿安置既要按照市场原则,以原用途的市场价值为基础,又要以"原有生活水平不降低,长远生计有保障"为最终准则,市场价值达不到这一原则的要求的,应当以这一原则作为标准。这一原则实施后,推动了我国征地补偿安置制度的改革和完善,从点总体上解决了因征地补偿安置引发的社会矛盾和冲突。在实践上证明是符合中国国情的,也是正确的。这一原则的提出,在我国征地补偿安置制度上具有里程碑的意义。它实际上是将社会主义原则和市场经济有机结合的成功范例。遗憾的是,对于这一原则,特别是这一原则背后蕴含的丰富的新理念和全新的价值意义,学术界很少提及,更谈不上去深度挖掘。

首先,这一原则体现了"发展依靠人民,发展为了人民"的理念。在中国,实现城镇化必须依靠人民,城镇化的成果也必须由全体人民来享有。中国的城镇化是全体人民的城镇化,不是少数人的城镇化。这是社会主义制度的基本要求。被征地农民作为为城镇化直接作出牺牲的群体,更有理由先走一步,享受城镇化的成果。

其次,这一原则也体现了我国土地的基本国情。对于广大农民来说,土地始终具有双重功能,即生产资料功能和社会保障功能。在一些地方,土地的社会保障功能更重要。如果只是着眼于土地的生活资料功能,忽略社会保障功能,只是简单地陶醉于可按照市场价格补偿,遇到市场波动,农民抗风险的能力又不强,就有可能造成一大批"无地无就业无保障"的"三无"农民,这是我国社会主义制度所不允许的。

再次,与国外多数国家的征地补偿制度相比较,具有先进性和独创性。国外征地补偿制度普遍奉行的原则就是公平补偿,最极致的也只是"充分补偿",补偿标准都是按照市场价值补偿,补偿考虑的因素不同的国家有不同,有的考虑得多一些,有的考虑得少一些。对于征地补偿的理论,学者们也提出了许多有益的观点。"特别牺牲"说。这一理论最早是由德国学者奥托·迈耶在19世纪末提出来的。在他看来,国家因为为了实现保证安全、秩序、公正、自由、福祉等目标必会经常发生侵害私人财产权的"公法行为",人民必须忍受各种牺牲,当这种牺牲是普遍施加于所有公民时,不产生补偿问题,反之,这种为了公共利益作出的牺牲只是少数人时,就构成了"特别牺牲",国家对这种特别牺牲,应当予以补偿。和这个理论相似的还有"个别处分"理论和"可期待(忍受)性"理论。"个别处分"理论也是出自德国,认为,如果侵害是法律概括性的一般性的普遍性的,只能认定为对财产权行使的限制。只有针对个案特别的情况,才构成征收。"可期待(忍受)性"理论主张,区别是征收和财产权社会义务是标准应该是依该措施的严重程度。对财产权的限制是人民可期待忍受,而征收则是对私人财产权的严重侵害,人民不能期待忍受这种侵害。① "公平负担"理论。这一理论

---

① 参见,刘平主编:《征收征用与公民财产权保护》,上海人民出版社2012年,第66—67页。

来源于18世纪法国大革命前公法理论。这种理论主张,基于平等的原则,法律对每个公民对于国家的义务设定,应当平等。既然征收是为了公共利益,其成本应该由全社会的成员平均分担。被征收造成了财产的重大损失,由这部分人承担为社会利益而带来的的损失是不公平的,征收必须由国家给予补偿。

这些理论和学说的着眼点是解决什么是征收,在什么情况下给予补偿问题。而我国确定的"不降低"、"有保障"的原则,则是将被征地农民的生产生活问题与城镇化的进程统筹考虑,其高下优劣,显而易见。

(二) 补偿的标准

对于被征收土地的补偿标准,各国宪法和法律都确定"合理补偿"的标准就是土地的"合理的市场价格"。"合理的市场价格"是由土地被征收时的用途决定的。例如日本《土地征收法》规定,对被征收土地的补偿应"参考附近同类土地的交易价格进行计算,用公布认定(即公共利益认定)公告时的相应价格,乘以到裁决时的物价变化校正系数,所得出的金额数。校正系数依据政令规定的方法进行计算。"韩国《国土利用管理法》规定,位于基准地价区域内的土地补偿,以公共利益认定时国家公告的基准地价为基准,但应参考该基准地价公告之日至裁决时该土地的利用规划,邻近土地地价变动,物价上涨等因素,确定补偿金额。对于其他区域的土地补偿,规定参考邻近类似土地的交易价格确定地价。美国司法实践中,确定"合理补偿"的标准是土地的"合理市场价格"。澳大利亚《土地征收法》规定,计算被征收土地的补偿数额时,应考虑下列因素:被征收土地的市场价值;被征收土地的附加经济价值;相关土地的贬值情况、权利人直接源于征收的损失、合理的法律和其他服务费用。印度《土地征收法》规定，农村地区征地最终补偿额：市场价值×2+土地附属物的价值+精神安慰金。城市征地最终补偿额：市场价值×1+土地附属物+精神安慰金。俄罗斯规定的"等值补偿"，是指土地的赎买价格包括被征收土地和土地上不动产的市场价值。加拿大土地补偿要考虑土地的市场价格、损害赔偿、扰乱补偿和土地所有人在重新安置过程中因特殊困难而受到的损失。英国土地补偿一般都是按照公开市场价格为标准的。英国的征地补偿主要包括：对被征收土地的市场价值的补偿、对土地被征收造成侵扰的补偿、对土地被分割或受到其他"有害影响"的补偿。

我国的补偿标准的特点是将补偿和安置既统一考虑又区别对待，更重视安置。

第一，我国对被征收的农村集体土地所有权和城市国有土地上的房屋所有权的补偿逐步实现了按市场价值的补偿。

对于被征收的农村集体土地，《土地管理法》第47条规定："征收土地的，按照被征收土地的原用途给予补偿"。"征收耕地的补偿费用包括土地补偿费、安置补助费以及地上附着物和青苗的补偿费。""征收耕地的土地补偿费，为该耕地被征收前三年平均年产值的六至十倍"。在2004年国务院的《关于深化改革，严格土地管理的决定》后，土地补偿费的计算标准由"平均三年产值的"改为"区片综合地价"。《决定》规定"省、自治区、直辖市人民政府要制订并公布各市县征地的统一年产值标准或区片综合地价，征地补偿做到同地同价，国家重点建设项目必须将征地费用足额列入概算。大中型水利、水电工程建设征地的补偿费标准和移民安置办法，由国务院另行规定。""区片综合地价"与"平均年产值"都是对农用地价格的评估方法,由于法律规定是按照"原用途"补偿,都应视为农用地的市场价值。不同的是,"区片综合地价"是以县为单位,综合考虑地类、产值、土地区位、农用地等级、人均耕地数量、土地供求关系、当地经济社会发展水平等多种因素确定的。与年产值标准相比较,它具有综合性、稳定性、可预期性和操作的低成本性等优点。继2004年国务院的《决定》施行后,我国加快了按照市场价值补偿的原则的实施。2011年1月21日国务院发布的2011年1月21日施行的《国有土地上房屋征收与补偿条例》对被征收的城市房屋所有权的补偿体现了一系列的市场经济要求的原则:第2条规定,"为了公共利益的需要,征收国有土地上单位、个人的房屋,应当对被征收房屋所有权人(以下称被征收人)给予公平补偿"。这是我国在法规上第一次出现补偿原则的规定。第17条规定,"作出房屋征收决定的市、县级人民政府对被征收人给予的补偿包括:(一)被征收房屋价值的补偿;(二)因征收房屋造成的搬迁、临时安置的补偿;(三)因征收房屋造成的停产停业损失的补偿。市、县级人民政府应当制定补助和奖励办法,对被征收人给予补助和奖励"。第19条规定,"对被征收房屋价值的补偿,不得低于房屋征收决定公告之日被征收房屋类似房地产的市场价格。被征收房屋的价值,由具有相应资质的房地产价格评估机构按照房屋征收评估办法评估确定。对评估确定的被征收房屋价值有异议的,可以向房地产价格评估机构申请复核评估。对复核结果有异议的,可以向房地产价格评估专家委员会申请鉴定。房屋征收评估办法由国务院住房城乡建设主管部门制定,制定过程中,应当向社会公开征求意见"。

第二,和土地补偿费所并行的是,我国法律还确定了征收耕地的安置补助费制度。

《土地管理法》第 47 条规定,"征收耕地的安置补助费,按照需要安置的农业人口数计算。需要安置的农业人口数,按照被征收的耕地数量除以征地前被征收单位平均每人占有耕地的数量计算。每一个需要安置的农业人口的安置补助费标准,为该耕地被征收前三年平均年产值的四至六倍。但是,每公顷被征收耕地的安置补助费,最高不得超过被征收前三年平均年产值的十五倍"。

第三,法律和《决定》还确定了保证被征地农民"原有生活水平不降低和长远生计有保障"的制度框架。

《土地管理法》第 47 条规定,"依照本条第二款的规定支付土地补偿费和安置补助费,尚不能使需要安置的农民保持原有生活水平的,经省、自治区、直辖市人民政府批准,可以增加安置补助费。但是,土地补偿费和安置补助费的总和不得超过土地被征收前三年平均年产值的三十倍。国务院根据社会、经济发展水平,在特殊情况下,可以提高征收耕地的土地补偿费和安置补助费的标准"。2004 年国务院的《决定》又进一步完善了这一制度。规定:"县级以上地方人民政府要采取切实措施,使被征地农民生活水平不因征地而降低"。"依照现行法律规定支付土地补偿费和安置补助费,尚不能使被征地农民保持原有生活水平的,不足以支付因征地而导致无地农民社会保障费用的,省、自治区、直辖市人民政府应当批准增加安置补助费。土地补偿费和安置补助费的总和达到法定上限,尚不足以使被征地农民保持原有生活水平的,当地人民政府可以用国有土地有偿使用收入予以补贴。""妥善安置被征地农民。县级以上地方人民政府应当制定具体办法,使被征地农民的长远生计有保障。对有稳定收益的项目,农民可以经依法批准的建设用地土地使用权入股。在城市规划区内,当地人民政府应当将因征地而导致无地的农民,纳入城镇就业体系,并建立社会保障制度;在城市规划区外,征收农民集体所有土地时,当地人民政府要在本行政区域内为被征地农民留有必要的耕作土地或安排相应的工作岗位;对不具备基本生产生活条件的无地农民,应当异地移民安置。劳动和社会保障部门要会同有关部门尽快提出建立被征地农民的就业培训和社会保障制度的指导性意见"。随后,在2007年的《物权法》中确认了这一要求,第42条规定:"为了公共利益的需要,依照法律规定的权限和程序可以征收集体所有的土地和单位、个人的房屋及其他不动产。征收集体所有的土地,应当依法足额支付土地补偿费、安置补助费、地上附着物和青苗的补偿费等费用,安排被征地农民的社会保障费用,保障被征地农民的生活,维护被征地农民的合法权益。征收单位、个人的房屋及其他不动产,应当依法给予拆迁补偿,维护被征收人的合法权益;征收个人住宅的,还应当保障被征收人的居住条件。任何单位和个人不得贪污、挪用、私分、截留、拖欠征收补偿费等费用。"

从实施的效果来看,被征地农民的安置费用占征地补偿的主要部分。我的学生陈扬众博士曾作过具体的案例分析。

案例一:集体土地征收补偿安置

2018年,北京市某河道综合治理项目拟征收门头沟区某镇的农村集体土地3.8297公顷(57.45亩)。其征地补偿费用构成如下:

1. 按照北京市征地补偿费最低保护标准的规定,该镇土地补偿费区片价为6万元/亩,即该项目征收57.45亩的土地补偿费不少于344.7万元。

2. 根据《北京市建设征地补偿安置办法》(148号令)第19条规定,该项目征地后需将44名农业户口人员转为非农业户口,其中转非劳动力22名、超转人员20名。根据社保部门测算后,还需支付至少约1200万元的人员安置费用,用于解决44名转居人员的社保费用。鉴于此,征地单位与被征地村协商确定该项目征地补偿费标准为30万元/亩,征地补偿费总计1723.5万元,且优先用于人员安置。

3. 涉及青苗等地上物补偿的费用约330万元,另行支付补偿费用。

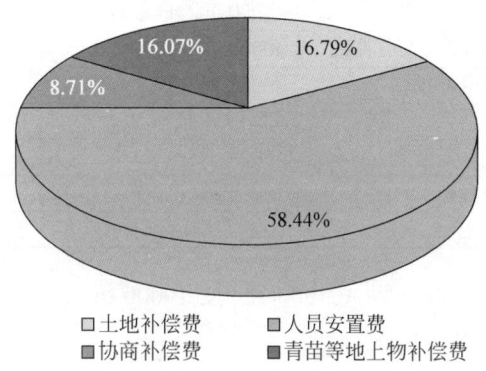

根据以上补偿数据,该项目征收57.45亩集体土地,土地补偿费和青苗等地上物补偿费用合计674万元,占征地补偿费用的32.9%,约1/3。即:对被征地农民的人员安置费和协商补偿费占了绝大部分,约1/3。

案例二:国有土地上房屋拆迁补偿

2018年,北京市某棚户区改造项目涉及征收东城区某街道范围内的国有土地上房屋1间,建筑面积10.39平方米。房屋征收补偿费用构成如下:

1. 房屋评估补偿费。被拆迁房屋经评估公司评估,该房屋的的评估基准价格为 51165 元/建筑平方米,评估补偿总价为 531604.35 元。

2. 项目专项补助 212641.74 元。计算公式如下:本项目专项补助=被搬迁房屋建筑面积×评估基准价格×0.4。

3. 其他各类奖励、补助及补偿费用 738855.6 元。具体如下:

序号	补助补偿名称	费用标准	数量	金额
1	搬迁奖励期内签约奖励	150000	1	150000
2	搬迁奖励期内搬家奖励	80000	1	80000
3	残疾人补助	40000 元/证	2	80000
4	低保/低收入人员补助	40000 元/证	1	40000
5	大病人员补助	40000 元/人	1	40000
6	搬家补助费	40 元/建筑平方米	10.39	415.6
7	家电移除安装费	400 元/台	1	1685
8	临时安置费	150 元/月/建筑平方米	30 月	46755
9	其它	生活特别困难补助		300000

4. 私房产权补助 103900 元,按 10000 元/建筑平方米标准计算。

5. 小面积家庭一次性居住困难货币补助为 473480.91 元,计算公式如下:小面积家庭一次性居住困难货币补助=基准价格×(17-被搬迁房屋的建筑面积)+基准价格×(17-被搬迁房屋的建筑面积)×40%。

根据以上补偿费核算,拆迁房屋最终所得补偿、补助及奖励合计 2196655.25 元。

此外,鉴于房屋内有户口 2 个,需安置 3 个家庭人员,在本市范围内安置房屋 2 套,由被拆迁家庭按照房屋成本价购买。详细如下:

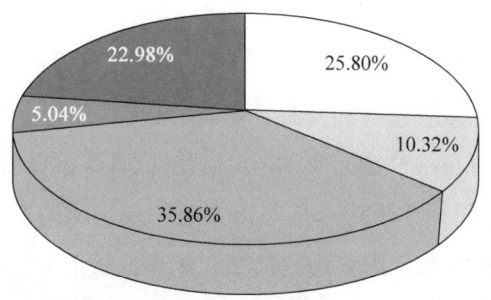

□ 房屋评估补偿费　□ 项目专项补助
■ 其他各类奖励、补助及补偿费用
■ 私房产权补助　■ 小面积家庭一次性居住困难货币补助

房屋售价21800元/建筑平方米（不含各类税费），详细的选房情况如下：

序号	楼号	单元	房号	居室	建筑面积（㎡）	房屋总价（元）
1	8号楼	3单元	2603	贰居	90平方米	1962000
2	8号楼	2单元	2602	壹居	72平方米	1569600

上述房屋第一套为奖励安置房源，其它为符合居住困难家庭的奖励安置房源，奖励安置房屋总的售价合计人民币3531600元，在最终搬迁补偿款中代扣。根据该项目的搬迁补偿方案，被拆迁家庭还可获得奖励安置房屋补助1656000元，用于购买安置房屋。情况如下：

序号	楼号	单元	房号	居室	建筑面积（㎡）	购房补助款（元）
1	8号楼	3单元	2603	贰居	90平方米	1080000
2	8号楼	2单元	2602	壹居	72平方米	576000

上述房屋购房补助款合计为1656000元。

第四，其他的补偿费用。

《土地管理法》第47条规定："征收耕地的补偿费用包括土地

补偿费、安置补助费以及地上附着物和青苗的补偿费。""征收其他土地的土地补偿费和安置补助费标准,由省、自治区、直辖市参照征收耕地的土地补偿费和安置补助费的标准规定。被征收土地上的附着物和青苗的补偿标准,由省、自治区、直辖市规定。征收城市郊区的菜地,用地单位应当按照国家有关规定缴纳新菜地开发建设基金。"这里,地上附着物的补偿在法律性质上是房屋所有权的补偿,而青苗的补偿费则是损害赔偿。

我国2019年修改的土地管理法,将区片综合地价制度和社会保障费用纳入了土地征收的补偿费用制度的范畴。

(三) 补偿款支付的法律要求

征收土地意味着土地所有权的转移。权利人什么时间移交土地所有权?各国法律都确定了"补偿在先"的原则,只有付清了土地补偿费,才能发生土地所有权的转移。补偿在先原则是随同征收制度一起由法国1789年《人权宣言》确定的。《人权宣言》第17条规定:"私有财产是神圣不可侵犯的权利。除非由于合法认定的公共需要的明显要求,并且在事先公平补偿的条件下,任何人的财产不能被剥夺。"美国《宪法》修正案第五条也确定"非有公正补偿不得收为公众使用"。

我国的法律确认了这一原则经历了一个过程。1998年国务院发布的《土地管理法实施条例》规定:"征收土地的各项费用应当自征地补偿、安置方案批准之日起3个月内全额支付。"但是,在实践中这一规定并没有得到很好的落实。克扣,拖欠,挪用征地款的事件屡屡发生。针对这种情况,2004年国务院发布的《国务院关于深化改革,严格土地管理的决定》中专门规定,"县级以上地方人民政府要采取切实措施,要保证依法足额和及时支付土地补偿费、安置补助费以及地上附着物和青苗补偿费"。"征地补偿安置不落实的,不得强行使用被征土地"。这样,我国就形成了"足额及时支付"的补偿费支付原则。在实践中,一些地方建立了"征收款项的预存制",就是在土地征收报批之前,就要将征地补偿款足额存入征地补偿款专户,等到用地获得批准后,可及时足额将补偿款发放给被征收农户。这就确保了"足额及时支付"的原则真正落实。

三、土地征收程序的正当性

土地征收作为政府对私人土地财产权的严重侵犯,必须严格依照法律程序进行。因此,各国宪法都将"法律程序"作为土地征收制度的重要要件。

土地征收必须依据法律程序进行,但法律程序又必须是"正当"的。这是一个问题的两个方面,缺一不可。对于前者,大家的认识是一致的。对于后者,则关注不够。实际上,有没有程序固然重要,但程序是否合理,也同等重要。在这里,合理即正当。

在我看来,合理的土地征收程序至少应该考虑以下几个因素:

一是,能够为被征收的土地权利人提供表达诉求的渠道。主要在三个方面,土地征收是否符合"公共利益"的条件,土地征收的土地补偿费是否合理,对于不当征收的法律抗辩。

二是,能够为促进经济和社会的健康发展提供保证。这里,判定标准是,程序是有助于发展还是阻碍发展?发展是"健康"发展还是"畸形"发展?

三是,能够为最大限度地减少冲突、消弭分歧提供保证。由于土地征收对私人财产权构成严重侵犯,是引发社会冲突对抗的重要原因。因此,一个合理的程序应该是能够减少冲突和对抗的程序,而不是挑起事端引发冲突的程序。

四是,能够为最大限度降低或者减少因征地行为产生的社会成本提供保证。这里,"社会成本"包括:机会成本,时间成本,政府成本,当事人的维权成本,消除冲突的政治成本。

我们可以将这四个目标的目标值概括为:权益、发展、和谐、效率。这四个目标值的实现,就是"合理且正当"的程序。从这四个目标值之间的内在关系看,它又是相互制约相互依存的对立统一关系。实现这四个目标值的平衡,不应该也不可能有一成不变的"永恒"标准,它只能是依时依地依势而不断调整和修正。在一个时期,在一个地方,它的平衡,总是以一个目标值为重点,同时兼顾其他目标值。因此,四个目标值的平衡是动态平衡。

从国外一些主要国家的土地征收程序看,主要有以下三种模式。

(一)国外主要国家土地征收法律程序

1. 行政主导型的程序模式

大多数国家都是采取这种模式。这种模式的特点是:(1)立法对土地征收的目的对行政机关给予了概括性授权;(2)行政机关主导公共利益的认定和补偿具体标准的确定。主导土地征收的全过程。这方面,法国的土地征收程序极具典型意义。法国的土地征收程序是政府与法院在反复斗争和妥协过程中逐步形成的。法国是最早确定土地征收宪法原则的国家。但是从1789年的法国大革命以后到19世纪初,法国的政府事实上拥有土地征收的全部权力,法院是被排斥在土地征收的过程之外。到1810年,法律将土地征收分为行政阶段和司法阶段。行政阶段负责确认征收的正当性,法院负责保障土地的转移和土地补偿金数额的确定。由于行政机关认为法院在土地征收过程中偏袒被征收土地的权利人,确定的土地补偿金过高,影响公共利益的实现。因而,在1833年法律取消了法院法官确定土地补偿金的权力,只保留了宣告财产转移的权力,建立了由所有权人陪审团确立补偿金的制度。1841年,考虑到为了节约公共支出,又将所有权人陪审团取消,将其职能纳入到纳税人陪审团。并一直延续到1935年。1935年,为了简化和加速土地征收程序,法国又将纳税人陪审团制度改为由所有权人和公务员组成的评估仲裁委员会,委员会由法官主持。"二战"之后,由于经济发展加速,衬托出土地征收制度程序过于冗长,补偿金过于高昂的弊端。1958年法国对土地征收制度进行了改革。将行政阶段与司法阶段由先后相继的两个阶段改为同时进行。创设了征收法官这一特别法官确立补偿金的制度,取消了之前的评估仲裁委员会。在1971年,为促进经济发展,最高行政法院的法官确定了"损益对比分析"的审查机制,使得政府的土地征收权限更为扩大。2003年,因为欧洲人权法院在一起案件中判决法国征收补偿金确定程序违背了欧洲人权公约的正当程序原则,法国对土地征收程序进行了修改。开始注重司法阶段法院对征收的作用,同时,在价值取向上,开始转向更多地保障被征收土地权利人。虽然如此,至今,公用征收法官在作出公用征收判决的过程中其作用和影响仍然只是形式上的。他只进行形式上的审查,并不能审查行政行为的合法性。①

---

① 参见,王蔚:《法国公用征收制度研究报告》,张千帆主编:《土地管理制度比较研究》,中国民主法制出版社2013年,第127—133页。

2. 司法机关主导型的程序模式

这种模式美国是代表。这种模式的特点是(1)法律对土地征收的目的作概括性规定;(2)司法程序是土地征收适用最普遍的程序,无论是联邦或者州政府实施的征收,还是由公用事业性公司的征收,都采用这种程序。司法程序包括以下几个程序:先以协商购买,达不成协议才能进入征收程序。法院审理要先审查征收是否符合"公众使用"和是否有合法的授权,如果认为是合法的,则开始确定合理补偿数额。法院由双方提交评估报告,进行协商,如果双方不能达成一致,则由民事陪审团确定"合理补偿"的具体数额。判决生效30天内,政府支付补偿金并取得征收的土地。(3)土地征收不属于联邦法的范畴,土地征收的法律由各州自行规定,各州的法律差异较大。

值得注意的是,美国一直是以重视和强调"正当法律程序"而为其法律制度标记的国家,但是,在土地征收领域,"正当程序"则大打折扣,许多学者还在为在土地征收领域实现"正当程序"的全面保护而鼓与呼。据美国法学家扎卡里·哈德逊(D. Zachary Hudson)在《美国土地征收的正当程序》一文中统计,在美国能够提供全面正当程序保护的州一共有12个,它们分别是:亚拉巴马州、爱达荷州、印第安纳州、爱荷华州、堪萨斯州、密苏里州、蒙大拿州、内布拉斯加州、新墨西哥州、北达科他州、俄克拉荷马州、怀俄明州。所谓提供全面的正当程序保护的内容是:要求事前提议和谈判、完整的征收前听证和通知。这个要求应该说是不高的。彻底废除程序性保护的州一共有21个和1个特区。它们分别是:阿拉斯加州、亚利桑那州、阿肯色州、科罗拉多州、华盛顿哥伦比亚特区、佐治亚州、肯塔基州、路易斯安那州、缅因州、马里兰州、马萨诸塞州、密西西比州、内华达州、新罕布什尔州、新墨西哥州、俄亥俄州、罗德岛州、南达科他州、田纳西州、得克萨斯州、西弗吉尼亚州、华盛顿。所谓彻底废除程序性保护是指，这些州和特区允许在特定条件下不经任何事前通知或征收前听证而行使土地征收权。征收前提供某些程序的州，一共有17个。它们分别是：加利福尼亚州、康涅狄格州、佛罗里达州、夏威夷州、伊利诺伊州、密歇根州、明尼苏达州、新泽西州、纽约州、北卡罗来纳州、俄勒冈州、宾夕法尼亚州、南卡罗来纳州、犹他州、佛蒙特州、弗吉尼亚州、威斯康星州。这些州的特点是，允许司法机构能动地审查土地征收权行使的法律依据，但未规定通知被征收人，或者向财产所有人提供全面程序保护的一些其他重要方面不符合标准。① 不仅如此，在美国的一些州为了加速发展，还制定了快速"征地程序"。

这种状况，如果不是作专门研究，很难想象发生在美国。究其原因，就在于美国长期奉行国家享有土地的"最高所有权"的理论。同时，也与美国的土地管理是属于州的职权有关。三是立法主导型的程序模式。这种模式以日本和韩国为代表。这种模式的特点是(1)立法机关通过法律详尽地规定土地征收的具体范围和项目性质，并且每种"公益事业"都有一部甚至多部法律规制，政府没有自由裁量权；(2)政府对土地征收的公益性和土地征收的补偿金问题作出决定。日本《土地征收法》规定了详尽的公益事业(即公共利益)认定程序。规定，在批准土地征收前，需要由有关机关对起业者或者兴业者(以下称用地申请人)准备举办的事业是否属于

---

① 张千帆主编：《土地管理制度比较研究》，中国民主法制出版社2013年，第67—70页。

《土地征收法》第3条规定的公益事业进行认定。公益认定程序是一项独立的程序,只有经过认定程序,才能启动后续的征收程序。一旦被认定为公益事业,所需土地"已经事实上被套上被征收的命运"。征收裁决仅仅只能对补偿问题。征收裁决由土地征收委员会负责。该委员会设在都道府县政府,委员由法律、经济和行政方面在土地管理方面富有经验的7名人士组成。独立行使职权,按照多数票决制。土地征收裁决不同于司法或者行政救济程序,实际上是核准土地征收。(3)对于权利人的救济程序,依据不同情况分为两种。行政救济,对公益认定或者土地征收裁决不服,可以向国土交通大臣提出申诉,请求审查。司法救济,当事人对公益认定不服或者对土地征收裁决中损失补偿之外的事项(如认为程序违法)不服的,可以向法院起诉要求撤消征收裁决(对公益认定不服的司法救济,只能在征收裁决作出后向法院提起撤消征收裁决的诉讼,不能在公益认定作出后就提起撤消公益认定的诉讼。)。当事人对土地补偿不服的,不能要求法院撤消征收裁决,只能按照民事诉讼的要求,起诉用地申请人。

(二) 我国土地征收法律程序的建立与完善

我国的土地征收法律程序的建立和完善经历了一个过程。

1. 土地管理法

在相当长的时间里,我们并不重视土地征收法律程序的建设,当时土地征收主要是通过政治动员的方式来进行的,并且效果很好。开始关注土地征收法律程序的建设,始于1998年的《土地管理法》和《土地管理法实施条例》。它的重点是在土地征收的实施程序。规定了"两公告""一登记""一裁决"的程序。《土地管理法》第46条规定"国家征收土地的,依照法定程序批准后,由县级以上地方人民政府予以公告并组织实施。被征收土地的所有权人、使用权人应当在公告规定期限内,持土地权属证书到当地人民政府土地行政主管部门办理征地补偿登记。"第48条规定:"征地补偿安置方案确定后,有关地方人民政府应当公告,并听取被征地的农村集体经济组织和农民的意见"。第49条规定:"被征地的农村集体经济组织应当将征收土地的补偿费用的收支状况向本集体经济组织的成员公布,接受监督。禁止侵占、挪用被征收土地单位的征地补偿费用和其他有关费用"。《土地管理法实施条例》第25条规定:"征收土地方案经依法批准后,由被征收土地所在地的市、县人民政府组织实施,并将批准征地机关、批准文号、征收土地的用途、范围、面积以及征地补偿标准、农业人员安置办法和办理征地补偿的期限等,在被征收土地所在地的乡(镇)、村予以公告。被征收土地的所有权人、使用权人应当在公告规定的期限内,持土地权属证书到公告指定的人民政府土地行政主管部门办理征地补偿登记。市、县人民政府土地行政主管部门根据经批准的征收土地方案,会同有关部门拟订征地补偿、安置方案,在被征收土地所在地的乡(镇)、村予以公告,听取被征收土地的农村集体经济组织和农民的意见。征地补偿、安置方案报市、县人民政府批准后,由市、县人民政府土地行政主管部门组织实施。对补偿标准有争议的,由县级以上地方人民政府协调;协调不成的,由批准征收土地的人民政府裁决。征地补偿、安置争议不影响征收土地方案的实施。征收土地的各项费用应当自征地补偿、安置方案批准之日起3个月内全额支付"。第26条规定:"土地补偿费归农村集体经济组织所有;地上附着物及青苗补偿费归地上附着物及青苗的所有者所有。

征收土地的安置补助费必须专款专用,不得挪作他用。需要安置的人员由农村集体经济组织安置的,安置补助费支付给农村集体经济组织,由农村集体经济组织管理和使用;由其他单位安置的,安置补助费支付给安置单位;不需要统一安置的,安置补助费发放给被安置人员个人或者征得被安置人员同意后用于支付被安置人员的保险费用。市、县和乡(镇)人民政府应当加强对安置补助费使用情况的监督"。这些程序性规定,带有浓厚的时代印迹。在当时都是具有突破意义。

第一,所有程序的设计都贯穿了提高透明度,维护被征地农民知情权,接受人民群众监督的理念;

第二,明确了"两公告一登记"不同的法律意义。第一次公告是告知土地征收的目的和合法性,第二次公告则是与被征地农民的利益相关联,告知依据统一标准能够获得的补偿金额的具体数额。而登记,则是被征地农民财产权的确认程序。

第三,明确了土地补偿费、地上附着物和青苗补偿费、安置补助费的归属问题;

第四,建立了土地补偿和安置方案的批准和实施程序;

第五,建立了补偿标准争议的行政调解和行政裁决(尚属首次)机制,确定了补偿争议与土地征收的实施相分离,争议不影响土地征收的实施的原则;

第六,建立了土地补偿安置的政府和人民群众监督机制。现在回过头看,这些程序规定也有不足,对于土地征收的批准过程没有规定,这个过程,对被征地农民的知情权和意见的表达都缺少程序保障。之所以没有作出规定,主要是土地征收必须以"公共利益"为目的,在宪法上没有规定。并且,社会上对这一问题的认识也还没有形成共识。

2.《关于深化改革,严格土地管理的决定》

弥补土地征收程序这一缺陷的是2004年国务院的《关于深化改革,严格土地管理的决定》。《决定》建立了"告知"、"确认""被征地农民的知情和确认情况作为报批的必备材料"、"公示"等程序。《决定》对健全征地程序提出了新的要求:"在征地过程中,要维护农民集体土地所有权和农民土地承包经营权的权益。在征地依法报批前,要将拟征地的用途、位置、补偿标准、安置途径告知被征地农民;对拟征土地现状的调查结果须经被征地农村集体经济组织和农户确认;确有必要的,国土资源部门应当依照有关规定组织听证。要将被征地农民知情、确认的有关材料作为征地报批的必备材料。要加快建立和完善征地补偿安置争议的协调和裁决机制,维护被征地农民和用地者的合法权益。经批准的征地事项,除特殊情况外,应予以公示"。同对征地实施过程的监管又作了补充性规定。"省、自治区、直辖市人民政府应当根据土地补偿费主要用于被征地农户的原则,制订土地补偿费在农村集体经济组织内部的分配办法。被征地的农村集体经济组织应当将征地补偿费用的收支和分配情况,向本集体经济组织成员公布,接受监督。农业、民政等部门要加强对农村集体经济组织内部征地补偿费用分配和使用的监督"。这样,我国就形成了较为完善的土地征收程序。我国2019年修改的土地管理法,确定了《决定》的这重内容。

3. 现存的问题

但是,现有的土地征收程序在实际运行中也还存在一些问题。主要表现在:

一是,土地征收的政府决策机制不健全。政府的土地征收批准机制不明确。我国法律确定了我国土地征收的批准权由国务院和省两级行使,是 1998 年《土地管理法》作出的重大改革,这是符合中国国情的制度安排。全部集中到中央政府,影响决策效率。而 1998 年之前,批准权实行中央、省、市、县四级政府审批,以占地面积为标准划分权限,已被实践证明不成功,因为市县政府都是利益主体,承担着发展地方经济,推进城市建设的具体任务,由其行使土地征收的批准权,就会造成"土地失控"的局面。但在现在的法律和制度安排上,中央和省政府在行使土地征收批准权的机制中,"批什么""怎么批"的内容缺少规范。特别是对被征地农民的不同意见如何处理也缺少机制性的安排。在政府和被征地农民的关系上,在土地征收批准程序和土地征收的实施程序上不同的法律地位和权利没有清晰明确的定位。特别是对少数不断提出不合法的无理诉求的"钉子户"也缺少应有的制约手段。在土地征收的法律救济渠道上,无论是行政复议还是行政诉讼对土地征收的特殊性考虑不够。

二是,对我国基层政府在土地征收过程中一些行之有效的做法没有转化为程序。基层在土地征收的实施过程中,创造了"协调一致"、"多数甚至绝大多数同意"、"订立协议"等一些市场交易的规则,最大限度地减少了土地征收的冲突性,使得我国土地征收制度具有传统的"强制购买"特点。这恰恰是我国土地征收制度的中国特色,也是中国经历世界上最大规模的土地征收而没有引发大的社会动荡的一个原因。

三是,对土地征收的具体情况没有作科学区分,"一种程序管全部",使得土地征收有些程序流于形式。比如,我国土地征收实际上有两种情况,一种是城市扩张用地,一种是国家重点工程特别是铁路公路机场水库等用地,这类用地从法理上讲属"政策性征收",有时间要求,如果完全按照现在的报批程序,很难完成工期。在实际操作上,这类用地往往牺牲程序,成为土地违法的主要部分,称之为"程序性违法",极大地损害了法律的权威性和严肃性,也牺牲了程序的正当性。

　　土地征收程序的完善是一个过程。它往往是与大概率问题的出现、整个社会的共识的形成相联系的。但是,土地征收程序的基础理论则是需要认真研究的。不可否认,至今为止,我国的土地征收程序是以促进发展为优先目标的。在今天,我们是否还应该坚持这种目标导向?在我看来,社会在变化,我们的土地征收的优先目标也应发生变化。我国土地征收的优先目标应该从"促进发展"转向"减少社会冲突"。也就是说,优先目标值应该从"发展"转向"和谐"。建立和谐型的土地征收程序是我国下一阶段的任务。之所以要实现这种转变,是基于以下考虑的。

　　第一,我国的经济社会发展情况开始发生重大变化。从经济发展看,已经从追求量的扩张转向高质量发展。从社会发展情况看,随着建设中国特色社会主义法治体系和国家治理现代化的推进,人民群众法治意识不断增强,对公平公正的追求逐渐成为现实需要。在这种背景下,继续延续现在的土地征收程序,很难维系。

　　第二,从土地征收的法律关系看,我国不同于西方国家。西方国家的土地征收关系是由三方构成的,用地征收申请人、政府、被征收土地的权利人。在三者的关系中,政府处在中立和超脱的地位。而在我国,土地征收关系则是由政府和被征地的土地权利人两方构成,政府既是土地征收的批准人,又是用地人(市县政府),政府是利益冲突的一方。地位不中立不超脱。市县政府作出的决定存在公信力不够的问题。而中国,土地征收的规模居世界各国之首,这种状况还要保持相当长的时间。因此,必须以"和谐"作为土地征收程序设计的优先目标,力争实现"和谐征收"才是最明智的选择。

第三,我国具有实现"和谐征收"的社会基础。从组织资源看,我国土地征收的对象是农村集体所有土地,所有权主体是村民委员会和村民小组。发挥这些组织的作用,是"善治"的重要内容。也是我国建立"和谐征收"的制度优势。我国还有中国共产党的坚强领导,发挥农村基层党组织在土地征收过程中的宣传教育农民、反映农民的诉求、沟通农民与政府之间的关系的作用,既是过去长期的传统和经验,也是未来建立"和谐征收"程序的组织基础。

四、土地征收的强制性

土地征收的强制性,是土地征收行为与土地买卖行为相区别的法律特征。它们的具体区别在于:(1)土地征收是政府基于"公共利益"的单方面意思表示,不依被征收土地权利人的同意与否;(2)权利转移的依据不同。土地买卖关系是在双方协商一致,并且地位平等的基础上达成协议,依协议转移的。而土地征收关系则是依照法律直接转移的。前者是私法行为,后者则是公法行为。

(一) 司法强制执行范畴

土地征收的强制性在各国都属于司法强制执行的范畴。这是因为,土地被征收,对权利人来说,是重大的财产变动,由政府申请法院强制执行,为公民财产权提供程序保障。我国对于土地征收的强制程序,法律没有作特殊规定,应该适用《行政强制法》的规定,由政府申请人民法院强制执行。在城市国有土地上的房屋征收的执行制度上,经历了一个过程。2001年前,城市国有土地上房屋的征收的强制执行,由政府申请人民法院强制执行。2001年,国务院公布的《城市房屋拆迁管理条例》确立了司法强制执行和行政强制执行相结合的机制。第17条规定:"被拆迁人或者房屋承租人在裁决规定的搬迁期限内未搬迁的,由房屋所在地的市、县人民政府责成有关部门强制拆迁,或者由房屋拆迁管理部门依法申请人民法院强制拆迁"。2011年,国务院发布了《国有土地上房屋征收条例》,又将强制执行机制改为司法强制执行。第28条规定:"被征收人在法定期限内不申请行政复议或者不提起行政诉讼,在补偿决定规定的期限内又不搬迁的,由作出房屋征收决定的市、县级人民政府依法申请人民法院强制执行。强制执行申请书应当附具补偿金额和专户存储账号、产权调换房屋和周转用房的地点和面积等材料。"土地征收的强制措施的执行,在我国已经成为"司法执行行为"。在贯彻落实"司法执行行为"的过程中,还有一些问题需要在实践中不断完善。最突出的问题是如何处理司法程序与效率的关系。

在我看来,对于土地征收强制性的认识,无论在理论还是在实践中,应确立正确的理念。运用强制性是应该有一些原则必须遵循的。(1)穷尽其它措施原则。强制措施是土地征收的最后措施,由于它的运用,需要付出较大的社会成本,必须是穷尽了其它措施之后,才能采用。(2)强制措施最大的功能在于威慑而不在于实际运用。正因为有了强制措施,才构成土地征收行为。它是土地征收行为实现的最终保障。它的威慑价值应该下功夫进一步挖掘。

(3)争取绝大多数权利人支持理解原则。强制性措施实施的对象只能是极少数人,当多数人不理解不支持时,应该缓用强制措施。

(二)何时转移、怎样转移

和土地征收的强制性相联系,还有一个被征收土地"何时转移""怎么样转移"的问题。英国在完成强制收购令确认程序后,获得强制收购令确认的土地征收机构可以通过以下方式来获取土地:(1)协议。根据1965年《强制收购法》第3条的规定,征收机构与土地权利人签订协议实现土地权利的转移;(2)通知。根据《强制收购法》第5条的规定,土地征收机构进入征收现场之前,向经过"审慎调查"后掌握的所有对土地享受权益的人发出通知。依据通知,征收机构和被征收人之间就建立起准合同关系,只要补偿确定,双方都必须完成强制收购,否则则属违约。在发出通知之后或同时,征收机构还可以发出进场通知,通知被征收人,征收机构合法进入现场,取得占有的日期。(3)一般转移通告。征收机构通过一般转移通告直接自动地获得土地权利。[①] 大陆法系的一些国家实行的是先在土地登记机构"变更登记"实现地权的转移,待征收争议解决,补偿金支付后,再转移土地。法国的做法是,省长作出可以转移的决定后,应将决定公布并个别通知到土地权利人。决定应该在6个月内转送法院,由法院进行土地所有权的"变更登记"。但并不发生实际转移。

和外国相比较,我国在被征收土地的转移法定程序的建设上,较为滞后。被征收土地的转移没有具体的程序规范,仅在《土地管

---

① 参见,张千帆主编:《土地管理制度比较研究》,上海人民出版社2013年,第23页。

理法实施条例》中略有体现。《土地管理法实施条例》第 25 条规定:"征地补偿、安置方案报市、县人民政府批准后,由市、县人民政府土地行政主管部门组织实施。对补偿标准有争议的,由县级以上地方人民政府协调;协调不成的,由批准征收土地的人民政府裁决。征地补偿、安置争议不影响征收土地方案的实施。征收土地的各项费用应当自征地补偿、安置方案批准之日起 3 个月内全额支付。"这条规定,确立了"征地补偿、安置争议不影响征收土地方案的实施"的原则。建立了行政裁决制度。但是,在具体程序的规定上,仅仅以不明确的"组织实施"的概念而代替。并且,被征收土地的土地权利的变更,国外普遍采用的先完成土地权利的"变更登记",再实现土地的实际转移方式。但在我国,一般是在征地补偿安置方案批准后,即进入现场施工作业,一直等到项目施工完成验收后,才一次性地进行土地所有权的"变更登记",从严格的法治要求看,在被征收的土地上的施工作业,不具有合法性。

第三节 我国土地征收制度的特殊性

一、土地征收的对象和用途

(一) 土地征收的特点

我国土地征收的范围和用途有自己的特点:

一是,土地征收的对象仅限于所有权。我国土地征收的对象为农村集体土地所有权和国有土地上的房屋所有权。2011 年国务院发布的《国有土地上房屋征收条例》第二条规定:"为了公共利益的需要,征收国有土地上单位、个人的房屋,应当对被征收房屋所有权人(以下称被征收人)给予公平补偿"。"房地权属分离"模式有中国的特殊情况,因为,我国宪法规定城市土地属于国家所有,中国的土地征收是将集体所有权和个人所有权先通过征收转移成国有,然后再由政府依照法律配置给用地单位,或者是划拨方式,或者是出让方式。而西方国家则是通过土地征收行为将甲(被征土地的所有权人)的土地所有权变更为乙(申请土地征收的用地人)的所有权。既然我国被征收土地最后都转移成国家所有,那么,原来的国有土地因同属一个权利主体,就不应该发生征收问题。

二是,土地征收的用途一律都为"建设用地"。将"建设用地"作为土地征收的唯一用途,是从20世纪50年代就开始形成的。在当时,"国家建设用地"的概念有代替"公共利益"的作用,凡是"国家建设用地"就是"公共利益"。1953年,中央人民政府发布的《国家建设征用土地办法》第一次提出了"国家建设需要"的概念,这与当时中国开始"一五"规划,进行大规模建设的历史背景相一致。1958年,国务院公布了修订后的《国家建设征用土地办法》,又沿用了"国家建设"的概念。1982年,国务院公布了《国家建设征用土地条例》仍然保留了"国家建设"的概念。1986年和1998年的《土地管理法》都确定了"建设用地"的法律概念。这表明,在中国,被征收的土地,只能作为"建设用地"。不能用于非建设用地。

我国土地征收的对象和用途的形成固然有历史原因,但是也的确存在需要进一步完善的地方。

一是,从国外土地征收制度的发展趋势看,西方一些国家早就将土地征收的对象扩大到土地的各项权利。不仅包括土地所有权,还包括用益物权、地役权甚至租赁权。英国根据法律的授权,征地机构可以永久性地征收土地的所有权(freehold)、租赁权(leasehold)和法益和权利(legal interests in and right over land,如信托受益人权利、合同创设的土地权利或利益、非依法定形式创设的土地权利等)①。之所以产生这种变化,就在于促进土地的节约和合理的利用。我国随着改革开放的深入推进,土地权利束的不断丰富和完善,加上农村集体土地进入市场,扩大土地征收的对象势在必行。

二是,随着生态文明建设的推进,产业结构的优化。用地的需求多样化已经成为趋势。比如农业林业的育种和科学实验用地,比如,国家自然保护区的用地,都有可能有别于传统的建设项目用地。适当放开被征收土地的用途,也许是明智的选择。

土地征收的对象和用途的确定,是以对土地征收的功能的界定为基础的。各国都把土地征收界定为双重功能。即提供项目用地和调节土地分配促进土地利用。在反封建任务完成后,土地征收的功能主要界定在提供项目建设用地和城市和农村的用地结构调整两个方面。例如,德国的《魏玛宪法》第155条第2项规定:"土地所有权,若以需求增建住宅、奖励开垦荒地,或发展农业的原因,可以征收。"在现代,这一功能又表述为"实施城乡规划"的需要。在我国,虽然在学理上没有总结双重功能,但在法律实践上,也体现了双重功能。《土地管理法》第44条规定:"建设占用土地,

---

① 参见,张千帆主编:《土地管理制度比较研究》,中国民主法制出版社2013年,第17页。

涉及农用地转为建设用地的,应当办理农用地转用审批手续。""在土地利用总体规划确定的城市和村庄、集镇建设用地规模范围内,为实施该规划而将农用地转为建设用地的,按土地利用年度计划分批次由原批准土地利用总体规划的机关批准。"《国有土地上房屋征收条例》第8条规定:"为了保障国家安全、促进国民经济和社会发展等公共利益的需要,有下列情形之一,确需征收房屋的,由市、县级人民政府作出房屋征收决定:(一)国防和外交的需要;(二)由政府组织实施的能源、交通、水利等基础设施建设的需要;(三)由政府组织实施的科技、教育、文化、卫生、体育、环境和资源保护、防灾减灾、文物保护、社会福利、市政公用等公共事业的需要;(四)由政府组织实施的保障性安居工程建设的需要;(五)由政府依照城乡规划法有关规定组织实施的对危房集中、基础设施落后等地段进行旧城区改建的需要;(六)法律、行政法规规定的其他公共利益的需要"。从法律的规定看,我国的土地征收的功能除了为建设项目提供用地之外,实施城乡规划进行旧城改造也是法定功能。

实施城市规划的功能在我国又创设了"收回国有土地使用权"的制度。《土地管理法》第58条规定:"有下列情形之一的,由有关人民政府土地行政主管部门报经原批准用地的人民政府或者有批准权的人民政府批准,可以收回国有土地使用权:(一)为公共利益需要使用土地的;(二)为实施城市规划进行旧城区改建,需要调整使用土地的;(三)土地出让等有偿使用合同约定的使用期限届满,土地使用者未申请续期或者申请续期未获批准的;(四)因单位撤销、迁移等原因,停止使用原划拨的国有土地的;(五)公路、铁路、机场、矿场等经核准报废的。依照前款第(一)项、第(二)

项的规定收回国有土地使用权的，对土地使用权人应当给予适当补偿。《土地管理法》设立的国有土地使用权制度在学理上分析，相当复杂。多种性质不同的法律关系交织在一起。从收回的对象看，两种不同的国有土地使用权，即"国有土地出让使用权"与"国有土地划拨使用权"。从法律关系的性质看，第一项和第二项属公法性质，具有与土地征收相同的法律特征。其它三项则属私法性质，是国有土地所有权人行使的权能。

（二）收回土地使用权

收回土地使用权制度，《土地管理法》还规定了几种情况：

第一，第37条规定："禁止任何单位和个人闲置、荒芜耕地。已经办理审批手续的非农业建设占用耕地，一年内不用而又可以耕种并收获的，应当由原耕种该幅耕地的集体或者个人恢复耕种，也可以由用地单位组织耕种；一年以上未动工建设的，应当按照省、自治区、直辖市的规定缴纳闲置费；连续二年未使用的，经原批准机关批准，由县级以上人民政府无偿收回用地单位的土地使用权；该幅土地原为农民集体所有的，应当交由原农村集体经济组织恢复耕种。在城市规划区范围内，以出让方式取得土地使用权进行房地产开发的闲置土地，依照《城市房地产管理法》的有关规定办理。承包经营耕地的单位或者个人连续二年弃耕抛荒的，原发包单位应当终止承包合同，收回发包的耕地"。《城市房地产管理法》第26条规定："以出让方式取得土地使用权进行房地产开发的，必须按照土地使用权出让合同约定的土地用途、动工开发期限开发土地。超过出让合同约定的动工开发日期满一年未动工开发的，可以征收相当于土地使用权出让金百分之二十以下的土地闲置费；

满二年未动工开发的,可以无偿收回土地使用权;但是,因不可抗力或者政府、政府有关部门的行为或者动工开发必需的前期工作造成动工开发迟延的除外"。对于这种收回土地使用权的行为性质,在实践中,往往比照行政处罚来对待。在我看来,此种情形的发生,法律规定的前提条件是违反土地出让合同的约定,应该认定为合同违约行为较为妥当。至于划拨土地使用权的收回,则更是所有权的行使。

第二,农村集体经济组织的收回土地使用权的行为。《土地管理法》第65条规定:"有下列情形之一的,农村集体经济组织报经原批准用地的人民政府批准,可以收回土地使用权:(一)为乡(镇)村公共设施和公益事业建设,需要使用土地的;(二)不按照批准的用途使用土地的;(三)因撤销、迁移等原因而停止使用土地的。依照前款第(一)项规定收回农民集体所有的土地的,对土地使用权人应当给予适当补偿"。对于这种行为的性质认定,只能属民事行为的范畴,是农村集体经济组织行使农村集体土地所有权的权能的体现。

除此之外,还有一种情形,在法律上没有规定,但在实际生活中却不断出现。就是建设占用国有农用地,而享有农用地使用权的主体与建设用地用地人又分属不同的主体。此类用地也不能适用土地征收,在法理上可以认定为"收回国有划拨农用地使用权"。

二、土地征收争议的处理机制

有土地征收,就必定有征地纠纷。因此,土地征收的争议处理机制,是土地征收制度的重要内容。土地征收争议处理机制的建设,其难题就在于如何平衡公正和效率之间的关系。纵观外国土地征收争议的处理机制,因国情不同,法律体系和历史传统不同,各有不同。但也有一个共同点,都对土地征收的特殊性给予特别的考量,建立起有别于本国一般的法律程序的特殊程序。概括地讲,一是,法院提前进入土地征收程序。二是,将土地征收争议的两大问题(征收目的的公共性和土地补偿金)分别处理。英国将土地征收争议分类处理。对征地的合法性的争议由普通法院处理。1981年的《土地征收法》第23条规定,被征收人或其他利益受损人可以在强制收购令确认通知发出或生效6周以内,向高等法院提起司法审查。高等法院可以依据越权原则进行审查。审查的内容包括:合法性、合理性、利益关联方的利益是否考虑、程序是否不当、是否滥用权力。对征地补偿金的争议,由1950年设立的土地裁判所处理。土地裁判所是在普通法院系统之外的专门解决征地补偿争议的机构,从性质上虽然不属于普通法院系统,但仍然是行使司法职能的专门机构。到2009年,土地裁判所变成了新成立的上诉法院的土地法庭。法国对涉及土地征收行政阶段之后的争议处理机制是在1958年建立的。它的一审机构是公用征收法官,上诉机构是上诉法院的公用征收庭。公用征收法官的任务是审查所有权的转移和土地补偿金额。对于土地所有权转移,由省长向公用征收法官提起,实际上是司法确认行为。对于公用征收法官作出的决定不服,被征收土地的权利人只可以向法国行政法院提起行政诉讼。对于补偿金额的争议,双方都可以向上诉法院提出诉讼。在新加坡,强制收购私人土地,在法律上,没有关于土地房屋的权利人可以提出对政府强制收购行为的必要性进行审查的法律途径。对补偿金争议,则可以通过行政复议途径解决,行政复议是终局裁决。

我国的土地征收争议的处理机制建立的时间还不长,现在也还存在诸多不完善的地方。从新中国成立到1982年基本上处在空白状态。因为当时土地征收的矛盾并不突出。到1982年国务院发布的《国家建设征用土地条例》,第6条规定,"确定了对整治的要求和整治费、补偿费的标准,由用地单位、受害单位和有关单位在当地县、市土地管理机关主持下协商决定。达不成协议的,由县、市人民政府决定;县、市人民政府决定不了的,报上一级政府决定。"第25条第4项规定,"对批准征用的土地,一方当事人坚持无理要求,拒不签订征地协议的,由土地管理机关裁决"。1986年的《土地管理法》对土地征收争议的处理机制未作专门规定。不过,随着1989年的《行政诉讼法》、1990年国务院颁布的《行政复议条例》、1999年《行政复议法》的陆续出台,这些法律、行政法规加上1998年的《土地管理法》和《土地管理法实施条例》,就构成了我国土地征收争议处理机制的制度框架。现在,我国土地征收争议处理机制是由四个程序组成的:(1)政府协调;(2)行政裁决;(3)行政复议;(4)行政诉讼。从实际运行情况看,政府协调是最有实效最便捷的方式,但缺乏明确具体的程序规范。行政裁决在个省(浙江省)曾经实施过,但因与行政复议的功能有重复交叉之处,并没有真正实施。近些年来,土地征收争议开始转向寻求行政复议和行政诉讼渠道解决。这类案件已经占据行政复议和行政诉讼案件数量的首位。从处理的结果看,也不尽如人意。大量的案件都是"程序瑕疵",但因为土地征收已经实施,有的工程项目都已完成,从实体上又不违法,很难处理。并且,因为一个村在是否进行了公告的事实上存在争议,还得由国务院派人调查。支付的社会成本过高。因此,建立完善我国土地征收争议的处理机制仍然是今后我国土地管理改革的重要任务。改革的总体思路应该是立足中国国情,立足中国的法律框架,充分考虑我国土地征收争议的特殊性,建立能够兼顾"公正、效率、权威、便利"的土地征收裁决机制。具体内容是将土地征收的批准环节和土地征收的实施环节区别;将"公共利益"的争议与"补偿金"的争议区别;将实质违法与程序瑕疵适当区别。依照不同的情况,设计不同的程序。

结语。土地征收制度作为一项重要的宪法制度,它的形成与发展往往由以下因素决定:国家的基本经济制度和政治制度、这个国家的历史发展阶段、这个国家的土地国情和历史文化传统。

第六章 土地市场的监管

土地是重要的生产要素。它的配置方式由一个国家的经济制度决定。中国已经选择了社会主义市场经济，并且确定市场在资源配置过程中起着决定性作用。毫无疑问，土地也必须由市场配置，并且市场配置起着决定性的作用。那么，土地市场在配置土地资源过程中有什么特点？政府又是如何实现对土地市场的有效监管？

第一节 中国土地市场的特点

要研究土地市场，首先必须明确市场的特点。说到市场，要区别两种市场，一种是有形市场，指的是集中交易的场所。另一种则是指市场关系。我们研究土地市场主要是研究土地市场关系。

市场关系指的是资源配置通过市场的方式来实现。在人类文明的历史上，资源配置方式大致有三种情形：一是，在自给自足的自然经济状态下，产品主要是满足自己的需求，少量产品用于交换，主要是"以物易物"的方式进行。二是，在计划经济时代，产品的配置主要是通过政府配给的方式来实现。三是，社会化大生产方式的条件下，人们生产的产品主要是用于交换，通过等价交换的方式来满足不同群体的需求。我们说的市场,显然是指第三种。

一、市场经济的一般特征

市场配置资源的方式的核心就是等价交换。这种方式具有以下特征。

1. 市场主体之间是平等的

在市场上从事各种交易活动的当事人,称为市场主体。市场主体以买者、卖者的身份参与市场经济活动,活动中不仅有买卖双方的关系,还会有买方之间、卖方之间的关系。这些主体在市场交换关系中,扮演着或者是买方或者是卖方的角色。买卖双方要实现交易活动,虽然要经历复杂的谈判协商,但买卖双方都是基于自身的利益判断而作出的决定,买卖双方在法律地位上是平等的。在市场经济体制下,资源分配受消费者主权的约束,生产什么取决于消费者的需求(市场需求),生产多少取决于消费者的支付能力的需求水平;经济决策是分散的,作为决策主体的消费者和生产者在经济和法律上的地位是平等的,不存在人身依附和超经济强制关系;信息是按照买者和卖者之间的横向渠道传递的。经济动力来自于对物质利益的追求,分散的决策主体在谋求各自的利益中彼此展开竞争,决策的协调主要是在事后通过市场来进行。整个资源配置过程是以市场机制为基础的。

2. 市场主体对于用于交换的物品具有绝对的的支配权

在市场交换的过程中,表面上交换的是物品,但背后却是权利。在市场交换中,卖方对于用于交换的物品,必须拥有对该物品的所有权,或者使用权。买方购买的也只能是所有权或者使用权。

交易完成后,卖方的权利就转移到买方。因此,在交易过程中,财产权在市场主体之间的转移和流动是市场经济的特点。

3. 社会总供给和总需求之间的平衡市场是通过自由竞争来实现的

市场经济区别于以习俗、习惯或行政命令为主来配置资源,而是使市场成为整个社会经济联系的纽带,成为资源配置的主要方式。在经济运行中社会各种资源都直接或间接地进入市场,由市场供求形成价格,进而引导资源在各个部门和企业之间自由流动,使社会资源得到合理配置。而价格则是依赖市场主体之间的自由竞争来实现的。自由竞争发现价格,也反映市场供求关系,社会生产就按照价格信号来组织,从而实现总供给和总需求之间的动态平衡。

从市场经济的这些特征看,要实现资源由市场配置的制度,需要一些前提条件。一是,产权主体必须是多元的。这是因为市场交换关系只能在不同的产权主体之间进行,单一的产权主体之间有调拨关系,但不能形成交易关系。二是,财产权制度必须是稳定的有保障的。这是因为在市场交换的实质上是财产权。三是,要有完善的保证自由竞争和公平竞争的法律规则和法律机制。市场经济是竞争型经济。市场经济的生产决策是分散的,每个市场主体在决定向市场投入何种产品,都是根据自己的经验、获取的信息以及自己对市场供求关系的了解独立作出的。对于自己作出的决策,他必须独立承担风险,承担责任。这就要求保证他决策的自由,不受外来强制性的干预。与此同时,由于市场配置资源是在全社会的范围内进行,这就要求各种生产要素能够自由流动。市场经济作为竞争型配置方式,它要求竞争必须是公平的,公平的竞争就表现为是产品的质量和价格之间的竞争,而不能是各种外来的附加非经济因素的竞争。这就要求保证各个竞争者之间机会平等、规则平等和权利平等。由于市场竞争具有市场风险,这就要求各个竞争者对于面临的风险是可预期的。四是,政府对市场的干预必须是适当的和合理的。在自由竞争市场经济时期,国家的经济职能主要是保护经济发展的秩序,不直接干预经济运行。但是在现代市场经济条件下,国家对经济的干预和调控便成为经常的、稳定的体制要求,政府能够运用经济计划、经济手段、法律手段以及必要的行政手段,对经济实行干预和调控。其目的,一方面是为经济的正常运转提供保证条件;另一方面则是弥补和纠正市场的缺陷。但是,这种干预必须是合理的和适当的。因为在市场经济条件下,社会生产主要靠市场的价格信号来引导,当某一商品供过于求,必然导致市场价格下落,当某一商品求大于供,必然导致商品的价格上涨。在价格的涨落之间,商品生产者按照价格信号来组织生产。往往会把资源投入到价格上涨的领域,由于社会资源投入增加,商品的供应量就增加,价格就下降。反之同理。这种调节过程就是经济学中所说的"看不见的手"。但是,这种调节具有滞后性,需要一个波动周期让市场机制发挥作用。如果政府不分情况进行干预,人为地中断市场机制发挥作用的过程,就为形成畸形市场,影响了市场配置资源的效率。

二、土地市场的特点

土地市场也是通过市场机制来配置土地资源的市场。毫无疑问,土地市场也必须遵循市场的要求和规律。但是,土地市场又有不同于一般市场的一些特点。因此,研究土地市场除了要研究市场一般性特征外,还必须研究土地市场的特殊属性。不研究土地市场的特点,就很难准确回答土地市场的问题。

土地市场的特点源自于土地市场交易物——土地的特殊性。土地是可以供市场交易的商品,但土地作为商品又有自身的特殊性。土地的这种特殊性,就成为土地经济学的基础,土地经济学必须以土地的特殊性为研究对象,它不是一般的经济学原理在土地领域的简单套用。它以土地的特殊性为基础,并在此构建起有别于一般经济学的原理和范畴。所以,许多土地经济学著作都是以此为基础的。美国的伊利和莫尔豪斯在其《土地经济学原理》一书中,将土地经济学定义为"研究由土地利用所引起的人与人之间的关系的一门社会科学"。① 在这本著作中,开宗明义就是回答土地的特性。并在此基础上建立分析框架。在阐述土地经济学原理时,作者主张既要考虑一般的经济学原理,又要注意土地经济学自身的原理。在经济学的一般原理中,他们认为以下原理是适用土地的经济关系的:"经济人"假说、私有财产制度保护、价格机制的作用、纯收入与总收入之间的区别、个人经济才能的差别等原理。对于土地经济关系的一些特殊原理则有:稀缺性原理、预期原理、资本化原理、替代原理、比例的原理、经济关系的公共控制原理。②我国较早的土地经济学著作也持同样的看法。1945 年西北农学院农业经济学会印行的由刘潇然所著的《土地经济学》和张丕介1943 年所著的《土地经济学导论》都是以土地的特性作为立论基

---

① [美]伊利、莫尔豪斯:《土地经济学原理》,滕维藻译,商务印书馆1982 年,第17 页。
② 同上书,第38—49 页。

础的。张丕介在《土地经济学导论》中提出,"土地经济学研究之对象,概括言之,为人与地之关系。具体言之,则为因人类经济行为而造成之人与地,人与人,地与地之种种关系。"①在分析"人非土地不能生存,此其意义殆亦犹谓人非空气日光水火等不能生存。然何以空气日光水火等生存要件,未成如是之重大烦难之问题,一如土地所酿成之问题耶?"(同上书)他对此问题的回答是:一是土地天然存量有限,不能因人类的需要而增加供给,并且人口在不断增加。不变与变就是特性。二是土地收益渐减。三是社会原因,涉及土地分配。因此,他主张,"以上三点,第一二两点,可统称之为土地问题之自然原因,而第三点则为土地问题之社会原因,在此两类原因交织下,人与地之关系,遂成为自有史以来最重大而最烦难之问题。而此亦即土地经济学所应首先研究之对象。"②具体地看,土地市场不同于一般的市场,有以下特点:

1. 土地的总量有限,不能增加

土地是大自然的创造,而非人类劳动的创造。因此,土地的总量是有限的,不能增加。这就决定了土地是稀缺性资源,它不是取之不尽,用之不竭的。土地作为稀缺性资源这一特殊性,就要求我们在调控土地市场的过程中,充分考虑这一特殊性。一般的商品生产,由价格信号引导。当供求关系趋紧时,价格必然上涨,为追求利润,就会刺激吸引更多的资本投入,增加商品的供应。反之,当供求关系趋向宽松时,价格必然下降,受价格信号的引导,生产者就会减少投入,降低商品的供应,以求供求关系平衡。土地市场

---

① 张丕介:《土地经济学导论》,书林书局2015年,第9页。
② 同上书,第10页。

的供求关系大体也是如此,但受土地稀缺性的制约,供求关系的调控是有限的。因为,土地的供应不是无限的。土地作为稀缺性资源的特点,使得土地具有自然垄断性。土地这种稀缺性资源的特性还要求政府的监管有别于一般的商品市场,严格防止土地垄断,禁止土地的囤积,注重用市场手段和行政手段限制土地投机,保证土地市场的土地价格的基本稳定。

2. 土地的位置固定,不可移动

土地的位置固定,不可移动,就决定了土地不具有流动性。生产要素的可自由流动是市场经济的前提,和其它商品相比较,土地作为生产要素可流动的是产权。但物理形态的土地是不可移动的。由于土地的位置总是在一定区域内的,因而对于土地市场的宏观分析和决策必须充分考虑这一特殊性。这一特性就决定了土地市场只能是区域性的。土地市场区域性的特点,就要求我们在调控土地市场时,应当区别不同区域的土地供求关系,分区决策。

3. 土地的替代率低

一般商品之间的在用途上有互相替代的功能。比如,当金属材料供应紧缺时,可使用塑料材料替代。当棉花紧缺时,可用化纤材料替代。但土地则不同,它对于人类生存生活和生产活动具有唯一性。离开了土地,人类的这些活动就无法进行。人类的生存生活和生产活动对于土地依存的唯一性,就要求在土地供应上严把土地供应的总量,合理地分配各类用地。

4. 土地可重复使用,利用系数高

一般商品都是耗竭性资源,投入利用后,最终都会消耗殆尽。一次使用后就不能重复使用。土地则不同,土地利用的可重复性,可以永续利用。这就要求土地按照市场配置时,必须高度重视这一特点,充分考虑土地用途的多次变更的可能性,带来的土地价格价值的差异性,还应该充分运用土地利用的可重复使用的特点,通过变更土地的用途,缓解某类用地的紧缺,达到平抑市场的目标。

5. 中性技术进步与土地市场价格的非出清性

技术进步与经济增长的关系中,包含着一个土地市场的隐形特征,即土地市场在技术进步与经济增长中受到中性技术进步效应的影响,土地市场形成的价格并非单纯的供需平衡价格,受资本效应影响,土地价格具有非出清性。

土地作为资本的组成,在技术进步的情况下,希克斯的中性技术进步理论认为,资本与劳动两要素的比率不变的情况下,地租、利润与工资在国民收入中的分配比率不会有变化,在改技术进步下,社会的产出是增加的,产出的增加是纯技术贡献。土地市场的要素价格与资本市场的利息价格比例不会发生变化。另一个情况是哈罗德中性技术进步,在哈罗德中性技术的理论下,技术进步作用是使得劳动的效率提高,形成"劳动增长型"技术进步,经济增长的产出增加中土地要素的贡献不受到技术进步的影响。与哈罗德相反,索洛提出的"资本增长型"技术进步是技术进步作用于资本的效率的提高,资本市场将会受到产出的传导性影响。土地市场有别于一般商品市场,其与经济增长和技术进步通过"资本(包括土地)、劳动和技术"等要素的相互作用下,形成有别于供需出清价格的机制。进一步理解,如果是希克斯中性,也就是劳动和资本效率同时提高,结果应该是整个行业产出增长,这可能导致整个行业供大于求,产品价格下降,市场对资本(包括土地)和人工的需求同比例减少,受制于土地利用变化的粘滞性,土地价格下降的幅度低于供需幅度。如果是哈罗德中性,也就是技术进步导致了劳动效率提高,那就意味着技术进步后,资本(土地)的边际产出提高了,为了保持边际产出平衡,必然要增加资本投入,这会抬升资本价格提高,而土地的价格粘性又会影响土地价格的提高。同时,在这个情况下,土地价格变化取决于边际产出变化带来的土地需求提高和产品增加带来的资本需求降低哪个大(因此其体现出来的不仅仅是土地的供需价格)。

三、中国土地市场的特殊性

毫无疑问,中国的土地市场作为一种市场形式,必须符合市场的一般规则和特征。中国的土地市场,作为土地市场,也必须符合土地市场的特性。但是,中国的土地市场又有自身的特殊性。不认清这一点就很难理解中国对土地市场监管的一些制度。

(一)交易的客体

交易的客体是国有土地的用益物权。在中国,实行的是土地的公有制。我国宪法明确规定:"城市的土地属于国家所有。农村和城市郊区的土地,除由法律规定属于国家所有的以外,属于集体所有;宅基地和自留地、自留山,也属于集体所有。"不仅如此,中国法律还严格禁止土地的买卖。宪法规定:"任何组织或者个人不得侵占、买卖或者以其他形式非法转让土地"。在推进社会主义市场经济体制的改革过程中,为了解决土地要素的市场配置问题,中国将土地的所有权与土地的使用权分离,由于土地的买卖关系是所有权的转移,因而,土地的买卖关系是严格禁止的。可以交易的只是土地的使用权,这种土地使用权的交易在法律上不属于买卖,因此,在法律上定义为"转让"。宪法规定:"土地的使用权可以依照法律的规定转让。"这种制度设计是中国人民在实践中创造出来的。一方面,它解决了土地生产要素的市场配置问题,另一方面,它又解决了土地的公有制与市场经济体制的兼容问题。

既然我国的土地市场是土地使用权市场,和所有权市场相比较,必然有其特点。

1. 依据不同的用途,设置不同的使用权年期

年期制是土地使用权市场的基本属性。它表明,人们在土地市场上通过交易获取的土地使用权,都是一定期限的使用权。人们只能在一定期限内行使用益物权的权能。年期的长短,是决定土地使用权价格的重要因素。对于土地使用权的年期的设定,中国的法律是这样规定的。《城镇国有土地使用权出让和转让暂行条例》第12条规定:"土地使用权出让最高年限按下列用途确定:(一)居住用地七十年;(二)工业用地五十年;(三)教育、科技、文化、卫生、体育用地五十年;(四)商业、旅游、娱乐用地四十年;(五)综合或者其他用地五十年。"

2. 土地市场的交易形式分为出让、租赁和土地使用权作价出资或者入股

对于土地使用权的交易形式,中国法律作了规定。《土地管理法实施条例》规定:"国有土地有偿使用的方式包括:(一)国有土地使用权出让;(二)国有土地租赁;(三)国有土地使用权作价出资或者入股。"在法律的实践中,还存在如何区别这三种形式的问题。土地使用权出让与土地使用权租赁从法律性质上看,前者是

物权,后者则是债权,前者对于土地在不改变出让合同约定的条件下,在法定期限内有转让他人的处分权,而后者则无此项权能。《城镇国有土地使用权出让转让暂行条例》第28条规定:"土地使用权出租是指土地使用者作为出租人将土地使用权随同地上建筑物、其他附着物租赁给承租人使用,由承租人向出租人支付租金的行为。未按土地使用权出让合同规定的期限和条件投资开发、利用土地的,土地使用权不得出租。"第29条规定:"土地使用权出租,出租人与承租人应当签订租赁合同。租赁合同不得违背国家法律、法规和土地使用权出让合同的规定。"第30条规定:"土地使用权出租后,出租人必须继续履行土地使用权出让合同。"在使用权的期限的设定上,按照《合同法》的规定,将租赁期限设定为二十年。第214条规定:"租赁期限不得超过二十年。超过二十年的,超过部分无效。租赁期间届满,当事人可以续订租赁合同,但约定的租赁期限自续订之日起不得超过二十年。"国有土地使用权作价出资或者入股这种形式,早期是为了适应国有企业改制的需要而产生的,当时,国有企业拥有的土地属国有划拨土地,进行公司制改革,将划拨土地按照有关规定改变为出让土地,将土地变为企业的资本,既防止国有资产的流失,又解决了国有企业的资本金问题。后来,这种形式就成为企业设立、兼并、破产重组普遍采用的形式。这种形式,实质上是国有土地资本化的重要形式,它为国有企业的改革和企业的发展发挥了重要作用。

(二)出让和转让

国有土地使用权市场分为出让和转让两种市场。在中国,国有土地使用权市场分为出让和转让两种市场。在学术界和实务界往往称之为"一级市场"和"二级市场"。这种区分最早来源于《城镇国有土地使用权出让和转让暂行条例》。该《条例》不仅在法的名称上出现"出让"和"转让",在法的内容上也作了区分。在《条例》的第二章专门规定"土地使用权出让",在《条例》的第三章则专门规定"土地使用权转让"。作出这种区分是基于中国的基本经济制度和社会主义市场经济的要求。这样,在法律上就出现了两种"转让"的情形,一种是宪法和土地管理法规定的"转让","土地的使用权可以依照法律的规定转让。"一种是该《条例》规定的与"出让"并列的"转让"。两种"转让"的法律概念的形成有其历史背景,但在实践中仍应仔细区分。前者的"转让"概念是与"买卖"的概念相对应的,如前所述,中国禁止土地所有权的买卖,但使用权可以市场配置。同时,"转让"又是与有偿使用联系在一起的。而后者"转让",则是与"出让"相并列,指的是土地使用权"转让"的具体形态。当然,从科学立法的角度看,在条件成熟时,规范"转让"一词是必要的。

对于"出让"和"转让"如何区分?主要表现在以下几个方面:

1. 主体不同

国有土地使用权出让的主体是国家。而国有土地使用权的主体是土地的使用者。《城镇国有土地使用权出让和转让暂行条例》第8条规定:"土地使用权出让是指国家以土地所有者的身份将土地使用权在一定年限内让与土地使用者,并由土地使用者向国家支付土地使用权出让金的行为。土地使用权出让应当签订出让合同。"第9条规定:"土地使用权的出让,由市、县人民政府负责,有计划、有步骤地进行。"对于土地使用权的转让,该《条例》第19条规定:"土地使用权转让是指土地使用者将土地使用权再转移的行为,包括出售、交换和赠与。未按土地使用权出让合同规定的期限和条件投资开发、利用土地的,土地使用权不得转让。"第20条规定:"土地使用权转让应当签订转让合同。"

2. 土地使用权进入市场的序次不同

土地使用权出让是指在土地市场中初次转移。指的是国家将国家所有的土地使用权通过市场配置的方式交付土地使用者的行为。这种行为在市场上是"初次转移"。而土地使用权转让则是指土地使用者将获取的国有土地出让使用权再转移给其他使用人的行为。正因为有此区别,学界称之为"一级市场"和"二级市场"。土地使用权出让称之为"一级市场",土地使用权转让称之为"二级市场"。

3. 土地使用权转让行为受土地使用权出让行为的制约

对于国有土地使用权的"出让"和"转让"行为的这两点区别,大家的认识是一致的。但是,对土地使用权转让行为受出让行为的制约这一特点却鲜有论及。其实,不认识这一特点,也很难理解中国土地市场的全貌。转让行为受出让行为的制约具体地表现在:

(1)土地使用权转让合同不得违反土地使用权出让合同的约定。《城镇国有土地使用权出让和转让暂行条例》第21条规定:"土地使用权转让时,土地使用权出让合同和登记文件中所载明的权利、义务随之转移。"第27条规定:"土地使用权转让后,需要改变土地使用权出让合同规定的土地用途的,依照本条例第十八条的规定办理。"第18条规定:"土地使用者需要改变土地使用权出让合同规定的土地用途的,应当征得出让方同意并经土地管理部门和城市规划部门批准,依照本章的有关规定重新签订土地使用权出让合同,调整土地使用权出让金,并办理登记。"

(2) 土地使用权的年期不得突破。《城镇国有土地使用权出让和转让暂行条例》第 20 条规定:"土地使用者通过转让方式取得的土地使用权,其使用年限为土地使用权出让合同规定的使用年限减去原土地使用者已使用年限后的剩余年限。"

(三) 农民集体所有的土地市场以内部流转为主

农民集体所有的土地与国有土地相同,所有权属于农民集体所有,禁止买卖。农民集体所有的土地实行土地所有权与承包经营权、建设用地使用权、宅基地使用权相分离。进入土地市场的是承包经营权、建设用地使用权、宅基地使用权。但是,这三种用益物权主要是在农村集体经济组织内部成员之间流转。

1. 承包经营权的流转

承包经营权的主体是集体经济组织内部的"农户"。《农村土地承包法》规定:"家庭承包的承包方是本集体经济组织的农户。农户内家庭成员依法平等享有承包土地的各项权益。"《物权法》第 124 条规定:"农村集体经济组织实行双层经营体制"。"农村集体经济组织实行家庭承包经营为基础、统分结合的双层经营体制。农民集体所有和国家所有由农民集体使用的耕地、林地、草地以及其他用于农业的土地,依法实行土地承包经营制度。"对于土地的承包期,《物权法》第 126 条规定"耕地的承包期为三十年。草地的承包期为三十年至五十年。林地的承包期为三十年至七十年;特殊林木的林地承包期,经国务院林业行政主管部门批准可以延长"。对于承包经营权的流转,《农村土地承包法》严格限制在农村本集体经济组织内部。第 27 条规定:"承包期内,承包农户进城落户的,引导支持其按照自愿有偿原则依法在本集体经济组织内转让土地承包经营权或者将承包地交回发包方,也可以鼓励其流转土地经营权。"第33条规定:"承包方之间为方便耕种或者各自需要,可以对属于同一集体经济组织的土地的土地承包经营权进行互换,并向发包方备案"。第34条规定:"经发包方同意,承包方可以将全部或者部分的土地承包经营权转让给本集体经济组织的其他农户,由该农户同发包方确立新的承包关系,原承包方与发包方在该土地上的承包关系即行终止。"

随着农村土地制度的改革,土地经营权的流转全面展开。土地经营权流转,是因为土地承包经营权因权利主体的封闭性影响农业生产的规模经营,影响吸引资本支持农村发展,应对随着城镇化大量农民工进城务工,造成农村土地大量闲置等多种情况实施的改革。改革的中心内容就是土地经营权对全社会开放。对此,《农村土地承包法》作了系统的制度安排。第36条规定:"承包方可以自主决定依法采取出租(转包)、入股或者其他方式向他人流转土地经营权,并向发包方备案。"第37条规定:"土地经营权人有权在合同约定的期限内占有农村土地,自主开展农业生产经营并取得收益。"第38条规定:"土地经营权流转应当遵循以下原则:(一)依法、自愿、有偿,任何组织和个人不得强迫或者阻碍土地经营权流转;(二)不得改变土地所有权的性质和土地的农业用途,不得破坏农业综合生产能力和农业生态环境;(三)流转期限不得超过承包期的剩余期限;(四)受让方须有农业经营能力或者资质;(五)在同等条件下,本集体经济组织成员享有优先权。"第44条规定:"承包方流转土地经营权的,其与发包方的承包关系不变。"

2. 农民集体所有建设用地使用权的流转

对于农民集体所有建设用地使用权的流转,法律一直是严格限制的。基本原则是使用农民集体所有的建设用地,只能是本集体经济组织及其成员。按照1998年修订的《土地管理法》的规定,只有"乡镇企业、乡(镇)村公共设施、公益事业、农村村民住宅才能使用农民集体所有的土地。"第59条规定:"乡镇企业、乡(镇)村公共设施、公益事业、农村村民住宅等乡(镇)村建设,应当按照村庄和集镇规划,合理布局,综合开发,配套建设;建设用地,应当符合乡(镇)土地利用总体规划和土地利用年度计划,并依照本法第四十四条、第六十条、第六十一条、第六十二条的规定办理审批手续。"对于本集体经济组织之外的法人和自然人,法律作了严格限定。只有"土地使用权入股和联营等形式"。第60条规定:"农村集体经济组织使用乡(镇)土地利用总体规划确定的建设用地兴办企业或者与其他单位、个人以土地使用权入股、联营等形式共同举办企业的,应当持有关批准文件,向县级以上地方人民政府土地行政主管部门提出申请,按照省、自治区、直辖市规定的批准权限,由县级以上地方人民政府批准;其中,涉及占用农用地的,依照本法第四十四条的规定办理审批手续。按照前款规定兴办企业的建设用地,必须严格控制。省、自治区、直辖市可以按照乡镇企业的不同行业和经营规模,分别规定用地标准"。除此之外,法律在严格限制的基础上,规定了除外条款,对于"破产兼并"可予放开。第63条规定:"农民集体所有的土地的使用权不得出让、转让或者出租用于非农业建设;但是,符合土地利用总体规划并依法取得建设用地的企业,因破产、兼并等情形致使土地使用权依法发生转移的除外。"

随着农地制度的改革,2019年修改的《土地管理法》对于农民集体所有的建设用地使用权的主体解除了限制,向全社会开放。第63条规定:"土地利用总体规划、城乡规划确定为工业、商业等经营性用途,并经依法登记的集体经营性建设用地,土地所有权人可以通过出让、出租等方式交由单位或者个人使用,并应当签订书面合同,载明土地界址、面积、动工期限、使用期限、土地用途、规划条件和双方其他权利义务。前款规定的集体经营性建设用地出让、出租等,应当经本集体经济组织成员的村民会议三分之二以上成员或者三分之二以上村民代表的同意。通过出让等方式取得的集体经营性建设用地使用权可以转让、互换、出资、赠与或者抵押,但法律、行政法规另有规定或者土地所有权人、土地使用权人签订的书面合同另有约定的除外。集体经营性建设用地的出租,集体建设用地使用权的出让及其最高年限、转让、互换、出资、赠与、抵押等,参照同类用途的国有建设用地执行。具体办法由国务院制定。"

3. 宅基地使用权的流转

由于宅基地是基于成员权无偿分配的,其使用权的主体严格限定在本集体经济组织内的成员,并且是以农户为单位分配的。因此,它的流转只能在本集体经济组织内部成员之间进行。2019年修改的《土地管理法》第62条规定:"农村村民一户只能拥有一处宅基地,其宅基地的面积不得超过省、自治区、直辖市规定的标准。人均土地少、不能保障一户拥有一处宅基地的地区,县级人民政府在充分尊重农村村民意愿的基础上,可以采取措施,按照省、自治区、直辖市规定的标准保障农村村民实现户有所居。农村村民建住宅,应当符合乡(镇)土地利用总体规划、村庄规划,不得占用永久基本农田,并尽量使用原有的宅基地和村内空闲地。编制乡(镇)土地利用总体规划、村庄规划应当统筹并合理安排宅基地用地,改善农村村民居住环境和条件。农村村民住宅用地,由乡(镇)人民政府审核批准;其中,涉及占用农用地的,依照本法第四十四条的规定办理审批手续。农村村民出卖、出租、赠与住宅后,再申请宅基地的,不予批准。国家允许进城落户的农村村民依法自愿有偿退出宅基地,鼓励农村集体经济组织及其成员盘活利用闲置宅基地和闲置住宅"。

(四) 高度垄断性与竞争性并存

市场关系就是通过竞争来实现资源配置的。我国的土地市场与其他市场一样,也是通过竞争来实现土地使用权配置的。但是,另一方面,它又和其他市场不同,具有高度的垄断性。

我国土地市场的高度垄断性表现在以下两个方面:一是,由于土地的自然属性是总量不可以增加的,具有稀缺性的特点,这就形成了自然垄断。这一点与其他国家相同。二是,在建设用地的供应上,实行的是政府垄断。这是基于我国城市土地属于国家的宪法规定。在相当长的时间内,建设只能使用国有土地。1998年修订的《土地管理法》第43条规定:"任何单位和个人进行建设,需要使用土地的,必须依法申请使用国有土地;但是,兴办乡镇企业和村民建设住宅经依法批准使用本集体经济组织农民集体所有的土地的,或者乡(镇)村公共设施和公益事业建设经依法批准使用农民集体所有的土地的除外。前款所称依法申请使用的国有土地包括国家所有的土地和国家征收的原属于农民集体所有的土地。"这种建设用地供应的双重垄断是我们土地市场的重要特点,也是建立土地市场监管的前提。随着改革,农民集体所有的经营性建设用地使用权进入市场,虽然会部分解决政府垄断的问题,但在较长的时间内,政府垄断的格局不会发生根本性的改变。

第二节　政府监管

土地市场的政府监管是土地市场的不可或缺的内容。在中国,如何实现对土地市场的有效监管,是我们应该着力研究的问题。

一、中国土地市场监管面临的难题

市场配置资源作用的有效发挥,离不开良好的政府监管。良好的政府监管应该具备以下条件:

一是尽职不越位。恪守市场与政府之间的界限。凡是市场能够发挥作用的,就让市场去调节。由于市场调节有滞后性,政府的监管也必须保持足够的耐心,让市场调节周期的自动完成,切不可人为地干预改变市场的调节周期。

二是以维护市场的公平公正为根本目标。政府在实施市场监管中扮演的角色是裁判员而不是运动员,它除了维护市场的公平公正之外,没有自己的特殊利益。它的任务就是维护市场主体的合法权益、建立公平公正的交易规则、处理市场交易的纠纷。土地市场的政府监管必须符合市场监管的一般要求。但是,土地市场特别是中国的土地市场,有自身的特点,因而,中国土地市场的政府监管必然有自身的特性。

那么,中国土地市场监管面临哪些难题呢?

第一,政府身兼运动员和裁判员两个角色,与市场监管的公平性公正性的目标相冲突。政府作为土地市场的监管者,要求公平公正。但另一方面,政府又是土地市场的主体。由于中国宪法规定城市土地属于国家所有,政府又成为建设用地的供给方,直接参与土地市场的交易活动。集土地市场的主体身份与市场的监管者两种角色于一身,这就产生了角色冲突。

第二,土地资源具有稀缺性的特点。从一般公共政策的角度看,稀缺性资源参与市场配置,最好的方式是稀缺性资源不由私人掌握,而由公共机构控制,才能保证市场的公平公正性。然而,稀缺性资源由公共机构控制是建立在公共机构不具有自身的利益,它的行为是以公共利益为归依。但是,我国的土地资源虽然由政府控制,但是实际上是由地方政府控制的。地方政府实际上行使着国有土地的所有权。在我国现有的体制下,地方政府除了依据宪法、法律、行政法规和上级政府的决定,行使着行政管理的职权外,推动本行政区域的经济发展、社会事业的进步、不断改善提高人民群众的物质文化生活水平都是重要的任务。土地作为生产资料、生产要素、资本对于地方经济的发展有着重要的作用。从这个意义上看,地方政府也有"地方利益"。这就使得地方政府在参与土地市场的交易过程中利益不超脱。稀缺性资源由利益不中立、不超脱的公共机构控制,土地市场的公平公正性就难以保证。

第三,市场经济的交易是建立在市场主体理性决策的基础上。但是在中国的土地市场的运行过程中,呈现出比较复杂的图景。我国宪法规定城市土地属于国家所有。《土地管理法》第 2 条规定:"中华人民共和国实行土地的社会主义公有制,即全民所有制和劳动群众集体所有制。全民所有,即国家所有土地的所有权由国务院代表国家行使。"这说明,国有土地的所有权主体是全体人民,国务院是国家所有土地的所有权的行使者。但是,另一方面,国有土地实际上是由市、县人民政府行使。《城镇国有土地出让转让暂行条例》第8条规定:"土地使用权出让是指国家以土地所有者的身份将土地使用权在一定年限内让与土地使用者,并由土地使用者向国家支付土地使用权出让金的行为。土地使用权出让应当签订出让合同。"第9条规定:"地使用权的出让,由市、县人民政府负责,有计划、有步骤地进行"。第11条规定:"土地使用权出让合同应当按照平等、自愿、有偿的原则,由市、县人民政府土地管理部门(以下简称出让方)与土地使用者签订"。这种国有土地资产体制的特点是,国有土地由不具有所有权主体和所有权代表者资格的市、县人民政府实际控制、运营并获取收益。由于缺乏应有的产权约束机制,就有可能使得一些市、县政府基于"地方利益"和行政首长的"任期压力",出现非理性的短期行为。前些年为招商引资,出现了压低地价甚至零地价的情形。近年来,为了城市建设,用土地作为融资工具,出现了巨额债务。多卖地快卖地不计代价卖地成为这种体制的伴生物。"崽卖爷田不心疼"是这种体制的真实写照。

面对中国土地市场这种特殊情况,政府如何实施有效监管?如何在这种特殊国情下建立公平公正的土地市场监管体系?中国政府在改革过程中以问题为导向,不断完善监管体系,已经初步形成了实施有效监管的思路。其内容概括地说,有以下几点:

一是,基于中国土地市场的复杂性,一般监管与特殊监管相结合，以特殊监管为重点。依据土地市场的实际状况，将国有土地使用权市场分为一级市场和二级市场。对一级市场采取特殊监管，对于二级市场则采用一般监管，将监管的重点放在一级市场上。这是因为，一级市场是国有土地使用权的总开关，它决定建设用地的供应总量，二级市场对一级市场具有从属性。管住管好了一级市场，对二级市场进行一般监管，就可以起到事半功倍的效应。

二是，基于中国国有土地资产管理体制的现实，采取中央政府为主、省级政府为辅、市县政府执行的土地市场监管体制。土地作为稀缺性资源，只能由以公共利益为行为归依的公共机构控制，在中国，中央政府是以整体利益全国利益为归依，因而，由中央政府直接控制稀缺性资源是最适宜的制度安排。《土地管理法》确定国务院代表国家行使所有权是法理基础。但是，多年的实践证明，由中央政府参与每宗国有土地使用权的市场交易是不现实的。由市县政府具体负责辖区内国有土地使用权的出让，既有利于减少制度的交易成本，也还因为市县政府更了解土地市场的具体情况，有利于国有土地资本的运作。正是考虑这种情况，要求国有土地市场的监管体系的建设，既要考虑充分发挥市县政府的积极性，又要防止市县政府的短期行为。由利益超脱的中央政府为主的土地市场监管体系是适宜的。

二、国有土地使用权出让市场的监管

对国有土地使用权出让市场（也称"一级市场"）的监管，是我国土地市场监管的重点。监管的目标主要是防止国有土地资产因种种原因流失，监管的对象是市县人民政府的土地出让行为。监管的制度是随着为解决国有土地出让过程中暴露出的问题而逐步形成的。

(一) 出让最低价控制制度

为了防止市县政府低价出让国有土地,1994年《城市房地产管理法》第13条规定:"采取双方协议方式出让土地使用权的出让金不得低于按国家规定所确定的最低价。"据此,1995年,原国家土地管理局发布了《协议出让国有土地使用权最低价确定办法》。该办法规定:"本办法所称协议出让国有土地使用权最低价(简称"协议出让最低价"),是指上级人民政府为了宏观调控土地市场,防止低地价协议出让国有土地使用权而实施的出让金最低控制标准。""城市规划区范围内协议出让国有土地使用权最低价的确定,按照本办法规定执行。""协议出让最低价由省、自治区、直辖市人民政府土地管理部门会同有关部门拟定,报同级人民政府批准后下达市、县人民政府土地管理部门执行。""协议出让最低价根据商业、住宅、工业等不同土地用途和土地级别的基准地价的一定比例确定,具体适用比例由省、自治区、直辖市确定。但直辖市、计划单列市及省、自治区人民政府所在地的城市的具体适用比例,须报国家土地管理局核准。""确定协议出让最低价应当综合考虑征地拆迁费用、土地开发费用、银行利息及土地纯收益等基本因素。""以协议方式出让国有土地使用权的出让金不得低于协议出让最低价。"

2004年,国务院《关于深化改革严格土地管理的决定》进一步重申:"禁止非法压低地价招商。省、自治区、直辖市人民政府要依照基准地价制定并公布协议出让土地最低价标准。协议出让土地除必须严格执行规定程序外,出让价格不得低于最低价标准。"

2006年,《国务院关于加强土地调控有关问题的通知》又进一步规定:"建立工业用地出让最低价标准统一公布制度。国家根据土地等级、区域土地利用政策等,统一制订并公布各地工业用地出让最低价标准。工业用地出让最低价标准不得低于土地取得成本、土地前期开发成本和按规定收取的相关费用之和。"

(二) 公开市场操作

国有土地出让的特点是,一方是政府一方是法人或者自然人。交易过程中极容易形成权钱交易。市场价往往成为"市长价"。为了解决这一问题,在市场的交易方式上,从协议出让逐步实现了向公开市场操作的方式的转变1990年。国务院发布的《城镇国有土地使用权出让和转让暂行条例》第13条规定:"土地使用权出让可以采取下列方式:(一)协议;(二)招标;(三)拍卖。"1994年《城市房地产管理法》第13条规定:"土地使用权出让,可以采取拍卖、招标或者双方协议的方式。""商业、旅游、娱乐和豪华住宅用地,有条件的,必须采取拍卖、招标方式;没有条件,不能采取拍卖、招标方式的,可以采取双方协议的方式。"和《城镇国有土地出让和转让暂行条例》相比较,《城市房地产管理法》将"协议出让"方式从出让方式的第一种挪至最后。并且对于"商业、旅游、娱乐和豪华住宅"这几类用地实行拍卖、招标方式为原则,协议出让为例外。1997年,中共中央、国务院《关于进一步加强土地管理,切实保护耕地的通知》规定:"国有土地使用权有偿出让,主要采取公开招标拍卖的方式,鼓励公平竞争。建立土地基准地价和标定地价评估的公布制度。"这就将公开招标拍卖的方式作为国有土地出让的主要方式。2004年,国务院《关于深化改革,严格土地管理的决定》又规定:"除按现行规定必须实行招标、拍卖、挂牌出让的用地外,工业用地也要创造条件逐步实行招标、拍卖、挂牌出让。""经依法批准转让原划拨土地使用权的,应当在土地有形市场公开交易,按照市场价补缴土地出让金;低于市场价交易的,政府应当行使优先购买权。"这一规定又将公开市场交易延伸到工业用地和划拨国有土地转让领域。并且将公开市场操作的方式由原来的招标、拍卖两种扩大为招标、拍卖和挂牌出让三种。2006年,国务院《关于加强土地调控有关问题的通知》又规定:"工业用地必须采用招标拍卖挂牌方式出让,其出让价格不得低于公布的最低价标准。"至此,公开市场操作的方式成为国有土地出让的基本方式。

(三) 建设用地总量控制制度

由于我国宪法确定城市土地属于国家所有,政府供应的建设用地是建设用地的基本来源,而出让国有土地使用权又是国有建设用地的主渠道。因此,控制建设用地供应总量主要就是要控制出让国有土地的供应。对此,《土地管理法》第4条规定:"严格限制农用地转为建设用地,控制建设用地总量,对耕地实行特殊保护。""各级人民政府应当加强土地利用计划管理,实行建设用地总量控制。"1999年,国务院办公厅《关于加强土地转让管理严禁炒卖土地的通知》要求:"城市、村庄、集镇建设一律不得突破土地利用总体规划确定的用地规模,城市新增建设用地和原有建设用地要统一实行总量控制,不得超计划供地……"这就将存量建设用地的供应纳入到总量控制的范畴中。2004年,国务院《关于深化改革,严格土地管理的决定》规定:"农用地转用的年度计划实行指令性管理,跨年度结转使用计划指标必须严格规范。""从严从紧控制农用地转为建设用地的总量和速度。加强农用地转用审批的规划和计划审查,强化土地利用总体规划和土地利用年度计划对农用地转用的控制和引导,凡不符合规划、没有农用地转用年度计划指标的,不得批准用地。"

三、国有土地使用权转让市场的监管

对国有土地使用权转让(也称二级市场)的监管,是政府对土地市场监管体系中的组成部分。与对国有土地使用权出让市场的监管不同,监管目标是保证市场交易的公正性和安全性。监管的对象是市场交易主体的双方。因此,这种监管属一般性监管。

政府对国有土地使用权转让的监管,应当持审慎立场。因为界定交易双方的权利义务的是合同,发生争端的可采用仲裁或者法院司法裁决的方式解决。政府的监管主要体现在:

(一) 保护交易安全

为此,《城市房地产管理法》规定了几项制度:第一,交易价格公布制度。该法第33条规定:"基准地价、标定地价和各类房屋的重置价格应当定期确定并公布。"第二,交易价格申报制度。该法第35条规定:"国家实行房地产成交价格申报制度。""房地产权利人转让房地产,应当向县级以上地方人民政府规定的部门如实申报成交价,不得瞒报或者作不实的申报。"第三,通过土地登记,提供物权保护。

(二) 调控土地市场,维护土地市场的基本稳定

第一,优先购买权制度。《城镇国有土地使用权出让和转让暂

行规定》第26条规定:"土地使用权转让价格明显低于市场价格的,市、县人民政府有优先购买权。"优先购买权制度是各国政府监管土地市场的一个通例,这项制度的功能就在于防范土地交易双方为了规避土地税收,在申报土地交易价格时故意低报实际交易价格,从而达到少缴税的目的的行为。

第二,收购储备制度。收购储备制度在我国有其特点。由于我国城市土地属于国家所有,市、县人民政府成为建设用地的供给方。政府可以依照法律规定通过运用优先购买权、国有土地使用权收回、划拨国有土地使用权改为出让国有土地使用权等方式,收购储备土地使用权,当土地市场需求旺盛时,通过向土地市场投放政府收购储备的国有土地使用权,达到平抑土地市场价格的功效,这是建立土地收购储备制度的本来目的。不过,在中国土地收购储备制度有些异化,它的功能除了平抑土地市场价格上涨之外,又增加了土地拓展功能。这是为了因应《土地管理法》的规定"确定的为实施城市规划在土地利用总体规划确定的城市和村庄、集镇建设用地规模范围内,为实施该规划而将农用地转为建设用地的,按土地利用年度计划分批次由原批准土地利用总体规划的机关批准。在已批准的农用地转用范围内,具体建设项目用地可以由市、县人民政府批准。"批次用地也可称为"在土地利用总体规划确定的城镇建设用地范围内,经省级以上人民政府批准由县级以上地方人民政府组织实施的成片开发建设需要用地的。"为了保证建设用地的及时供应,在批次用地的农地转用和土地征收批准后,市、县人民政府就可以实施土地征收,土地征收完成后,组织对土地进行一级开发,也就是将"毛地"变为"净地",最后再按照项目要求实施供地。这种制度最大限度地减少了法人和自然人在进行工程项目建设过程中的交易成本,也为"招、拍、挂"等主动供地方式提供了条件。但不足的是,土地拓展功能成为土地收购储备制度的主要功能,而平抑市场的功能则大大弱化,这不能不说是一种遗憾。

(三) 在特殊情况下对市场进行干预

由于土地市场对宏观经济的稳定性关联度比较高,一旦土地市场发生较大的波动,危及宏观经济的稳定性,而依靠土地市场的自发调节又不可能实现平衡。在这种情况下,政府进行干预是必要的。对此,《城镇国有土地使用权出让和转让暂行条例》规定:"土地使用权转让的市场价格不合理上涨时,市、县人民政府可以采取必要的措施。"这里,法定情形是"市场价格不合理上涨",手段是"必要的措施"。1997年全国人大常委会通过的《价格法》对于政府对市场的干预作了明确规定。第30条规定:"当重要商品和服务价格显著上涨或者有可能显著上涨,国务院和省、自治区、直辖市人民政府可以对部分价格采取限定差价率或者利润率、规定限价、实行提价申报制度和调价备案制度等干预措施。省、自治区、直辖市人民政府采取前款规定的干预措施,应当报国务院备案"。第31条规定:"当市场价格总水平出现剧烈波动等异常状态时,国务院可以在全国范围内或者部分区域内采取临时集中定价权限、部分或者全面冻结价格的紧急措施。"第12条规定:"经营者进行价格活动,应当遵守法律、法规,执行依法制定的政府指导价、政府定价和法定的价格干预措施、紧急措施。"第32条规定:"依照本法第三十条、第三十一条的规定实行干预措施、紧急措施的情形消除后,应当及时解除干预措施、紧急措施。"

四、农民集体所有的土地用益物权及其派生权利流转的监管

我国农村土地,实行的是农民集体所有制,同城市国有土地一样,法律严格禁止所有权的买卖。改革开放之后,农村农民集体所有的土地实行两权分离,即将农民集体土地的所有权与承包经营权、建设用地使用权、宅基地使用权相分离,《物权法》将承包经营权、建设用地使用权、宅基地使用权确定为用益物权。但是,这三种用益物权的主体资格受到严格限制,只能是本集体经济组织内部的成员,这三种权利的流转,也只能在本集体经济组织内部进行。因而,这种内部交易关系并没有成为土地市场的组成部分,自然也无需政府监管。近些年来,随着农地制度的改革,也出现了一些新的市场因素。一是,农用地"三权分置",将农用地的权利设置为所有权、承包经营权、经营权。改革的原则是"落实所有权、稳定承包权、放活经营权",农地的经营权的主体就破除了本集体经济组织内部的成员的限制,向全社会开放。对此,新修改的《农村土地承包法》作了规定。二是,农民集体所有经营性建设用地使用权的流转。放开了农民集体所有经营性建设用地使用权的主体资格限制,向全社会开放。这两种情形就构成了中国土地市场的新内容,也就提出了政府如何监管的问题。

(一)对农地经营权流转的监管

近年来,农地经营权流转十分活跃。据中国农业大学中国土地政策与法律研究中心课题组的跟踪调查,根据2015—2018年对全国24个省份的800多个村庄的调研数据统计显示,100%的村庄

都有农户将承包地通过流转的方式转让经营权的行为。土地流转率为67.5%(远高于2017年农业农村部全国的统计,37%的水平)。流转的承包地中,用途上43%为粮食作物种植,其余的为各类经济作物。调研中,83%的流转农户签订了相应的流转合同,并表明了具体的流转年限和价格。另外,接近20%的农户流转是通过各地的中介结构进行流转的(其余的为村集体组织统一流转和农户自行流转,村集体组织统一流转的比例接近40%)。并且,这种势头还在发展中。

对于这种流转,政府如何监管?

第一,保护流转合同约定的权利义务。《农村土地承包法》第10条规定:"国家保护承包方依法、自愿、有偿流转土地经营权,保护土地经营权人的合法权益,任何组织和个人不得侵犯。"第36条规定:"承包方可以自主决定依法采取出租(转包)、入股或者其他方式向他人流转土地经营权,并向发包方备案。"第37条规定:"土地经营权人有权在合同约定的期限内占有农村土地,自主开展农业生产经营并取得收益。"第38条规定:"土地经营权流转应当遵循以下原则:(一)依法、自愿、有偿,任何组织和个人不得强迫或者阻碍土地经营权流转;(二)不得改变土地所有权的性质和土地的农业用途,不得破坏农业综合生产能力和农业生态环境;(三)流转期限不得超过承包期的剩余期限;(四)受让方须有农业经营能力或者资质;(五)在同等条件下,本集体经济组织成员享有优先权。"第39条规定:"土地经营权流转的价款,应当由当事人双方协商确定。流转的收益归承包方所有,任何组织和个人不得擅自截留、扣缴。"第40条规定:"土地经营权流转,当事人双方应当签订书面流转合同。土地经营权流转合同一般包括以下条款:(一)双方当事人的姓名、住所；（二）流转土地的名称、坐落、面积、质量等级；（三）流转期限和起止日期；（四）流转土地的用途；（五）双方当事人的权利和义务；（六）流转价款及支付方式；（七）土地被依法征收、征用、占用时有关补偿费的归属；（八）违约责任。承包方将土地交由他人代耕不超过一年的，可以不签订书面合同。"

第二，对弱者特殊保护。在市场经济中，农民面对市场经济，无论在信息获取能力上还是在谈判地位上，事实上处于弱者地位。因此，政府必须对弱者采取特殊保护的措施。《农村土地承包法》规定了两项措施：一是，登记并提供物权保护。第41条规定："土地经营权流转期限为五年以上的，当事人可以向登记机构申请土地经营权登记。未经登记，不得对抗善意第三人。"二是，对社会资本进入建立风险控制制度。第45条规定："县级以上地方人民政府应当建立工商企业等社会资本通过流转取得土地经营权的资格审查、项目审核和风险防范制度。工商企业等社会资本通过流转取得土地经营权的，本集体经济组织可以收取适量管理费用。具体办法由国务院农业农村、林业和草原主管部门规定。"

第三，建立政府与农村集体经济组织协同监管的机制。《农村土地承包法》第55条规定："因土地承包经营发生纠纷的，双方当事人可以通过协商解决，也可以请求村民委员会、乡（镇）人民政府等调解解决。当事人不愿协商、调解或者协商、调解不成的，可以向农村土地承包仲裁机构申请仲裁，也可以直接向人民法院起诉。"第56条规定："任何组织和个人侵害土地承包经营权、土地经营权的，应当承担民事责任。"

（二）农民集体所有经营性建设用地使用权流转的监管

根据2019年新修改的《土地管理法》的规定，我国放开了农民集体所有的经营性建设用地使用权的主体限制。这样,农民集体所有的经营性建设用地使用权的流转就成为政府对土地市场监管的重要内容。由于法律修改刚刚完成,农村集体经营性建设用地使用权的权利制度的建设还有一个过程。为此,《土地管理法》确定了参照国有土地使用权的原则。"土地利用总体规划、城乡规划确定为工业、商业等经营性用途,并经依法登记的集体经营性建设用地,土地所有权人可以通过出让、出租等方式交由单位或者个人使用,并应当签订书面合同,载明土地界址、面积、动工期限、使用期限、土地用途、规划条件和双方其他权利义务。前款规定的集体经营性建设用地出让、出租等,应当经本集体经济组织成员的村民会议三分之二以上成员或者三分之二以上村民代表的同意。通过出让等方式取得的集体经营性建设用地使用权可以转让、互换、出资、赠与或者抵押,但法律、行政法规另有规定或者土地所有权人、土地使用权人签订的书面合同另有约定的除外。集体经营性建设用地的出租,集体建设用地使用权的出让及其最高年限、转让、互换、出资、赠与、抵押等,参照同类用途的国有建设用地执行。具体办法由国务院制定。"对其监管,总的原则是与国有土地使用权的流转应该是一致的。比如,纳入总量控制、最低价控制、公开市场操作,等等。除此之外,政府监管与国有土地使用权流转有其自身的特点。一是,国有土地使用权流转分为出让与转让两种情况,而农民集体所有经营性建设用地使用权的流转似乎没有必要区分。二是,农民集体所有经营性建设用地使用权在用途上有严格限定,《土地管理法》规定只有"工业、商业等"用途,其他用途则是禁止的。因此,具体用途的监管应该是政府监管的内容。

第三节　宏观调控的政策工具

2004年,为了抑制过热的经济,中央提出了用货币政策和土地政策联动,对过热的经济进行调控。守住货币供应的闸门和土地供应的闸门,管住"银根""地根"成为那个时期宏观调控的主要政策工具。运用土地政策参与宏观调控,提出了一系列需要研究的问题。

一、理论依据

运用土地政策参与经济的宏观调控,突破了传统宏观经济学宏观调控的政策工具为货币政策和财政政策的定式,势必引发一个需要回答的问题。这就是,土地政策作为宏观调控的政策工具其理论依据何在?

要说明土地政策参与宏观调控,必须先回答土地政策参与宏观调控的准确含义。土地政策参与宏观调控是指"国家以土地作为调控经济运行的措施和政策,对经济运行状态和经济关系进行干预和调整,把微观经济活动纳入国民经济宏观发展轨道,及时纠正经济运行中偏离宏观目标的倾向,以保证国民经济又好又快地持续协调发展。"[①]土地政策参与宏观调控的功能与经济状况相联

---

① 甘藏春主编:《土地宏观调控创新理论与实践》,中国财政经济出版社2009年,第1页。

系,"当经济增长过热时,起到遏制增长过快的作用,在经济发展萧条时,起到阻止经济滑坡的作用。"①

运用土地政策参与宏观调控,其理论依据就在于:

第一,这是由土地的经济功能决定的。土地在经济活动中,往往发挥着三种经济功能:(1)生产要素功能。它同资本、劳动力一样,成为任何经济活动不可或缺的要素。离开土地要素,人类的经济活动无法进行。(2)资本功能。土地的资本功能是指当土地进入市场,在运动中实现增值,给土地所有者带来预期收益。土地的资本功能就得到实现。(3)资产功能。"资产是指某一主体所拥有和控制的能带来一定收益的各种财产和权益的总称。"②而土地资产则是指"某一主体如企业所拥有的作为生产要素或者生产资料参与生产经营活动,能为拥有者带来收益的土地实物及土地权利。"③在实际的经济生活中,土地的这三种经济功能是可以互相转化的。生产要素可以转化为土地资产,土地资产可以转化为土地资本。土地的经济功能对于宏观经济运行有着互动关系,经济增长的规模扩张,必然要求土地等生产要素投入量增加。这就决定了土地供应量对于宏观经济的影响。当经济过热时,控制土地供应量就可以抑制经济的过快增长。这说明,将土地政策作为与货币政策同样的宏观调控的政策工具是可能的。

第二,我国特殊的土地制度使土地政策参与宏观调控成为可能。我国宪法规定城市土地属于国家所有。基于宪法的这种制度

---

① 甘藏春主编:《土地宏观调控创新理论与实践》,中国财政经济出版社2009年,第2页。
② 同上书,第48页。
③ 蔡好东:《论土地的资产性质》,《中国农业会计》1996年第12期。

安排，我国的政府成为城市建设用地的供给主体，政府通过垄断国有土地使用权的供应，可以根据宏观经济的运行来调控土地供应量，从而达到调控经济的目标。

第三，运用土地政策参与宏观调控是与我国经济体制改革的进展相一致的。我国推进社会主义市场经济体制的改革已经取得巨大成效。但另一方面，改革还在进行中，有许多难题还处在攻坚阶段。比如，政府和市场的关系，如何充分发挥市场在配置资源的决定作用和更好地发挥政府的作用还在探索中，在宏观调控过程中，我们一方面要学习借鉴西方成熟的市场经济国家运用货币政策和财政政策进行宏观调控，另一方面，则要注意挖掘中国本土的制度资源，以求达到宏观调控的最佳效果。土地政策就是现阶段宏观调控的最佳本土制度资源。

二、土地政策参与宏观调控的特点

和其他调控的政策工具相比较，土地政策作为宏观调控的政策工具具有以下特点：

1. 调控的对象是政府行为

如前所述，中国的土地制度的特点是政府垄断国有建设用地的供应，而国有建设用地的供应又实际上掌握在市、县人民政府的手中。通过土地供应量的增加或者减少，来调控经济，最终要靠市、县政府来落实。因此，市、县政府是土地调控政策的实际执行者。调控地方政府的供地和管地行为，就成为土地政策作为宏观调控政策工具的鲜明特点。对市、县政府的调控主要表现在两个方面：一是，通过规划和计划的执行来调控土地供应的总量和速度。二是,通过监督地方政府的管地行为,查处法人和自然人的土地违法行为,防止土地供应"体外循环"。

2. 供地总量与供地结构并重

土地政策参与宏观调控,需要通过供需双向调节,既要加强总量控制,实现土地供给与经济发展和固定资产投资的总量平衡;又要按照"区别对待、有保有压"的原则,把结构性调控纳入宏观调控的范畴。结构调整,既包括区域结构,又包括产业结构,这都需要通过规划和供地政策来实现。

3. 调控的手段具有综合性

土地政策调控的特点不完全是依靠经济手段来实现的。它是经济手段、行政手段和法律手段的综合运用。经济手段的核心是用来调节成本的提高和下降。行政手段是具有直接性的特征,它往往通过行政审批、冻结供地等方式来实现。法律手段是指严格执行土地管理的法律法规,查处土地违法案件,维护土地管理的法律秩序来保证土地调控政策的实现。技术手段是指通过技术标准、遥感监测等技术手段确保土地调控的信息的真实性和及时性,从而为土地调控政策的科学性针对性提供技术保障。

应该指出的是,与货币政策、财政政策等调控政策工具相比较,土地政策与它们的地位是不相同的。货币政策、财政政策是宏观调控的主导性的政策工具,而土地政策则是"参与"性的,只是从属地位。货币政策的内容主要有:目标是控制货币供应总量,具体实现方式为:存款准备金率、再贴现率、公开市场业务、利率浮动。财政政策工具的内容是:税收、公债、政府投资等。土地政策与货币政策、财政政策配合有以下几种情况:(1)紧缩性土地政策与紧缩性货币政策和紧缩性财政政策配合,形成的结果是投资下降。

（2）膨胀性土地政策与膨胀性货币政策、膨胀性财政政策配合，形成的结果是刺激经济增长。

三、土地政策参与宏观调控的目标与方式

土地政策工具参与宏观调控，必然有其自身独特的目标和手段。

就目标而言，土地政策参与宏观调控的政策目标有：

1. 控制建设用地供应总量的供应

这一目标的设定是基于土地作为生产要素的功能。因为人类所有的生产活动都是在土地之上进行的，控制了建设用地供应总量，就等于控制了固定资产投资的规模，控制了固定资产投资规模，就控制了经济增长的速度。

2. 调整用地结构

用地结构的调控是产业调控的最直接最有力的手段，国家根据市场导向和国内产业构成的实际状况，适时作出推动优化产业结构的政策，最有效的手段就是用地结构的调整。

3. 土地市场的供需总平衡

土地市场的供求关系，决定了土地市场地价的水平。在当今社会，地价水平，是与宏观经济的稳定性直接相联系的。地价水平的攀升，会带来资产的升值，也会引发更大规模的资本投机。另一方面，带来劳动力成本、生产成本的提高。地价不合理的上涨，会冲击宏观经济的稳定性。最终会引发经济危机。

作为调控工具的土地政策，为了实现调控的目标，也形成了实现调控目标的政策工具。主要有：

（1）规划工具。土地规划工具的功能是实现国家的生产力重大布局、城镇化布局和解决发展中区域平衡问题，确定合理的建设用地总规模。

（2）农地转用计划工具。农地转用计划工具的功能是控制建设用地供应的流量、速度和节奏。和土地规划相比，它具有灵活性、针对性、及时性的特点。

（3）供地政策工具。它往往通过供地目录和供地标准等形式，对土地市场供应的土地进行干预，从而达到调整结构的目的。

（4）地价政策工具。地价政策往往通过土地成本控制和土地市场的供需状况而确定。通过地价的上升或者下降间接影响固定资产投资的方向。

（5）土地税收与金融政策工具。这种手段与地价政策工具一样，属间接调控工具。它往往通过有关土地的税率、利率、费率的调整，达到土地取得成本、保有成本的增加或减少，最终影响固定资产投资活动。

第七章　土地善治[①]

良法善治是中国特色社会主义法治体系的内在要求。把社会主义制度的优势和国家治理体系现代化和治理能力现代化有机结合，使社会主义制度的优势得到更好地发挥，是我国今后一个时期的重要任务。在改革开放过程中，我国形成了中国特色的社会主义的土地制度，将坚持土地公有制与市场经济有机地结合起来，通过土地所有权与使用权分离，土地的使用权进入市场，通过市场配置，解决了土地的使用效率问题，坚持土地的公有制，解决土地利用过程中的公平问题，形成了中国土地制度的优势。要使土地制度的优势得到进一步发挥，离不开土地善治。

第一节　土地善治概述

一、土地善治的概念及其特征

善治理论是 20 世纪 90 年代由世界银行首先提出来的。善治

---

① 本章主要内容已经在《中国土地科学》2020 年第 1 期发表。

第七章　土地善治

理论提出后,立即就引起学术界的关注,在英语和法语的政治学文献中,善治概念的使用率直线上升,成为出现频率最高的术语之一。

回答土地善治首先必须回答什么是善治的问题。善治(Good Governance)即良好的治理。就是使公共利益最大化的社会管理过程,其本质特征是政府与公民对公共事务的合作管理,是政府与市场、社会的一种新颖关系。

善治是随着治理理论的发展而提出的新概念。它是对传统管理理论的扬弃。和传统的管理方式相比较,它具有以下特征:

1. 传统管理方式在政府与公民之间是单向管理与被管理的关系。而善治的特征则是政府与公民对公共生活的合作管理,是"共治"关系。

2. 传统治管理方式在主体上是政府机构,并且具有唯一性。而善治则是政府和各种社会组织的"协同管理"。政府与各种社会组织之间不再是管理者与被管理者的关系,而是平等合作,依赖互动的新型关系。

3. 传统的管理方式在管理者与管理对象之间是命令和服从的行政关系。而善治是一个上下互动的管理过程,它强调管理对象的参与,它主要通过合作、协商、伙伴关系、确立认同和共同的目标等方式实施对公共事务的管理。

4. 传统管理方式在管理手段上,依靠行政手段。而善治则要求管理方式和管理手段的多元化。善治模式认为在公共事务的管理中,还存在着其他的管理方法和技术。政府应该运用各种可行的办法来达到公共事务的良好管理。

在诸多的研究"善治"的文献中,过多地强调政府与非政府之间的合作。但忽略了"治理"状况的完善,实际上,"善治"还应包括"治理"方式的完善。

什么是土地善治？国际测量师协会主席在《可持续的土地管理》一书中下的定义较为经典："治理是指政府在管理一个国家的社会、经济和空间资源时行使权力的方式。它只是指决策过程和决策实施的过程。这表明政府只是治理的参与者之一。治理的概念包括参与决策和执行决策的正式和非正式的行动者,以及为达成和执行决策而设立的正式和非正式结构。良好的治理是一个定性的术语或一个可能难以实现的理想"。其特点或规范如下："可持续性：必须平衡社会、经济和环境需求。同时反映社会当前和未来的需要。辅助性：最合理的权限分配必须与高效、经济的服务相一致平等准入,男女平等参与所有决策、优先级设置和资源分配过程。效率：公共服务和地方经济发展必须建立在财政上良好且成本效益高的基础上。透明度和问责制：作出的决定及其透明度和问责制,作出的决定及其执行,须遵守规章制度。信息必须是免费的,并且可以直接访问。公民参与和公民身份：公民必须有权参与决策过程。安全：所有利益相关者必须努力预防犯罪和灾害。安全也意味着不受迫害和强迫驱逐,以及提供土地使用权担保"。[①]

在我看来,土地管理与土地治理虽然是一字之差,但背后蕴藏的内涵的差别则是根本性的。土地善治的要点有以下几项：

1. 土地善治是指以最小的政府和社会的投入获取最大的土地管理的效应；

---

① Willamson Enemark Wallace Rajabifard, *Land Administration For Sustainable Development*, p. 31, ESRI Press.

2. 土地善治是指由原来的政府的单一单向管理改变为政府与非政府之间的合作管理、协同管理、自上而下和自下而上的多向网络化管理；

3. 土地善治是一种体系的重构；

4. 土地善治是一种对管理的理想状态的孜孜追求。

要实现从"土地管理"向"土地善治"的转变，需要整个体系的重新构造。

第一，土地善治需要一个共同认可的目标。土地善治的实质在于建立在市场原则、公共利益和认同之上的合作。

它所拥有的管理机制主要不依靠政府的权威，而是合作网络的权威，其权力向度是多元的、相互的，而不是单一的和自上而下的。善治组织的产生不是来自于授权，而是来自于协商，是由成员平等协商产生的。组织内部的议事规则、办事程序又经过成员协商约定。决定事项的过程由于通过了彻底的民主协商，成员的意见能够得到充分的表达，具有非常灵活的利益表达机制，能够更好地体现公开、公平和公正。善治的实现需要一个目标来凝集土地管理过程中政府与非政府机构之间的共识，因此，它的目标应该是在民主协商过程中形成。

第二，土地善治需要有一个健全的政府机构和非政府机构功能相互兼容相互补充协同作用的机制。

在一个国家，政府机构和非政府机构在社会中扮演着不同的角色，各自都有发挥自身作用的独特功能。既然土地善治是要求政府和非政府机构在土地管理中都能够发挥积极作用，这就要求有一个能够保证各自有效发挥作用的机制。一是，要有一个各方都认同的管理目标。有了共同的目标，土地治理的各方都有普遍遵循的方向，各自都为实现共同的目标而发挥作用。二是，各自的功能都能够在法治的基础上兼容，并且互相补充。不能互相重复和抵消。这里，最重要的是政府机构和非政府机构之间应建立相互信任关系。三是，权力和责任，权利和义务都必须清晰并且是对等和平衡的。不能权责不清。更不能把责任和义务都交给非政府机构，把权力都留在政府。四是，有正向激励机制。动员和吸引非政府机构参与到土地管理的决策和决策的实施过程中，需要完善的正向激励机制。社会力量只有在实践中体会到参与这个过程，能够获得实实在在的利益，才可能有积极性，才会主动地发挥作用。

第三，土地善治要求有一个能照顾各方合理利益关切的互惠互利机制。

在市场经济条件下，合作的基础是利益机制，只有尊重合作各方的利益，合作才能可持续。利益机制的形成，决非易事，一蹴而就。它是一个不断博弈不断冲突不断协商的过程。参与的各方从主观上都希望实现利益的最大化，但各自主张的利益并非都是合理的。因此，衡量利益取舍的标准是公共利益的最大化，符合社会公平的要求。只有在这个基础上形成的利益机制才是善治所要求的。

第四，土地善治要求有一套完善的保证公民有序参与并且是稳定透明的规则和程序。

公民对土地管理的有序参与，是实现土地善治的重要内容。它是完善土地管理的不竭动力，只有有了公民对土地管理事务的有序参与，才能不断发现土地管理的法律法规政策的不完善的地方，才能制定出比较符合实际要求的土地管理的法律法规和政策。

只有有了公民对土地管理事务的有序参与,才能保证土地法律法规和政策的有效实施。只要法律法规和政策反映了实际,符合人民群众的根本利益,人民群众才能真正成为维护法律法规和政策的根本力量。要实现公民对土地管理事务的有序参与,就必须建立完善的规则和程序。它要求:(1)土地管理的数据和信息必须是公开的和透明的。应该将"公开是原则,保密是例外"的原则贯穿始终。凡能公开的一律公开。(2)平等获取。对于公开的土地管理的数据和信息,公民获取的权利都应该是平等的,不得实行法外"差别待遇",更不能实行歧视性政策。(3)获取信息的方式应该是便捷的。(4)信息的提供应当是及时充分的。(5)政府的土地管理机构和公民的有序参与之间应该是一种良性互动的关系。对于公民提出的各种意见和建议应有分类处理的机制:对于完善法律法规和政策的建议,应当及时研究,对其可行性和必要性进行研究,并告知政府机构的意见;对于一些虽然是个案,但反映的人数量比较集中,则应从研究个案入手,从中抽象出一般性的问题,予以研究和答复;对于投诉或者举报类的意见,及时送有关机构处理。(6)规则和程序应该是明确的稳定的和透明的。

二、土地善治的共识基础

要实现土地善治,参与土地治理的各方必须对土地善治涉及到的一些基本问题形成共同的认识。概括地讲,主要有以下几个问题。

(一)土地的基本属性

土地的基本属性,也可称为土地的本质特征。它的意义就在于揭示土地与其他生产要素和其他商品之间的本质区别。土地的基本属性虽然属于常识性的问题，但是坚持这种常识并非易事。近年来，随着土地作为生产要素，全方位地进入经济活动，人们开始过多地关注土地基于基本属性而形成的"衍生功能"，并把这些"衍生功能"作为研究土地问题的出发点。殊不知，土地的这些"衍生功能"都是基于土地的基本属性而形成的，各种功能的发挥都受土地基本属性的制约。离开土地的基本属性去谈土地的各种"衍生功能"，并以此作为研究土地问题的出发点，会给土地政策的制定带来灾难性的后果。从理论上讲，土地的基本属性说的是土地的特殊性，只有从土地的特殊性出发，才能制定科学的土地政策。只有从土地的特殊性出发，才能建立土地的各种学科体系。比如，土地经济学如果不去研究土地的特殊性，不去研究适用于土地特殊性的市场规则，而只是简单地套用一般经济学的原理，土地经济学就不能成为独立的经济学部门。土地法学也是如此，如果不去研究基于土地特殊性的法律规制，就会永远在民法和行政法之间徘徊。因此，研究土地善治首先就必须从土地的基本属性也就是土地的特殊性出发。

那么，什么是土地的基本属性呢？土地的基本属性就在于土地的自然属性。表现为位置固定、总量有限、可永续利用等特性。[①]概括起来，主要有以下特点：

第一，土地是地球在地质活动中自然形成的，它不是人类劳动创造的。在地球的演化史中，在人类诞生之前，土地就已经存在。

---

① 朱道林、李瑶瑶：《农村土地制度改革的经济学考察》，《中国土地科学》2018年32(3)。

人类只不过是栖息在地球上的动物,在与自然的斗争中,逐渐成为会使用劳动工具,有理性思维,有语言沟通能力的人类。虽然土地可以离开人类而存在,但人类却须臾离不开土地,土地是人类生存生活生产和发展的物质基础,人类对于土地的依赖性,不只是一个或几个群体,而是每一个人都是如此。土地的这种非人类劳动创造和人类生存生活生产和发展的物质基础的这种特殊性,就决定了在土地的分配上,要充分考虑地球上的每个人都应平等地利用土地,平等地从土地获取收益。如果由少数人占有土地,实际上是不公平的。因而,地权平等就成为土地分配政策的主线。

第二,土地的总量有限,不能增加。如前所述,土地是大自然的创造,而非人类劳动的创造。因此,土地的总量是有限的,不能增加。空气虽然也不是人类劳动创造的,但总量却是源源不断,这是土地与空气的区别。土地的总量有限,不能增加,就决定了土地是稀缺性资源,它不是取之不尽,用之不竭的。土地作为稀缺性资源这一特殊性,就要求我们在调控土地市场的过程中,充分考虑这一特殊性。一般的商品生产,由价格信号引导。当供求关系趋紧时,价格必然上涨,为追求利润,就会刺激吸引更多的资本投入,增加商品的供应。反之,当供求关系趋向宽松时,价格必然下降,受价格信号的引导,生产者就会减少投入,降低商品的供应,以求供求关系平衡。土地市场的供求关系大体也是如此,但受土地稀缺性的制约,供求关系的调控只是有限的。因为,土地的供应不是无限的。土地作为稀缺性资源的特点,使得土地具有自然垄断性。土地这种稀缺性资源的特性还要求政府的监管有别于一般的商品市场。如果由少数人拥有大量的土地,就会利用土地的自然垄断性,获取超额垄断利润,不仅破坏了市场竞争的公平性,而且还会影响社会稳定。特别是在中国这样的人多地少,人地矛盾十分尖锐的国度里,更是如此。

第三,土地的位置固定,不可移动。土地的位置固定,不可移动,就决定了土地不具有流动性。生产要素的可自由流动是市场经济的前提,和其他商品相比较,土地作为生产要素可流动的是产权。但物理形态的土地是不可移动的。由于土地的位置总是在一定区域内的,因而对于土地市场的宏观分析和决策必须充分考虑这一特殊性。我们往往习惯于用全国"人均"和"价格指数"来分析判断土地市场的形势,这些当然是必要的也是有意义的。但从更科学的意义上看,这种分析也有不足。因为不同区域的价格是不同的,由于土地不具可流动性,通过区域间的流动实现全国的平均价格是不可能的。均价只能有赖于人口、资本的流动来实现。土地位置的固定性在教科书中往往是从地理学上的意义去认识的。今天,我们可以更深入地认识这一特殊性。在现实生活中,某一固定位置的土地,不仅仅是经纬度的地理概念,它还与这一位置的气候、水土条件、生态环境等因素联结在一起,这些综合因素的叠加,才是土地位置固定性的本质特征。由这一特征决定,土地利用的替代系数是比较低的。从这一特点出发,就要求我们制定土地规划时,应该将土地的适宜性放在更加突出的位置,而不能把重点仅仅放在指标控制上。

第四,土地可重复使用。土地利用的可重复性是土地与矿产资源相区别的主要标志。和土地资源一样,矿产资源也不是人类劳动的产物,它的总量也是不可增加的。但它是可流动的,矿产品开采出来后,可以按照市场的要求配置世界的每个角落。它还是易耗品,一次使用后就不能重复使用。当然,任何资源可循环利用,可变废为宝,但这是另外一个问题。土地的可重复使用的特殊性,就决定了我们在利用土地的过程中,必须确立永续利用的目标,并按照这一目标,管制人类的土地利用行为。

(二) 土地利用的价值准则

如何处理公平与效率的关系是任何社会都必须面对的问题。对于经济学来说,它的目标就是解决效率问题,即以最小的投入获取最大的收益。对于社会学来说,它更多地关注社会公平问题。对于一个社会来说,公平与效率都是不可偏废的。一个社会只关注社会公平而忽略效率问题,社会就不能进步。而一个社会只关注效率忽略社会公平问题,社会就不稳定,最终有可能引发动乱。因此,社会要健康发展,必须妥善处理公平与效率之间的关系。

公平与效率的关系,在不同的生产方式下有不同的处理方式。在自给自足的小农经济的生产方式下,人们的公平观是以平均主义为特征的,"不患寡而患不均"是那种生产方式下的主流意识。在这种生产方式下,人们的公平意识就是"结果平等"。这种公平与效率的关系下,牺牲了效率,带来了社会的停滞。进入了社会化大生产为特征的资本主义社会,实行的是自由竞争的市场经济,社会价值准则也转向效率优先,兼顾公平。社会价值准则的改变也催生了社会公平的变化,"机会均等"、"规则平等"、"权利平等"就成为那个时期公平观的核心内容。然而,长期的效率优先兼顾公平的社会政策,也给资本主义社会带来了一系列的恶果,竞争状态下的"赢者通吃",造成了社会贫富悬殊,引发了社会动荡。工人运动的兴起,马克思主义的传播,迫使资产阶级改变社会分配政策,以1919年德国魏玛宪法为标志,分配政策开始关注劳工。到了20

世纪60年代,美国哈佛大学教授约翰·罗尔斯在他的著作《正义论》中对资本主义社会的公平正义问题进行了系统反思。他以"无知之幕"为假定,提出了公平正义的两个原则:一是平等的自由原则。这一原则用于确定和保障公民的基本权利。每个人平等地拥有最基本的自由权利,这些基本的自由权利不得因为任何他人的利益和社会功利目的被侵害或者交换。二是差别原则。这一原则用于处理收入、财富、公共职位的分配问题。一个正义的社会也可能出现社会和经济的不平等,这种不平等必须是在满足机会公平和差别原则的前提下才是公平的。一个社会对弱者进行照顾或分配倾斜,又形成了不平等。这种不平等能够真正有利于社会最不利者的利益时,才是公正的。① 从罗尔斯的观点看,虽然对早期资本主义的公平观作了修正和调整,但总体上西方国家仍然坚持的是效率优先兼顾公平的价值准则,因为这种价值准则是植根于市场经济的土壤中。

那么,在土地利用上我们应该秉持什么样的价值准则呢?

我们认为,在土地利用上我们秉持的价值准则应当是公平优先,兼顾效率。所谓公平优先,兼顾效率,就是说,当土地利用出现公平与效率的矛盾时,政策取向应当选择公平。它还要求,对土地利用效率的追求,以不损害土地利用的公平为前提。

在土地利用问题上坚持公平优先的原则,其原因就在于:一是,如前所述,土地不是人类劳动创造的,而是大自然的馈赠。因而,每个生活在土地上的人,都有平等地利用土地的权利。二是,土地公平是实现土地利用效率的基础和保证。回溯市场经济条件

---

① [美]约翰·罗尔斯:《正义论》,何怀宏等译,中国社会科学出版社2009年。

下土地利用政策的演进过程，我们不难看出土地利用上的公平原则始终是市场配置土地资源的前提。当资产阶级反抗封建专制统治，取得胜利之后，为了推行市场经济，实现现代化，必做的功课就是废除封建的土地制度，按照"平均地权"的原则，进行土地改革，以此来摧毁封建的土地关系，把封建领主和地主大量占用的土地用不同的方式分配给无地少地的农民，把束缚在土地上的农民解放出来，变成自由的劳动者。这个功课是所有资本主义国家都必须完成的。不如此，就不能实现现代化。在市场经济已经形成之后，仍然是坚持公平优先的原则，针对土地作为稀缺性资源的特性，西方国家提出了"地利共享"的分配原则，按照这个原则，政府通过税收或者其它方式抑止资本在土地领域的作用。防止通过囤积土地，利用土地的自然垄断性获取垄断利润。三是，土地利用的公平优先原则是维护社会稳定的保证。从落后的农业国向先进的现代化国家转变，其中一个重要的问题就是如何处理土地问题。特别是在中国这样一个人多地少，人地矛盾十分尖锐的国度里，更是如此。中国作为十四亿人口的大国进入现代化在人类历史上前所未有，中国的国情决定了不可能承受资本驱赶农民进城，形成几千万甚至上亿的"无业、无地、无保障"的群体，中国的社会主义制度也不允许中国出现像其他国家现代化过程中出现的城市"贫民窟"。这就要求我们始终坚持公平优先的原则，把农村土地问题与农民市民化的进程统筹考虑，实现有序的城镇化。

（三）土地利用的政策目标

土地善治是要回答如何更好地更有智慧地利用土地的问题。对于土地利用政策也必须有广泛的认同。从我国的国情出发，我国土地利用的政策目标至少应该包括以下几项：

1. 土地的可持续利用

可持续发展（Sustainable development）的概念最早可以追溯到1980年由世界自然保护联盟（IUCN）、联合国环境规划署（UNEP）、野生动物基金会（WWF）共同发表的《世界自然保护大纲》。1987年以布伦特兰夫人为首的世界环境与发展委员会（WCED）发表了报告《我们共同的未来》。这份报告正式使用了可持续发展概念，并对此做出了比较系统的阐述，产生了广泛的影响。有关可持续发展的定义有100多种，但被广泛接受影响最大的仍是世界环境与发展委员会在《我们共同的未来》中的定义。该报告中，可持续发展被定义为："能满足当代人的需要，又不对后代人满足其需要的能力构成危害的发展。它包括两个重要概念：需要的概念，尤其是世界各国人们的基本需要，应将此放在特别优先的地位来考虑；限制的概念，技术状况和社会组织对环境满足眼前和将来需要的能力施加的限制。"[①]1997年的中共十五大把可持续发展战略确定为我国"现代化建设中必须实施"的战略。土地作为重要的生产资料和重要的自然资源，只有实现了可持续利用，才能达到善治的要求。因此，实现土地可持续利用，是土地善治的首要目标。

2. 保证国家政策目标的实施

一个国家在发展过程中，总会依据一定阶段的不同情况，制定相应的发展战略发展目标和政策。土地作为重要的生产要素，如何使用，必须服从服务于国家的发展目标。

---

① 吴红波：《可持续发展是唯一选择》，http://www.gov.cn/jrzg/2013-09/13/content_2487604.htm。

我国的发展战略目标,有一个发展过程。它经历了"老三步走"战略和"新三步走"战略的不同阶段。"老三步走"战略最早是由邓小平同志提出来的,在中共十三大确认的。即:第一步,解决温饱问题;第二步,进入小康阶段;第三步,用50年左右时间进入中等发达国家行列。到了20世纪90年代,党的十五大根据变化了的实际,提出21世纪中国社会发展的"三步走"设想。即:第一个10年,全面建设小康;第二个10年,达到富裕小康水平;第三步,到2050年,基本实现现代化。到了本世纪,党的十九大对2020年全面建成小康社会以后,作了两个阶段的战略安排。第一步,从2020年到2035年,在全面建成小康社会的基础上,再奋斗15年,基本实现社会主义现代化,这就把原来"三步走"战略的最后目标提前了15年。第二步,从2035年到21世纪中叶,在基本实现现代化的基础上,再奋斗15年,把我国建成富强民主文明和谐美丽的社会主义现代化强国。因此,我国的土地善治,必须与国家的"三步走"战略相适应,必须是有利于"三步走"战略实施的治理。

人多地少且分布不均衡是我国土地的基本国情,并且,我国又处在快速工业化城镇化的进程中,工业化城镇化又需要大量占用土地。在工业化城镇化进程中确保粮食安全和生态安全,是我国的基本国策。因此,实行最严格的耕地和生态环境的保护措施,也必然成为我国土地善治的重要目标。

3. 保障土地财产权的安全和土地市场的交易安全

土地权利是土地市场的基础,土地财产权也是人权的重要内容。它还是建立土地善治的基础,没有对土地财产权的保护,没有土地财产权的保护机制,土地善治就成为无源之水,无根之木。土地财产权的保护机制,应该包括两方面的内容,一是,有一套完善的使土地财产权免遭不法侵害的法律体系；二是，有一套公正权威高效的土地财产权的法律救济机制。从我国当前土地财产权保护的现状看，在所有权形态，是国家所有和农村集体所有两种形式。在使用权形态，则是多元结构。土地财产权被侵害的对象，既有私人财产权也有国家所有权和农村集体所有权。因此，应该将《物权法》平等保护的原则贯穿始终。

土地市场的特殊性在于垄断性。在市场配置土地资源的过程中，更需要公平公正的交易规则，也还需要市场交易信息的真实透明和及时。市场交易安全，关系到市场的稳定预期。市场太大的波动必然引发经济不稳定，严重的则引发经济危机，损害的是全社会的利益。2008年美国的次贷危机，发生的原因是房地产市场，引发的则是美国的金融危机，影响的却是美国经济甚至全球经济。因此，土地善治必须是能够维护土地市场交易安全的治理。

4. 确保较低的社会成本和较高的效率

在一个国家，土地管理实际上包括两个过程：土地管理的决策过程和决策实施过程。这两个过程的实现，是需要支付较大的社会成本的。它包括：土地的调查系统、土地登记系统、土地信息系统等基础设施的建设；土地法律法规和土地规划土地政策的制定过程的投入；土地法律法规和土地规划执行的成本支付，这种社会成本不仅仅只是货币和物质的投入，还包括无形成本的支付，比如，国家的公信力以及国家为保证土地法律法规土地规划实施提供的国家强制力保证。衡量善治与传统土地管理的区别就在于，前者支付的社会成本是较低的，效率是较高的。如果不是这种情况，就很难说实现了土地善治。

第二节 土地善治的体系

一、土地善治的体系

土地善治的体系是指在实现土地有效治理过程中形成的各种治理要素之间的良性互动的关系。土地善治体系是动态的并且不断发展的,因此,土地善治体系的内容也是会随着实践不断丰富和完善的。这里,仅就当前影响中国土地善治的几个重大关系提出来进行初步研究。

(一) 土地行政管理权与国有土地所有权之间的关系

总结我国改革开放以后特别是20世纪90年代提出建立社会主义市场经济体制的改革目标之后,中国的土地管理呈现出一幅独特的画面。土地管理制度始终在不断调整中央与地方的关系中发展和完善。中央与地方在土地问题上的利益博弈成为中国土地管理面临的最重大和最突出的问题。在这种博弈过程中,中央政府与地方政府都陷入"制度窘境"。地方政府一方面要保证土地管理的法律政策在本行政区域内执行,另一方面又要为地方经济的发展不断"变通"或者"冲撞"土地管理的红线。中央政府为了长远利益和整体利益,不断上收土地管理的各种权限,加大对地方执行土地法律法规的督察和问责,另一方面,因权力过于集中,又出现了制度交易成本高,出台的政策"一刀切"缺少针对性。对于这种土地管理中中央政府与地方政府陷入的"制度窘境",一些学者多主张要理顺土地管理中的"央地关系"。在我看来,中国土地管理中的"央地关系"呈现出的这种局面,其根本原因就在于土地的行政管理权与国有土地所有权之间存在的主体不分、职权混合的政资体制造成的。我国宪法规定,城市土地属于国家所有,《土地管理法》规定,全民所有,即国家所有土地的所有权由国务院代表国家行使。但是在实际生活中,国有土地所有权实际上是由市、县人民政府行使的。这样,土地的行政管理权与国有土地所有权的行使实际上形成了两权合一体制,这种体制是解读我国土地管理"央地关系"的密钥。

要理顺土地管理中的"央地关系",必须首先理顺土地行政管理权与国有土地所有权之间的关系。黄小虎对此有过多次论述①按照政资分离的原则,将土地行政管理权与国有土地所有权的资产管理权分离,在此基础上,按照行政管理与资产管理的不同性质,分别建立既互相配合又互相制约的有效的运行机制。

1. 建立有约束机制的国有土地资产运营管理体制

按照国有土地所有权与使用权相分离的原则,国有土地使用权作为生产要素进入土地市场已有近三十年的历史。在市场配置国有土地资源的过程中,县、市人民政府在土地资产市场化运营过程中积累了丰富的经验,形成了一整套的规则。现在存在的问题是,土地的国家所有权对所有权在行使和运营过程中缺乏应有的约束机制。这是当前国有土地资产管理体制存在的突出问题。要解决约束机制问题,当前应重点解决以下问题:

一是,完善国家所有权对所有权行使的间接控制与直接控制

---

① 黄小虎:《土地管理权与经营权应分离》,《农村工作通讯》2012年(12)。

相结合的制度。

目前,我国已经建立了国家所有权对所有权行使的间接控制的制度,它包括:国有土地出让最低价控制制度、建设用地总量控制制度、国有土地出让公开市场操作(招、拍、挂)制度。这些间接控制制度较好地体现了所有权的权能,也体现了所有者的意志,在实践中发挥了较好的约束作用。但是,从健全的产权约束机制看,还应建立直接约束机制,要探索建立所有权代表人制度,解决在实际的国有土地资产运营中谁来代表所有权人利益的问题。

二是,调整国有土地收益分配关系。

国有土地收益分配关系是指国有土地的增值收益及其分配过程中形成的关系。"增值收益是指土地开发利用或土地交易过程中所发生的土地价格的增加值,是土地价格的一部分。"[①]我国的国有土地收益分配,主要是指将农村集体所有的农用地转变为国家所有的建设用地的纯收益的分配。纯收益是指将土地出让收入扣除土地征收成本+土地开发成本+履行补充耕地义务的成本+占用耕地的税费成本之和的余额。国有土地收益分配关系主要是指中央与地方的分配、政府和被征收土地农村集体经济组织、被征地农民之间的分配关系。因成本扣除比较复杂,往往是用出让收入和充入成本、纯收益分配三种办法交织混用。

(1)中央与地方的收益分配关系是通过收取新增建设用地有偿使用费的方式。新增建设用地土地有偿使用费是1998年《土地管理法》确定的一项制度,第55条规定:"以出让等有偿使用方式

---

① 朱道林:《改革与发展中的中国土地市场》,中国科学技术出版社2002年,第56页。

取得国有土地使用权的建设单位，按照国务院规定的标准和办法，缴纳土地使用权出让金等土地有偿使用费和其他费用后，方可使用土地。自本法施行之日起，新增建设用地的土地有偿使用费，30%上缴中央财政，70%留给有关地方人民政府，都专项用于耕地开发"。2006年，国务院发布的《关于加强土地调控有关问题的通知》又作了调整。"提高新增建设用地土地有偿使用费缴纳标准。新增建设用地土地有偿使用费缴纳范围，以当地实际新增建设用地面积为准。新增建设用地土地有偿使用费专项用于基本农田建设和保护、土地整理、耕地开发。"从制度设计的功能看，新增建设用地土地有偿使用费具有以下几个特点：

第一，它是以地方政府收取的土地出让金中的纯收益为收缴对象。《新增建设用地土地有偿使用费收缴使用管理办法》（1999年8月4日财政部、国土资源部发布）第2条规定："新增建设用地土地有偿使用费（简称土地有偿使用费）是指国务院或省级人民政府在批准农用地转用、征用土地时，向取得出让等有偿使用方式的新增建设用地的县、市人民政府收取的平均土地纯收益。"

第二，尽管规定了分配比例是中央30%，地方70%。但规定了专门用途，从性质上应该认定属地方上缴中央的土地收益。并且，中央政府实际掌握着征缴标准的决定权。《办法》第4条规定："土地有偿使用费缴纳标准由国务院土地行政主管部门按照全国城市土地分等和城镇土地级别、基准地价水平、各地区耕地总量和人均耕地状况、社会经济发展水平等情况制定，由国务院财政部门和土地行政主管部门联合发布，并定期调整公布。"

（2）耕地占用税和建设占用耕地补充义务履行的支付资金，虽然在计算时列入土地成本，但由于用途是为了实施中央政府的土地管理目标,保证粮食安全。不属于土地取得和开发的必须成本,应视为土地纯收益的分配,且是归属为中央政府的土地收益。

(3)土地征收中土地补偿费和安置补助费总和高于农地原用途价格的部分,虽然作为成本,但高于原用途的价格部分应视为增值收益的分配。这一部分随着经济发展,会越来越多。

除了上述土地收益分配关系之外,其余部分全部留在市县政府,主要用于城市建设、保障性安居工程、农村基础设施建设。从2011年开始,又用于教育和农田水利建设。

我国的土地出让收入随着城镇化工业化的进程不断增加,为我国城镇化工业化提供了巨额的资金支持。土地出让收入从1989年(刚刚推行国有土地使用权有偿使用)的4.47亿元到1992年就达到500亿元。三年增长100倍多。1993年至2000年,土地出让收入一直稳定在500亿元左右。2001年至2006年,从595亿元增加到6000亿元。到2010年,增加到28198亿元[①]。到2018年,根据2019年1月23日,财政部发布2018年财政收支情况。数据显示,2018年全国土地使用权出让收入65096亿元,同比增长25%,总额再度创下历史新高。而2018年地方一般公共预算本级收入97905亿元,同比增长7%。简单计算,2018年土地出让收入约为同期地方一般公共预算的66.48%。2018年土地和房地产相关税收中,契税5730亿元,土地增值税5642亿元,房产税2889亿元,城镇土地使用税2388亿元,耕地占用税1319亿元。2017年新增建设用地土地有偿使用费收入:618.9355亿元,其中中央192.1514亿,地方426.784亿。但是也存在不利于实现土地管理目标的机

---

① 参见,刘守英:《直面中国土地问题》,中国发展出版社2014年,第82—83页。

制性问题,地方政府多卖地快卖地到卖预期。利用土地放大金融杠杆,潜伏着金融危机。为此,需要调整土地收益分配关系,重点是调整机制。

一是,改变建设过度依赖土地出让的机制,加大土地保有流转环节税收调控的力度;

二是,调整支付结构,把解决进城务工的农民就地城市化的成本支付作为重要内容;

三是,加快国有土地产权制度的改革,要以产权约束机制和收益分配关系的调整为重点。

2. 建立中央政府集中统一与地方政府主动性相结合的土地行政管理体制

建立有利于中央政府集中统一与充分发挥地方政府主动性积极性相结合的土地行政管理体制。在实现了政资分离,土地行政管理权摆脱了土地所有权的"绑定"之后,按照地政管理的本质要求建立科学有效的充满活力的土地行政管理体制就成为可能。

我国宪法为建立良好的中央政府和地方政府之间的关系奠定了宪制基础。宪法第3条规定:"中央和地方的国家机构职权的划分,遵循在中央的统一领导下,充分发挥地方的主动性、积极性的原则"。第110条规定:"地方各级人民政府对本级人民代表大会负责并报告工作。县级以上的地方各级人民政府在本级人民代表大会闭会期间,对本级人民代表大会常务委员会负责并报告工作。地方各级人民政府对上一级国家行政机关负责并报告工作。全国地方各级人民政府都是国务院统一领导下的国家行政机关,都服从国务院。"宪法确定的原则具有最高性和普遍性,土地管理也必须遵守这一原则。从这一原则的要求看,我国在处理土地问题时,中央与地方的关系应该是：第一，中央政府统一领导与充分发挥地方政府积极性相结合。它既不是西方单一制国家的"中央集权制"，也不同于西方单一制国家的"地方自治制"或者"地方分权制"。第二，两者相结合的基础是利益和目标的一致性。第三，实行的是决策属中央，执行在地方的运行机制。

考虑到土地督察制度已经建立，并且运转卓有成效。可以考虑依据宪法的要求，科学划分中央和地方在土地管理中的职权：专有权力、共享权力合作行使、自主权由地方独立行使。中央政府直接管理全国统一的土地政策的制定、涉及耕地红线、生态红线、建设用地供应总量和土地征收等事项的直接控制、土地登记和土地资源数据信息的统一。地方政府执行土地法律法规情况的监督。适当扩大地方政府的土地管理职权，存量土地的利用、土地征收补偿安置标准和方案的确定、土地征收的实施、对于中央政府管理的事务的执行。调控新增建设用地总量的权力和责任在中央，盘活存量建设用地的权力和利益在地方，保护和合理利用土地的责任在地方各级人民政府，省、自治区、直辖市人民政府应负主要责任。在确保严格实施土地利用总体规划，不突破土地利用年度计划的前提下，省、自治区、直辖市人民政府可以统筹本行政区域内的用地安排，依照法定权限对农用地转用和土地征收进行审批，按规定用途决定新增建设用地土地有偿使用费地方分成部分的分配和使用，组织本行政区域内耕地占补平衡，并对土地管理法律法规执行情况进行监督检查。

依据我国宪法的规定，构建政府与司法机构之间的良性互动关系。由于土地财产权是公民最重要的财产权，保护土地财产权不受非法侵害，是土地善治的重要内容。在土地善治的背景下，政府、法院、公民之间应该有一个良性互动关系。当公民的土地财产权受到政府不法侵害时,司法机构能够为公民提供及时有效公正的法律救济。在西方国家,普遍实行"司法独立"原则,其要点是:司法权独立,司法权独立于立法权行政权之外。法院独立,独立于行政机关之外。法官独立,法官独立判案,不受干扰。我国和西方国家不同,我国实行的是人民代表大会制度。我国宪法第3条规定:"国家行政机关、监察机关、审判机关、检察机关都由人民代表大会产生,对它负责,受它监督"。因此,我国不存在司法权独立于人民代表大会之外的情形。但是,我国宪法确定了人民法院独立审判的原则。第131条规定:"人民法院依照法律规定独立行使审判权,不受行政机关、社会团体和个人的干涉"。第132条规定:"最高人民法院是最高审判机关。最高人民法院监督地方各级人民法院和专门人民法院的审判工作,上级人民法院监督下级人民法院的审判工作。"第133条规定:"最高人民法院对全国人民代表大会和全国人民代表大会常务委员会负责。地方各级人民法院对产生它的国家权力机关负责。"宪法的这些规定,构建了我国司法制度的基础。这也是在土地善治背景下,构建政府和法院之间良好关系的基础。随着《行政诉讼法》的颁布实施,我国又开启了人民法院对政府的行政行为进行司法审查的进程,这也为处理土地争议提供了司法救济的具体途径。从一般意义上讲,土地争议与其他行政争议既有共同性,也有特殊性。它的特殊性就在于,对于公正与效率的平衡要求更高。从我国当前的现实情况看,政府和法院在处理土地争议过程中,存在以下几个突出问题:一是,司法程序难以适应处理土地纠纷的效率要求。二是,法院现有的审判资源难以满足土地争议案件急剧上升的要求。三是,法院现有的执行能力不能胜任土地纠纷的判决生效后的司法执行的任务。

要构建在土地争议的处理过程中政府和法院之间的良性互动关系，就必须在宪法和法律的基础上，充分考虑土地争议的特殊性，按照公正和效率相统一的原则，完善土地争议处理和司法救济、司法执行的新程序。

要按照依法行政的要求，促进政府土地政策工具的有效运用。任何国家，要想实现土地管理目标，都必须有与之相适应的一系列政策工具作为保障。无论是政策工具的增减还是政策工具的运用，都必须遵循"管得住"、"管得好"、"成本低"的原则。所谓"管得住"，是指土地管理的秩序稳定，运转正常。所谓"管得好"，是指能够全面有效地实现管理的基本目标。所谓"成本低"是指运用政策工具，为实现管理目标而支付的制度成本和交易成本以及政治成本都是比较低的。

（二）土地管理的政策工具箱

我国土地管理的政策工具箱有以下特点：

第一，我国土地管理政策工具箱内的政策工具完备充分，能够满足管理的要求。

我国土地政策工具是在土地管理和改革的过程中不断完善和丰富的。有的是参考市场经济国家的成功经验，有的则是从中国的具体实践中总结出来的。

（1）规范建设用地的行为。主要有：用地预审、农地转用审批、土地征收审批、用地标准、划拨用地目录、供地审批、国有土地使用权收回、征收土地闲置费、占用耕地的补充义务。

（2）规范土地市场的交易行为。主要有：价格申报、商品房预售审批、准入限制、优先购买、价格干预。

（3）规范地方政府土地管理行为。主要有：耕地保护目标责任制的考核与审计、建设用地计划指标控制、提出整改意见、责令限期整改、党纪政纪责任追究。

（4）间接调节土地利用的税费工具。主要有：新增建设用地有偿使用费、土地增值税、耕地占用税、城镇土地使用税、契税、印花税、个人所得税。

（5）辅助性工具。主要有：地价公布、土地信息公开可查询、土地登记、土地信息系统、卫星遥感监测系统。

（6）维护土地法律的法律工具。主要有：行政复议、行政处罚（包括非法转让行为、非法占地行为、非法批准行为、拒不履行土地复垦义务行为），刑事责任。

（7）软工具。主要有：行政指导、行政契约、行政调解、行政奖励。

第二，政策工具的运用有成效也有差距。由于土地管理的政策工具箱是在管理实践中为了解决管理中的突出问题而逐步形成的。因此，从总体上看，是富有成效的。概括起来讲，它保证了粮食安全和耕地保护目标的实现；维护了农民的合法权益和社会稳定；较好地支持了城镇化工业化的建设。但是，也暴露出一些问题：支付的管理成本过高；（用地审批的"一书四方案：建设项目用地呈报说明书，农用地转用方案、征收土地方案、补充耕地方案、供地方案）"、行政复议案件审理的事实核查一些政策工具的功能雷同；用地审批的预审和农地转用审批、土地调查与土地利用的动态监测和信息系统。收放之间的动态平衡不协调，土地督察制度的建立与用地审批的权力分配关系、用地审批中土地征收合法性与土地征收补偿标准审批没有适当的区分、耕地占用税与建设占用耕地的"占补平衡"费的调节功能雷同,有些工具的使用违反比例原则和超出工具的设定功能(将土地登记作为行政许可、不考虑梯度递进关系);工具的使用与环境的变化之间缺乏适应性(紧急状态与正常状态之间没有区分);"硬工具"、"软工具"与"巧运用"的办法不多。

完善政策工具是一个过程。由于政策工具箱内的政策工具总是为了解决实际问题而不断形成的,它的完善也是一个动态过程。要充分发挥好政策工具的效应,应该做好以下工作:一是,政策工具的设立必须坚持合法和合理的原则。合法,是指新设立的政策工具必须是符合法律的要求,不得与法律的规定相违反;合理,是指新设立的政策工具必须符合管理的目的、手段的强度不得违背比例原则,它还要求穷尽一切手段,即现有的政策工具箱内的政策工具都无力解决面临的问题。二是,建立对政策工具实时动态清理评估机制。

(三)政府与村民委员会的关系

在中国的土地管理中,政府与村民委员会之间的关系有其特点。实现土地善治,政府与村民委员会之间应建立协同治理的新型关系。

从我国的法律规定和实际运作情况看,我国的村民委员会具有多重地位:

(1)基层群众性自治组织。宪法规定:"城市和农村按居民居住地区设立的居民委员会或者村民委员会是基层群众性自治组织。居民委员会、村民委员会的主任、副主任和委员由居民选举。

居民委员会、村民委员会同基层政权的相互关系由法律规定。居民委员会、村民委员会设人民调解、治安保卫、公共卫生等委员会,办理本居住地区的公共事务和公益事业,调解民间纠纷,协助维护社会治安,并且向人民政府反映群众的意见、要求和提出建议。"

(2)农村集体土地所有权代表。《民法总则》第101条规定:"村民委员会具有群众性自治组织法人资格,可以从事为履行职能所需要的民事活动。未设立村集体经济组织的,村民委员会可以依法代行村集体经济组织的职能。"《物权法》第60条规定:"对于集体所有的土地和森林、山岭、草原、荒地、滩涂等,依照下列规定行使所有权:(一)属于村农民集体所有的,由村集体经济组织或者村民委员会代表集体行使所有权;(二)分别属于村内两个以上农民集体所有的,由村内各该集体经济组织或者村民小组代表集体行使所有权;(三)属于乡镇农民集体所有的,由乡镇集体经济组织代表集体行使所有权。"《土地管理法》第10条规定:"农民集体所有的土地依法属于村农民集体所有的,由村集体经济组织或者村民委员会经营、管理;已经分别属于村内两个以上农村集体经济组织的农民集体所有的,由村内各该农村集体经济组织或者村民小组经营、管理;已经属于乡(镇)农民集体所有的,由乡(镇)农村集体经济组织经营、管理。"虽然法律规定,土地的所有权行使由村集体经济组织或者村民委员会代表集体行使,但实际状况是大多数地方都是由村民委员会行使,村一级并没有设立集体经济组织。虽然法律规定对于属于村民小组所有的土地,由村民小组行使所有权,但由于没有建立村民小组的财产组织形式,往往也是由村民委员会代为行使。

(3)从实际运行情况看,它还履行着政府派出机构的职能,完成上级政府交办事项往往成为主要工作。

在土地管理过程中,村民委员会扮演着十分重要的角色,发挥着独特的作用。

(1)作为所有权代表,土地承包过程中对于村集体所有的土地发包;对于属于村民小组的土地组织发包、宅基地的分配。对于集体土地的使用情况,它还可以通过行使土地所有权进行监督。《农村土地承包法》规定:发包方有权"监督承包方依照承包合同约定的用途合理利用和保护土地。"《土地管理法》规定:"有下列情形之一的,农村集体经济组织报经原批准用地的人民政府批准,可以收回土地使用权:(一)为乡(镇)村公共设施和公益事业建设,需要使用土地的;(二)不按照批准的用途使用土地的;(三)因撤销、迁移等原因而停止使用土地的。依照前款第(一)项规定收回农民集体所有的土地的,对土地使用权人应当给予适当补偿。收回集体经营性建设用地使用权,依照双方签订的书面合同办理,法律、行政法规另有规定的除外。"

(2)作为基层群众性自治组织,除了调解土地承包的纠纷之外,还要按照政府的要求组织实施土地确权登记、基本农田划定、耕地保护、土地管理法律法规的宣传教育。土地规划的公开征求意见。

(3)在征地过程中双重角色:一方面,代表被征地农民与政府谈判,另一方面,协助政府完成公告公示登记程序,做思想教育工作,组织农民签订征地补偿安置协议。

村民委员会在参与土地管理过程中,在有些问题上往往面临角色冲突。比如,在土地征收过程中,一方面,它作为土地所有权代表,成为农民利益的代言人,要与政府进行讨价还价谈判,另一方面又要协助政府做好被征地农民的工作,协助完成政府的土地征收任务。

我国的农村村民委员会作为农村基层群众性自治组织,在参与土地管理过程中发挥着不可替代的作用。要实现土地善治,政府与村民委员会之间必须构建协同治理的新格局。协同治理的内容是,通过奖励和其他措施,调动村民委员会在土地管理中的主动性和积极性,更多地发挥农村村民委员会在农村土地管理中的作用。按照权责一致的原则,在设定明确的管理目标和规范的条件下,鼓励农村村民委员会积极行使土地所有权的权能,管住管好农村集体土地。

(四)政府与农民的关系

在土地管理中,政府与农民之间的关系极具时代特征。我国在实现工业化、城镇化的进程中,农民作出了特殊的贡献。在改革开放之前的30年,农民以低廉的价格为城市提供农副产品和工业原料,政府利用农副产品的"剪刀差",为工业提供原始积累。改革开放后,政府通过将农用地转为建设用地,利用土地的用途改变形成的增值收益,为城镇化提供源源不断的资金。在这个过程中,农民是以奉献者的身份参与工业化、城镇化的进程。在法律上,虽然一直强调维护农民的土地权益,但农民的土地权利更多的是依附在农村集体经济组织的内部,其权利并不具有独立性。相反,作为义务主体的地位是明确的,农民是保护耕地的义务主体。随着工业化城镇化进入新的历史阶段,我国开始了城乡关系的重塑,以工促农、以城带乡、工农互惠、城乡一体、融合发展、工农互促、城乡互补、全面融合、共同繁荣成为新的历史阶段的城乡关系的内容。其核心就是让农民平等参与现代化的过程,共同分享现代化的成果。我国城乡关系的这种新变化,必然会带来土地管理中政府与农民的关系的嬗变。随着农地制度改革的深入推进,农民作为独立的权利主体就成为政府与农民法律关系的新特点,由此带来的土地管理中政府与农民的关系的变动成为实现土地善治必须面对的重大问题。

面对政府与农民关系变动的新情况,总的应对思路应该是:

第一,从农民作为农村土地集体所有权主体的成员的法律事实出发,在农村土地制度改革中完善农民集体成员权的行使机制。(1)要研究属于农村村民小组所有的集体土地的财产组织形式,使村民小组所有的土地从法律纸上的规定变成现实的所有权。(2)完善集体所有土地农民作为成员权的各项权能和运行机制,使农民集体所有的土地变为真正属于农民集体所有的土地。

第二,加快农民作为土地权利主体的制度建设。随着农村土地制度改革的推进,农民作为承包经营权和宅基地使用权的权利主体的地位凸现,作为独立的权利主体,承包经营权的主体要与经营权的主体之间发生平等的民事关系,宅基地使用权的主体要在宅基地流转中与农村集体经济组织(宅基地有偿退出)和农村集体经济组织内部成员之间的流转产生法律关系。这就要求加快主体制度的建设,规范承包经营权和宅基地使用权流转行为,可以通过标准合同的示范作用,界定双方的权利义务,将法律法规的一些强制性规范,植入到土地流转合同中,保证农地流转一开始就在法治的轨道上运行。

第三,重新构建农村集体土地的收益分配关系。随着农民集体所有经营性建设用地进入市场,对农村集体土地的收益分配关系带来了前所未有的挑战。一方面,由于农地与建设用地的收益上存在着巨大的差距,另一方面,这种收益的差距是由于政府的管制政策的差别而形成的。同此,需要重构集体经济组织内部各成员之间的利益分配关系,确保各成员之间的利益均等。不如此,就会对耕地保护的国策的实施造成冲击,还会影响农村的稳定。

第四,加快建立多元化农村土地纠纷多元化处理机制。农民权利时代的来临,也就意味着纠纷的来临。要应对这种纠纷大量增加的现实,就要求我们学会运用法治思维,法治方式来处理各种土地纠纷。要注意运用民事调解、行政调解、仲裁、法院裁决等多种形式,化解各种矛盾。维护农村的社会稳定。

第五,扩大农民参与土地管理决策的渠道。涉及农村土地的问题,与农民直接沟通商量将会成为未来土地管理的决策的新模式。为此,需要做好以下工作:(1)落实《政府信息公开条例》,按照《条例》的要求,尽可能扩大政府关于土地管理信息的主动公开范围,这种公开必须及时全面准确。同时,还应做好依申请公开的受理工作,凡是符合法定要求的申请,都必须按照申请人的要求提供。(2)扩大农民对土地管理事务的参与权。农村土地政策的调整、农村土地制度的改革都是与农民切身利益息息相关,要改变在法律法规政策制定过程中,征求农民的意见"走过场"的现象,还要破除"网络迷思",把网上意见作为唯一的民意的思维定式,关注农民作为"沉默的多数"的感受,要用适当的方式,农民听得懂的语言来听取意见。实际上,征求意见的过程,也是法律政策的宣传过程,凡是征求意见充分的法律政策,实施的阻力就小,实施的效果就比较好。(3)落实完善公告和听证程序。我国法律对于土地征收规定了公告程序。"国家征收土地的,依照法定程序批准后,由县级以上地方人民政府予以公告并组织实施。""县级以上地方人民政府拟申请征收土地的,应当开展拟征收土地现状调查和社会稳定风险评估,并将征收范围、土地现状、征收目的、补偿标准、安置方式和社会保障等在拟征收土地所在的乡(镇)和村、村民小组范围内公告至少三十日,听取被征地的农村集体经济组织及其成员、村民委员会和其他利害关系人的意见。""多数被征地的农村集体经济组织成员认为征地补偿安置方案不符合法律、法规规定的,县级以上地方人民政府应当组织召开听证会,并根据法律、法规的规定和听证会情况修改方案。""拟征收土地的所有权人、使用权人应当在公告规定期限内,持不动产权属证明材料办理补偿登记。县级以上地方人民政府应当组织有关部门测算并落实有关费用,保证足额到位,与拟征收土地的所有权人、使用权人就补偿、安置等签订协议;个别确实难以达成协议的,应当在申请征收土地时如实说明。""相关前期工作完成后,县级以上地方人民政府方可申请征收土地。"当前,最重要的是严格执行这些规定,避免将这些程序"走过场"。

第六,落实农民对本集体经济组织的监督权。农民对于村集体经济组织活动的监督权,主要表现在对农村土地的发包、宅基地的分配、农村集体经济组织的收支状况、征地补偿安置款项的分配,这些重大事项,一是要村务公开,二是要经村民大会或者村民代表大会按少数服从多数的原则讨论决定。

二、结语

良法善治,是现代国家追求的理想的治理状态。现代国家,既要有良法,也要有善治。在本书的前六章中,我们集中讨论了什么是土地法律制度的"良法"问题。得出的基本结论是:土地法律制度必须积极回应社会变革的要求;必须坚持公平优先兼顾效率的公平正义的价值追求;必须建立公法私法交融的有保障的土地权利制度;必须建立公正的发展权的配置机制;必须建立适应中国发展阶段的以体现社会主义原则的土地征收补偿安置制度为基础的土地征收制度;必须建立土地行政管理权与国有土地所有权的资产管理相分离的土地市场监管制度。在这一章,我们重点讨论了土地善治问题。善治是随着治理理论的发展而提出的新概念,它是对传统管理理论的扬弃。我们认为,土地善治是以最小的政府和社会的投入获取最大的土地管理的效应,是由原来的政府单一单向管理改变为政府与非政府之间的合作管理、协同管理、自上而下和自下而上的多向网络化管理。构建科学的土地善治体系,必须遵循土地的基本属性,尊重土地利用的价值准则和政策目标。现阶段实施土地善治重点需处理好土地行政管理权与国有土地所有权的关系、政府与村民委员会的关系及政府与农民的关系。

实现土地法律制度的良法善治,对于我们来说,既是理想,也是社会实践。它是高擎着理想的火柱,不断前行的过程。

从这个意义上讲,土地法律制度的良法善治永远在路上……

参考资料

一、中文文献

1. 中央档案馆、中共中央文献研究室编:《中共中央文件选集》第 22 册,人民出版社 2013 年
2. 国务院法制办国际司编:《政府法制对外交流成果汇编》(一)
3. 孙中山:《中国同盟会革命方略》
4. 甘藏春主编:《土地宏观调控创新理论与实践》,中国财政经济出版社 2009 年
5. 甘藏春等著:《当代中国土地法若干重大问题研究》,中国法制出版社 2019 年
6. 甘藏春主编:《社会转型与中国土地管理制度改革》,中国发展出版社 2014 年
7. 甘藏春:《体制、机制、法制——资源管理方式改革的思考》,中国大地出版社 2012 年
8. 张丕介:《土地经济学导论》,书林书局 2015 年
9. 朱道林:《改革与发展中的中国土地市场》,中国科学技术出版社 2002 年
10. 刘守英:《直面中国土地问题》,中国发展出版社 2012 年
11. 刘平主编:《征收征用与公民财产权保护》,上海人民出版社 2012 年
12. 张千帆主编:《土地管理制度比较研究》,中国民主法制出版社 2013 年
13. 孙宪忠:《中国物权法总论》,法律出版社 2009 年
14. 张恒山:《法理学要论》,北京大学出版社 2009 年
15. 周鲠生:《国际法》,商务印书馆 2018 年
16. 程信和:《房地产法学》,中国人民公安大学出版社 2003 年

17. 郭明瑞:《民法总则通义》,商务印书馆 2018 年
18. 肖蔚云:《我国现行宪法的诞生》,北京大学出版社 1986 年
19. 江平:《中国土地立法研究》,中国政法大学出版社 1999 年
20. 王家福、黄明川:《土地法的理论与实践》,人民日报出版社 1991 年
21. 袁震:《中国农村土地物权制度研究》,法律出版社 2018 年
22. 陈扬众:《农村土地制度改革中农民集体成员权行使机制研究》,中国经济出版社 2018 年
23. 何勤华等:《纽伦堡审判——对德国法西斯的法律清算》,商务印书馆 2015 年
24. 何勤华主编:《外国法制史》,法律出版社 2016 年
25. 曾宪义、赵晓耕主编:《中国法制史》,北京大学出版社 2017 年
26. 林英彦:《土地利用概要》,台湾文笙书局 1995 年
27. 毕宝德、柴强、李玲:《土地经济学》,中国人民大学出版社 1998 年
28. 王万茂主编:《土地利用规划学》,科学出版社 2006 年
29. 乔晓阳:《树立宪法观念和意识 正确贯彻落实基本法——在国家宪法高端论坛暨纪念香港基本法颁布 28 周年研讨会上的讲话》(2018 年 4 月 21 日)
30. 《关于第二次全国土地调查主要数据成果的公报》,中央政府门户网站 2013 年 12 月 31 日
31. 自然资源部:《2017 年中国土地矿产海洋资源统计公报》
32. 蔡好东:《论土地的资产性质》,《中国农业会计》1996 年第 12 期
33. 朱道林、李瑶瑶:《农村土地制度改革的经济学考察》,《中国土地科学》2018 年 32(3)
34. 黄小虎:《 土地管理权与经营权应分离》,《 农村工作通讯》2012 年(12)
35. 黄有丽:《宪法文本中"公共利益"的规范分析》,《法学论坛》2005 年第 1 期
36. 王蔚:《法国公用征收制度研究报告》
37. 沈守愚:《论设立农地发展权的理论基础和重要意义》,《中国土地科学》1998 年第 1 期
38. 刘明明:《论土地发展权的理论基础》,《理论导刊》2008 年第 6 期
39. 程雪阳:《土地发展权与土地增值收益的合理分配》,《法学研究》

2014 年第 5 期

  40. 陈柏峰:《土地发展权的理论基础与制度前景》,《法学研究》2012 年第 4 期

  41. 姚佳:《国家所有权性质与行使机制完善学术研讨会综述》《环球法律评论》2015 年第 3 期

  42. 沈晓阳:《西方正义观念的历史演变及其启示》,《杭州师范学院学报》2003 年第 3 期

  43. 叶兴庆等:《农村集体产权结构开放性的历史与未来》,《村庄与城市》2019 年 6 月 27 日

  44. 段忠桥:《关于分配正义的三个问题》,《中国人民大学学报》2012 年第 1 期

  45. 胡玉鸿:《正确理解弱者权利保护中的社会公平原则》,《法学》2015 年第 1 期

  46. 江必新:《法律行为效力:公法与私法之异同》,《法律适用》2019 年第 3 期

  47. 许牧、陈为繁:《试论土地科学》,《中国土地科学》1990 年第 1 期

  48. FAO,《立法在发展中国家土地利用规划中的作用》1985 年

  49. 王宝灿、黄仰松:《海洋动力地貌学》,华东师范大学出版社 1989 年

  50. 陈甦、丁慧:《试论滩涂在法律上的性质》,《辽宁师范大学学报》2000 年

  51. 钟建华:《滩涂作为土地的法律证成》,《宁波大学学报》2011 年

  52. 王义刚、夏雪瑾、冯媛媛:《陆海分界和河海分界探讨》,《海洋学研究》2009 年

  53. 董加伟:《论传统渔民用海权与土地使用权的冲突及协调——兼论滨海滩涂的法律性质归属》,《中国土地科学》2014 年

  54. 阳兵、陆磊:《论沿海滩涂的法律性质》,《法制与社会》2008 年

  55. 梁留科等:《土地生态分类系统研究》,《水土保持学报》2003 年第 5 期

  56. 吴红波:《可持续发展是唯一选择》,http://www.gov.cn/jrzg/2013-09/13/content_2487604.htm

二、汉译文献

  1.《马克思恩格斯全集》第 18、23 卷,人民出版社 1964 年

2. 《马克思恩格斯全集》第 2 卷
3. 《马克思恩格斯选集》第 1 卷, 人民出版社 1972 年
4. 马克思:《资本论》第 3 卷, 人民出版社 2004 年
5. 马克思、恩格斯:《共产党宣言》, 人民出版社 2018 年
6. 恩格斯:《自然辩证法》, 人民出版社 2018 年
7. [德]黑格尔:《法哲学原理》, 范扬、张企泰译, 商务印书馆 1961 年
8. [法]卢梭:《社会契约论》, 何兆武译, 商务印书馆 2003 年
9. [古罗马]查士丁尼:《法学总论》, 张企泰译, 商务印书馆 1989 年
10. 颜一主编:《亚里士多德选集》(政治学卷), 中国人民大学出版社 1999 年
11. [古希腊]亚里士多德:《尼各马可伦理学》, 王晓凤等译, 中国社会科学出版社 2007 年
12. 陈国华译:《大宪章》, 商务印书馆 2019 年
13. 朱增汶译:《美国宪法及其修正案》, 商务印书馆 2019 年
14. [美]约翰·罗尔斯:《正义论》, 何怀宏等译, 中国社会科学出版社 2009 年
15. [英]马歇尔:《经济学原理》, 朱志泰等译, 商务印书馆 1964 年
16. [美]迈克尔·桑德尔:《公正》, 朱慧玲译, 中信出版社 2012 年
17. [美]博登海默:《法理学——法哲学及其方法》, 邓正来等译, 华夏出版社 1987 年
18. [美]罗斯科·庞德:《法理学》(第三卷), 廖德宇译, 法律出版社 2007 年
19. [美]亨利·乔治:《进步与贫困》, 吴良健等译, 商务印书馆 2017 年
20. [美]布莱恩·巴里:《正义诸理论》, 吉林人民出版社 2004 年
21. [英]巴里·卡林沃思、文森特·纳丁:《英国城乡规划》, 陈闽齐等译, 东南大学出版社 2011 年
22. [英]布莱恩·巴利:《社会正义论》, 曹海军译, 江苏人民出版社 2007 年
23. [英]彼得·斯坦、约翰·香德:《西方社会的法律价值》, 王献平译, 中国人民公安大学出版社 1990 年
24. [美]查尔斯·H.扎斯特罗:《社会工作与社会福利导论》(第 7 版), 孙唐永译, 中国人民大学出版社 2005 年
25. [英]大卫·哈尔彭:《隐形的国民财富:幸福感、社会关系与权利共享》, 汪晓波、裴虹博译, 电子工业出版社 2012 年

26. [南非]科马克·卡利南:《地球正义宣言——荒野法》,郭武译,商务印书馆 2017 年
27. 《牛津法律大辞典》,光明日报出版社 1988 年
28. [印度]R. B. 曼德尔:《土地利用理论与实践》,西北农业大学 1997 年
29. [荷]亨利·范·马尔赛文、格尔·范·德·唐:《成文宪法的比较研究》,陈云译,华夏出版社 1987 年
30. [美]伊利·莫尔豪斯:《土地经济学原理》,滕维藻译,商务印书馆 1982 年
31. [古希腊]色诺芬:《回忆苏格拉底》,吴永泉译,商务印书馆 1984 年
32. [英]戴维·米勒:《社会正义原则》,吴永泉译,江苏人民出版社 2008 年
33. [加拿大]威尔·金里卡:《当代政治哲学》,刘莘译,上海三联书店 2004 年

三、外文文献

1. *Commentaries on American Law* Vol:3, O. Halstead, New York 1826
2. Fenster M. S. & Dolan R. *Mapping Erosion Hazard Areas in the City of Virginia Beach*, Journal of Coastal Research, Special Issue No. 28, 1999
3. Kevin Gray & Susan Francis Gray, *Elements of Land Law*, Oxford, 2005
4. Johnson D. W., *Shore Processes and Shoreline Development*, Shore processes and shoreline development. 1919
5. Dolan R.、Hayden B. P.、May P. et al. *Reliability of Shoreline Change Measurements from Aerial Photographs*, Shore & Beach, 1980, 48(4)
6. Webster, *The Webster's Ninth New Collegiate Dictionary*, Springfield, MA:Merriam-Webster, 1988
7. Fisher J. S. & Overton M. F., *Interpretation of shoreline position from aerial photographs*, Proceedings of the 24th International Conference on Coastal Engineering (Kobe, Japan), 1994
8. Pajak M. J., Leatherman S., *The High Water Line as Shoreline Indicator*, Journal of Coastal Research, 2002, 18(2)
9. Stafford D. B. & Langfelder J., *Air Photo Survey of Coastal Erosion*, Photogrammetric Engineering, 1971:37(6)
10. Smith G. L. & Zarillo G. A., *Calculating Long-term Shoreline Recession Rates Using Aerial Photographic and Beach Profiling Techniques*, Journal of

Coastal Research,1990:6(1)

11. Anders F. J. & Byrens M. R. , *Accuracy of Shoreline Change Rates as Determined from Maps and Aerial Photographs*,Shore and Beach,1991:59(1)

12. Crowell M. , Leatherman S. P. & Buckley M. K. , *Historical Shoreline Change: Error Analysis and Mapping Accuracy*, Journal of Coastal Research, 1991:7(3)

13. Farrell S. , Lepp T. , Speer B. & Mauriello M. , *Mapping Erosion Hazard Aareas in Ocean County*, Journal of Coastal Research, Special Issue No. 28,1999

14. Leatherman S. P. & Anders F. J. *Mapping and Managing Coastal Erosion Hazards in New York*, Journal of Coastal Research,Special Issue No. 28, 1999

15. O'Connell J. F. & Leatherman S. P. , *Coastal Erosion Hazards and Mapping Along the Massachusetts Shore*, Journal of Coastal Research, Special Issue No. 28,1999

16. Zhang K. , Huang W. , Douglas B. C. & Leatherman S. P. , *Shoreline Position Variability and Long-term Trend Analysis*,Shore and Beach,2002:70(2)

17. Shalowitz A. L. , *Shore and Sea Boundaries*, U. S. Department of Commerce, National Oceanic and Atmospheric Administration, National Ocean Service,1964

18. Everts C. H. & Glbson P. N. ,*Shoreline Change Analysis One Tool for Improving Coastal Zone Decisions*,Proceedings of the Sixth Australian Conference on Coastal and Ocean Engineering (Gold Coast, Australia) ,1983

19. Graham D. , Sault M. , Bailey J. , *National Ocean Service Shoreline-Past, Present and Future*,Journal of Coastal Research,2003

20. Supreme Court of the United States: Borax Consolidated, Limited, et al. v. City of Los Angeles,No. 34. Argued Oct. 23,1935

21. J. Roemer, *Theories of Distributive Justice.* , Cambridge: Harvard University Press,1996

22. John Rawls,*A Theory of Justice*,Cambridge, Mass. The Belknap Press of Harvard University Press,1971

23. Willamson Enemark、Wallace Rajabifard, *Land Administration For Sustainable Development*,ESRI Press

四、成文法表

1. 《土地改革法》(1950年)
2. 《农业生产合作社示范章程草案》(1955年)
3. 《农村人民公社工作条例(修正草案)》(1962年)
4. 《政务院关于国家建设征用土地办法》(1953年)
5. 关于进一步加强土地管理,切实保护耕地的通知(1997年)
6. 关于深化改革,严格土地管理的决定(2004年)
7. 《土地管理法》(1986年)
8. 《农村土地承包法》(2002年)
9. 《城镇国有土地使用权出让和转让暂行条例》(1990年)
10. 《城市房地产管理法》(1994年)